The Numbers indicate the Section.—*See page* 155.

A Cité.
B Ile de la Fraternité, c.d. St. Louis.
C Ile Louvier.
D Hôpital du Nord, c.d. St. Louis.
E Place Beauveau.
F Demi Lune.
GG Grande Avenue des Tuileries.
H Hôtel des Invalides.
I École Militaire.
K Observatoire.
L Champ des Capucins.
M Gobelins.
N Hôpital Général, ou la Salpétrière.
O Place où étoit la Bastille.
P Place du Parc, c.d. Royale.
Q Porte Martin.
R Porte Denis.
S Les Halles.
T Place des Innocens.
U Halle au blé.
V Place Victoire.
X Place Vendôme.
Y Eglise de la Madeleine.
Z Place de la Révolution, c.d. Louis XV.
& Palais des Tuileries.
a Le Louvre.
b Palais Égalité, c.d. Royal.
c Place de Grève.
d Maison de Ville.
e Arsénal.
f Jardin des Plantes.
g Place Maubert.
h Eglise Notre Dame.
i Palais de Justice.
k Place Thionville, c.d. Dauphine.
l Hôtel de la Monnaie.
m Collège des 4 Nations.
n Palais Bourbon.
o Carrefour de la Croix Rouge.
p Foire Germain.
q c.d. Eglise St. Sulpice.
r Place et Comédie Française.
s Luxembourg.
t Place Michel.
u Panthéon.
v Val-de-Grace.

Scale in Metres

Ursula Naumann

Auf Forsters
Canapé

*Liebe in Zeiten der
Revolution*

Mit zahlreichen Abbildungen

Insel Verlag

Erste Auflage 2012
© Insel Verlag Berlin 2012
Alle Rechte vorbehalten, insbesondere das der Übersetzung,
des öffentlichen Vortrags sowie der Übertragung
durch Rundfunk und Fernsehen, auch einzelner Teile.
Kein Teil des Werkes darf in irgendeiner Form
(durch Fotografie, Mikrofilm oder andere Verfahren)
ohne schriftliche Genehmigung des Verlages reproduziert
oder unter Verwendung elektronischer Systeme verarbeitet,
vervielfältigt oder verbreitet werden.
Satz: Hümmer GmbH, Waldbüttelbrunn
Druck: Druckhaus Nomos, Sinzheim
Printed in Germany
ISBN 978-3-458-17561-2

Für Bernardo, für Elisabeth Schmid, Uli Wyss und Inge Obermayer, die Freunde mit dem Canapé, und für meine aufmerksame, einfühlende Lektorin Heike Ochs.

There is nothing more strange in the Revolution than the wonderful people it attracts from foreign countries.

The Journal of a spy in Paris during the reign of terror

What strange revolutions take place in our breasts, and what curious vicissitudes in every part of human life.

John Adams

INHALT

Prolog

18. August 1789

In Ashleys Amphitheater, Westminster Bridge

(im Anschluß an eine Seiltanzvorführung von Signor Spinacuta)

EIN GANZ NEUES GLANZVOLLES SCHAUSPIEL

DIE FRANZÖSISCHE REVOLUTION

Von Sonntag, dem 12. Juli, bis einschließlich Mittwoch,

dem 15. Juli, genannt

PARIS IM AUFRUHR

eine der größten und ungewöhnlichsten Darbietungen,

die je gezeigt wurden, gründend auf

WAHREN BEGEBENHEITEN

LOGE 3 s., PARKETT 2 s. RANG MITTE 1 s., RANG SEITE 6 d.

Einlaß um halb sechs, Beginn pünktlich am halb sieben.

Daß die Französische Revolution ein weltveränderndes, die Herzen umwälzendes Ereignis war, haben auch die meisten Menschen im Ausland sofort begriffen. Wer sich vorher nicht für Politik interessiert hatte, jetzt tat er es. Jeder Tag brachte neue Entwicklungen, eine Flut von Beschlüssen und Verordnungen, tödliche Konflikte, unerwartete Wendungen, unerhörte Begebenheiten, große Emotionen. Noch nach Jahrzehnten schrieb einer für alle: »Man glaubt es selbst kaum, daß man Z e i t g e n o s s e dieser Begebenheiten gewesen ist.« Nichts war dramatischer als die Wirklichkeit. Die Welt war zur Bühne geworden, und die Staatsschauspieler – und was für grandiose Schauspieler! – verwöhnten ihr Publikum mit spektakulären Auftritten, die von Zeichnern festgehalten und im Druck sogleich verbreitet wurden.

Es war die Stunde der Journalisten. Zeitungen und Zeitschriften schossen wie Pilze aus dem Boden. Man verfolgte die Ereignisse mit leidenschaftlicher Anteilnahme, fieberte nach Nachrichten, griff nur noch nach Schriften, die den »politischen Heißhunger« stillten. Paris, als Mekka der zivilisierten Welt immer schon ein Besuchermagnet, zog nun Revolutionstouristen aus aller Herren Ländern an, die meisten aus England und deutschen Landen. Vor allem die Jugend kam. *Bliss was it in that dawn to be alive / But to be young was very heaven!** Idealisten, Utopisten, Realisten, Geschäftsleute, Spinner, Spekulanten, Spione, Sinnsucher, Katastrophen- und Sensationssüchtige, alle wollten dabeisein, wenn eine neue Zeit anbrach und die Menschheit zu einem »schönen, neuen und edlen Leben« in Freiheit, Gleichheit und Brüderlichkeit erwachte. Auch wenn die *Déclaration des Droits de l'Homme et du Citoyen* nicht wie die amerikanische Unabhängigkeitserklärung *the pursuit of happiness* – das Streben nach Glück – als unveräußerliches, von der Natur selbst verliehenes Menschenrecht behauptete, so las man das doch als Verheißung mit. »Ich liebe die Freiheit, weil ich das Vergnügen liebe«, schrieb der deutsche Publizist Konrad Engelbert Oelsner.

Die Fremden kamen als Zuschauer und als Mitwirkende, für ein paar Wochen oder Monate oder Jahre. Viele engagierten sich als Kosmopoliten aktiv für die Entstehung eines neuen Weltstaates, und nicht wenige strebten zugleich nach Profit, Ruhm und Macht. Manche wandten sich enttäuscht und entsetzt ab, andere blieben.

Jeder hatte seine ganz eigene Affäre mit der Revolution und dem Land, das sie hervorgebracht hatte. Frankreich nahm die Besucher mit offenen Armen auf, jedenfalls in der ersten Zeit. *Foreign Affairs*! Es gab viele illegitime Liebesbeziehungen zwischen *étrangers* und Einheimischen, viele Beziehungen der Ausländer auch untereinander. In der Fremde ließ es sich freier leben, der Kontrolle neugieriger Nachbarn, Bekannter, Verwandter entzo-

* In diesem Morgenrot war's Seligkeit zu leben, doch jung zu sein, das war der Himmel.

gen. Alles war in Bewegung, die alten Ordnungen zerfielen, und niemand wußte, wie die Zukunft aussehen würde. Ein Ausnahmezustand, der die großen Gefühle nährte, Lebenshunger und Todesverachtung, Leidenschaft und Liebe.

Zum ersten Mal in der Geschichte klagten Frauen öffentlich die Gleichberechtigung ein. Alternative Lebensmodelle wurden erprobt, Standesschranken überwunden, Tabus gebrochen. Ein ehemaliger Priester heiratete seine Schwester und feierte seine Hochzeit unter dem Freiheitsbaum. (Das Paar wurde verhaftet.) Familien- und Ehegesetzgebung wurden reformiert und säkularisiert. »Die Heuraten, die Geburten werden von dem Eigensinne der Eltern, und dem Rauchfasse der Priester unabhängig sein. Kein grausames Gesetz schmiedet mehr unter das Joch der Ehe freie Herzen auf lebenslang«, freute sich Oelsner, und dann prophezeite er: »Bei gleicher Verteilung der Glücksgüter wird es weniger freche Begierden, und weniger verworfene Sklaven geben.«

Nur – können liebende Herzen überhaupt frei sein? Und wann waren Begierden frech? Jedenfalls dann, wenn Aristokraten sie hatten. Sang nicht auch der Lüstling Don Giovanni, den Mozart und sein Librettist da Ponte stellvertretend für die ganze Adelsbagage zur Hölle fahren lassen, trotzig sein *Viva la libertà*? »Der Schlamm der Libertinage infiziert die öffentliche Moral« war in der Zeitschrift *Révolutions de Paris* zu lesen. Die Freiheit der Herzen, die die bürgerlichen Freunde der Revolution propagierten, war das Gegenprogramm zu den wirklichen oder vermeintlichen Ausschweifungen des Adels. Sie sollte mit (republikanischen) Tugenden verbunden sein, und tugendhaft war, wer sich disziplinierte, kontrollierte und seine Wünsche dem Wohle der Allgemeinheit unterwarf. Ein tödliches Programm, wie sich schnell zeigte. Der Weg vom Despotismus des Lasters zum Terror der Tugend war erschreckend kurz.

Liebe in Zeiten der Revolution. Politik also war zur Herzenssache geworden, Herzenssachen standen im Banne der Politik, die zum wirkungsmächtigen Element in der Chemie menschlicher Beziehungen geworden war. »Eine besondere Eigenart revolutionärer Zeiten ist die innige Verbindung oder vielmehr der unmittelbare Zusammenhang von öffentlichen Angelegenheiten und privaten Schicksalen«, schrieb die englische Dichterin Helen Maria Williams, die das an sich selbst erfahren hatte – ihre Beziehung zu einem verheirateten Mann und ihre erfolgreiche Karriere als Auslandskorrespondentin hätte es ohne die Revolution nie gegeben – und die als Gastgeberin diesen Zusammenhang nach Kräften förderte und als Schriftstellerin auf politische Liebesgeschichten spezialisiert war. In ihrem Pariser Salon empfing sie Gott und die Welt. »Bei den Essen und Tees von Miss Williams begegneten sich Generäle und Diplomaten, Dichter und Philosophen, Schauspielerinnen, Journalisten und Pädagogen; die Intellektuellen und Politiker verschiedener Generationen und Länder trafen sich in einer berauschenden, schwindelig machenden Gesellschaft.« In der Schreckenszeit fand sich Helen mit manchen ihrer Gäste im Gefängnis wieder, wo die Gespräche ihren Fortgang nahmen.

Von ihr soll hier erzählt werden und von zwei anderen Schriftstellern, die in Paris zu ihrem Bekanntenkreis gehörten. Anders als Miss Williams, die heute nur noch Spezialisten kennen und lesen, sind sie immer noch berühmt, und immer noch verbindet sich ihr Name vor allem mit dem Werk, mit dem sie zu ihrer Zeit Aufsehen erregten.

Mary Wollstonecraft war für viele ihrer Zeitgenossen einfach *Rights of Woman*. Ihre schwungvolle und energische *Verteidigung der Rechte der Frau (A Vindication of the Rights of Woman)* war nicht nur ein Buch, es war eine Tat. Was sie zu sagen hatte, war so wahr, daß es späteren Leserinnen gar nicht so revolutionär vorkam. »Ihre Meinungen waren diejenigen, welche die meisten kultivierten Frauen jetzt haben«, schrieb Kegan Paul 1879, was Virginia Woolf Jahrzehnte später auf eine prägnante Formel brachte: »Ihre Originalität ist unser Gemeinplatz geworden.« Mary Wollstonecraft war eine rebellische Natur, aber ins revolutionäre Paris ist sie aus Liebeskummer gereist. »Ich ging nach Frankreich, um im allgemeinen Glück mein privates Unglück zu vergessen.« Sie fand dort eine neue Liebe, die große Liebe ihres Lebens – und verlor sie wieder.

Georg Forster war und ist der Weltumsegler. Mit seinem Vater, dem Naturforscher Johann Reinhold Forster, begleitete er den Entdecker Captain Cook auf dessen zweiter Reise. Drei Jahre, von 1772 bis 1775, waren sie unterwegs, Forster war siebzehn Jahre jung, als die Fahrt begann. Nach der Rückkehr berichtete er darüber in einem sehr persönlichen, mit Beobachtungen, Beschreibungen, Geschichten, Ideen und Spekulationen reich gefüllten Buch, das seinen Namen zugleich mit seinem Abenteuer in die Öffentlichkeit trug und ihn zum gefeierten Mann machte.

Auch er hat praktisch wirken wollen mit seiner Schrift, der man ihre Entstehung zur Zeit der amerikanischen Unabhängigkeitserklärung deutlich anmerkt. »Eine einzige Bemerkung, die von großem Nutzen für die Nachwelt ist; nur E i n Vorfall, der unsre Mitmenschen in jenem entfernten Weltteil glücklich macht, vergilt wahrlich alle Mühseligkeiten der Seefahrt, und schenkt den großen Lohn, das Bewußtsein guter und edler Handlungen!«, wünschte er am Ende des Vorworts. Wie es tatsächlich in der Welt zuging, war ihm unterwegs wieder und wieder deutlich geworden. »Wenn wir zum Beispiel jene schönen Fische der See, die Bonniten und Doraden, auf der Jagd der kleinern, fliegenden Fische antrafen, und bemerkten, wie diese ihr Element verließen um in der Luft Sicherheit zu suchen; so war die Anwendung auf den Menschen nur gar zu natürlich. Denn wo ist wohl ein Reich, das nicht dem brausenden Ozean gliche, und in welchem die Großen, in allem Pomp und Pracht ihrer Größe, nicht immer die Unterdrückung der Kleinern und Wehrlosen suchen sollten? Zuweilen ward das Gemälde noch weiter ausgeführt, wenn die armen Flüchtlinge auch in der Luft neue Feinde antrafen und ein Raub der Vögel wurden.«

Als er 1793 nach Paris kam, um an einer neuen Welt mitbauen zu helfen, war er von allen verlassen, von Bekannten, Freunden und von seiner Frau, an der er gleichwohl unbeirrt festhielt. »Es ist sonderbar, meine geliebteste Therese, daß unsere eigentümliche Verhältnisse so mit den wichtigsten Angelegenheiten der Menschheit zusammenhängen«, schrieb er ihr.

Der Trojanische Krieg findet nicht statt

Frankreich im Frühjahr 1793. Es sieht düster aus für die junge Republik. Seit Ende April bzw. Juni 1792 liegt sie im Krieg mit Österreich und seinen Verbündeten, seit Anfang des Jahres auch mit England und Holland. Das Land steht unter Waffen. In der Vendée hat ein grausamer Bruderkrieg begonnen, und auch in anderen Provinzen ist es nach der Hinrichtung des Königs zu Aufständen gekommen. Im Pariser Nationalkonvent kämpfen Girondisten und Jakobiner erbittert und lautstark um die Macht. Besucher glaubten, »in einen Tempel einzutreten, der dem Hasse geweiht ist«, oder sahen den Konvent in ein »Saturnal reißender Tiger« verwandelt. Am 13. März hält der girondistische Abgeordnete Vergniaud eine prophetische Rede: »Es steht zu befürchten, *citoyens*, daß die Revolution wie Saturn ihre Kinder verschlingen und letztlich nur die Tyrannis mit all ihren Übeln hervorbringen wird.« Anarchie droht. Im Namen der Freiheit wird geplündert, gestohlen, denunziert, gemordet. Das Volk hungert. Lebensmittel sind knapp und teuer. Und doch – »Ich begreife die Sorglosigkeit der Pariser nicht«, schreibt Oelsner. »Mit dem ersten schönen Tage kommen sogleich wieder prächtige Karossen zum Vorschein; die Schauspielhäuser sind gedrängt voll; das neue Ballett von Gardel *(Le jugement du berger Paris)* umgeben entzückte Augen; man tanzt am Rande des Kraters.«

Jede Kunst hat ihre goldene Zeit. Das spätere 18. Jahrhundert stand im Zeichen des Tanzes. Man entwickelte neue Konzepte, Formen und Figuren – die Pirouette zum Beispiel – und schuf Inszenierungen, die Musik, Bewegung und Ausstattung zu einem Gesamtkunstwerk verbanden.

Pierre Gardel, seit 1787 *maître de ballet* an der Pariser Oper, war ein Meister seines Faches. Seine Fassung des Balletts

Psyche, uraufgeführt im Dezember 1790, wurde als »Muster an Geschmack und Perfektion« gepriesen, als vielleicht »zauberhaftestes Schauspiel, das je auf einer Bühne erschienen war«. Im Bunde mit dem Zeitgeist hatte Gardel danach Revolutions-Agitprop-Opern inszeniert, im Herbst 1792 etwa *L'offrande à la Liberté* [Die Opfergabe für die Freiheit]. Am Ende hörte man Glockengeläute und Kanonenschüsse, Waffen wurden verteilt und geschwenkt, und das ganze Ensemble stimmte die *Marseillaise* an:

> *Aux armes, citoyens!*
> *Formez vos bataillons,*
> *Marchons, marchons!*
> *Qu'un sang impur*
> *Abreuve nos sillons.**

Die blutrünstige Hymne der Revolution wurde auch im getanzten *Triomphe de la République* reichlich eingesetzt, im Januar 1793, sechs Tage nach der Hinrichtung des Königs.

Doch dann greift Gardel mit seiner nächsten Produktion, dem *Urteil des Paris*, wieder einen mythologischen Stoff auf, der auch schon Jahrzehnte früher Choreographen inspiriert hatte. Angesichts der politischen Lage eine überraschende Wahl. War das wieder ein Beispiel für den sprichwörtlichen französischen Leichtsinn, eben ein Tanz am Rande des Kraters?

Wenn Gardel die klassische Fassung der Sage auf die Bühne gebracht hätte, hätte Oelsner mit seiner Einschätzung recht gehabt. Sie erzählt, wie die trojanische Königin Hekuba, gewarnt durch einen unheilverkündenden Traum, ihren neugeborenen Sohn Paris am Berg Ida in der Wildnis aussetzen läßt, wie das Kind von ihrem Diener Argileus gerettet und in ländlicher Abgeschiedenheit als Sohn aufgezogen wird, wie Paris als Hirte die Herden seines Adoptivvaters hütet, bis Zeus ihn zum Schieds-

---

* Zu den Waffen, Brüder! / Schließt die Reihen, / Marschieren wir, marschieren wir / Auf daß unreines Blut / die Furchen unserer Äcker tränke.

richter in einer von Eris, der Göttin der Zwietracht, angezettelten Schönheitskonkurrenz zwischen den Göttinnen Hera (Juno), Pallas Athene (Minerva) und Aphrodite (Venus) macht. Daß Paris Aphrodite zur Siegerin erklärt, die ihm als Lohn für eine Entscheidung zu ihren Gunsten die schönste Frau der Welt versprochen hatte, führt dann zum Raub der schönen Helena und zum langjährigen Krieg zwischen Griechen und Trojanern.

Gardel jedoch inszenierte – zu einem Pasticchio aus Melodien von Haydn, Pleyel und dem Komponisten und Arrangeur Étienne-Nicolas Méhul – eine andere, wenig bekannte Variante des Stoffes. Sein Tanz am Rande des Kraters war nicht frivol, sondern romantisch, Friedens- und Liebeszauber in Zeiten des Krieges.

Am 15. April, knapp drei Wochen nach seiner Ankunft in Paris, besuchte Georg Forster eine Aufführung im Theater an der Porte Saint-Martin, passenderweise in Begleitung von drei Frauen, Helen Maria Williams, Mary Wollstonecraft und der Schwester eines neuen Bekannten, Jane Christie. Als erstes Stück an diesem Abend wurde die Oper *Iphigenie auf Tauris* von Gluck gegeben, eine zu dieser Zeit schon anstößige Wahl. Immerhin war der Komponist ein *protégé* der verhaßten österreichischen Königin Marie Antoinette gewesen, der er einst in Wien Musikunterricht gegeben hatte. Nun saß sie, degradiert zur Bürgerin Capet, als Gefangene im Temple, wissend, daß ihr das gleiche Schicksal wie ihrem Ehemann drohte.

Aber das Publikum war ohnehin nicht wegen der *Iphigenie* gekommen, und auch für Forster stand sie trotz der »herrlichen Musik« Glucks ganz im Schatten von Gardels spektakulärer Inszenierung, die Götter- und Hirtenwelt, höfische Prachtentfaltung und ländliche Simplizität effektvoll einander gegenüberstellte und Auguste Vestris, den *primo ballerino* des Ensembles, in der Rolle des Paris glänzen ließ. *Cirque du Soleil* anno 1793.

Der Vorhang hebt sich über einer idyllischen Landschaft und einer unglücklichen jungen Frau. Die Nymphe Oenone ist unsterblich in den Hirten Paris verliebt, hat bisher aber keine Ge-

genliebe gefunden. Als sie verzweifelt nach ihm ruft, erscheint
er – erscheint Auguste Vestris. Ein zauberhafter Echo-*Pas-de-
deux* beginnt. Paris treibt sein Spiel mit der armen Nymphe, indem er ihren Ruf nachäfft, sie sucht ihn, er verschwindet, taucht
anderswo wieder auf, lockt sie wieder, bis er endlich, der Sache
müde, so leise nach ihr ruft, daß Oenone ihn weit entfernt glaubt
und von der Bühne läuft, um ihn zu suchen. Währenddessen
treibt Paris-Vestris, *enfant chéri des dames*, sein Spiel mit den
Frauen, wirbt um eine, verläßt sie, flirtet mit einer anderen, wird
von einer ganzen Gruppe verliebter Schäferinnen bedrängt ...

Das war der Beginn einer Vorstellung aus lauter Höhepunkten.
Der Einzug der Götter mit allem Pomp und Prunk des *Ancien
Régime*. Der spektakuläre Auftritt der Zwietracht, die von Flammen umzüngelt der dumpf grollenden Erde entsteigt. Begleitet
von Nymphen und Amoretten, tanzt Venus leichtbekleidet auf
die Bühne und nimmt ein Bad, während einige ihrer Begleiterinnen einschmeichelnde Melodien auf der Lyra zupfen. »Auf der
Bühne zu zeigen, wie die Göttin der Schönheit ein Bad nimmt,
so, daß der Anstand niemals verletzt wird, ist zweifellos etwas
ganz Neues, aber es ist hinreißend und konnte nur einem überaus
geschickten und seiner Mittel sicheren Mann gelingen«, rühmte
ein Kritiker.

Eine Handbewegung der siegreichen Göttin verwandelt die
Szene auf offener Bühne in ihren heiligen Hain im zyprischen
Paphos, unter jedem *bosquet* ein glückliches Paar. Und dann ihr
letzter, größter Zauber: Venus läßt Paris in Liebe zur verschmähten Oenone entbrennen – und fliegt mit ihrem Gefolge davon.

Das Publikum war hingerissen. »Tanz- und Dekorationskunst
scheint alle ihre Erfindungen erschöpft zu haben, um einen thea-
tralischen Zauber hervorzubringen, der nirgends in der Welt, als
in Paris, und hier noch nie zuvor in dem Grade hervorgebracht
worden sein kann«, schrieb Forster am nächsten Tag an seine
Frau. »Es war nicht Beifallklatschen, sondern unwillkürliches
Beifallschreien, was mehrmals ertönte, und wahrlich, ich konnte
vor Bewunderung nicht klatschen und nicht schreien. Der junge

Vestris mag ein so schlechter Kerl und aufgeblasener Narr sein, wie man ihm nachsagt, die Grazie und Eleganz seiner Bewegungen hat ihres Gleichen nicht. Alles Gefühl, seine ganze Seele ist konzentriert in seiner Kunst; der Ausdruck seines Wesens ist Tanzsinn. Die wunderbar schönen und reichen Szenen, die bezaubernden Gegenden des Bergs Ida, die Göttererscheinung aus dem Olymp, die Venus im Bade, die Grazien und ihre Tänze, das schön beibehaltne Kostüm, das unendlich Mannigfaltige, und die unzähligen kleinen Einfälle, das Ganze zu beleben, muß man mit eigenen Augen sehen.«

Doch der ganze Aufwand, die Virtuosität der Tänzer, Vestris' wirbelnde Pirouetten, die frappierenden Effekte der Theatermaschinerie, all das war die glänzende Verpackung einer ganz einfachen, alltäglichen, alten, ewig neuen Geschichte, die auch Forsters Geschichte war, und die der Frauen, die neben ihm im Theater saßen. Liebe, die keine Gegenliebe findet, ein junger Mann, der übermütig mit der Liebe spielt, eine junge Frau, die an seiner Kälte zu verzweifeln droht. Und dann das Wunder, die Herzenswende.

Tatsächlich sogar ein doppeltes Wunder, denn das Glück der Liebenden kündigt den Anbruch eines neuen Goldenen Zeitalters an. Der Trojanische Krieg findet nicht statt! Inmitten einer heillos zerstrittenen Welt zauberte Gardel eine Insel des Friedens und der Liebe auf die Bühne. Noch einmal, zum letzten Mal bevor die strengen Tugendwächter alle Götter von den Pariser Bühnen vertrieben, beschwor er die Utopie, die in den Anfängen der Revolution in den Augen vieler ihrer Anhänger fast schon Wirklichkeit geworden war.

Seltsam eigentlich, daß Forster explizit kein Wort über Gardels revisionistische Fassung des Mythos verlor. Vielleicht, weil sie mit seinen eigenen Wünschen und Hoffnungen verschwistert war? Im gleichen Brief, in dem er Therese von seinem Besuch im *Urteil des Paris* berichtete, hat er die theatralische Botschaft des Balletts in eine Utopie übersetzt.

»Freiheit und Gleichheit? Mein ganzes Leben ist mir selbst der

Beweis, das Bewußtsein meines ganzen Lebens sagt mir, daß diese Grundsätze mit mir, mit meiner Empfindungsart innig verwebt sind, und es von jeher waren. Ich kann und werde sie nie verläugnen.« Doch die Menschheit sei noch nicht reif dafür, meint er, und das Schlimmste, »die Herrschaft, oder besser, die Tyrannei der Vernunft, vielleicht die eisernste von allen«, stehe ihr noch bevor. »Bis endlich einmal, wenn die Welt nicht wirklich das Werk des Ungefährs oder das Spiel eines Teufels ist, eine allgemeine Simplizität der Sitten, Beschäftigungen, Wünsche und Befriedigungen, eine Reinheit der Empfindung, und eine Mäßigung des Vernunftgebrauches aus allen diesen Revolutionen hervorkeimt, und ein Reich der Liebe beginnt, wie es sich gute Schwärmer von den Kindern Gottes träumten.«

I FRATERNITÉ:
HELEN MARIA WILLIAMS

Alles, was heutzutage das menschliche Leben an Annehmlichkeiten kennt, ist aus der gegenseitigen Hilfe der Menschen entsprungen. Nächst Gott gibt es nichts in der Welt, was dem Menschen mehr hilft und nützt als der Mensch selbst.

Samuel von Pufendorf

1 Helen Maria Williams.
Stich von Ozias Humphrey, 1791.

N U M É R O 195.

879

JOURNAL DE PARIS.

Mardi 14 Juillet 1789, *de la Lune le* 22

Le Soleil se leve à 4 heur. 8 minut. , & se couche à 7 heur. 52 minut.

La Lune se leve à 10 heur. 37 min. du soir , & se couche à 12 h. 35 m. après minuit.

Rapport du Tems vrai au Tems moyen. Au midi du soleil, la pendule doit marq. o h. 5 m. 24 s.

Hauteur de la Rivière. Le 12 à 3 p. 8 p. , & le 13 à 3 p. 8 p. (haut. moyenne 5 pieds.)

Reverbères. Allumés à 8 heur. 55 min. éteints à 12 heur. o min.

Observations Météorologiques du Dim. 12 Juill.	Époques.	Thermom.	Baromèt.	Vent.	État du Ciel & Remarques.
	A 5 h. m.	+11, 0	27.11, 3		Couvert toute la matinée; ciel s'éclaircit sur les 5 h. s.; beaucoup de nuages le reste de la journée.
	A 10 ¼ m.	+20, 5	27.11, 3	S.	
	A 9 ſ	+14, 4	27. 9, 9		

ÉTATS-GÉNÉRAUX.

MM. les Députés de St-Domingue, obligés, d'après l'arrêté de l'Assemblée Nationale du 4 de ce mois , de se réduire au nombre de *six*, quant à la voix délibérative , ont observé , dans cette réduction , l'ordre des élections , de manière que chacune des Provinces de St-Domingue eût deux Représentans.

Par le résultat de cette opération ; M. le Chⁱ⁰ʳ de Cocherel & M. le Marquis de Gouy d'Arſy ſont les Repréſentans de la Province de l'Oueſt.

M. de Thébaudières , ancien Procureur-Général , & M. l'Archevêque Thibaud , ſont les Repréſentans de la Province du Nord.

M. le Marquis de Perrigny & M. Gérard ſont les Repréſentans de la Province du Sud.

Sur ces ſix Députés , il s'en trouve quatre qui viennent d'arriver de St. Domingue.

Les douze autres Députés de St. Domingue , auxquels l'Aſſemblée Nationale a accordé le droit de ſéance , ſont :

Pour l'Oueſt. MM. le Comte-ô Gorman ; le Chevalier de Courrejolles ; le Comte de Magallon ; le Chevalier Dougé.

Pour le Nord. MM. le Comte de Reynaud ; le Marquis de Rouvray ; le Comte de Villeblanche. M. le Comte de Noë.

Pour le Sud , MM. le Gardeur de Tilly ; le Chevalier de Marmé ; Fitz-Gérald-Bodkins; Duval de Monville.

EXTRAITS.

BELLES-LETTRES.

Nouveau Voyage en Espagne, ou Tableau de l'état actuel de cette Monarchie , &c. A Paris, chez *Regnault*, Libraire , rue St-Jacques, vis-à-vis celle du Plâtre. 3 vol. in-8°, avec une carte enluminée , des plans & des figures en taille-douce ; prix brochés 12 liv. (2ᵉ *Extrait.*) Voy. la Feuille du 30 Juin dᵉʳ.

Nous ne nous arrêterons pas ſur la deſcription des différens châteaux du Roi d'Eſpagne & des tableaux qu'ils contiennent. Nous remarquerons ſeulement que le goût de la campagne eſt peu répandu dans ce pays ; on n'y trouve pas ces maiſons de plaiſance multipliées par les particuliers opulens de toutes les claſſes dans d'autres Etats de l'Europe , & qui en font le plus bel ornement. Ce défaut eſt un de ceux qui doivent le plus s'oppoſer aux progrès de l'Agriculture. L'article de ce Voyage , ſur lequel on nous ſaura gré d'inſiſter , eſt celui des mœurs. L'Auteur le commence par une réflexion bien judicieuſe, c'eſt qu'il eſt difficile de les peindre ſous des traits qui conviennent aux habitans

2 *Titelseite des Journal de Paris, 14. Juli 1789.*

Zeitungen sind jüngere Verwandte der Kalender. Das merkt man dem *Journal de Paris* noch deutlich an, zugleich aber auch das moderne Bedürfnis nach wissenschaftlich präziser Vermessung der Welt. Stadt und Erdkreis! Jede Nummer dieser ersten, ältesten Zeitung Frankreichs verortet ihre Leser in Zeit und Raum, zwischen Tag und Nacht, Licht und Finsternis, Sonnenaufgang und -untergang, dem Anzünden und Löschen der Laternen. Die Wetterberichte allerdings waren Wetternachhersagen, sie kamen mit zweitägiger Verspätung. Dafür aber stimmten sie, jedenfalls meistens.

Am 16. Juli konnte man nachlesen, wie das Wetter am 14. gewesen war: Bedeckt, ziemlich kühl, mit einer Mittagstemperatur von 17,8° Réaumur (22,25° Celsius) und starkem Ostwind. Erst gegen fünf Uhr nachmittags war die Sonne durchgekommen, die an diesem Tag um acht Minuten nach vier aufgegangen war. Als die Laternen genau um Mitternacht gelöscht wurden, war ein Tag zu Ende gegangen, der die Welt veränderte, indem er der Revolution, die bisher als evolutionärer Prozeß verlaufen war, ihren Gründungsmythos bescherte. Bürger von Paris hatten die Bastille erstürmt, die alte düstere Festung, die den französischen Königen seit Jahrhunderten als Staatsgefängnis diente. »Die ernste heilige Freiheit ist zum ersten Mal in diesem Ort des Schrekkens aufgetreten, diesem grauenvollen Asyl des Despotismus, der Ungeheuer und der Verbrechen.«

Es hatte viele Opfer gegeben, über hundert Tote und Verletzte, und der Festungskommandant Launey war von der wütenden Menge mißhandelt und ermordet worden. Eigentlich war das Resultat dieser Aktion wenig eindrucksvoll. Sieben Gefangene hatte man gefunden: vier rechtmäßig verurteilte Fälscher, einen Grafen, den seine Familie seines ausschweifenden Lebens wegen hatte einsperren lassen, und zwei alte, geistig verwirrte Männer. Beethoven hat in seinem *Fidelio* die Befreiung aus den dunklen Verliesen der Tyrannei entschieden eindrucksvoller in Szene setzen können, mit einem ganzen Chor von Gefangenen: »O welche Lust, / Den Atem leicht zu heben!« Aber was waren

3 *Die Bastille in den ersten Tagen nach ihrer Zerstörung.*
Ölgemälde von Hubert Robert.

schon Fakten und Zahlen gegen die Symbolkraft dieses Ereignisses!

In den vorausgehenden Jahren war die Bastille in ganz Europa zum Inbegriff despotischer Willkürherrschaft geworden, ausgelöst durch ein Buch, die *Denkschrift über die Bastille*, die ein ehemaliger Häftling, der Journalist und Historiker Simon-Nicolas-Henri Linguet, 1783 im englischen Exil veröffentlicht hatte. Als erster brach er das Schweigegelübde, das der Staat allen Gefangenen der Bastille vor ihrer Entlassung abverlangte und das sie zum »Mysterium des Schreckens« hatte werden lassen. Seine Geschichte erregte Aufsehen – noch im Jahr der Veröffentlichung erschienen allein in deutschen Landen fünf Übersetzungen. Wahre und fiktive Gefängnisliteratur wurde regelrecht Mode, wozu auch die damals weitverbreitete Angst, lebendig begraben zu werden, beitrug. »Kaum ein Jahr verging ohne einen neuen Beitrag zu diesem Genre. Die Veröffentlichungen setzten die üblichen Techniken der Schauerliteratur ein, um Gefühle von Abscheu und Furcht, gemischt mit Puls beschleunigenden Momenten der Hoffnung zu erzeugen«, schreibt Simon Schama abwiegelnd, doch auch den Fiktionen lagen sehr reale Schrecken zugrunde. Willkürjustiz gab es überall.

Nirgendwo allerdings wurden Recht und Gerechtigkeit wohl so mit Füßen getreten wie in Frankreich, wo gewissermaßen jeder Ort seine Bastille hatte. Nicht nur in Paris, auch in den Provinzen gab es viele Gefängnisse, in denen Menschen ohne Prozeß und Verurteilung festgehalten wurden, manchmal lebenslang. »Die Bastillen Frankreichs haben verschlungen und verschlingen noch täglich Männer vom ersten Rang, und zwar ohne Ansehen ihres Vaterlandes. Mit Recht könnte man die Eingänge zu diesen Schlünden mit dem Denkspruch bezeichnen, welcher auf den Türen der Kirchhöfe geschrieben zu sein pflegt – *hodie mihi cras tibi* [heute ich, morgen du]«.

Es war schon schlimm genug, daß einfache Bürger kaum die Chance hatten, zu ihrem Recht zu kommen, das Prozessieren war einfach zu teuer und langwierig. Der eigentliche Skandal aber waren die berüchtigten *lettres de cachet*, versiegelte Haftbefehle. Die von einem Minister gegengezeichnete Unterschrift des Monarchen reichte aus, um Menschen einzusperren oder außer Landes zu bringen. Für Personen von Rang und Einfluß waren diese »furchtbaren Blitzstrahlen« ein bequemes Mittel, um politische Gegner, Konkurrenten in Erbstreitigkeiten, aufsässige Söhne und Töchter, überhaupt jede mißliebige Person aus dem Weg zu räumen. Umgekehrt konnte der König mit einem *lettre de cachet* gnadenhalber Günstlinge auch vor Verfolgungen der Justiz schützen. Lange Zeit hat man von dieser Lizenz so häufig Gebrauch gemacht, daß die Polizeichefs einen Vorrat von *lettres de cachet* bereithielten, in die dann nur noch der Name des zu Verhaftenden eingetragen werden mußte.

Gegen diese Willkürjustiz war denn auch die erste gesetzgeberische Maßnahme der neuen Nationalversammlung gerichtet. Im März 1790 wurde ein *Décret sur les Lettres de cachet* erlassen, das die Öffnung aller französischen Bastillen verfügte. »Innerhalb von sechs Wochen nach der Veröffentlichung des vorliegenden Dekrets werden alle Personen, die in Schlössern, Klöstern,

Zuchthäusern, Polizeistationen und Gefängnissen jeglicher Art entweder auf Grund von *lettres de cachet* oder durch Anordnungen der Exekutive gefangen gehalten werden, in Freiheit gesetzt, zumindest wenn sie nicht –«

Es folgen viele einschränkende Klauseln, die bald um weitere ergänzt wurden. Sie lassen erkennen, wie sehr die Gesetzgeber darum bemüht waren, ja keine gefährlichen Gefangenen auf die Menschheit loszulassen – man fühlt sich an das unwürdige Gerangel um die Aufnahme von Guantánamo-Häftlingen erinnert –, aber das schmälert die Bedeutung dieser Verordnung kaum. Erst jetzt konnte überall in Frankreich Wirklichkeit werden, was die Erstürmung der Bastille symbolisch vorweggenommen hatte.

Liebe in Zeiten des Despotismus

> Die älteste Gesellschaft und die einzig natürliche ist die Familie. Die Familie ist also, wenn man so will, das Modell der politischen Gesellschaft. Das Oberhaupt entspricht dem Vater, das Volk den Kindern.
>
> *Jean-Jacques Rousseau, Der Gesellschaftsvertrag*

In London arbeitete die Dichterin Helen Maria Williams gerade an ihrem ersten (und einzigen) Roman, als die Bastille fiel. In freudiger Erregung schrieb sie diese unerhörte Begebenheit gleich in ihr Buch ein. Ein Herr von F. bringt der Titelheldin, Julia heißt sie, das Gedicht eines Bastille-Gefangenen, das als Vision vorwegnimmt, was gerade in Wirklichkeit passiert war.

> *I feel the vital air –*
> *I see, I s e e the light of day!*
> *Visions of bliss, eternal powers!*
> *What force has shook those hated walls?*
> *What arm has rent those threat'ning towers?*
> *It falls – the guilty fabric falls!**

* Ich fühle die Lebensluft – / Ich sehe, ich s e h e das Licht des Tages! /

Diesen Herrn von F. gab es tatsächlich, nur war er nicht der Freund des Gefangenen, sondern der Gefangene selbst. Mit ihm, mit seiner Familiengeschichte hat Helen rückblickend ihre Liebe zur Revolution beginnen lassen. »Meine ersten Empfindungen gehen auf den Moment zurück, an dem ich ein Gefühl tiefer Sympathie für eine Familie empfand, mit der ich eng verbunden bin. In London, um 1786, nicht lange vor der Revolution, wurde meiner Mutter eine französische Dame als Französischlehrerin für mich und meine Schwester empfohlen. Diese Dame und ihr Gatte, der angesehene Baron du Fossé, waren Opfer der willkürlichen und despotischen Maßnahmen geworden, die zur Zeit des *Ancien régime* in Frankreich erlaubt waren. Madame du Fossé bot uns eine Erzählung ihrer Leidensgeschichte. Und wer erzählt mit mehr Eloquenz als eine Französin, die Esprit und Empfindung hat?«

Helen hat Moniques Erzählung wenig später in der ersten Folge ihrer *Briefe aus Paris* mindestens ebenso eloquent nacherzählt und dabei jede Gelegenheit, ihre Leser zu rühren, zu erschüttern und zu empören, lustvoll ausgekostet. Und es gab viele Gelegenheiten: treue Liebe, teuflische Ränke, bittere Not, Herzeleid. Was tatsächlich wohl ein Machtkampf zweier stolzer halsstarriger Männer war – ein Sohn, der den Vater herausforderte, ein Vater, der versuchte, den Willen des Sohnes zu brechen, und dabei die Machtmittel des Staates nutzen konnte –, hat sie resolut zur Geschichte von der verfolgten Unschuld vereinfacht und aller sozialen Konkretheit beraubt, die zur Erklärung dieses Familiendramas hätte beitragen können. So verschweigt Helen zum Beispiel, daß die du Fossés sich zum Jansenismus bekannten, einer Reformbewegung innerhalb der katholischen Kirche. Ihre Anhänger bezeichnet man gern als die Protestanten des Katholizismus, weil sie im Rückgriff auf die Lehren des Kirchenvaters Augustin und ähnlich wie Luther glaubten, daß der Mensch aus

Bilder von Seligkeit, ewigen Mächten! / Welche Gewalt hat diese verhaßten Mauern erschüttert? / Welcher Arm hat diese bedrohlichen Türme niedergerissen? / Es fällt – das schuldige Gebäude fällt zusammen!

eigener Kraft (zum Beispiel durch gute Werke) nichts für seine Erlösung tun könne, der göttlichen Gnadenwahl also ausgeliefert sei. Sie waren in Frankreich unter dem »Sonnenkönig« Ludwig XIV. auf Betreiben der Jesuiten erbittert bekämpft und verfolgt worden und trieben einen Kult um ihre Märtyrer. Auch der Großvater von Helens Monsieur du Fossé, Pierre Thomas du Fossé, gehörte in gewisser Hinsicht zu ihnen, denn er war seines Glaubens wegen in die Bastille gebracht und dann auf seine Güter in der Normandie verbannt worden.

Dort, auf dem nicht weit von Rouen gelegenen Landsitz der Familie, beginnt und endet denn auch die Geschichte, die uns Helen in epischer Breite erzählt. Hier eine Fahrstuhl-Version.

Augustin-François Thomas du Fossé, der 1750 als erstes Kind seiner Eltern geboren wird, verlebt eine unglückliche Kindheit und Jugend. Sein Vater ist ein Despot, der seine Familie tyrannisiert und von seinen Untergebenen ebenso gehaßt wird, wie er sie verachtet. »Er behauptete seine aristokratischen Rechte mit unnachgiebiger Strenge, regierte seine feudalen Besitztümer mit eiserner Faust und sah das niedere Volk als Lebewesen an, deren Existenz nur zum Nutzen der Aristokratie geduldet werden konnte. Die Armen, so glaubte er, waren nur geboren, um zu leiden, und er hatte beschlossen, sie, soweit es in seiner Macht stand, dieses natürlichen Erbes nicht zu berauben.« Bei der schwachen Mutter findet das sensible Kind weder Liebe noch Unterstützung, der Altersabstand zu den Brüdern ist zu groß, als daß sie ihm etwas bedeuten könnten. Der einzige Mensch, der mit ihm fühlt und dem er sich anvertrauen kann, ist die Gesellschafterin seiner Mutter, ein junges Mädchen bürgerlicher Herkunft namens Monique Coquerel. Es kommt, wie es kommen muß. Die beiden verlieben sich ineinander, und das bleibt nicht ohne Folgen. Monique wird schwanger. Heimlich läßt sich Monsieur du Fossé mit ihr trauen.

Als der Vater von der Mesalliance erfährt (das Kind, ein Sohn, hat die Geburt nicht lange überlebt), ist er außer sich vor Wut, finster entschlossen, den unbotmäßigen Sohn zur Raison zu bringen. Selbst in England, wohin sich Monsieur du Fossé mit seiner Frau geflüchtet hat, spürt er ihn auf. Mit List und Tücke gelingt es ihm, den Sohn nach Frankreich zurückzulocken, wo er ihn mittels eines (freilich nur vorgetäuschten) *lettre de cachet* in den Verliesen des Manoir de St. Yon bei Rouen, eines von Mönchen betriebenen Pensionats, verschwinden läßt.

Diese Bastille des Herrn von F. ist ein grauenvoller Ort. Die Zellen sind düster, feucht und im Winter eiskalt. Die meisten seiner Leidensgenossen sind in der langen Gefangenschaft wahnsinnig geworden. Ein alter Mann, der in der Nachbarzelle sitzt, ist seit vierzig Jahren eingesperrt. Sein grauer Bart hängt bis zur Taille hinab, er ist am Hals an der Wand angekettet, darf seine Zelle nicht verlassen und ist völlig verstummt. Monsieur du Fossé hört nur das Rasseln seiner Ketten.

Bei einem Fluchtversuch stürzt er vom Dach des Manoir auf die Straße und wird schwer verletzt. Zwar läßt ihn sein unbarmherziger Vater wieder einsperren, aber diesmal gibt es Zeugen. Das Mitgefühl mit dem Schicksal des unglücklichen jungen Mannes ist allgemein. Zum Schein läßt ihn der Baron in Freiheit setzen. Mit Hilfe neuer, diesmal echter *lettres de cachet* will er ihn erst verbannen und dann in ein Gefängnis im Süden des Landes verschleppen lassen, »einen Ort, wo sein Stöhnen weder Mitleid noch Rache finden würde«. Der teuflische Plan scheitert. Gewarnt von Freunden, flieht Monsieur du Fossé ein zweites Mal nach England, zu seiner Frau und ihrem Töchterchen. »Er stürzte in das Zimmer, flog in ihre Arme – drückte sie stumm an seine Brust. Sie konnte keine Träne vergießen, erst nachdem er sich lange darum bemüht hatte, sie durch seine Zärtlichkeit zu beruhigen, fand sie Erleichterung im Weinen.«

Die finanziellen Nöte des Paars waren damit freilich noch nicht zu Ende. Die beiden mußten sich mit Sprachunterricht über Wasser halten, und so kam es, daß Helen Maria Williams die Bekanntschaft des Ehepaares machte und ihre Leidensgeschichte hörte. »Wie groß war mein Erstaunen, als ich vom Despotismus einer Regierung erfuhr, die sich die Macht anmaßte, in das Privatleben ihrer Bürger einzudringen und Bande zu zerreißen, die die heiligsten Gesetze geschlossen hatten?« schreibt sie in ihren *Souvenirs* und behauptet kühn: »Wir weinten noch, als die Revolution ausbrach.« Das war drei Jahre später.

Im Sommer 1789 – der böse Baron war inzwischen gestorben – reiste Monsieur du Fossé mit der Familie zurück in die Heimat, wo sie einen Tag vor der Erstürmung der Bastille eintrafen. »Man gab ihm seine Güter und angestammten Rechte zurück, er fand seine Ländereien und sein Schloß wieder, und, was noch wichtiger ist, sein Glück. Das war der Tag des Triumphes für die Unterdrückten. Meine Schwester und ich wurden eingeladen, sie zu besuchen und Zeugen der späten Gerechtigkeit und des so lang erwarteten Glücks zu sein; und diese Reise gab uns Gelegenheit, in Paris das erste große Fest der Föderation zu sehen. Die Eindrücke dieses denkwürdigen Tages haben meine politischen Ansichten für immer befestigt. Keiner, der ihn erlebte, hat ihn je vergessen können.«

Dichterin

»Miss Helen Williams ist ohne Zweifel eine echte Dichterin. Aber ist es nicht höchst ungewöhnlich, daß eine solche Begabung, daß eine Frau und eine so junge Frau, zum Politiker werden sollte? Daß die schöne Helena, deren Töne der Liebe die mondbeglänzten Täler verzauberten, als zügellose Anwältin gallischer Ausschweifungen in vorderster Reihe stehen würde? Daß eine solche Frau einen Pesthauch verbreiten würde, der verderblicher ist als der des Avernus*, obwohl sie uns so oft mit Melodien entzückte, die so sanft waren wie die Seufzer des Zephyrs, so köstlich wie Paradiesesluft?«

So jung war Helen Maria Williams nach damaligen Vorstel-

---

* Krater und Kratersee bei Cumae (nicht weit von Neapel), nach antiker Vorstellung der Eingang in die Unterwelt.

lungen eigentlich gar nicht mehr – nämlich Ende Zwanzig –, als sie sich der Französischen Revolution in die Arme warf, aber ihre Gedichte und ihr Auftreten waren so jungmädchenhaft, daß man sich über das wahre Alter der Verfasserin schon täuschen konnte, die sich selbst gern jünger schwindelte. Bei ihrer Einbürgerung in Frankreich verschob sie ihr Geburtsdatum, den 17. Juni 1761, gleich um acht Jahre auf 1769. Aber was heißt schon wahres Alter? Und hätte Helens Kritiker ihre Gedichte aufmerksamer gelesen, hätte ihm auffallen können, daß sie sich keineswegs gewandelt hatte. Sie war einfach nur ihren Weg weitergegangen.

In ihren Adern floß das Blut von Kriegern, Glaubenskämpfern und Rebellen. Ihre Mutter stammte aus dem einflußreichen schottischen Clan der Hay of Naughton, der sich bis ins 13. Jahrhundert zurückverfolgen läßt. Das Familienheiligtum war das blau-weiß-rote Banner der Covenanters, der schottischen Presbyterianer, unter dem Vorfahren im ersten englischen Bürgerkrieg »für die protestantische Religion und für die Freiheit« gekämpft hatten, auf der Seite der englischen Parlamentspartei und gegen König Charles I, der nach dem Sieg der Republikaner unter Cromwell vor Gericht gestellt und exekutiert wurde, 144 Jahre vor Ludwig XVI.

Die Williams, Helens Vorfahren väterlicherseits, kamen aus Wales, also ebenfalls aus einem keltischen Teil Großbritanniens mit ausgeprägter Eigenart. Sie waren besonders stolz auf einen Erzbischof von York aus dem 16. Jahrhundert und eine hugenottische Ahnfrau, die nach der Aufhebung des Toleranzediktes von Nantes nach England geflohen war. Helens Vater, Charles Williams, machte, wie schon sein Vater, in der Armee Karriere und verbrachte viele Jahre in britischen Besitzungen im Ausland, zuletzt auf Menorca, einem strategisch wichtigen Stützpunkt im Mittelmeer, das 1713 an England gefallen war. Doch 1756, zu Beginn des Siebenjährigen Kriegs, der zwischen Preußen und England auf der einen Seite, Österreich, Frankreich und Rußland auf der anderen Seite auf drei Kontinenten ausgetragen wurde, wurde die Insel von den Franzosen erobert –

eine nationale Schande, zumindest für die englische Presse. Immerhin war es Charles Williams gelungen, eine beträchtliche Geldsumme in die Heimat zu retten, wofür er eine angemessene Belohnung forderte.

Im Sommer 1758, zwei Jahre nach dem Debakel, heiratete er in der Kirche St Martin-in-the-Fields in Westminster Helen Hay, die Schwester eines Regimentskameraden. Es war seine zweite Ehe, in die er eine fünfzehnjährige Tochter mit dem ungewöhnlichen Namen Persis mitbrachte. Sie dauerte nur viereinhalb Jahre, in denen noch zwei Töchter geboren wurden, Helen und Cecilia. Cecilias Geburtsdatum ist allerdings nicht bekannt, Helens Biographen vermuten, daß sie ein oder zwei Jahre älter war als Helen, sicher ist das nicht. Gegen diese Annahme spricht besonders die Namensgebung: Gewöhnlich wurde das erste Kind nach dem Vater oder der Mutter getauft. Möglich ist auch, daß Mrs. Williams mit Cecilia schwanger war, als ihr Mann starb.

Nach seinem Tod verließ sie London und zog in den heimatlichen Norden zurück, wahrscheinlich zu ihrem Vater, einem abgedankten Offizier. Sie konnten von der Hinterlassenschaft von Charles Williams leben, reich waren sie nicht. Um so wichtiger wird es der Mutter gewesen sein, ihren Töchtern Stolz auf die Familiengeschichte einzuimpfen, und der alte Mr. Hay wird ihr dabei geholfen haben. Helen hat ihn zärtlich geliebt. In seinen guten Stunden sang er ihr patriotische Lieder vor und erzählte ihr von den Schlachten, an denen er im Siebenjährigen Krieg in Deutschland teilgenommen hatte. Er »zeigte ihr, wie man siegt«.

Das Internet ist schon eine großartige Sache, manchmal. Ein Mausklick – und man ist in Berwick-upon-Tweed, einem Städtchen an der Grenze zu Schottland, und kann mit einem historischen Stadtrundgang durch den Ort beginnen, in dem Helen ihre Kindheit und Jugend verbrachte. Ein Kriegstheater! In den jahrhundertelangen blutigen Grenzkriegen zwischen England und Schottland war Berwick von großer strategischer Bedeutung und hart umkämpft gewesen. Keine andere Stadt der

Welt (mit Ausnahme von Jerusalem) wurde so oft belagert. Von dieser Geschichte zeugen noch heute mächtige Befestigungsanlagen, die Elisabeth I. erbauen ließ. Auch nach der Vereinigung der feindlichen Brüder zu Großbritannien blieb Berwick Garnisonsstadt. Offiziell ist sie nie von England annektiert worden. War (ist) sie also schottisch oder doch englisch oder keines von beiden? Lange Zeit hatte sie einen eigentümlichen Sonderstatus und mußte in Parlamentsakten extra genannt werden. Der Krimkrieg wurde Rußland von Großbritannien, Irland – und Berwick-upon-Tweed erklärt.

Von den alten *barracks* sind nur noch Ruinen geblieben. Andere Relikte aus der Vergangenheit sind ein Torwärterhäuschen, die malerische Sandsteinbrücke über den Tweed und die graue Kirche – mit Flachdach und ohne Turm –, die etwas von einer Kaserne hat. Ziemlich grimmig war auch die Religion, in der die Williams-Mädchen erzogen wurden. Die »inbrünstige, ernste, tiefe« Frömmigkeit ihrer Mutter wurde in der Familie legendär. Vor allem das Gebot der Feiertagsruhe brannte sich Helen ein. Sonntags gehörten die Gläubigen Gott – »mit Haut und Haaren«. Wie am jüdischen Sabbat war schon am Vorabend jede Tätigkeit untersagt und natürlich erst recht jedes Vergnügen. Lachen verboten!

Die Familienbibel war das wichtigste Buch im Haus. Helen las ihrem Großvater abends stundenlang daraus vor. Noch viele Jahre später schaute sie sich und ihm dabei zu. »Ihren Stuhl hat sie ganz dicht an seinen Stuhl gezogen, sie liest mit erhobener Stimme, weil er nicht mehr gut hört. Ich sehe den alten Mann im langen grünen Schlafrock und weißer Nachtmütze vor mir, wie er auf seinem scharlachroten Damaststuhl sitzt und ihr mit entrücktem Blick zuhört, wie er manchmal bei einer anrührenden Stelle zustimmend die Hände hebt und sich seine Lippen bei einem Ausruf bewegen.«

Nennenswertes weltliches Wissen über den Elementarunterricht von Lesen, Schreiben und Rechnen hinaus konnte Mrs. Williams ihren Töchtern nicht vermitteln und hielt das wohl auch

nicht für nötig. Daran hat vor allem Helen, die Klügere, Wißbe-
gierigere von beiden, gelitten. Was wäre gewesen, wenn? In ihren
Phantasien war sie das einzige Kind, war die Mutter früh gestorben, war es der Vater, der sich als Lehrer-Geliebter ganz ihrer kul-
tivierenden Erziehung und Ausbildung verschrieb und auch ihre
Neigung zur Dichtkunst mit Wohlwollen betrachtete.

»Wohl keine andere Fähigkeit des menschlichen Geistes verschafft uns so dauerhaften Ruhm wie die Einbildungskraft. Aber
selbst wenn die Begabung des Dichters dazu nicht ausreicht, kann
ihre Ausbildung den wohltuendsten Genuß bringen. Auch wenn
der Boden dem Wachsen unsterblichen Lorbeers nicht günstig
sein mag, so kann er doch einige Pflanzen von vergänglichem
Grün hervorbringen. Vielleicht ist es das kostbarste Vermögen
der Poesie, daß sie den Geist von den düsteren Nebeln der Sorge
oder den schwarzen Wolken des Unglücks, die sich manchmal
über dem Lebensweg zusammenballen, in schöne, blühende Gegenden führt, die im hellen Sonnenlicht liegen.«

Es war wohl gerade der karge Boden von Berwick-upon-Tweed,
der solche Blütenträume reifen ließ. Helen hat sehr früh gewußt,
daß sie Dichterin werden wollte. Ein Wunsch, der sich mit ihrem Bedürfnis nach kultivierter Geselligkeit schon in einem ihrer ersten Gedichte aufs innigste verband.

»Als sie acht Jahre alt war, verfaßte sie ein Gedicht auf die Abreise einer ihrer jungen Gefährtinnen, in dem sie mit großem
Eifer ihr ganzes klassisches Wissen ausbreitete und alle heid-
nischen Götter und Göttinnen, deren Namen man sie gelehrt
hatte, dazu nötigte, nacheinander vorbeizuziehen, wie die Schatten von Banquos* Ahnenreihe.«

1781 zog Mrs. Williams mit den Töchtern nach London, vielleicht, weil hier die Chancen, einen Ehemann für sie zu finden,
größer waren als in der Provinz. Die zwanzigjährige Helen hatte
andere Wünsche. Zur Realisierung ihrer literarischen Ambitio-

---

* *Macbeth*, IV,1: *Show his eyes, and grieve the heart; / come like shadows,
so depart. (A show of eight kings ..., Banquo following.)*

nen brauchte sie die Großstadt und einen väterlichen Freund und Mentor.

Sie fand ihn in dem presbyterianischen Geistlichen Dr. Andrew Kippis. Als Publizist, Schriftsteller und Herausgeber der *Biographia Britannica* spielte er in der Gelehrtenrepublik eine wichtige Rolle und kannte Gott und die Welt. Wie die meisten Dissenter – die Angehörigen der protestantischen Denominationen, die sich nicht zur anglikanischen Staatskirche bekannten und deswegen diskriminiert wurden – trat er für politische Reformen in seinem Land ein. Eine Befreiungstheologie! Ganz oben auf der liberalen Agenda standen das Verbot des Sklavenhandels und Glaubensfreiheit nach dem Vorbild der neuen amerikanischen Verfassung (Katholiken freilich ausgenommen). Dr. Richard Price, neben Dr. Joseph Priestley der führende Kopf der radikalen *rational dissenters* und ein guter Freund von Kippis, hatte sie in einer eigenen Schrift gewürdigt.

> *When first with timid hand I touched the lyre,*
> *And felt the youthful poet's proud desire;*
> *His liberal comment fann'd the dawning flame ...**

Kippis hat seine Rolle als Helens Mentor sicher genossen. Ein liebenswürdiges, gescheites, wohlerzogenes junges Mädchen, das zu ihm aufschaute und seine Lehren begierig annahm. Er macht ihr Mut, berät sie bei ihren poetischen Versuchen, erweitert ihr Wissen und ihren Horizont, gewinnt sie für seine politischen Überzeugungen, verhilft ihr zu interessanten und nützlichen Bekanntschaften – und zu Publikationen in Zeitschriften. Ihr Debüt gibt sie mit der Ballade *Edwin and Eltruda, a legendary tale*, einer Romeo-und-Julia-Geschichte aus dem schottischen Hochland. Der formidable Literaturpapst Dr. Johnson, *the old elephant*, lobt ihre *Ode an den Frieden* und äußert sich wohlwollend über ihre guten Manieren.

---

* Als ich zuerst mit schüchterner Hand die Leier berührte, / Und den stolzen Drang des jungen Dichters verspürte / fachten seine großzügigen Bemerkungen die entstehende Flamme an ...

Helens erster, zur Subskription ausgeschriebener Gedichtband erschien 1786. Er war der Königin gewidmet und eher ein gesellschaftliches als ein literarisches Ereignis. Durch den Einsatz von Helens Förderern und Freunden hatten sich sage und schreibe 1500 Subskribenten dafür gefunden, deren Namen den Gedichten gleichsam als Prozession voranschreiten wie die Götter in ihrem Kindergedicht. Achtzig Seiten nehmen sie ein, Prominenz aus Staat, Kirche, Militär, Wirtschaft, Wissenschaft, den Künsten. Ganz oben in der Königsloge finden wir *His Royal Highness the Prince of Wales*, an dem das Defilé der Subskribenten in alphabetischer Ordnung, von A bis Y, vorbeizieht. *Her Grace the Duchess of Ancaster, The Right Hon. the Earl of Abington* und *The Right Hon. the Dowager Countess of Albemarle* ... Der Erzbischof von Canterbury ist dabei und der Bischof von York, da ist Lord Dunsington, Senator im College of Justice, Lionell Durrell, ein Direktor der East India Company, und Dr. John Hope, Professor für Botanik an der Universität Edinburgh. Der berühmte Maler und Akademiepräsident Sir Joshua Reynolds läuft mit, der Dissenter-Prediger Dr. Richard Price, die gefeierte Schauspielerin Sarah Siddons, Helens Vorbild, die Dichterin Miss Anna Seward, der boshafte Literat Sir Horace Walpole. Dabei war auch ein Mr. Stone aus Hackney, der in Helens Leben bald eine Hauptrolle spielen sollte.

Sie hatte sich in verschiedenen Formen versucht, um ihren Lesern ein abwechslungsreiches Programm zu bieten. Düstere Balladen, Naturbilder, Freundschaftsgedichte, ein Kirchenlied, fromme Betrachtungen über Worte der Heiligen Schrift, eine Klage der eingekerkerten Maria Stuart. Das wohl beste Gedicht des Bandes ist einer Seelenstimmung, dem »Zwielicht« der Dämmerung gewidmet.

Gewissermaßen die Muse und Schirmherrin von Helens Lyrik ist jene als spezifisch weiblich geltende moralisch-ästhetische Tugend, die zusammen mit der männlich konnotierten *reason* – Vernunft – gewissermaßen die Doppelspitze der Aufklärung bildet.

In SENSIBILITY'S lov'd praise
I tune my trembling reed,
And seek to deck her shrine with bays,
On which my heart must bleed!*

Es ist schwer, eine deutsche Entsprechung für diesen Begriff zu finden. Das Epochenetikett Empfindsamkeit – von empfindsam für *sentimental*, einem von Lessing angeregten Neologismus – war bald negativ eingefärbt und läßt an blaßblaue Kleider, Spitzenkrägen, schmachtende Liebesbriefe und naßgeheulte Taschentücher denken, das neutralere Empfindungsvermögen ist zugleich zu eng und zu weit geschneidert. Vielleicht paßt Feinfühligkeit noch am besten. »Empfindungs- oder Wahrnehmungkraft, Empfänglichkeit für sinnliche Stimuli«, »Fähigkeit für Empfindungen und Gefühle im Gegensatz zu Erkenntnis und Wille«, »geistige Wahrnehmung, überhaupt Wahrnehmung von etwas«, »die Eigenschaft, schnell oder leicht durch emotionale oder künstlerische Einflüsse affiziert zu werden, die Sensibilität oder Reizbarkeit dafür, gesteigertes Bewußtsein«, »ein hochentwickelter Sinn von emotionalem oder künstlerischem Bewußtsein, extreme oder exzessive Sensitivität«. So versucht das *New Shorter Oxford English Dictionary* den Begriff auszuloten; das Pathos, das Glücksversprechen, das dieses »Genie des Herzens« für Helen und ihre Zeitgenossen zum Objekt der Begierde und Kultivierung machte, bekommt ein Lexikon naturgemäß nicht zu fassen.

»*Sensibility* ist die erlesenste Empfindung, deren die menschliche Seele empfänglich ist: Wenn sie uns erfüllt, sind wir glücklich, und wenn sie unvermischt bleiben könnte, würden wir uns von der Seligkeit jener Tage im Paradies eine Vorstellung machen können, da die Leidenschaften der Vernunft gehorchten und der Ausdruck des Herzens keiner Korrektur bedurfte«, schreibt Mary

* Auf das Lob der geliebten Empfindsamkeit / stimme ich mein zitterndes (Schilf-)Rohr / und suche ihren Schrein mit Lorbeerzweigen zu bedecken / auf die mein Herz bluten muß.

Wollstonecraft um die gleiche Zeit, da Helen ihre *Poems* veröffentlicht. »Es ist diese Raschkeit, diese Zartheit des Empfindens, die uns befähigt, die sublimsten Züge des Dichters und Malers zu genießen; sie ist es, die die Seele erweitert und ihr eine begeisterte, mit Zärtlichkeit gemischte Größe verleiht, wenn wir die großartigen Gegenstände der Natur betrachten oder von einer guten Tat hören. Die gleiche Wirkung empfinden wir im Frühling, wenn wir freudig die Rückkehr der Sonne und die Erneuerung der Natur begrüßen; wenn die Blumen sich öffnen und ihren Duft ausströmen und man die Stimme der Musik vernimmt. Von Zärtlichkeit erweicht, ist die Seele zur Tugend geneigt. Kann man irgendeinen sinnlichen Genuß mit dem vergleichen, den man fühlt, wenn die Augen feucht geworden sind, nachdem man die Unglücklichen getröstet hat?«

Wonnen der Wehmut! Weil es Leid ist, fremdes, aber auch eigenes, das dem fühlenden Herzen den höchsten Selbstgenuß als moralisches Wesen verschafft, nährt sich *sensibility* bevorzugt von dieser Speise. Als Prüfstein menschlichen Wertes fand sie ihren sichtbaren und, wie viele glaubten, meßbaren Ausdruck in Tränen. Je tränenseliger, desto besser! Die Dichter sorgten dafür, daß die Augen ihrer Leser feucht blieben. »Trocknet nicht, trocknet nicht / Tränen unglücklicher Liebe!«

Der ehrgeizigste Text der *Poems* ist ein historisches Versepos in sechs Gesängen, das die politische, emanzipatorische Dimension des Gefühlskults deutlich werden läßt. Nach seinem Schauplatz heißt es *Peru* und ist artig mit Quellenangaben versehen. Helen erzählt, wie die Spanier auf der Jagd nach Gold in ein Paradies unverdorbener Natur eindringen, Tod und Schrecken um sich verbreiten, grausam das Glück von Familien und Liebenden zerstören und für Jahrhunderte eine Gewaltherrschaft etablieren. Am Ende aber steht die Hoffnung, daß es damit bald ein Ende haben wird. Revolution liegt in der Luft. Die Völker Südamerikas werden sich gegen ihre Unterdrücker erheben und ihre Freiheit erkämpfen!

Es muß den meisten Lesern klar gewesen sein, daß Helens

*4 Frontispiz zu »Poems« von Helen
Maria Williams.
Von Maria Cosway, 1786.*

menschenfreundliche, gefühlvolle, schlicht gereimte Gedichte ihr
keinen unvergänglichen Lorbeer einbringen würden, aber man
fand doch, daß sie hübsch grün waren. Der junge William Wordsworth schrieb ein Sonett auf die Tränen von Miss Williams.
Anna Seward, *the Swan of Lichfield*, fand zwar einiges zu mo-
nieren, zum Beispiel Helens mangelnde ornithologische Kenntnisse, sprach sich aber doch beifällig über ihre echte *sensibility*
und die »sublimen Schöpfungen ihrer Phantasie« aus und trat
mit ihr in einen Briefwechsel ein. Die Anerkennung dieser unabhängigen, willens- und meinungsstarken Frau, die mit Elegien
über »erschlagene Helden« (zum Beispiel Captain Cook) bekannt geworden war, wird Helen besonders wichtig gewesen

sein. Selbst die scharfzüngige, witzige Hester Lynch Piozzi (verwitwete Thrale), die zwei Jahre zuvor durch ihre Heirat mit einem italienischen! katholischen! Musiklehrer die Gesellschaft schockiert und unlängst ein Anekdotenbuch über ihren Freund Dr. Johnson veröffentlicht hatte, fand Gefallen an *fair Helen* – der schönen Helena –, wie sie die neue Freundin liebevoll-spöttisch nannte.

In ihrer Wohnung am Bloomsbury Square empfing Helen als *salonière* regelmäßig Gäste und gab literarische Frühstücke – »eine beliebte, aber deprimierende Form der Unterhaltung. Wenn Literatur dem Menschen je fremd ist, dann zur Frühstückszeit«, so die amerikanische Essayistin Agnes Repplier. Inzwischen traute sich Helen auch an aktuelle, sogar an politische Themen.

Zur offiziellen Biographie von Captain Cook, die ihr Mentor Andrew Kippis verfaßt hatte, steuerte sie ein Gedicht bei, eine wortreiche Klage über den Tod des Seefahrers, der 1779 auf seiner dritten großen Reise auf Hawaii von Eingeborenen erschlagen worden war. »Miss Williams' Ode ist das Glanzstück im Werk des Doktors. Das Talent dieser jungen Dame gereicht unserem Geschlecht zum Ruhm«, applaudierte Anna Seward.

Als 1788 ein Gesetz verabschiedet wurde, das die unerträglichen Zustände auf den überfüllten Sklavenschiffen mildern sollte und den Gefangenen etwas mehr »Käfigplatz« zugestand, begrüßte Helen diesen höchst bescheidenen Fortschritt geradezu enthusiastisch – *BRITAIN! the noble blest decree / That soothes despair, is fram'd by thee** – und schloß mit der Hoffnung auf die Abschaffung der Sklaverei durch *Lov'd BRITAIN.* Dazwischen liegen viele, viele Strophen, in denen sie ihren Lesern das traurige Schicksal der »afrikanischen Rasse« bewegt vor Augen stellte: ihrer Freiheit beraubt, in fremde Länder verschleppt, ohne Hoffnung auf familiäres Glück, täglich zu schwerer Arbeit gezwungen, körperlich zu Grunde gerichtet, seelisch abgestumpft

---

* Britannien, das edle, gesegnete Dekret, / das die Verzweiflung mildert / ist von Dir beschlossen worden.

und verhärtet – *Those who the traffic of their race / has robb'd of every human grace / Whose harden'd souls no more retain / Impressions nature stamp'd in vain.**

»Das Gedicht unserer liebenswürdigen Miss Williams über den Sklavenhandel ist mir sehr lieb!« schrieb Anna Seward an Mrs. Piozzi. »Ich bin mir sicher, daß Sie bemerkt haben, wie glücklich, schön und originell ihre Bilder sind. Helens Genie ist so hochfliegend, wie ihre Manieren sanft sind.« Das gewählte Versmaß allerdings fand sie ausgesprochen ungünstig. Mrs. Piozzi war eher an Inhalten interessiert. Im Dezember 1789 berichtete sie einem Bekannten aus Bath, wo sich die gute Gesellschaft im Winter traf und vergnügte, von ihrer neuesten Entdeckung. Nicht der elfjährige Mulatte, der als musikalisches Wunderkind in dieser Saison Aufsehen erregte, sondern –

»Es ist Bridgetower, der afrikanische Neger, dessen Sohn so bezaubernd Geige spielt, daß ihm die ersten Professoren Beifall spenden müssen – während mich der Vater hundertmal mehr mit seinen eloquenten Ansagen in Erstaunen setzt – die geschliffene Brillanz seiner Sprache, die Menge und Vielfältigkeit seines Wissens, und die interessante Lage, in der er sich in Bezug auf seine abwesende Frau befindet, die als vornehme Polin in ihrem eigenen Land geboren wurde und gewaltsam von ihm getrennt wurde, der nun gezwungen ist, mit einem Pfeil im Herzen um den Erdball zu rennen, mit dem erstaunlichen Sohn an seiner Seite. Ich frage mich, ob die Vorsehung ihn hierher geschickt hat, um die Gleichheit von Schwarzen und Weißen zu beweisen, jedenfalls würde er vor dem Unterhaus eine gute Figur abgeben; und die charmante Miss Williams wird die süßesten Verse auf ihn machen, wenn sie sich treffen. Ist sie Ihnen über den Weg gelaufen? Ich möchte, daß sie sieht, wie weit es ein Mann bringen kann, obwohl er als Sklave geboren und nicht zu einer höheren Bestimmung erzogen wurde. Wenn sie hört, wie er von seiner

* Diejenigen, die der Handel mit ihrer Rasse / jeder Spur von Menschlichkeit beraubt hat, / deren verhärtete Seelen nichts mehr bewahren / von Zügen, / die die Natur ihnen vergeblich aufzudrücken suchte.

Frau redet, wird sie vollends dahinschmelzen; die Damen hier haben geweint, als er bei einer Wohltätigkeitsveranstaltung seinen Sohn auf solch elegante Art und Weise präsentierte.«

Das musikalische Wunderkind übrigens, George Bridgetower, wurde ein berühmter Geiger, der überall in Europa Gastspiele gab, auch in Wien. Beethoven war so begeistert von ihm, daß er ihm 1803 eine technisch sehr anspruchsvolle Violinsonate (Nr. 9, A-dur, op. 47) zueignete – und ihm die Widmung noch am gleichen Abend nach einem Streit wütend wieder entzog. Bridgewater soll sich abfällig über eine von Beethoven verehrte Dame geäußert haben. Der Geiger Rodolphe Kreutzer, dem Beethoven die Sonate statt dessen widmete, fand sie unspielbar.

Julias Leiden

Daß Helen keineswegs so harmlos war, wie sie sich in ihrer Rolle als Dichterin gab, zeigt ihr Roman *Julia*. Erzählt wird darin eine Dreiecksgeschichte nach dem Vorbild der zwei Epochen-Bestseller zu diesem Thema, Goethes *Werther* und Rousseaus *Julie ou la Nouvelle Héloïse*, dem sie mit dem Namen der Titelheldin ihre Reverenz erweist.

Helen hat diese Julia Clifford liebevoll nach dem eigenen Idealbild gezeichnet. Eine junge Dame, ausgestattet mit großen intellektuellen Fähigkeiten, einem warmen, gefühlvollen Herzen und den gewähltesten Manieren, scheint sie doch nichts von ihren Vorzügen zu wissen, tritt bescheiden, anspruchslos, völlig natürlich und unaffektiert auf und spricht, dem Diktat des Herzens folgend, mit unverstellter Offenheit. Ihr Äußeres spiegelt diese Tugenden. Sie ist von etwas mehr als mittlerer Größe, und wenn ihre Figur auch nicht durch den Tanzlehrer geformt ist, wie uns die Autorin wissen läßt – sie also wohl etwas zur Fülle neigt –, besitzt sie doch eine Anmut, die keine Kunst verleihen kann, und ein Madonnengesicht, das durch den Ausdruck von Klugheit und Beseeltheit ungemein anziehend ist. Und natürlich ist

Julia Dichterin wie Helen, vielmehr als Dichterin i s t Julia Helen, die einige ihrer *poetical pieces* in den Roman einflocht. Daß Julia so musterhaft gelungen ist, verdankt sie der Erziehung durch einen alleinerziehenden Vater.

Wer sich so darstellt, will sich unangreifbar machen. Mimikry gehört seit undenklichen Zeiten zur Überlebenskunst der Frauen, und Helen Maria Williams hat sie meisterlich beherrscht. Die Konvention ist das beste Versteck, das es gibt. Die überfreigebige Zurschaustellung erwünschter, erlaubter Gefühle – *sensibility* – war tatsächlich äußerste Verschlossenheit. Helens Julia erlebt die sogenannte gute Gesellschaft Londons als kalt, boshaft, neidisch, eitel, oberflächlich, heuchlerisch, eifrig darauf bedacht, den Mitmenschen zu schaden und ihre Fehler und Schwächen bloßzustellen. »Mrs. Melbournes Verstand war wie ein Raubvogel«, heißt es von einer ganz besonders unangenehmen Dame. »Sie drang hellsichtig in die Charaktere ihrer Bekannten ein, erkannte all ihre Torheiten und konnte mit großer Schärfe auf sie herabstoßen.«

Nun aber verliebt sich ausgerechnet diese in Tugend gepanzerte Julia heftig in den Mann ihrer netten, aber unbedeutenden kleinen Cousine und Freundin Charlotte (nach Werthers Charlotte) und wird von diesem ebenso heftig wiedergeliebt.

Für Julia ist es ganz ausgeschlossen, daß sie seinem Werben nachgibt, sie schafft es aber auch nicht, sich den Geliebten (Seymour heißt er) aus dem Herzen zu reißen. Wo nichts passieren darf, die Liebenden aber unaufhörlich nur an das Eine denken, herrscht pure Frustration. Julia ist im lähmenden Doppelgriff von verbotener Leidenschaft und tugendhafter Selbstkontrolle gefangen, die um so schwerer fällt, als Seymour sie heftig bedrängt. Man ist als Leser froh, wenn die Quälerei und der Roman mit dem Tod Seymours endlich aufhören. Er bringt sich nicht um wie Werther, sondern erliegt zermürbt einer Krankheit. Julia wird unverheiratet bleiben.

Nicht erst die Hingabe, schon die Leidenschaft ist das Verbrechen, Julia und Seymour sind selbst schuld an ihrem Unglück,

5 Lotte an Werthers Grab.
Stich von John Raphael Smith, 1783.

weil sie es nicht fertiggebracht haben, sie zu unterdrücken. Das
wollte Helen ihren Leserinnen als Moral des Romans verkaufen.
»Es ist die Absicht dieser Seiten, die Gefahr aufzuzeigen, die aus
der unkontrollierten Hingabe an starke Empfindungen erwächst«,
schreibt sie in der Vorbemerkung. Eine Warnung, die man (um
eine schweizerische Redensart zu gebrauchen) den Hasen geben
kann. Aber das wußte Helen im Grunde auch selbst, allerdings
nicht als Julia, sondern als Seymour.

In einer Szene des Romans betrachten die Liebenden einen
Stich, der Charlotte an Werthers Grab zeigt.

Julia: »Ich glaube, es kann über dieses Buch nur eine Meinung
geben. Jeder muß anerkennen, daß es gut geschrieben ist, aber
wenige werden seine Prinzipien rechtfertigen wollen.«

Seymour: »Ich bin einer dieser wenigen. Warum interessiert
uns Werther? Weil er kein Phönix aus einer Romanze ist, sondern die Gefühle und Schwächen eines Menschen hat. Er ist der

Macht der Leidenschaft unterworfen. Mögen die, die sie nie gefühlt haben, ihn verdammen; diejenigen, die sie gekannt haben, wissen nur zu gut, daß sie absolut und unbesiegbar ist. Das Herz, das aus einer unheilbaren Wunde blutet, braucht die kalten Ratschläge der Vernunft nicht, um zu wissen, daß solche Gefühle schmerzhaft sind und unterdrückt werden sollten.«

Sollten! Als Mary Wollstonecraft Helens Roman las, den sie für eine Zeitschrift, die *Analytical Review*, besprechen sollte, war sie in einer ähnlichen Lage wie Julia. Sie war leidenschaftlich in einen verheirateten Mann verliebt, also sozusagen die Heldin einer wirklichen Dreiecksgeschichte mit noch ungewissem Ausgang. Eine Julia war sie nicht.

»Jedem Leser muß bald auffallen, daß Julia so feste Prinzipien hat, daß nichts sie versuchen kann, unrecht zu handeln; und da sie wie ein Felsen erscheint, gegen den die Wellen vergeblich schlagen, wird man für ihre Sicherheit nichts fürchten. Wenn Wirkung auf den Leser das Kriterium ist, dann ist eine gute Tragödie oder ein guter Roman nicht immer das moralischste Werk, weil es nicht die Träumereien des Gefühls, sondern die Kämpfe der Leidenschaft sind – ebenjener menschlichen Leidenschaften, die zu häufig die Vernunft in Wolken hüllen, und die Sterblichen in gefährliche Irrtümer, wenn nicht sogar in völlige Schuld führen –, die die lebhaftesten Empfindungen entstehen lassen und in der Erinnerung den nachhaltigsten Eindruck hinterlassen; einen Eindruck, der mehr durch das Herz als durch unsere Einsicht bewirkt wird, denn in unseren Neigungen sind wir nicht so frei wie bei einer durch Vernunft begründeten Wahl.«

In ihrer (grundsätzlich wohlwollenden) Rezension kritisierte Mary Wollstonecraft die Handlungsarmut des Romans, die aus der anscheinend unerschütterlichen Tugend der Heldin folgt, als künstlerische Schwäche und übersah, daß ihn gerade das psychologisch interessant macht und aus der Dutzendware der landläufigen Verführungsgeschichten heraushebt. Daß Julia Seymour widersteht *come [un] scoglio* [wie ein Felsen], heißt keineswegs, daß sie unangefochten und seelenruhig ist, im Gegenteil, sie verzehrt sich im Kampf gegen die unbotmäßigen Triebe. Wie erleichternd wäre es, wenn sie fallen dürfte, wenn sie sich fallenlassen könnte. *Così fan tutte!* Statt dessen muß man zusehen, wie sie sich in ihrer Tugendbastille müde strampelt.

Julia = Helen? Wahrscheinlich. Hätte sie sonst die Qualen unerfüllten Begehrens so glaubhaft schildern können? Sie war neunundzwanzig Jahre alt und unverheiratet, als sie im Sommer 1790 – um die Zeit, da ihr Roman erschien – auf Einladung des Ehepaars du Fossé nach Frankreich reiste. Der Weg ins Freie!

Diesen Kuß der ganzen Welt

> Neben der sexuellen Begegnung ist die Aktivität, bei der sich körperliches und seelisches Leben in höchstem Maße verbinden, die Teilnahme an einer Massendemonstration in Zeiten starker öffentlicher Begeisterung.
>
> *Eric Hobsbawm*

Paris, Mai 1968. Von überall her strömen Revolutionstouristen – meist Studenten – in die französische Hauptstadt. Unter ihnen auch der Niederländer Cees Nooteboom. »Es ist, als hätte jeder ein wunderbares Geschenk erhalten. Euphorie schwebt über den Köpfen«, notiert er. »Eines Tages wird dies in irgendeiner alten Nachrichtensendung wie eine historische Menschenmenge aussehen, doch gebe der Himmel, daß das Lachen, die strahlende Laune, dann auch zu erkennen sind.« Nach einer Diskussion im Odéon schreibt er: »Pragmatiker mögen einwenden, mit Reden und mit Träumen könne man kein Land regieren, und das stimmt wohl auch, doch wo es keine Träume und keine neuen Impulse mehr gibt, wenn nicht wenigstens einmal jeder, ausnahmslos jeder, die Möglichkeit erhält, alles zu sagen, und statt dessen nur noch zugehört oder gehorcht werden kann, liegt die

Sache im argen, um nicht zu sagen: ist erstickt. Nie wieder, selbst dann nicht, wenn das hier schon lange vorbei sein wird, wird dieses Theater für mich ein ›normales‹ Theater sein, denn dieses Bild ist unvergeßlich; was all die Kirchenältesten meinen, wenn sie sagen, es gebe keinen ›menschlichen‹ Kontakt mehr, nun, hier gibt es ihn, Tag und Nacht, zwischen jung und alt, Arbeitern und Studenten, Männern und Frauen, Ökonomen und Soziologen, manchmal unsinnig, manchmal artikuliert, fundiert. Wenn ich die Franzosen je beneidet habe, dann jetzt, und mit einer an Liebe grenzenden Eifersucht gehe ich ins Bett …«

Paris, Juli 1790. Von überall her strömen Touristen in die französische Hauptstadt. Die Revolutionäre, die sich auf das menschliche Herz verstanden, haben eine in der Geschichte bis dahin beispiellose politische Festkultur geschaffen. Der nie mehr erreichte Höhepunkt ihrer vielen glänzenden Inszenierungen aber war gleich am Anfang die *Fête de la Fédération*, das Konföderationsfest am ersten Jahrestag des Bastillesturms.

Am Vorabend dieses Tages kam Helen Maria Williams mit Mutter und Schwestern in der französischen Hauptstadt an, gerade noch rechtzeitig. »Wäre das Schiff von Brighton nach Dieppe nur ein paar Stunden später abgefahren, hätte es widrige Winde gegeben, kurz, wäre ich in Paris nicht in dem Augenblick angekommen, als ich ankam, hätte ich das vielleicht erhabenste Schauspiel versäumt, das das Theater dieser Welt je gesehen hat«, schrieb sie im ersten und berühmtesten der Briefe, in denen sie ihren Landsleuten aus dem neuen Frankreich berichtete.

»Sein Hauptzweck war die Dramatisierung des Treueeides, den Louis XVI in Paris auf die neue Verfassung schwören sollte, wie eine Hochzeit vor dem ›Altar des Vaterlandes‹, der in einem riesigen Amphitheater auf dem Marsfeld errichtet worden war, dort, wo heute der Eiffelturm steht.« Und überall im Land, in Städten und Dörfern, sollten sich die Bürger zur gleichen Stunde versammeln und zu einem Bündnis der nationalen Einheit verschwören – Eidschwüre waren eine revolutionäre Obsession.

In nur drei Wochen war das Gelände zum Festplatz geworden.

Bürger aus allen Ständen hatten daran mitgearbeitet, schon das ein unglaubliches Schauspiel, dessen staunender Zeuge auch Georg Forster gewesen war.

Die Feierlichkeiten begannen in der Nacht vor dem Fest mit einem *Te Deum* in der Kathedrale Notre Dame, das eigens zu diesem Anlaß komponiert worden war. Einer schlichten, majestätischen Ouvertüre folgte eine expressive Musik, die die aus Schwermut, Unruhe und Angst gemischte Stimmung des Volkes ausdrücken sollte, die am 13. Juli 1789 geherrscht hatte. Darauf folgte ein Rezitativ, das etwa so lautete: »Bürger, eure Feinde rücken vor, mit feindlichen Absichten, mit drohenden Blicken! Sie kommen, um ihre Hände in eurem Blut zu baden! Schon haben sie die Mauern eurer Stadt eingeschlossen! Erhebt euch, erhebt euch aus der Trägheit, in die ihr verfallen seid, ergreift eure Waffen und eilt zur Schlacht! Gott wird mit euch kämpfen!« Ein Chor von Instrumenten und Stimmen schloß sich an, der in seiner Tiefe und Feierlichkeit »die Seele erzittern ließ«. Die Wirkung steigerte sich noch einmal, als sich der Klang einer lauten, schweren Glocke in dieses schauerliche Konzert mischte, »eine Nachahmung der Alarmglocke, die am Tag vor der Erstürmung der Bastille in jeder Kirche und in jedem Kloster von Paris geläutet worden war, was ein unvorstellbar entsetzliches Durcheinander von Tönen hervorgebracht hatte. In diesem Augenblick schien es, als habe es den Zuhörern den Atem verschlagen; jedes Herz schien schreckensstarr, bis endlich die Glocke verhallte, die Musik sich änderte und ein anderes Rezitativ die vollständige Niederlage des Feindes ankündigte; und das Ganze endete nach Pauken- und Trompetenfanfaren mit einer Dankeshymne an den Erhabenen.«

Und dann der nächste Tag! Man müsse dabeigewesen sein, um eine Vorstellung von der Erhabenheit, der Großartigkeit des Schauspiels haben zu können, »das zugleich die Phantasie, den Verstand und das Herz« ansprach, schrieb Helen. »Die Menschen, die Menschen waren die Sehenswürdigkeit!« Sie konnte von Triumphbögen berichten, von Weihrauch verströmenden Altären, vom Festzug, aber es war unmöglich, eine angemessene Vorstellung zu vermitteln von der Begeisterung, dem Jubel, der Ergriffenheit der Menge.

Am oberen Ende des Amphitheaters hatte man einen Pavillon für das Königspaar, sein Gefolge und die Abgeordneten der Nationalversammlung aufgestellt. Er war bedeckt von Tüchern in den Farben der Trikolore, Blau, Weiß, Rot, und geschmückt mit den Lilien der Bourbonen. In der Mitte stand der mit Inschriften versehene Altar des Vaterlandes, auf dem Priester in langen weißen Gewändern und blau-weiß-roten Schärpen Weihrauch entzündeten. Er war mit bedeutungsvollen Symbolen und Worten bedeckt, LA NATION, LA LOI, LE ROI [die Nation, das Gesetz, der König].

Am unteren Ende des Platzes waren drei mit allegorischen Figuren geschmückte Triumphbögen errichtet worden, durch die unter Kanonendonner der von Reiterei und Musikkapelle angeführte Festzug einmarschierte und seine Aufstellung nahm: Kavalleristen, Infanteristen, Grenadiere, Veteranen aus allen französischen Provinzen, Abgeordnete der Nationalversammlung, Distriktpräsidenten, Vertreter verschiedener staatlicher Institutionen in einem Meer von Fahnen und Standarten. Es gab auch ein Bataillon von Kindern, die eine Fahne mit der Aufschrift *L'Espérance de la Patrie* [die Hoffnung des Vaterlandes] mit sich führten.

Um halb vier Uhr nachmittags zelebrierte Talleyrand, der Erzbischof von Paris, eine Messe. »Danach stieg Monsieur de Lafayette, den der König zum Generalmajor der Föderation ernannt hatte, die Stufen des Altars hoch und legte den nationalen Eid ab. In einem einzigen Augenblick flogen alle Arme in die Höhe. Dann sprach der König die Eidesformel, die der Präsident der Nationalversammlung wiederholte, dann erklangen die feierlichen Worte als Echo von 600 000 Stimmen, während die Königin den Dauphin in ihren Armen hochhielt und ihn dem Volk und der Armee zeigte.«

Das Wetter war während der ganzen Feier miserabel gewesen,

mit dunklen Wolken, Wind und heftigen Regenschauern, aber das Volk ließ sich die Feiertagslaune dadurch nicht verderben. »Einige riefen: ›Die Französische Revolution wird mit Wasser statt mit Blut zementiert.‹ Doch in dem Moment, da die geweihten Fahnen gezeigt wurden, brach die Sonne durch die Wolken, während das Volk die Augen zum Himmel als Zeugen der geheiligten Verpflichtung erhob, die sie eingingen. Auf ein ehrfurchtsvolles Schweigen folgten die Schreie, Ausrufe, Beifallskundgebungen der Menge. Die Menschen weinten, sie umarmten sich und gingen dann auseinander.

Sie werden sich denken können, daß ich kein gleichgültiger Zuschauer einer solchen Szene war. O nein! Dies war nicht die Zeit an nationale Unterschiede zu denken. Es war der Triumph der Menschheit, es war der Mensch, der die edelsten Eigenschaften seiner Natur zur Geltung brachte, und man mußte nur ein ganz normales Gefühl für Menschlichkeit haben, um in diesem Augenblick ein Weltbürger zu werden. Was mich angeht, so gestehe ich, daß mein Herz die universale Sympathie enthusiastisch aufnahm; meine Augen waren voller Tränen, und ich werde die Empfindungen dieses Tages nicht vergessen, ›solange die Erinnerung in meinem Busen lebt‹.«

Zwei Tage später trug das *Journal de Paris* den Wetterbericht für diesen Tag nach: *Belle Journée, sur-tout entre 5 & 6 h. après-midi**.

Flitterwochen

Nach dem Föderationsfest gingen die Feierlichkeiten noch mehrere Tage weiter. Die ganze Stadt war blau-weiß-rot, Fahnen, Kokarden, die Kleider der Damen. Sogar der Statue des »guten Königs« Henri IV hatte man einen Trikolore-Schal umgebunden. Nachts gab es prächtige Illuminationen. Auf den Champs-Ély-

---

* Ein schöner Tag, besonders zwischen 5 und 6 Uhr nachmittags.

sées waren die Bäume mit unzähligen Lampen behängt, am Pont Neuf zündeten die Feuerwerker spektakuläre Lichtspiele. Im Palais Royal, dem großen Vergnügungszentrum der Pariser, gab der Duc d'Orléans, der sich jetzt einfach Monsieur d'Orléans nannte, ein großes Essen für die Nationalgardisten. Die Menschen sangen und tanzten. Das Schauspiel, das Helen am meisten berührte, waren die Freudenbekundungen an der Bastille.

»Die Ruinen dieser abscheulichen Festung waren wie von Zauberhand in eine heitere, schöne Szenerie verwandelt worden. Der Boden war mit frischen Grassoden bedeckt, auf die man Reihen von jungen Bäumen gepflanzt hatte. Alles war strahlend hell illuminiert. Hier erreichte die Begeisterung der Menschen einen höheren Grad als an den anderen Festplätzen. Ihre wechselseitigen Gratulationen, ihre Erinnerungen an vergangene Schrecken, ihr lebhaftes Bewußtsein gegenwärtiger Glückseligkeit, ihre Rufe *Vive la Nation* [es lebe die Nation] klingen bis heute in meinem Ohr! Auch ich, nur eine Besucherin ihres Landes, war beglückt über ihr Glück, schloß mich dem Unisono der Stimmen an und wiederholte aus ganzem Herzen und ganzer Seele *Vive la Nation*.«

Schon hatte die propagandistische Vermarktung der Bastille begonnen, »die allen Lastern, gegen die sich die Revolution definierte, eine Form und ein Bild gab«. Der Bauunternehmer Pierre-François Palloy, der mit den Abbrucharbeiten beauftragt worden war, kreierte einen regelrechten Bastille-Sturm-Kult. Steine des geschleiften Bauwerks waren als Reliquien heiß begehrt. Kleine, mit Bastille-Mörtel hergestellte Nachbildungen gingen in alle Provinzen. Die Männer, die bei der Erstürmung der Festung umgekommen waren, wurden als Märtyrer gefeiert, die Überlebenden als Helden der Nation mit einer Art Bastille-Orden dekoriert. Man publizierte Prozeßprotokolle, historische Nachrichten zur Geschichte des Bauwerks, Inschriften, die Gefangene in die Wände geritzt hatten. Der Erlös kam den Hinterbliebenen der gefallenen Bastille-Stürmer zugute.

Der Besuch der Ruinen und der unterirdischen Verliese gehörte zum Pflichtprogramm für Touristen, die mit gruseligen Kerker-Geschichten unterhalten wurden und sich um die dem Ort angemessenen Empfindungen bemühten. Der junge William Wordsworth, der ihn im Dezember 1791 besuchte, hatte Mühe damit, wie er später in seinem autobiographischen Gedicht *The Prelude* bekannte.

> *Where silent zephyrs sported with the dust*
> *Of the Bastille, I sat in the open sun,*
> *And from the rubbish gathered up a stone*
> *And pocketed the relic, in the guise*
> *Of an enthusiast; yet, in honest truth,*
> *I looked for something that I could not find,*
> *Affecting more emotion than I felt.**

Helen natürlich fiel es leicht, die politisch korrekten Bastille-Gefühle in sich wachzurufen.

»Bevor ich es zuließ, daß mich meine Freunde in Paris durch das übliche Besichtigungsprogramm von Klöstern, Kirchen und Palästen führten, äußerte ich den Wunsch, die Bastille zu besuchen; ich hatte ein viel stärkeres Verlangen danach, die Ruinen dieses Gebäudes zu betrachten, als die vollkommensten Bauwerke von Paris. Als wir in die Kutsche stiegen, rief unser französischer Diener dem Kutscher mit triumphierendem Gesichtsausdruck zu: *À la Bastille, mais nous n'y resterons pas!***

Wir fuhren unter dem Torbogen hindurch, durch den so viele Unglückliche auf Nimmerwiederkehr eingetreten sind, und stiegen unter Mühen in die Verliese hinab, die so niedrig waren, daß man darin nicht aufrecht stehen konnte, und so dunkel, daß wir sie, obwohl es Mittag war, bei Kerzenlicht besichtigen mußten.

---

* Wo leise Zephyre mit dem Staub der Bastille / spielten, saß ich in der freien Sonne / und hob einen Stein aus den Trümmern auf / und steckte die Reliquie in die Tasche, in der Verkleidung / eines Enthusiasten; doch um die Wahrheit zu sagen / suchte ich nach etwas, was ich nicht finden konnte / und spielte mehr Begeisterung, als ich fühlte.
** Zur Bastille, aber wir werden da nicht bleiben!

In den Kerkerzellen sahen wir die Haken der Ketten, mit denen die Gefangenen am Hals an den Wänden der Zellen befestigt wurden; viele dieser Zellen, die unter dem Wasserspiegel liegen, sind immer feucht, und die schädlichen Dünste, die ihnen entströmen und mehr als einmal die Kerze auslöschten, waren so unerträglich, daß man schon sehr wißbegierig sein mußte, um dennoch einzutreten. Gütiger Gott! – und in diese Schreckensregionen wurden menschliche Wesen durch die Willkür despotischer Mächte geschleppt!

Diejenigen, die die Verliese der Bastille gesehen haben, ohne über die Französische Revolution zu jubeln, mögen sehr angesehene Personen sein und sehr angenehme Gefährten in Zeiten des Glücks; aber wenn ich zu verzweifeln drohte, würde ich bei ihnen keinen Trost suchen wollen. Sterne sagt, daß ein Mann nicht fähig sei, eine Frau wahrhaft zu lieben, wenn er nicht für ihr ganzes Geschlecht Zuneigung fühlt; ebensowenig würde ich bei denjenigen, die kein Gefühl für die Menschenliebe im Allgemeinen haben, nach Sympathie für einen besonderen Menschen suchen.«

Die Freunde im fernen England, die Helen brieflich mit solchen Jubelarien beglückte, fanden ihren Enthusiasmus übertrieben. Sie werde noch als grimmige Republikanerin nach Hause zurückkehren! Für einen mit normaler Empfindungsfähigkeit ausgestatteten Menschen sei es schwierig, nicht mit dem Glück der Allgemeinheit zu sympathisieren, versuchte Helen zu erklären. »Meine Liebe zur Revolution ist das natürliche Ergebnis dieser Sympathie, und deshalb ist mein politisches Glaubensbekenntnis ausschließlich eine Herzenssache, denn ich würde mich lächerlich machen, wenn ich meinen Kopf in Angelegenheiten zu Rate ziehen würde, über die zu urteilen er unfähig ist.«

Kann man auf demütigere Weise anspruchsvoll sein? Wenn Frauen nach landläufiger Meinung in der Politik nichts zu sagen und zu suchen hatten, für die Herzenssache des Glaubens waren sie von jeher zuständig. Wir sind es gewohnt, die Französische Revolution mit Kirchen- und Religionsfeindlichkeit in Verbindung zu bringen, aber tatsächlich erschien sie damals, in ihren Anfängen, vielen Menschen als Realisierung der Botschaft des Evangeliums, besonders in England. Helens nonkonformistische Freunde waren sich darüber einig. Geistliche wie Dr. Kippis, Dr. Price und Dr. Priestley, die davon überzeugt waren, daß die Menschheitsgeschichte einem von Gott festgelegten Plan fortschreitender Vervollkommnung folgte, hatten die Revolution als Vorschein des Milleniums, des Reiches Gottes auf Erden, begrüßt. Wer es mit dem Gebot der Nächstenliebe ernst meinte, m u ß t e sich zu ihr bekennen.

Das war dann auch die zentrale Botschaft der *Briefe aus Frankreich*, die Helen Maria Williams nach ihrer Rückkehr veröffentlichte.

Es ist ein euphorisches Buch, die Schilderung ihrer Flitterwochen mit der Revolution, die sie gemeinsam mit der ganzen Nation feierte. »Wenn sie sich miteinander unterhalten, ist Freiheit das Thema, wenn sie tanzen, werden die Figuren des *cotillon**
einem patriotischen Lied angepaßt, und wenn sie singen, tun sie das nur, um der Verfassung erneut Treue zu schwören. In allen Straßen sieht man exerzierende Kinder mit Papierfahnen und Grenadierkappen in den Nationalfarben. Überhaupt erscheint die Freiheit in Frankreich geschmückt mit Jugendfrische, und sie wird mit dem Feuer der Leidenschaft geliebt.« In den Gasthöfen hieß man sie als *aimables étrangers* [liebenswürdige Fremde] willkommen.

Helen war wie erlöst. »In England haben wir eine merkwürdige Angst davor, für irgend etwas Begeisterung zu zeigen, selbst wenn es dafür die lobenswertesten Gründe gibt.« Ihre Landsleute empfänden nicht weniger stark, meinte sie, aber sie hielten es für unmännlich zu weinen und unterdrückten den Ausdruck von Gefühlen, an denen sie fast erstickten. »Wir haben auch eine tiefsitzende Angst davor, uns lächerlich zu machen. Wir fürch-

---

* *Cotillon* (franz. Petticoat), höfischer Tanz, der traditionell in Gruppen von vier Paaren getanzt wurde.

ten einander so sehr, daß man nicht hofft zu gefallen, wenn man sich in Gesellschaft begibt, sondern nur bescheiden wünscht, der Mißbilligung zu entgehen«.

Sie genoß es, daß sich Frauen in Paris freier bewegen durften als zu Hause. Sogar zu den Kaffeehäusern an den Boulevards, wo man spielte, trank und diskutierte, hatten sie Zutritt. »Die englische Idee, Entspannung, Bequemlichkeit und Feiern in Gesellschaften zu suchen, aus denen Frauen ausgeschlossen sind, kommt den Franzosen nicht in den Sinn.« Als sie mit ihrer Schwester eine Sitzung der Nationalversammlung besuchen wollte, ließ der wachhabende Offizier sie nicht nur ohne die eigentlich obligatorische Eintrittskarte ein, sondern gab ihnen auch die besten Plätze, bevor die Türen für andere Besucher geöffnet wurden. »Wir waren mit ihm nicht persönlich bekannt, hatten überhaupt keinerlei Ansprüche auf seine Gefälligkeit, außer denen, daß wir Ausländer und Frauen waren, aber für die urbanen Franzosen sind das die stärksten Ansprüche.«

Sie liebt ihre Sprache, den Witz, die Umgangsformen, die Kunst der Unterhaltung, ihre »nie versiegende Heiterkeit« und versucht, sie ihren Lesern anschaulich zu machen, in Anekdoten, Bonmots, Wortspielen, geistreichen Repliken, Porträts.

»Ohne Zweifel sind die Franzosen in der Kunst zu gefallen konkurrenzlos. Niemand hat wie sie die Gabe, die feinsten, gewähltesten Manieren mit der aufmerksamen Liebenswürdigkeit zu verbinden, die aus dem Herzen zu fließen scheint«, schwärmt Helen nach einem Besuch bei der berühmten pädagogischen Schriftstellerin, die als Madame (Félicité) de Genlis in die Geschichte eingegangen ist, mit vollem Namen Stéphanie-Félicité du Crest de Saint-Aubin, Comtesse de Genlis, Marquise Brûlart de Sillery hieß, und sich nach der Abschaffung des Adels schlicht Madame Brûlart nannte.

Dabei hat sie die hochgezüchtete Kultur des *Ancien régime* geradezu idealtypisch verkörpert. Brillant, ehrgeizig und intrigant, war es ihr gelungen, die Liebe und Freundschaft des damaligen Duc de Chartres und späteren Duc d'Orléans zu gewinnen – sie und ihr Mann führten eine offene Ehe und ließen sich alle Freiheit – und sich eine wichtige und einflußreiche Position als Gouvernante der Kinder des Herzogs zu verschaffen. Sie erzog sie in St. Leu, einem idyllischen Landsitz bei Paris, zusammen mit der eigenen Tochter Pulchérie und einem außergewöhnlich schönen Mädchen, das sie unter geheimnisvollen Umständen aus England hatte holen lassen. Jeder glaubte zu wissen, daß die schöne Pamela ihrer Beziehung mit dem Herzog entstammte. »Ich habe nie regelmäßigere Züge und einen bezaubernderen Gesichtsausdruck gesehen«, schrieb Helen. Der älteste, sechzehnjährige Sohn von Monsieur d'Orléans bekannte sich zur neuen Verfassung und erklärte sich großzügig bereit, durch den Verzicht auf seine Titel zum Wohle der Allgemeinheit beizutragen und das Vermögen, das er erben würde, mit seinen Brüdern zu teilen: »Einen demokratischen Prinzen zu finden war schon etwas ziemlich Einzigartiges!«

Madame Brûlart selbst trug an ihrer Brust ein Medaillon aus einem polierten Bastillestein, das von einem Lorbeerzweig aus Smaragden umrankt und mit einer Kokarde aus verschiedenfarbigen Edelsteinen geschmückt war. In der Mitte war das Wort *Liberté* in Diamantenschrift zu lesen.

Revolution war Mode, auch in den höchsten Kreisen. Wer sich ihrem Diktat nicht fügen wollte, ging in die Emigration. »Alles, was langweilig oder unerfreulich ist, *c'est une aristocratie!* und alles, was anziehend und angenehm ist, ist *à la nation*«, berichtete Helen. Die engen, schmutzigen, dunklen Straßen von Paris zum Beispiel waren *aristocrates*, und als der Dauphin, der kleine Sohn des Königs, von seinem Lieblingskaninchen gebissen wurde, schimpfte er: *tu es aristocrate* [du bist aristokratisch].

Wie gut sie es verstand, *à la nation* alles Unangenehme wegzublenden und zu verdrängen! Nur einmal hat sie hinsehen müssen, und schon das hat sie kaum ertragen.

»Als wir aus dem Rathaus kamen, wurde uns die berüchtigte Laterne gezeigt, an der in Ermangelung eines Galgens die ersten

Opfer des Volkszorns zu Tode kamen. Ich gebe zu, daß der Anblick von *la Lanterne* das Blut in meinen Adern gefrieren ließ. In diesem Augenblick war ich zum ersten Mal betrübt über die Revolution. Die Unklugheit oder die Schuld dieser unglücklichen Männer vergessend, konnte ich nur mit Grauen daran denken, wie entsetzlich sie dafür gebüßt hatten. Ich stellte mir die Qualen ihrer Familien und Freunde vor, und es dauerte ziemlich lange, bis ich diese düsteren Bilder aus meinen Gedanken vertreiben konnte.

Man wird immer bedauern müssen, daß ein solch dunkler Schatten wilder Rache auf die Glorie der Revolution gefallen ist. Aber ach! Wo finden wir in den Annalen der Geschichte eine Revolution ohne einige Akte der Barbarei? Wann steigen die Leidenschaften der menschlichen Natur zu jener Höhe, die große Ereignisse hervorbringt, ohne in Unregelmäßigkeiten auszuarten? Wenn die Französische Revolution ohne weiteres Blutvergießen bleiben sollte, muß man zugeben, daß trotz einiger weniger schockierender Vorfälle öffentlich ausgeübter Vergeltung die Freiheit von 24 Millionen Menschen um einen Preis eingehandelt wurde, der weit geringer war, als nach den bisherigen Erfahrungen zu erwarten gewesen wäre.«

Die patriotische Familie

Die letzten Wochen ihres Frankreich-Aufenthaltes verbrachten Helen und Cecilia beim Ehepaar du Fossé, das sie auf sein Schloß in der Normandie eingeladen hatte. Sie machten verschiedene Ausflüge in die Umgebung und besuchten das nahe gelegene Städtchen Forges-les-Eaux, das schon seit dem 16. Jahrhundert wegen seiner eisenhaltigen Thermalquellen bekannt und als Kurort bei der guten Gesellschaft sehr beliebt war. Als sich die Schwestern zum erstenmal morgens am Brunnenhaus einstellten, »unter dem Vorwand, das Wasser zu trinken, in Wirklichkeit aber, um die Brunnengäste zu betrachten«, begrüßte man

sie mit *bouquets à la fontaine*, Brunnen-Sträußchen aus purpur-
farbenem Heidekraut.

Vor ihrer Abreise hatte man Helen prophezeit, sie werde erleben, daß es mit der sprichwörtlichen Urbanität der Franzosen
nun vorbei sei, die Revolution werde sie zerstören. Doch alles,
was sie in Frankreich erlebte, überzeugte sie vom Gegenteil: Sie
würden ihr *savoir vivre* in die neue Ordnung hinüberretten können.

Ein Beispiel für die glückliche Versöhnung von alter und neuer
Festkultur erlebte Helen beim Namenstagsfest des Schloßherrn
am 28. August, dem Tag des heiligen Augustinus. Namenstag?
Papistische Bräuche? Diplomatisch versuchte sie, dem Stirnrun-
zeln ihrer Landsleute mit einer eleganten Wendung vorzubeu-
gen. »Ich bin überzeugt, daß Luther und Calvin sich mit diesen liebenswürdigen Ritualen des Aberglaubens versöhnt hätten,
wenn sie bei unserer Feier dabeigewesen wären.« Aber von den
alten Heiligen ist dann ohnehin nicht mehr die Rede.

»Die Feier begann mit dem Abfeuern von Gewehrsalven. Danach betrat Mademoiselle du Fossé, in den Händen eine Blumenkrone, den mit Menschen gefüllten Salon und richtete folgende Worte an ihren Vater: ›*Mon très cher Papa*, könnte ich
einen günstigeren Moment wählen, um Ihnen ein schönes Fest
zu wünschen, als diesen, da sich Ihre guten und w a h r e n Freunde hier versammelt haben und sich mit mir zur Feier dieses
glücklichen Tages vereinen? Auf Ihren Gütern, in Ihrem *château*
ist es, *cher Papa*, wo die göttliche Vorsehung uns wieder vereint
hat, zum Lobpreis Ihrer Tugenden, und der heroischen Standhaftigkeit, mit der Sie Ihre Leiden ertragen haben. Der Sturm
ist vorbei, erfreuen Sie sich also, *cher Papa*, des wohlverdienten
Glückes und der Hochachtung, die Sie sich bei allen fühlenden
Herzen errungen haben. Möge Ihr geliebtes Kind zu Ihrem Glück
beitragen, möge der Ewige alle meine Wünsche für die Erhaltung
des Wohlergehens und des Glückes eines zärtlichen Vaters erfüllen, dem ich meine Verehrung, meine Dankbarkeit und die Empfindungen eines Herzens darbiete, das ganz ihm geweiht ist.‹«

Nach dieser artigen Rede setzte das Fräulein seinem Vater die Blumenkrone auf, und er umarmte es zärtlich. Einige Damen traten vor, beschenkten ihn mit Blumensträußchen und wurden von ihm dafür umarmt.

In diesem Stil ging es weiter.

»Als wir in Paris waren, hatten wir ein reizendes kleines Stück im Theater von Monsieur [dem Herzog von Orléans] gesehen, mit dem Titel *Die Föderation oder Die patriotische Familie*. Madame du Fossé hatte sich das Textbuch kommen lassen, und das Stück wurde nun von der im Schloß versammelten Gesellschaft aufgeführt. Die Pächter mit ihren Frauen und Töchtern bildeten den größten Teil des Publikums, und ich glaube, daß nie ein Stück mit mehr Beifall gespielt worden ist. Meine Schwester übernahm einen Part darin; ich lehnte erst ab, bis ich mich daran erinnerte, daß eine der Hauptrollen eine Statue war, worauf ich mich bereit erklärte, *le beau rôle de la statue* [die schöne Rolle der Statue] zu spielen. Und in der letzten Szene erschien ich als Allegorie der Freiheit, ausgestattet mit all ihren Attributen, und als Hüterin der geweihten Banner der Nation. Sie waren auf einem Altar niedergelegt, auf dem in transparenten Buchstaben die Inschrift zu lesen war: *À la Liberté, 14 Juillet, 1789*.

Am Ende sangen und tanzten die Mitwirkenden das *Ça ira*, das Kampflied der Revolution, das in vielen verschiedenen Varianten überliefert ist. Bekannt wurde es vor allem in der Fassung, die die Aristokraten an die Laterne wünscht, aber beim patriotischen Familienfest der du Fossés wird es noch versöhnlich geklungen haben.

> *Suivant les maximes de l'évangile*
> *Du législateur tout s'accomplira.*
> *Celui qui s'élève on l'abaissera*
> *Celui qui s'abaisse on l'enlèvera.*
> *Le vrai catéchisme nous instruira*
> *Et l'affreux fanatisme s'éteindra.*

Pour être à la loi docile
Tout Français s'exercera.
Ah! Ça ira, ça ira, ça ira!*

Der Tag schloß mit Feuerwerk, einem festlichen Abendessen und
Tanz im Salon. Die Herren tanzten mit Bauernmädchen und
die Damen mit Bauern. Vielleicht war es an diesem Abend, daß
sich Cecilia Williams und Athanase Coquerel, ein Neffe der Madame du Fossé, ineinander verliebten.

Helen glaubte nie eine heiterere Szene oder vergnügtere Mienen gesehen zu haben. »Wenn ich an die Lage dachte, in der sich
meine Freunde vor nicht allzulanger Zeit befunden hatten, erschien mir das Schauspiel, das ich vor Augen hatte, wie ein zauberisches Blendwerk.«

Ein charmantes Pamphlet

Nach Helens Rückkehr nach London war es »ihre erste Sorge
und Pflicht«, die Publikation ihrer Reisebriefe vorzubereiten. Sie
wollte ihre Landsleute für die Sache der Revolution begeistern.
Das Buch mit dem Titel *Letters Written in France, in the Summer
1790, to a Friend in England; Containing Various Anecdotes Relative to the French Revolution; and Memoirs of Mons. and Madame
Du F - - -* erschien Mitte November 1790, zwei Wochen nach Edmund Burkes *Reflections on the Revolution in France,* das die
Vorgänge in Frankreich in düsteren Farben malte und der Revolution ein schlimmes Ende prophezeite. Ihre abstrakten, rationalen Prinzipien würden der Komplexität der menschlichen Natur

---

* Den Maximen des Evangeliums folgend, / des Gesetzgebers, wird alles
erreicht werden. / Wer sich erhöht, wird erniedrigt werden, / wer sich erniedrigt, wird erhöht werden. / Der wahre Katechismus wird uns unterrichten, / und der schreckliche Fanatismus wird erlöschen. / Unter diesem sanften Gesetz zu stehen / wird sich ganz Frankreich bemühen. /
Ah, wird schon werden, wird schon werden, wird schon werden.

nicht gerecht, argumentierte er und glorifizierte die historisch gewachsene Klassengesellschaft in England. Zugleich hellsichtig und verblendet, wurde sein rhetorisch brillantes Pamphlet ein Bestseller und löste eine hitzige Diskussion aus. In den folgenden Monaten erschienen mehr als zwanzig Schriften von Parteigängern der Revolution, die sich mit seinen Thesen auseinandersetzten. Eine der ersten war Mary Wollstonecrafts *Vindication of the Rights of Men*, ihr Kollege Thomas Christie, der Mitbegründer und Redakteur der *Analytical Review*, folgte mit *Letters on the Revolution in France*. Im Februar 1791 erschien dann mit dem ersten Teil von Thomas Paines *Rights of Man* die weitaus bedeutendste Anti-Burke-Streitschrift.

Als die Dichterin Anna Seward Helen am 12. Dezember für ihr »charmantes Pamphlet« dankte, das ihr eine heitere Ansicht der Französischen Revolution zeige – *right glad am I to see it* –, kannte sie Burkes Buch nur vom Hörensagen. Als sie es dann las, war sie trotz einiger Einwände – Burkes Eintreten für ererbte Privilegien und seine »quichotehafte« Verteidigung der französischen Königin Marie Antoinette – sehr beeindruckt: »Miss Williams zeigte mir die sonnige Seite der Ereignisse, und ich war bereit ihr zu glauben. Ich nahm Mr. Burkes Pamphlet in der Überzeugung zur Hand, daß ich es verabscheuen würde, doch da ich meiner Vernunft niemals erlaube, sich von meinen Wünschen völlig blenden zu lassen, konnte ich mich weder den von ihm vorgelegten Fakten noch seinen erhellenden Analysen entziehen. Sie zeigen mir die Nationalversammlung als eine Gruppe hitzköpfiger Enthusiasten, die ihr Land in den Ruin treiben, unter dem Vorwand, es zu befreien.«

Helen Williams little democratical book is mighty pretty, bemerkte Mrs. Piozzi spitz. Sie hatte sich darüber geärgert, daß Helen *en passant* den Engländern mangelnde Wohltätigkeit vorwarf. Ohne Zweifel schlug ihre Abstammung von einem Rebellenvolk durch! »Es ist schon seltsam und sehr merkwürdig, wie aufrichtig die Schotten immer noch die Einwohner dessen hassen, was sie Südbritannien nennen. Keine Nation ist so großzügig und wohltätig wie unsere. Aber Sie ist eine S c h o t t i n und von Natur aus für Frankreich voreingenommen.«

Ein Rezensent warnte, daß die unverheiratete Verfasserin der *Briefe aus Frankreich* fürchten müsse, ledig zu bleiben, wenn sie weiterhin demokratische Grundsätze vertrete.

Mary Wollstonecraft hatte mit demokratischen Grundsätzen keine Probleme. Sie besprach Helens Buch für die *Analytical Review* sehr wohlwollend, fand bestätigt, daß Miss Williams ein gutes Herz hatte, und zitierte beifällig deren Schilderung vom Besuch der geschleiften Bastille. Aber sie wies auch auf die literarischen Qualitäten des Werkes hin und ordnete die »interessanten und unaffektierten Briefe« dieser »gefälligen« Schriftstellerin in eine spezifisch weibliche Literaturtradition ein, die Nische, die die Frauen für sich erobert hatten. In der Kunst des Briefeschreibens waren sie den Männern überlegen. Auch Helen Maria Williams habe die Gabe, auf dem Papier in dieser leichten, unmethodischen Art zu plaudern, »die Briefe Freunden wertvoll und Fremden amüsant macht«.

Neu war allerdings, daß eine Frau diese Vorzüge in einer Männerdomäne zur Geltung bringen konnte, ohne »aus ihrem Wirkungskreis zu schreiten« (wie es in der *Zauberflöte* heißt). Wo Religion und Politik unter dem gemeinsamen Nenner der Menschenliebe zusammenfanden, fielen die alten Grenzen. Daß die *Letters written in France* ein großer Erfolg wurden, liegt sicher daran, daß Helen das geschickt genutzt hat. Vor allem die ergreifende Geschichte von der hartgeprüften Liebe des Ehepaars du Fossé, die als eine Art »Kommentar zur Erklärung der Menschenrechte« im wahrsten Sinne das Herz ihres Buches ist und mehrere Kapitel einnimmt, kam beim Publikum an und erschien bald auch als Separatdruck.

»Die große Begebenheit, nach welcher sich künftighin das laufende Jahrhundert nennen wird, die Freiwerdung Frankreichs, mußte die Aufmerksamkeit der Briten auf sich ziehen und brachte unter andern auch in diesem Jahre noch verschiedene Schriften hervor, welche jenen erhabenen Auftritt schilderten. Indessen fanden die Briefe der patriotischen Miss Helen Mary Williams über diesen Gegenstand und noch mehr die des Herrn Christie einen desto uneingeschränkteren Beifall in England, je allgemeiner man ihre Unparteilichkeit, ihre Gründlichkeit und die Annehmlichkeiten der Schreibart darin empfand. Es wäre wirklich zu verwundern, daß diese Werke, die man leicht zusammenschmelzen könnte, bei uns nicht übersetzt worden sind, wenn nicht die Kabale so bekannt wäre, welche sich die geduldige Natur unserer Landsleute zunutze gemacht hat, um alles zu verschreien, was nicht auf Einschläferung und blinde Anpreisung des alten Despotismus hinauslief.« So Georg Forster in seiner *Geschichte der englischen Literatur* vom Jahre 1791.

Als Helens Buch dann ein Jahr später doch auf deutsch erschien – zwei Übersetzungen sind nachgewiesen –, konnte man es nur noch nostalgisch lesen. Der wohlwollend herablassende Rezensent der Leipziger Ausgabe schrieb (in der Jenaer *Allgemeinen Literatur Zeitung*) entschuldigend: »Wenn sie in einigen Stücken zu sanguinische Hoffnungen hegt, von andern, wenigstens zweideutigen, Personen und Sachen spricht; so muß man nicht vergessen, daß die Verf. als Frauenzimmer und Ausländerin nicht immer genau unterrichtet sein konnte, und daß sie zu einer Zeit schrieb, wo Frankreich sich bei weitem noch nicht in der verzweifelten Lage befand, als gegenwärtig, wo eine glückliche Auflösung der großen und verworrenen Staatsaktion nur durch einen *Deum ex machina* möglich zu sein scheint.«

Der zweite Band von Helens Berichten aus Frankreich, der einige Monate später herauskam, war schon beim Erscheinen überholt.

Farewell England

Dem französischen König, naturgemäß kein Freund der Revolution, war mehrmals sehr deutlich geworden, daß er nicht mehr Herr im Haus und Gefangener in seinem eigenen Lande war.

Zuerst im Oktober 1789, als eine von Marktfrauen* angeführte Menge nach Versailles zog, wo er und seine Familie bisher in majestätischer Distanz von der Hauptstadt residiert hatten, und den Umzug des Hofes in die Tuilerien, das Pariser Stadtpalais, erzwang. Im November 1790, als das Volk versuchte, in die Tuilerien einzudringen. Und Ostern 1791, als man ihn und seine Familie an einer Reise in ihr Landschloß Saint Cloud gehindert hatte. Danach entschloß er sich schweren Herzens zur Flucht ins Nachbarland, die Österreichischen Niederlande, wozu ihn seine Frau schon lange gedrängt hatte. In der Nacht vom 20. auf den 21. Juni setzte sich die königliche Kutsche in Bewegung, kam aber nur bis Varennes, wo die Flüchtlinge erkannt und festgehalten wurden. Am 25. Juni waren sie wieder in Paris.

Die Monarchen anderswo in Europa wurden zunehmend nervös. In England zeigte der antirevolutionäre Propagandafeldzug von Regierung, Behörden und Presse Wirkung. Zum ersten prominenten Opfer des sogenannten Volkszorns wurde der berühmte Naturforscher und Dissenter-Geistliche Joseph Priestley, der die Öffentlichkeit mit radikalen Ansichten und zündenden Reden erschreckt hatte. Mit Gesinnungsgenossen hatte er vorgehabt, in einem Hotel seines Wohnortes Birmingham den zweiten Jahrestag des Bastillesturms am 14. Juli 1791 zu feiern, blieb auf Grund von Warnungen aber zu Hause. Das half leider nichts. Eine vermutlich von der Stadtverwaltung aufgehetzte und bezahlte Menge wütete drei Tage lang gegen die Dissenter und brannte Kirchen und Wohnhäuser nieder. Auch Priestleys Haus wurde ein Opfer der Flammen, sein Laboratorium völlig zerstört. Er selbst konnte sich mit seiner Frau zunächst bei Freunden verstecken und dann nach London entkommen, aber in England wurde er seines Lebens nicht mehr froh. Nach einem kurzen Zwischenaufenthalt in Frankreich wanderte er nach Amerika aus.

Ende August fand auf französische Initiative in Pillnitz bei Dresden ein Gipfeltreffen zwischen dem preußischen König Fried-

---

* Sie gingen als *Poissarden*, Fischweiber, in die Geschichte ein.

rich Wilhelm und Kaiser Leopold von Österreich statt, die sich in einer gemeinsamen Deklaration mit ihrem Standesgenossen solidarisierten – »Seine Majestät, der Kaiser, und seine Majestät, der König von Preußen, erklären, daß sie die Lage, in welcher der König von Frankreich sich jetzt befindet, als einen Gegenstand eines gemeinschaftlichen Interesses für alle europäischen Souveräns betrachten« –, und für eine Koalition warben, die das *Ancien régime* wiederherstellen sollte. Krieg lag in der Luft.

Zunächst einmal aber unterschrieb der wieder eingefangene Louis XVI gezwungenermaßen die neue Verfassung, die sein Land zur konstitutionellen Monarchie machte.

Ganz erfüllt von Menschheitsbeglückungsträumen und ein wenig beschwipst von ihrem jungen Ruhm hatte Helen Maria Williams schon bald nach der Publikation ihrer *Letters* fest vorgehabt, wieder nach Frankreich zu gehen, und diesmal für mehr als nur ein paar Wochen. »Das Motiv oder vielmehr der Vorwand für diese Emigration war die Sehnsucht, gut französisch zu sprechen, die *langue constitutionelle*, aber der verschwiegene und wahre Grund war die Hoffnung, aus der Nähe den Sieg der Freiheit miterleben zu können.« Sie wollte die erfolgreich begonnene neue Karriere als Revolutionskorrespondentin fortsetzen. Für eine alleinstehende Frau wäre das unschicklich und schwierig gewesen. Deshalb nahm sie die ganze Familie, die Mutter und die Schwestern, mit.

Mrs. Piozzi wußte das noch nicht, als sie im Februar 1791 an ihre Freundin Penelope Sophia Weston schrieb: »Wissen Sie schon, daß einer unserer kleinen Williams-Lieblinge uns im nächsten Sommer verlassen wird? *Fair Helena* ist diese Person, und Sie wird für zwei oder drei Jahre in Frankreich wohnen. Ich bin überzeugt, Sie wird als bessere Patriotin zurückkommen, als Sie ging – eine bessere oder liebenswürdigere Frau kann Sie nicht werden.«

Helen machte der Öffentlichkeit ihren Entschluß in einem langen Gedicht bekannt, in dem sie Zweifel an ihrem Patriotismus zu bekämpfen suchte, sich zu ihrer Liebe zur Revolution bekannte und versicherte, sie sei trotzdem immer noch die gefühlvolle Dichterin, als die man sie bisher geschätzt hatte. Es war ganz sachlich *A Farewell, for Two Years, to England* überschrieben und gefiel allgemein.

Die *Analytical Review* entdeckte darin wieder die der Verfasserin eigene glückliche Mischung aus Energie und Zartheit: »Das Vorhaben, Frankreich zu besuchen, das nun der erste Wohnort der Freiheit geworden ist, feuert ihre Muse zu einer besonderen, mehr als üblichen Begeisterung an.«

Mrs. Piozzi fand es wieder *mighty pretty* und bemerkte eifersüchtig: »Helena Williams ist ein mutiges Fräulein und wird, wie ich hoffe, wegen ihres Entschlusses niemals ein verzweifeltes sein. Wenn ihr irgendetwas zustößt, wird man ihn als Übereilung entschuldigen, und wenn sie unversehrt zurückkehrt, wird man ihm Beifall zollen, weil er Anteilnahme an den großen Gegenständen des Lebens beweist.«

Anna Seward prophezeite einen französischen Liebhaber: »Wenn Helen Williams wieder nach Frankreich geht und auf so lange Zeit, ist es wahrscheinlich, daß sie für ihr Land verloren sein wird. Ihre Reize werden irgendein patriotisches Herz entflammen, worüber sie ihrerseits entzückt sein wird.«

Ihre neuen *Letters from France* läßt Helen dort beginnen, wo ihr erstes Buch aufgehört hatte: bei ihren Freunden in der Normandie. »Ich ergreife wieder die Feder, um Ihnen vom Schloß des Monsieur du Fossé zu schreiben, von wo ich Ihnen im letzten Jahr die Geschichte seiner Leiden berichtet habe, die mich dazu gebracht haben, die Revolution zu bewundern und zu lieben.« Und wieder stellt sie an den Anfang die Schilderung eines patriotischen Festes, zu dem sie gerade noch rechtzeitig eingetroffen war. Am 3. September, dem Tag, als die Nationalversammlung die neue Konstitution verabschiedete, war sie in Rouen und erlebte mit, wie die per Kurier eintreffende Nachricht vom Volk gefeiert wurde. Kanonen wurden abgeschossen, die Glocken aller Kirchen läuteten, die Menschen strömten auf die Straßen und brannten Feuerwerkskörper ab. Fremde fielen sich in die Arme.

Man rief *Vive la nation* und vereinzelt auch *Vive le Roi*. Am Nachmittag wurde in der Kathedrale ein feierliches Te Deum zelebriert. Es war unmöglich, sich dem ungeheuren Enthusiasmus der Menschen zu entziehen, »die die Vollendung der glorreichen Arbeit einer freien Regierung feierten«.

Blind vor Liebe, fand Helen offenbar nichts an einer Verfassung auszusetzen, die nur Männern über dreiundzwanzig Jahren, die ein bestimmtes Steueraufkommen hatten, als Aktivbürgern das Wahlrecht zugestand und für Frauen überhaupt keine politischen Rechte vorsah. Sie glaubte, sie wollte unbedingt glauben, daß die Verheißungen des Konföderationsfestes vom Vorjahr Wirklichkeit geworden waren.

Der Gesellschaft der Verfassungsfreunde von Rouen *(Societé des Amis de la Constitution à Rouen)* überreichte sie ein Exemplar der französischen Übersetzung ihres Bestsellers; man würdigte ihr Engagement für die Sache der Freiheit mit einem Dankschreiben, worauf wiederum sie antwortete, welchen Austausch von Höflichkeiten die Gesellschaft dann in einer Auflage von dreitausend Exemplaren drucken und verbreiten ließ, samt einer schmeichelhaften Huldigung an Helens weibliche Reize. »Diese Ehrungen erfreuen den Kopf, aber sie gehen nicht zu Herzen«, schrieb sie in stolzer Bescheidenheit nach Hause.

Anschließend reiste sie mit der Familie nach Orléans weiter, wo sie für eine Weile bleiben wollte. In jedem Dorf, durch das sie kamen, sahen sie Transparente mit der kämpferischen Inschrift *La liberté ou la mort* [die Freiheit oder der Tod]. Monsieur d'Orléans und Madame de Genlis hatten sie mit Empfehlungsschreiben ausgestattet und ihnen eine prächtige Unterkunft mitten in der Stadt, im ehemaligen Stadtpalais des Herzogs, zur Verfügung gestellt, mit Blick auf die *Place du Martroi* mit ihrem bunten Markttreiben. Aber Orléans gefiel Helen dann gar nicht. Sie fand es provinziell und reaktionär und ärgerte sich, daß man die alte Feindschaft gegen England dort immer noch eifrig pflegte. Der 8. Mai war der Jahrestag, an dem *la pucelle*, die Jungfrau von Orléans, die Stadt von den englischen Belagerern befreit hatte, und wurde »abergläubisch« mit Umzügen und einem Gottesdienst gefeiert, bei dem der Prediger die Verbrechen der Engländer und deren abscheulichen Umgang mit der Jungfrau in den schwärzesten Farben schilderte. Als in einer Gesellschaft das Gespräch auf die französischen Aufklärer, die »Philosophen«, kam, schimpfte eine Dame, *formerly noble:* »Hören Sie mir doch auf mit diesen Lumpen! Ihre unverschämten Schriften sind schuld daran, daß es uns jetzt so schlechtgeht.« Helen dagegen glaubte, daß »Freiheit dem Wissen so natürlich entspringt wie das Licht der Sonne«. Erwarteten ihre Leser nicht mehr von ihr als Reiseeindrücke aus der Provinz?

Anfang Dezember flüchtete sie, Mutter und Schwestern im Schlepptau, nach Paris, dem Hauptschauplatz des Revolutionsdramas.

Die Stadt hatte sich verändert. Viele Aristokraten waren mittlerweile nach Wien oder in die rheinischen Bistümer Koblenz, Worms, Speyer und Mainz emigriert, wo sie zum Ärger der Einheimischen arrogant und großspurig auftraten und ihre Gastgeber zum Krieg anzustacheln suchten. Helen trauerte dem Prunk von Kutschen und kostbaren Roben nicht nach, auch nicht der höfischen Galanterie, die mit ihnen entschwunden war. Die neue revolutionäre Antimode war allerdings auch nicht wirklich nach ihrem Geschmack. »Jedermann bemüht sich zu demonstrieren, daß er so wenig Zeit wie möglich auf seine Toilette verschwendet und sein Geist mit Wichtigerem als der Verschönerung seiner Person beschäftigt ist.« Viele Männer hielten schon Sauberkeit für *aristocrate.*

Die Lust der Pariser an Vergnügungen war ungebrochen. Die Cafés waren voll wie eh und je und die Theater – es gab um die zwanzig – jeden Abend ausverkauft. Selbst zu Weihnachten, wie Helen wehmütig feststellte. An diesen Tagen wäre sie gern in England gewesen, wo das Fest stimmungsvoll im Familienkreis gefeiert wurde. Silvester war es dann wieder hübscher in Paris. Gegen acht Uhr ging sie mit den Schwestern zum Palais Royal, wo viele Menschen unterwegs waren. Die meisten Läden waren hell erleuchtet und prächtig dekoriert, besonders die Confiserien. »Sie sind mit verzierten Glasbehältern voller Süßigkeiten und mit vielen hübschen Kleinigkeiten gefüllt, die die Leute kaufen und ihren Freunden zum Geschenk machen.«

Regelmäßig besuchte Helen das Lyzeum, eine Art offener Universität, die schon vor der Revolution gegründet worden war. Zu den Vorlesungen von Fachgelehrten (Philosophie, Chemie, Naturgeschichte, Botanik, Geschichte, Literatur) hatten auch Frauen Zutritt, was sie fleißig nutzten. »Selbst bei anatomischen Vorlesungen und bei den zartesten Zweigen der Zergliederungskunst, fehlte es nie an vielen liebenswürdigen Zuhörerinnen, welche in angestrengtester Aufmerksamkeit sich mit der innern und äußern Struktur der schönen, ihnen wohlbekannten menschlichen Formen vertraut zu machen suchten«, berichtete ein Reisender.

Ab und zu ging sie auch zu den Debatten der Nationalversammlung, die nicht weit von ihrer Wohnung entfernt in der Manege, dem ehemaligen Reitsaal des Tuilerien-Schlosses, tagte.

Die 745 Abgeordneten, die ein Jahr lang gesetzgeberisch tätig sein sollten, gehörten zu drei Lagern, die freilich in sich keineswegs einheitlich waren:

Eine gemäßigte Rechte vom Klub der Feuillants (so genannt nach ihrem Tagungsort, einem ehemaligen Zisterzienserkloster). Für sie war die Revolution mit der gerade etablierten konstitutionellen Monarchie an ihr Ziel gekommen.

Eine Linke, viele von ihnen Mitglieder des Jakobinerklubs, die die Revolution durch die Royalisten um Hof und König gefährdet sah. Ihr radikaler Flügel wollte Frankreich zur Republik machen. Sie wurde von Abgeordneten aus der Gironde und dem Süden dominiert und nach ihnen als Brissotins oder Buzotins oder Rolandins bezeichnet. Der Name Girondisten bürgerte sich erst etwas später ein*.

---

* Wer zur Gironde gehörte und ob es sie als Gruppe mit einheitlichen Zielen überhaupt gab, ist in der Forschung zur Revolutionsgeschichte heiß umstritten – wie überhaupt so ziemlich alles (siehe dazu Furets

Und dazwischen eine breite Mitte von unabhängigen Deputierten, um deren Stimmen beide Lager warben.

Als die Abgeordneten die Konfiszierung der Emigrantenvermögen berieten und beschlossen, war Helen unter den Zuhörern. Sie war auch dabei, als die Fahnen Frankreichs, Englands und der Vereinigten Staaten von Amerika feierlich in das Kloster St. Jacques gebracht wurden, wo die Jakobiner tagten. »Sobald die Farben sichtbar wurden, hallte der Saal vom Beifallgeschrei der mehr als zweitausend anwesenden Personen wider, die sich sofort von ihren Sitzen erhoben hatten. Die Männer schwenkten ihre Hüte und riefen immer wieder *Vive la liberté – Vive l'Angleterre – Vive la France – Vivent les nations libres!* Beim Anblick dieser Banner – so oft die Symbole des Krieges, der Verzweiflung, des Schreckens –, die nun zum verpflichtenden Zeichen von Frieden, gutem Willen und Einigkeit zwischen den Nationen geworden waren, schien jedes Herz von heiligem Enthusiasmus erfüllt, und jedes Auge schmolz in Tränen dahin.«

Dabei standen die Jakobiner besonders im Ausland keineswegs für Versöhnung, sondern für Umsturz und Klassenkampf. »Jedes Verbrechen, jede Ungeheuerlichkeit wird dieser Gesellschaft zugeschrieben, die, so wird behauptet, nicht nur das Schicksal Frankreichs, sondern ganz Europas in der Hand habe. Doch wenn sie viele Feinde haben, so ist die Partei ihrer Freunde weit zahlreicher ... Diese Personen erklären, daß sie den Saal der Jakobiner niemals ohne Achtung betreten, weil sie ihn als Wiege und Asyl der französischen Freiheit betrachten. Sie sind überzeugt, daß diese wachsamen, aufmerksamen, eifersüchtigen, lauten Jakobiner ihre besten Wächter sind und daß ohne den weitreichenden Einfluß, den sie überall in Frankreich gewonnen haben, die junge Freiheit schon bei ihrer Geburt von ihren zahlreichen und mächtigen Feinden zermalmt worden wäre.«

Es war eine »dieser Personen«, die Helen zu den Jakobinern

und Ozoufs *Kritisches Wörterbuch der Französischen Revolution*). Eine erzählende Darstellung wie diese muß mit Vereinfachungen arbeiten.

6 Madame Roland. Ölbild von
Johann Ernst Heinsius, 1792.

mitnahm – »nicht zu den Jakobinern von der Rasse eines Robespierre, sondern zu einer Zeit, als Brissot oder Vergniaud ihre
Rednerbühne bestiegen« –, nämlich ihre neue Freundin Madame
Roland. »Sie liebte die Heimat mit Leidenschaft, weil Frauen
nichts nur halb lieben; ihre Grundsätze waren kompromißlos republikanisch. Sie war einer der ersten Menschen, die ich in Frankreich kennengelernt habe. Ich konnte nicht genug von ihrer fes-
selnden Unterhaltung bekommen, einer Beredsamkeit, die aus
der Tiefe des Herzens kam. Meine Empfindungen sagten ihr zu,
und unsere Freundschaft befestigte sich.«

Madame Roland hatte ihr Leben ganz in den Dienst ihres Mannes gestellt. Er war zwanzig Jahre älter als sie. Zu der Zeit, als
er noch seinem Beruf als Inspektor der Fabriken nachging und
Abhandlungen über verschiedene Berufszweige veröffentlichte,
übersetzte und kompilierte sie für ihn, »ohne vor der Trockenheit der Gegenstände zurückzuschrecken. ›Die Kunst des Torfste-
chens‹, ›Die Kunst des Wollfabrikanten‹, ›Das Lexikon der Fabriken‹ hatten die schöne Hand der Madame Roland beschäftigt,
ihre besten Jahre in Anspruch genommen, ohne andere Ablen-

kung als die Geburt und das Stillen des einzigen Kindes, das sie gehabt hat.« Als Monsieur Roland dann dank der guten Beziehungen seiner Frau Innenminister wurde, verfaßte sie für ihn Reden, Briefe, Denkschriften, ohne selbst schriftstellerischen Ehrgeiz zu haben. »Wenn sie die Revolution nicht aus ihrer Verborgenheit hervorgeholt hätte, dann hätte sie diese ungenutzten Gaben, ihr Talent, ihre Beredsamkeit ebenso wie ihre Schönheit mit ins Grab genommen.«

Vor allem diente sie ihm und seinen (ihren gemeinsamen) politischen Zielen als Gastgeberin. Zweimal in der Woche gab sie Essen für Abgeordnete, Minister, Geschäftsfreunde ihres Mannes. In ihrer Wohnung wurden Strategien diskutiert, Allianzen geschmiedet, Entscheidungen getroffen. Sie selbst blieb diskret im Hintergrund und war doch die Seele, ja, wie viele glaubten, der eigentliche Kopf der Girondisten. »Mit ihren ungewöhnlichen geistigen Gaben verband sie die Wärme eines fühlenden Herzens mit dem Reiz der feinsten Manieren. Sie war groß und gut gebaut, strahlte Würde aus, und obwohl sie schon über fünfunddreißig war, war sie immer noch eine gutaussehende Frau. Ihr Gesicht hatte einen Ausdruck von ungewöhnlicher Freundlichkeit, und ihre großen dunklen Augen strahlten Intelligenz aus.«

So Helen. Madame Rolands Beispiel und Vorbild wird die »berühmteste Engländerin Frankreichs« dazu ermutigt haben, einen eigenen Salon zu eröffnen, den sie dann mit einigen Unterbrechungen jahrzehntelang geführt hat. Jeden Sonntag öffnete sie ihr Haus für Besucher, weniger als zwanzig waren es selten, erinnert sich einer von ihnen. In den Anfängen war ihr Salon so etwas wie eine girondistische Filiale, die Parteifreunde der Rolands gingen auch bei ihr ein und aus. Aber auch noch viele andere, Prominenz aus Kultur und Wissenschaft. Helens Bedürfnis nach Freundschaft und ihr neuer Beruf als Korrespondentin ergänzten sich auf ideale Weise. Wie Madame Roland überließ sie die Bühne den Gästen, hörte zu und wahrte Diskretion. Sie waren ihre Quellen, deren Schutz ihr heilig war. Wenn sie sie zitierte, dann in der Regel, ohne Namen zu nennen: Ein Geistlicher, ein

Freund, ein junger Mann, eine Dame sagte mir neulich ... Manches hat sie erst Jahrzehnte später verraten, zum Beispiel, daß sie durch Madame Roland in den Jakobinerklub kam. Viele Geheimnisse hat sie mit ins Grab genommen.

Ihre Gäste werden in den ersten Monaten des Jahres 1792 immer wieder die Frage diskutiert haben, die seit dem preußisch-österreichischen Treffen in Pillnitz einer Antwort harrte und die Linke spaltete. Sollte Frankreich der sicher erwarteten Kriegserklärung der Alliierten zuvorkommen und die Initiative ergreifen? Die Girondisten waren dafür, die Jakobiner dagegen. Robespierre warnte eindringlich vor dem Abenteuer eines europäischen Krieges, konnte sich aber nicht durchsetzen.

Am 20. April 1792 erklärte Frankreich Österreich den Krieg, »in Anbetracht der Tatsache, daß der Wiener Hof nicht aufgehört hat, aufrührerischen Franzosen unverhüllt Schutz zu gewähren, und gemeinsam mit mehreren europäischen Mächten ein Bündnis gegen die Unabhängigkeit und Sicherheit der französischen Nation geschmiedet und geschlossen hat und daß er die Vorbereitung von Feindseligkeiten fortgesetzt und ausgeweitet hat«.

Zugleich aber versuchten die Verfasser der Kriegserklärung, die friedlichen kosmopolitischen Ideale der Revolution in sie einzuschreiben. Federführend war dabei einer von Helens neuen Freunden, der Philosoph Condorcet. »Von den Tyrannen dieser Erde in einen Krieg gezwungen, hatten die Franzosen erklärt, daß die Soldaten sich auf fremdem Boden so verhalten würden wie auf französischem, wenn sie dort zum Kämpfen gezwungen würden; daß man sogar für die unbeabsichtigten Schäden, die die französischen Truppen verursachen würden, aufkommen würde; daß das Zurückschlagen von Gewalt, der Widerstand gegen Unterdrückung, das Vergessen vergangener Beleidigungen, die Aufnahme versöhnter oder entwaffneter Feinde als Brüder – daß das die Empfindungen waren, die die Nation in den Seelen der Franzosen finden würde, und das war der Krieg, den sie ihren Feinden erklärten.

Auf diese Weise hatte die französische Nation jedem groß empfindenden Menschen die Möglichkeit gegeben, sich für ihre Sache zu engagieren. Sobald man bekannt machte, daß die Truppen an den Grenzen Rekruten brauchten, meldeten sich in allen französischen Provinzen junge Männer als Freiwillige, erfüllt von einer Begeisterung, die nur das heilige Gefühl der Freiheit hervorrufen konnte.«

Farewell Helen

Kurz nach der Kriegserklärung reiste Helen für einige Wochen nach London, in Geschäften und um die Veröffentlichung ihrer neuen *Letters from France* vorzubereiten. England gehörte (noch) nicht zur antifranzösischen Koalition, aber seine Regierung (im Bund mit Presse und Justiz) kämpfte mit zunehmender Härte gegen die Reformer im eigenen Land. Im Mai erließ König Georg III. ein Edikt gegen die Verbreitung aufrührerischer Schriften. Der zweite Band von Thomas Paines *Rights of Man* wurde verboten. Der Prozeß gegen ihn mußte dann in seiner Abwesenheit geführt werden, da er sich vorsichtshalber nach Frankreich abgesetzt hatte. Man verbrannte Paine-Strohpuppen. In vielen Wirtshäusern waren »Jakobiner unerwünscht«.

Kein günstiges Klima für das Buch einer Revolutionsfreundin! Helen hatte damit eigentlich an das Erfolgsrezept ihrer ersten *Briefe aus Frankreich* anknüpfen und ihren Lesern weiter sonnige Ansichten aus dem Land der Freiheit bieten wollen. »Im gegenwärtigen Frankreich zu leben ist so, als lebte man in einem romantischen Fabelreich. Täglich gibt es hier die erstaunlichsten, wunderbarsten Begebenheiten«, verkündete sie gleich am Anfang. Doch dann schlug ihr die politische Entwicklung diese Botschaft aus den Händen. Am Ende des Buches war ihr gelobtes Land im Krieg und heillos zerstritten.

Fanatismus, Haß, Gewalt, Gemeinheit, Helen hat das alles gesehen, aber nicht sehen und schon gar nicht davon schreiben wollen, allenfalls im allgemeinen und apologetisch. »Sollen wir deswegen, weil die Freiheitsfanatiker einige entsetzliche Verbrechen begangen haben, daraus schließen, daß die Freiheit selbst ein Übel ist und die düstere Ruhe des Despotismus vorziehen? Die Untaten, die es ab und zu in der Kindheit der Freiheit gegeben hat, sind nur Folgen des Despotismus. Man hat die Menschen so lange unmenschlich behandelt, daß sie wild und blutrünstig geworden sind.«

Um der Revolution die Treue halten zu können, mußte sie ihre Ideale aus dem Würgegriff der Wirklichkeit retten. Am Schluß ihres Buches zeigt sie sich davon überzeugt, daß das Reich der Menschlichkeit, der Ordnung und des Friedens eines nicht allzu fernen Tages doch noch kommen werde. »Die Freiheit wird ihren wohltätigen Einfluß über die Nationen ausüben, und ›an ihren Früchten wird man sie erkennen‹.«

Nach bewährtem Rezept fügte sie wieder eine Liebesgeschichte ein, die fast ein unglückliches Ende genommen hätte, wenn nicht die Revolution gekommen wäre ...

Ein tyrannischer Vater hat seine Tochter Madeleine ins Kloster gesteckt, um deren unstandesgemäße Heirat zu verhindern, aber unmittelbar bevor die junge Frau als Nonne in den Orden aufgenommen wird, erläßt die Nationalversammlung ein Dekret, das die Einsegnung von Mönchen und Nonnen verbietet. Madeleine packt sofort ihre Sachen. »Ich habe die Revolution immer geliebt, dachte sie, und dieses letzte Dekret war sicher das beste und weiseste von allen – aber wenn es zu spät gekommen wäre! – Bei diesem Gedanken nahm Madeleine ihren Novizinnen-Schleier, der auf dem Tisch lag, und badete ihn in einer Flut von Tränen.«

Gleich am nächsten Morgen heiratet sie den Geliebten, und das junge Paar zieht nach Paris, »wo sie jetzt leben und, wie man mir sagt, zwei der glücklichsten Menschen und besten Patrioten in Frankreich sind.«

Es ist Helen nicht aufgefallen, daß sie damit auch die neue Tyrannei der Revolutionäre verklärte.

Was ihr bei ihren ersten Reportagen aus Frankreich genutzt

hatte – daß sie als Frau schrieb –, wurde nun von den Rezensenten als Schwäche verbucht. Leider mehr Herz als Kopf! Das Buch richte sich nicht so sehr an scharfsinnige Kenner der aktuellen Politik »als an liebenswürdige, aber vielleicht wenig klarsichtige Wesen«, fand der Kritiker der *English Review.* »Wir meinen die Politiker in Petticoats. Sein Verfasser ist ein weiblicher Demokrat, und weibliche Demokraten sollen seine Leser sein. Schon früher haben wir uns darum bemüht, sie mit Hilfe der in unseren Augen schlagendsten Argumente davon zu überzeugen, daß sie Gefahr läuft, ihr Leben als unverheiratete Frau verbringen zu müssen, wenn sie weiterhin eine so enragierte Demokratin bleibt.« Auch ihre Freundinnen rückten von Helen ab. Die Demokratin hätten sie ihr vielleicht noch als Verirrung nachgesehen. Aber Verstöße gegen die Konvention waren unverzeihlich.

»Helena Williams sollte aufpassen, mit wem sie umgeht, und das sollte auch Hester Piozzi«, schreibt diese am 15. September 1792 an Miss Weston und mokiert sich darüber, daß »dieser feine Herr, den sie in unser Haus mitgebracht hat«, in Paris in einem ganz gewöhnlichen Quartier logiert. In ihr Tagebuch notiert sie: »Helena Maria Williams ist dabei, ihren guten Ruf ihrer politischen Gesinnung aufzuopfern. Sie reiste aus England mit Mr. Stone ab, einem verheirateten Mann, der seine Frau hier zurückgelassen hat, aber sie ist nach Frankreich gegangen. Manche haben gemeint, das sei töricht gewesen, aber wie ich gerne sage, es hat immer eine alte klassische Verbindung zwischen H e l e n a und P a r i s gegeben.«

Man of Mystery

Mit John Hurford Stone zieht Helen in eine John-Le-Carré-Welt der Spione, Agenten und Spekulanten ein. »Sein geheimnisvolles und außergewöhnliches Leben ist nie rekonstruiert worden«, schreibt Madeleine B. Stern, die ihm einen Aufsatz gewidmet hat. »Und doch spielte er eine faszinierende Rolle in den Annalen der britischen Kolonie in Paris. John Hurford Stone trug nicht nur die Freiheitsmütze, sondern auch Mantel und Degen.« Obwohl er in England und in Frankreich einen großen Bekanntenkreis hatte und in viele Projekte verwickelt war, wissen wir erstaunlich wenig über ihn. Nicht einmal ein Porträt ist überliefert, wie es scheint. Intelligent und belesen, ein »Mann von lebhafter Einbildungskraft und unruhigem Geist«, ein »Freund von Spekulationen und Innovationen«, blieb er im Hintergrund und war bei seinen risikoreichen Geschäften insgesamt erfolgreich, bis er sich in seinen späteren Jahren mit der Publikation von Reiseberichten Alexander von Humboldts übernahm. Der ihm gewidmete Artikel des *Oxford Dictionary of National Biography* verbucht »Stone, John Hurford (1763-1818)« als »Radikalen und Druckereibesitzer«.

Stone entstammt einer Dissenter-Familie aus Somerset. Nach dem frühen Tod seiner Eltern wächst er zusammen mit seinem jüngeren Bruder William bei einem Onkel in London auf, der für ihre Erziehung sorgt und ihnen sein Geschäft, eine Kohlenhandlung, vererbt, die sie zunächst gemeinsam weiterführen. Im September 1786 heiratet er eine Frau aus wohlhabender Familie, Rachel Coope, mit der er im Londoner Vorort Hackney lebt, dem Wirkungsort von Dr. Price. Durch ihn ist er wohl mit Dr. Priestley bekannt geworden, dem er sich als Jünger eng anschließt. Mit dem verehrten Lehrer glaubt er fest daran, daß die Ereignisse in Frankreich »letztlich zum Glück der Menschheit führen würden«, und ist entschlossen, der Revolution auch auf den Britischen Inseln zum Sieg zu verhelfen. Dabei behält er sein eigenes Glück stets im Auge.

Dank seiner guten Französischkenntnisse fällt es ihm leicht, Kontakte nach Frankreich zu knüpfen, die er auch geschäftlich zu nutzen versteht. Als sich im Februar 1792 der französische Minister Charles-Maurice de Talleyrand in London aufhält, um angesichts des drohenden Krieges mit Österreich für die britische Neutralität zu werben, bringt Stone ihn in seinem Haus mit prominenten Republikanern zusammen.

Um diese Zeit fühlte er sich selbst in England nicht mehr sicher und bereitete seine Emigration nach Frankreich vor. Er hatte vor, in Paris eine Fabrik zur Herstellung von Sal ammoniacum* zu gründen, einem Stoff, der zum Beispiel für Färberei, Gerberei, Pyrotechnik und Medizin von Bedeutung war. Sein Geschäftspartner hierbei, wie dann auch bei weiteren Unternehmungen, wurde Athanase Coquerel, der Verlobte von Helens Schwester Cecilia.

Sechs Jahre zuvor hatte John Hurford Stone Helens *Poems* subskribiert. Nun sehen wir ihn zum erstenmal an ihrer Seite. Wann und wo haben sie einander kennengelernt? Erst in Paris, im Frühjahr 1792, oder doch schon Jahre früher? Dachte Helen an ihn, als sie die verzehrende Liebe ihrer Romanheldin Julia zu einem verheirateten Mann schilderte?

Krieg den Palästen

Die Tuilerien. Das Wort bedeutet eigentlich Ziegelhütten, die es wahrscheinlich vorzeiten in dieser Gegend gab. Das Tuilerienschloß ist von Katharina von Medici erbaut. Es besteht aus fünf Pavillons und vier *Corps-de-Logis*** und ist von außen mit Kolonnaden, Frontons [Giebeln], Statuen und endlich mit dem Bilde der Sonne und dem Namenszuge Ludwigs des Vierzehnten verziert. Die Ansicht dieses Palastes ist mehr angenehm als imponierend, wozu wohl die schöne Lage vieles beiträgt. Auf der einen Seite fließt die Seine, und vor der Hauptfassade ist der herrliche Garten der Tuilerien mit seinen Terrassen, Blumenstücken, Bassins, Statuen, und, was das beste ist, mit seinen alten, dichten Alleen, durch die man in der Ferne den schönen

---

* Gemeint ist wohl Salmiak (Ammoniumchlorid), das sich in Reaktion mit bestimmten Basen in gasförmiges Ammoniak (NH_3) und Hydrogenchlorid spaltet. Beide Namen gehen auf die Bezeichnung Sal ammonium zurück. Joseph Priestley, der Ammoniak als erster isolierte, nannte es »alkalische Luft«. Die erste deutsche Salmiak-Fabrik, die 1759 in Braunschweig in Betrieb ging, produzierte Farben und Glaubersalz.
** »Wohnkörper«, Haupttrakt eines Palastes.

Platz Ludwig des Fünfzehnten erblickt. Das Tuilerienschloß
wird jetzt von der königlichen Familie bewohnt.

Nikolai Michailowitsch Karamsin,
Briefe eines russischen Reisenden

Helen und John Hurford Stone reisten gegen den Strom. Je näher sie Paris kamen, desto mehr Kutschen begegneten ihnen.
Wer es sich leisten konnte, floh aufs Land. Aufruhr lag in der Luft.
Geschürt von Scharfmachern wie Jean-Paul Marat, dem selbst-
ernannten Freund des Volkes, war der Haß auf den König seit
seiner verunglückten Flucht stetig gewachsen. Am 20. Juli drang
eine feindselige Menge in die Tuilerien ein und zwang ihn, die
rote Jakobinermütze aufzusetzen. In der Nationalversammlung
forderte man seine Abdankung. Wenn er auftrat, wurde auf den
Tribünen gejohlt und gepfiffen. Die Schmähungen gegen die Königin Marie Antoinette kannten keine Grenzen. Der österreichischen Hure, wie man sie nannte, wurde jede, aber auch jede sexuelle Perversion angedichtet. Sie war zum Symbol für den kor-
rupten Körper der Monarchie geworden, um dessen Schändung
und Zerstückelung die Phantasien lustvoll kreisten.

Das berüchtigte Manifest vom 25. Juli, für das der Herzog von
Braunschweig als Oberbefehlshaber der Alliierten seinen Namen
hergab, obwohl es ein französischer Aristokrat verfaßt hatte,
goß Öl ins Feuer. Es erklärte die Wiederherstellung des *Ancien
régime* zum Kriegsziel, drohte widersetzlichen Bewohnern von
Städten und Dörfern mit Erschießung, Zerstörung und Brand-
schatzung und forderte von den Parisern, sie müßten sich sogleich dem König unterwerfen, »ihn in volle Freiheit setzen und
ihm, sowie allen Mitgliedern seiner Familie, die Unverletzlich-
keit und die Achtung versichern, auf welche nach dem Vernunft-
und Völkerrechte die Fürsten von ihren Untertanen Anspruch
zu machen haben«. Falls dem König oder seiner Familie auch
nur ein Haar gekrümmt, ja auch nur die geringste Beleidigung
zugefügt werde, werde man »eine beispiellose und für alle Zeiten
denkwürdige Rache nehmen und die Stadt Paris einer militäri-

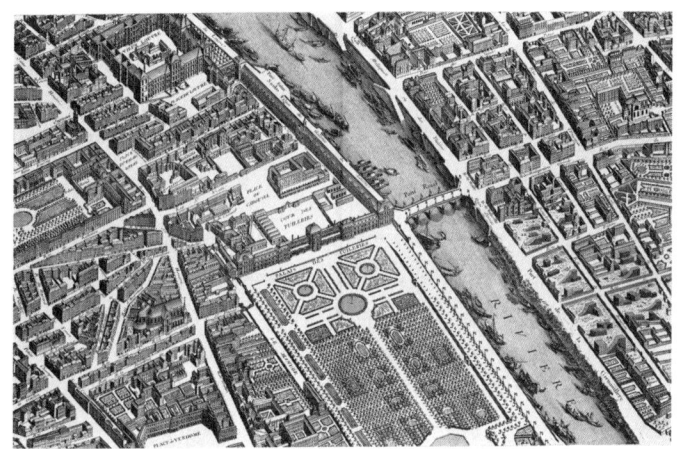

7 *Die Tuilerien.*

schen Exekution und einem gänzlichen Ruine preisgeben«. Wenn
man den Widerstandsgeist der Franzosen hätte anstacheln und
den Sturz des Königs hätte erreichen wollen, man hätte es nicht
besser anfangen können.

Die Verschwörer um Danton nutzten die Gunst der Stunde.
Sie holten Truppen aus Marseille und der Bretagne nach Paris
und gaben den Befehl zum Losschlagen. In der Nacht zum
10. August wurden die Einwohner gegen 2 Uhr durch das Läu-
ten der Sturmglocke geweckt.

Früh am Morgen ließ sich der König überreden, mit seiner Familie die Tuilerien zu verlassen und Asyl bei der Nationalversammlung zu suchen. »Die Blätter fallen dieses Jahr früh«, sagte
er unterwegs. Man wies ihnen als vorläufige Unterkunft den kleinen, vergitterten Raum zu, in dem gewöhnlich die »Logographen« saßen, um die Debatten zu protokollieren.

Bei den Angreifern verbreitet sich das Gerücht, daß die Be-
satzung des Schlosses kapituliert habe. Als sie von einem Kugel-
hagel empfangen werden, glauben sie, in eine Falle geraten zu
sein, und setzen wütend zum Gegenangriff an. Um weiteres Blutvergießen zu verhindern, läßt der König seiner persönlichen Leib-

wache, der Schweizergarde, den Befehl geben, die Waffen nieder-
zulegen und abzuziehen. Daß sie dem Befehl gehorchen, bringt
Hunderten von ihnen den Tod, und mit ihnen vielen anderen.
Wo immer man einen Mann in rotem Uniformrock sieht, wird
er gejagt und zur Strecke gebracht. Konrad Engelbert Oelsner
wird Zeuge entsetzlicher Szenen.

»Achtzig Mann, unter denen, wie sich nachher gezeigt, die
meisten keine Schweizer waren, hatten nach einem hartnäcki-
gen Kampfe die Waffen niedergeworfen. Vor das Stadthaus geführt, stehen sie der Entscheidung ihres Verhängnisses harrend.
Derjenige Teil der Nationalgarde, dessen Äußeres durch Erziehung veredelte Menschlichkeit verspricht, wacht um sie. Schon
sind sie der versprochenen Gnade gewiß, ein Kommissar der Munizipalität verkündet den Befehl, sie in die Abtei zu führen. Aber
das war es nicht, was die wütende Menge erwartete, was die er-
grimmte, blutdürstige Brut des Pöbels wollte. Nein! Nein! Keine
Gnade! brüllt es über den ganzen Grève-Platz; ein Todesurteil!
Verräter müssen sterben! Schießt sie nieder! rasen die Weiber,
in schäumende Furien verwandelt, oder Ihr seid des nämlichen
Verbrechens schuldig; Sie haben unsere Brüder, sie haben meinen Gemahl, meinen Sohn gemordet. Wir begehren Rache, gebt
Ihr sie uns nicht, so nehmen wir sie selbst an ihnen und Euch! –
Um Erbarmung schreien die Unglücklichen; sie stürzen, sie win-
den sich mit dem Ausdrucke der zerknirschendsten Verzweiflung um die Füße ihrer Überwinder. Die Nationalgarde kämpft
für das Mitleid, gegen ihre eigene Gefahr; sie bittet, sie fleht –
umsonst, schon wird sie des Verständnisses beschuldigt, die Pi-
ken dringen auf sie ein; sie läuft Gefahr, Opfer ihrer Menschlichkeit zu werden; und da sie ihr eigenes Heil nur in der Zerstörung
der Verurteilten sieht, drückt sie, mit abgewandtem Gesichte,
ihre Mordgewehre los. Alles wird unbarmherzig niedergemacht.
Mein blutendes Herz erlaubt mir nicht, die scheußliche Szene
auszumalen. – Das Jauchzen der Weiber bedeckt die Wehklagen
der Todesangst; sie schlürfen, die Weiber schlürfen mit brutaler
Wollust das Stöhnen der Sterbenden ein, und des Höllenpfuhls

Trunkenheit höhnt aus ihrem Munde die letzten Zuckungen der Agonie. Muß ich es zur Schande des weiblichen Geschlechtes sagen! Die Weiber sind es, welche in allen stürmischen Auftritten der Revolution immer zuerst Entsetzlichkeiten ersannen, oder die Männer zu frischen Qualen und Mordtaten aufmunterten. [...]

Nachdem die blutigen Expeditionen vorüber waren, wurde noch an dem nämlichen Tage Hand an die Statuen der Könige gelegt, an die Bildnisse, an die Aufschriften, welche ihren Charakter trugen. Unterdessen saß die königliche Familie kümmerlich in die Loge des Logographen zusammengepreßt, ohne zu wissen, wohin sie ihr Haupt legen würde. Als ich um zehn Uhr aus der Versammlung noch einmal bei den Leichnamen, den Flammen vorübergehen mußte, die den Himmel röteten, rief ich: kurzsichtige Politik! Das Manifest des Herzogs, welches Ludwig XVI. zum Gebieter machen sollte, hat ihn zum Gefangenen gemacht.«

Erst Jahrzehnte später hat Helen Maria Williams in ihren *Souvenirs* offenbart, wie nahe sie dem Hauptschauplatz der Ereignisse damals gewesen ist.

»Ich logierte damals in einem *hôtel** in der Rue de Lille; von den Fenstern in den oberen Stockwerken hatte man Aussicht auf die Tuilerien, und wir konnten von weitem die Schlacht sehen. Wiederholt wurde das Volk zurückgeschlagen, und wir sahen, wie die Menge, wie von Schrecken ergriffen, fliehend vorwärts stürzte und die Brücke der Tuilerien überquerte. Bald vereinigten sich diese ungeordneten Menschenmengen wieder und griffen von neuem an. Gegen Abend war die Schlacht entschieden, und die Angreifer besetzten das Schloß.

Die wenigen Schweizer, die es geschafft hatten zu entkommen, flehten an der Türe der *hôtels* um Einlaß und Rettung; aber die Türen blieben erbarmungslos geschlossen. Ich sah einen jungen

---

* Hotel; Stadthaus eines Aristokraten oder Großbürgers; Sitz einer Behörde.

Offizier, der blutüberströmt und fast bewußtlos an der Türe unserer Herberge zusammengebrochen war und mit ersterbender Stimme flehentlich um nur ein Glas Wasser bat. Es ist mir, als höre ich ihn noch heute. Die Türe öffnete sich nicht. Ich rannte die Treppe hinunter, ich wandte mich an den Portier, ich bat ihn auf Knien, mit diesem Unglücklichen Mitleid zu haben, er wiederholte immerfort, sein Leben sei verwirkt, wenn er ihm Asyl gewähre. Dennoch gab er dem Verletzten, wonach er verlangte, besiegt durch meine inständigen Bitten. Der junge Schweizer trank das Glas Wasser, und einige Minuten später hauchte er sein Leben aus.

Sehr spät am Abend versuchte ich mich von den herzzerreißenden Eindrücken dieses Tages loszureißen, indem ich mich draußen auf die Terrasse unseres Gartens am Flußufer begab, um Luft zu schöpfen. Die Milde und Klarheit des Abends bot den denkbar größten Kontrast zum blutigen Durcheinander des Morgens. Man hörte nur das Murmeln des Wassers und von Zeit zu Zeit das *qui vive!* einer Patrouille. So sind die revolutionären Zeiten: immer abrupte Änderungen, plötzliche Gegensätze. Die Volksbewegungen kommen wie Erdbeben: Sie brechen aus, alles geht in ihrem Wüten unter, und wenn sie vorüber sind, herrscht Stille auf den Ruinen der Imperien.

Schon am 11. August schien die Ordnung wiederhergestellt; alles erschien so ruhig, daß einige Freunde mich durch ihr Drängen dazu brachten, in den Garten der Tuilerien zu gehen, wo alle Spuren der gestrigen Schlacht schon verschwunden seien. Wie entsetzt war ich daher, als ich beim Durchqueren des Gartens zwei Männer in Uniform bemerkte, die auf dem Rasen ausgestreckt waren und zu schlafen schienen: Sie waren tot! Das war der Tod, wie ihn Lord Byron geschildert hat, der Tod, an den sich noch die dahinschwindende Anmut des Lebens heftet. Ich hatte genug von diesem Anblick und beeilte mich, diesen unheimlichen Ort zu verlassen.«

War diese zweite Revolution, wie sie schon in den nächsten Tagen genannt wurde, unvermeidlich und notwendig gewesen, um die erste zu retten? Hatten sich König und Hof ihr Schicksal durch Halbherzigkeit und Verrat selbst zuzuschreiben? Damals, 1792, war Helen davon überzeugt – wie bis heute viele Historiker. Rückblickend hat sie sich dessen wohl geschämt. »Man hatte mich gelehrt, das Verhalten des Hofes zu tadeln«, schreibt sie. Man, das waren ihre girondistischen Freunde, das war aber auch John Hurford Stone.

Seit dem 13. August sitzen der König und seine Familie als Staatsgefangene im Temple, einem düsteren mittelalterlichen Gemäuer, das einst den Tempelrittern gehört hatte. Die Wahl zu einem neuen Konvent wird vorbereitet, ein Revolutionsgericht eingesetzt. Es gibt keine privilegierten Hinrichtungsarten für die Aristokraten mehr. Inzwischen ist eine neue, humane und egalitäre Tötungsmaschine im Einsatz. Ihren Prototyp hatte der deutsche Klavierbauer Tobias Schmidt konstruiert. Als sie das erstemal öffentlich eingesetzt wurde, murrte das Volk und verlangte den Galgen zurück.

»Heute muß man aus Menschlichkeit grausam sein«, proklamiert der Schriftsteller Nicolas de Chamfort. In diesen Tagen ist ein Offizier namens Paul Thiébault mit ihm und Helen bei den Bitaubés eingeladen, einem liebenswürdigen älteren Ehepaar. Monsieur Bitaubé, der aus einer französischen Emigrantenfamilie stammt und in Berlin aufgewachsen ist, ist ein kultivierter Herr mit schöngeistigen Neigungen. Er hat Homer ins Französische übersetzt, was ihm den Beifall Friedrichs des Großen und die Berufung in die Königliche Akademie der Wissenschaften eingetragen hat, und unter anderem ein Bibelepos – *Josephe* – geschrieben. Von Miss Williams weiß Thiébault nur, daß eine Veröffentlichung von ihr einiges Aufsehen erregt hat und man sie auf dem Weg zum Ruhm glaubt. Erstaunt stellt er fest, daß Chamfort, der von Frauen eigentlich nicht viel hält, sich heftig um sie bemüht.

»Ich weiß nicht, ob er einfach gefallen wollte oder warum er sie unbedingt in Erstaunen setzen wollte, aber jede seiner Äußerungen war eine Sentenz, jede seiner Antworten ein Geistesblitz;

niemals war er so brillant gewesen, und wenn er Monsieur und Madame Bitaubé verwirrte, so entzückte er Miss Williams. Ich erinnere mich daran, daß er anläßlich einer Bemerkung von Miss Williams aus dem Stegreif ein Gedicht aus diesem Gedanken formte, das er mit den Versen schloß:

> *Troupes guerrières,*
> *Sur vos drapeaux*
> *Placez ces mots:*
> *Paix aux chaumières,*
> *Guerre aux châteaux.**

Aber das, was mich am meisten frappierte, waren die extremen politischen Ansichten von Mademoiselle Williams, die sich für unsere Revolution begeisterte und sogar für ihre Exzesse, die sie in meinen Augen verurteilten.

Daß Chamfort bestrebt war, alles, was dieses Fräulein sagte, zu überbieten; daß er sich eines ihrer Gedanken bediente, um daraus ein hübsches Couplet zu machen (er war noch jung, sie war hübsch, er war Dichter und Franzose), all das wäre für mich kein Grund zur Empörung gewesen, weit entfernt davon; aber daß Monsieur und Madame Bitaubé, die die sechzig überschritten hatten, die die besten Menschen der Welt waren, die sich ausgezeichnet hatten, er durch seine Verdienste, sie durch den einfallreichsten, subtilsten, sanftesten Geist, sich revolutionärer als ihre beiden Gäste zeigten und daß sie zum Beispiel die Apologeten des 10. August wurden, das verwirrte mich! Das ist übrigens nicht das einzige Beispiel, das ich für diese Art von Verirrungen anführen kann! Und wie oft habe ich es erlebt, daß durch Güte ausgezeichnete Wesen aus Tugend zu allen Verbrechen fähig waren und kraft der Philantropie nicht einen Funken Humanität bewahrt haben! Es scheint, als ob sich in diesen entsetzlichen Krisen die Atmosphäre geändert hätte, als ob die Luft, die die

---

* Kriegerische Truppen, / Schreibt diese Worte / Auf eure Fahnen: / Friede den Hütten, / Krieg den Palästen. (Die beiden letzten Verse hat Georg Büchner dem *Hessischen Landboten* als Motto vorangestellt.)

Menschen einatmeten, sie vergiftete, um sie gleichsam mit dem Schrecken vertraut zu machen.«

September

Ja, wird schon werden, wird schon werden!
Die Aristokraten an die Laterne!
Ja, wird schon werden, wird schon werden!
Die Aristokraten werden gehängt!

Der Despotismus wird seinen letzten Atemzug tun,
Die Freiheit wird triumphieren,
Ja, wird schon werden, wird schon werden.
Wir haben weder Adelige noch Priester,
Ja, wird schon werden, wird schon werden!
Überall wird die Gleichheit herrschen.
Der österreichische Sklave wird der nächste sein,
Er wird zum Teufel gehen,
Ja, wird schon werden, wird schon werden!
Er wird zum Teufel gehen.

Das *Ça ira!* klang jetzt blutrünstig. Am 23. August fiel die Festung Longwy durch Kapitulation an die Preußen, am 2. September wurde Verdun eingenommen. »Die Erregung steigert sich ins Unermeßliche.« Patriotismus und Paranoia verbinden sich zu einer explosiven Mischung. Strenge Hausdurchsuchungen werden befohlen. Wer Paris verlassen will, muß einen Paß besitzen. Man wittert überall Verräter. Die jakobinische Presse hetzt gegen Royalisten, Konterrevolutionäre und Verschwörer. Die Gefängnisse füllen sich. Gerüchte laufen um, daß der Feind plane, sie zu öffnen und mit den Gefangenen gemeinsame Sache zu machen.

»Am 2. September, gegen zwei Uhr nachmittags, erschreckte uns der Lärm der Sturmglocke, und ich wußte, daß dieses gräßliche Geräusch immer Unglück ankündigte; aber dieses Mal hätte die düsterste Phantasie sich nicht vorstellen können, welche

Schrecken bevorstanden.« Ein bewaffneter Mob stürmte die Gefängnisse, Standgerichte machten mit den wehrlosen Gefangenen kurzen Prozeß. Alles mit Billigung und Unterstützung der neuen Machthaber. »Die Nationalgarde ist unaufgefordert geblieben, und der Justizminister Danton, einverstanden mit Robespierre und Marat, hat sich ein oder zwei Tage vor dem blutigen zweiten September die Liste der Gefangenen geben lassen. Diese war in der Totschläger Händen; nach dieser sind die Urteile gesprochen worden.« Auf den Straßen waren besoffene Mörderbanden unterwegs, dürstend »nach neuem Trunke, denn Wein und Blut haben das miteinander gemein, daß man, je mehr man deren vergießt, desto mehr vergießen will. Die Brücken lagen voll Kadaver, und die scheußlichste Neugier des Pöbels besichtigte sie.«

Helen Maria Williams an Hester Lynch Piozzi, am 4. September 1792:

»Liebe verehrte Freundin,

Ich kenne Ihre Zuneigung und Ihre Zärtlichkeit für mich zu gut, um nicht sicher zu sein, daß Sie wegen der Ereignisse, die in Paris seit meiner Ankunft vorgefallen sind, nicht ohne Besorgnis für mich sind. Wenn ich Ihnen nur halb so oft geschrieben hätte, als ich während dieser Szenen von Tumult und Tod an Sie gedacht habe, was für eine Menge von Briefen hätten Sie erhalten! Aber liebste Freundin, viele Gründe haben mich daran gehindert, die Feder zu ergreifen, nicht nur, daß ich zu aufgewühlt war, um schreiben zu können, es war auch zu befürchten, daß meine Briefe abgefangen würden. Dieses Gekritzel wird Sie vielleicht nie erreichen, aber ich kann es nicht länger aufschieben, Ihnen wenigstens ein paar Zeilen zu schreiben, um Ihnen mitzuteilen, daß ich in Sicherheit bin; ich werde bei einer anderen Gelegenheit von den Szenen sprechen, die jüngst in Paris aufgeführt worden sind, sie waren so, daß selbst meine Überzeugung, daß dieses zeitweilige Übel ein anhaltendes Gutes hervorbringen wird, mich kaum mit diesem Blutvergießen, diesem grauenhaften Verlust von Menschenleben versöhnen kann, dessen Zeuge ich war. Das Schwert ist nun gezogen und wird nicht mehr in die Scheide gesteckt werden, bis die eine oder die andere Partei ausgerottet ist, das Massaker von gestern hat mich so entsetzt, daß ich kaum Kraft habe, die Feder zu halten. Das Volk von Paris ist schändlich betrogen und grausam seinen Feinden geopfert worden, aber die Proskription von gestern wird für immer ein dunkler Fleck auf den Annalen der Revolution sein. Sie werden Berichte hören, die behaupten, daß es der Mob gewesen sei, aber es ist eine wohlbekannte Tatsache, daß der Plan und die Liste der Verurteilten von denen stammen, die das Volk als Werkzeug benutzt haben. Adieu, meine liebste gnädige Frau – Sie werden erraten, von wem dieses Gekritzel stammt, obwohl ich nicht mit meinem Namen unterschreibe, und ich weiß, Sie werden mir glauben, daß ich für immer mit aufrichtiger Verehrung und Zärtlichkeit die Ihre bin –«

In ihren *Souvenirs* hat Helen die Pariser nicht mehr so einfach davonkommen lassen. »Diese Massaker waren der erste Akt der Terrorherrschaft; sie sind die Schande von Paris, weil seine große Bevölkerung sie betäubt und erstarrt zugelassen hat. Sie waren ein finsterer Schlag gegen die Sache der Revolution. Beim Sturz der Monarchie war Blut geflossen, aber wenigstens hatte es zuvor eine Schlacht gegeben. Hier gab es keine Entschuldigung; das im September vergossene Blut war vorsätzlicher Mord, und die Opfer konnten sich nicht wehren. Es waren die Freunde der Revolution, die am meisten über die entsetzlichen Taten weinten. Was ihre Feinde betrifft, so trösteten sie sich mit der Hoffnung, daß so viele große Verbrechen der Sache der Freiheit Schaden zufügen würden. Die reine Wahrheit ist, daß die meisten dieser Mörder keineswegs gedungen waren, die Mehrzahl wurde von einem wilden, unerklärlichen Fanatismus getrieben.

Madame de Staël spricht von der Dunkelheit, die während dieser unheilvollen Nächte in Paris herrschte, aber das Gegenteil war der Fall, auf besonderen Befehl der Stadtverwaltung waren die Straßen illuminiert; und diese düsteren Lampions haben mir einen unauslöschlichen Eindruck gemacht und sind der Grund dafür, daß ich seitdem Illuminationen verabscheue, die mich unweigerlich an die Septembermorde erinnern.«

Reisen mit Herrn S.

Paris, den 16. Septr. Der gewesene Herzog von Orleans hat die Gemeine [Kommune] von Paris um einen neuen Namen gebeten, und nennt sich itzt: Philipp Ludwig Joseph Egalité (Gleichheit).

Vossische Zeitung, Berlin 1792, Nr. 116

Helen hielt es in Paris nicht mehr aus. Mit einer Freundin verabredete sie für Mitte September eine Erholungsreise in Begleitung von zwei männlichen Beschützern. Der eine war ihr Freund John Hurford Stone, der andere Konrad Engelbert Oelsner, der die Öffentlichkeit in deutschen Landen mit Nachrichten aus Frankreich versorgte und deshalb die Beziehungen zu seiner ungewöhnlich gut vernetzten englischen Kollegin pflegte. Bis zu den jüngsten Gewaltexzessen hatte der aus Schlesien gebürtige Revolutionsfreund mit den Jakobinern sympathisiert. Zeitgenossen schildern ihn als klein, schlank, lebhaft und reizbar, mit feinem, geistvollen Gesicht, »in dessen beweglichen Zügen sich die wandelnde Stimmung des Gemüts unverhohlen zu lesen gab«, ironischem Lächeln, blauen Augen und einer Denkerstirn, »vom lustigen Gekräusel seines Haars umweht«. In Oelsners Bericht von diesem Ausflug steckt eine Novelle. Er selbst hat sich darin die Rolle des Helden zugeteilt und kein Hehl daraus gemacht, daß Stone ihm ein Dorn im Auge war. Deswegen, weil Herr S. (wie er ihn nur nennt) sie mit seinen erratischen und riskanten Entschlüssen in Lebensgefahr brachte? Oder auch, weil er eifersüchtig auf ihn war? »Er ist *joli cœur* bei den Damen und macht artige Bemerkungen mit einer Leichtigkeit, die an französische grenzt«, hat Georg Forster bemerkt. Eine Probe davon findet sich gleich zu Beginn von Oelsners Reiseerzählung.

»Paris ist nur noch den Liebhabern des Schröcklichen interessant; es mußte mir daher willkommen sein, Miss Williams, welche durch ihren Geist, und Mistress ... welche durch ihre Naivität bezaubert, und mit denen die letzten Grazien auszuwandern eilten, in die romantischen Gegenden von Tours zu begleiten, wo sie den Rest der schönen Jahreszeit unerreicht zu genießen hoffen von den erschütternden Auftritten, deren Erneuerung bis zur vollkommenen Wirksamkeit des Nationalkonvents nur gar zu wahrscheinlich bleibt. Was sich am Morgen unsrer Abreise begab, schien ihren Entschluß zu rechtfertigen. Eine Bande Halunken mit Gewicht und Waage, mit Munizipalschärpen versehn, um ihren Beutelschneidereien einen obrigkeitlichen Anstrich zu geben, verbreiteten sich über die Marktplätze und rissen unter dem Vorwande, ein patriotisches Geschenk zu sammeln, den Vorübergehenden Ohrgehänge, silberne Schnallen u. d. gl. mehr ab. Das Volk, des Unfugs bald müde, knüpfte gerechtigkeitshalber fünfe dieser vorgeblichen Munizipale auf.«

Anstatt den direkten Weg nach Tours zu nehmen, hat der voranreitende englische Herr, also Stone, »der bei seinen wetterwendischen Entschlüssen Niemand, selbst die Damen nicht, nach englischer Landjunker Weise zu Rate zieht«, dem Postillion den Befehl gegeben, erst einmal nach Versailles zu fahren – keine gute Idee, wie sich schnell zeigt. Gleich am Ortseingang geraten sie zwischen exerzierende Bataillone, von rechts und links knallen ihnen Kanonenschüsse um die Ohren, und weil auf ihrer Kutsche noch ein schlecht verwischtes Wappen zu erkennen ist, hören sie ab und zu den Ruf *à l'aristocrate*.

Ganz daneben fand Oelsner auch Stones Idee, die Reisegesellschaft ausgerechnet im Hôtel des Petites Ecuries einzuquartieren, nur ein paar Schritte von dem Ort entfernt, »wo die Staatsgefangenen waren niedergemetzelt worden. Wir begegneten folglich Niemand, der uns nicht auf die Szene der abscheulichen Geschichte aufmerksam machte. Siebzig Parisischer Kopfsäbler hatten in dem nämlichen Gasthof gespeiset, und nach vollendeter Expedition aufs artigste ihre Zeche bezahlt. Sobald sie von der Ankunft der Gefangenen hören, lassen sie ihre Mahlzeit im Stiche, springen über die Wägen her, und in Zeit von fünf bis sechs Minuten ist alles in Stücken gehauen, sieht man nichts als verstümmelte Rümpfe in der Straße zucken, und die Kinder mit den Köpfen spielen. Die Schamteile der Ermordeten sind von den Weibern zur Schau getragen worden.« Und damit noch längst nicht genug. »Es war nicht möglich, unter so vielen empörenden Erinnerungen zu rasten, wir fuhren den nämlichen Abend nach Paris zurück.«

An einem der nächsten Tage nehmen sie einen zweiten Anlauf. Am 16. September um vier Uhr nachmittags fahren sie in Orléans ein, wo sie von einem »tumultuarischen Prospekt« begrüßt werden. Die Pariser Gewaltorgien haben sich wie eine Epidemie über das Land verbreitet. Acht oder neun Stadtresidenzen sind ausgeraubt und niedergebrannt worden. Die zerschmetterten Möbel haben die Plünderer zu einem Scheiterhaufen geschichtet und angezündet. Oelsner und Herr S. durchlaufen bis elf Uhr nachts die »Szenen der Abscheu«. »Es läßt sich kein wilderes Gemälde denken; ich glaubte mich auf die Küste von Neuseeland versetzt. Um die Flammen, welche der Wind ungestüm durcheinander blies, wurde unter Gesang und Flaschengeklirr getanzt, während vier Unglückliche, über Diebstahl ertappt, im Feuer umkamen. Man hatte die Mordlust gehabt, einen zwölfjährigen Knaben hineinzuwerfen, der sich hatte gelüsten lassen, ein halbes Dutzend Lichter zu stehlen. Den folgenden Tag endlich aber, nachdem ein Dutzend Häuser zu Grunde gegangen, und die Sicherheit aller bedroht gewesen war, stand die Bürgerschaft aus ihrer Betäubung auf, und formierte einen Bund gegen fernere Ausschweifungen.

Das nämliche Gemälde was ich hier skizziere sehen Sie von einem Ende Frankreichs zum andern. Ich kenne kein Land, wo die moralischen Bewegungen epidemischer wären, als hier, und sobald in Paris das Losungszeichen gegeben war, ließ sich absehen, daß sich die nämliche Szene in allen Enden des Reichs wiederholen würde.«

Auch aus der Gegend von Tours werden Unruhen gemeldet.

An einen Erholungsaufenthalt ist also nicht zu denken. Außerdem ist das Wetter miserabel, die Reise »im eigentlichen Sinne zu Wasser geworden«. Die Kutsche schleppt sich über aufgeweichte Straßen zurück nach Paris. Und dann beschert ihnen das Schicksal doch noch einige angenehme Tage. »Mitten in einer Ebene, die um und um den Horizont begrenzt, und auf der, wer nicht in guter Gesellschaft reist, die Langeweile einer weiten Seefahrt fühlen wird«, stoßen sie auf das Dorf Méréville. Während in Paris ein neuer gesetzgebender Nationalkonvent zusammenkommt, der als erstes die Abschaffung der Monarchie beschließt, fallen sie zurück in eine andere Zeit.

Wenige Jahre vor der Revolution hatte der Bankier Jacques de la Borde in der Nähe des Ortes ein Schloß gekauft und einen englischen Park anlegen lassen, den reichsten, größten, geschmackvollsten im ganzen Land. »Ein Göttersitz!«

»Ohne Herrn de la Borde im mindesten bekannt oder empfohlen zu sein, schrieben wir aus dem Wirtshause um die Erlaubnis seinen Garten zu sehn; sogleich läßt sich der Herr de la Borde bei uns anmelden, ladet uns aufs Schloß, schickt seine Karosse mit vier Pferden, uns abzuholen; er selbst begleitete unsre Neugierde, wohin es ihr zu schweifen beliebte; wir wurden genötigt, einige Tage in seinem Hause zu bleiben, und, überhäuft mit all den feinen Aufmerksamkeiten, die den Umgang erleichtern, fanden wir bei der Abreise unsern Wagen mit einem Dutzend Flaschen des besten Champagner und Malvesier ausgefüllt […] Ehemals gab es eine Menge Landsitze in dem Geschmacke des Labordischen, des einzigen vielleicht, das sich auf diesem Fuß mitten durch die Revolution erhalten hat.« So Oelsner, der an diese Episode einen Vergleich der englischen und französischen Umgangsformen anschloß. Er fiel (für beide Geschlechter) sehr zugunsten Frankreichs aus.

»Ich bin gerade aus Orléans nach Paris zurück gekommen, ich habe der Angst und Ungewißheit [Helens] das Opfer einer kurzen Abwesenheit bringen müssen. Wir sind kürzlich im Schloß von Monsieur Laborde, dem Bankier, gewesen. Da es nun nichts mehr zu befürchten gibt, werde ich sofort mit dem Kauf der Manufaktur fortfahren«, schrieb John Hurford Stone am 27. September an seinen Bruder nach London.

Ein paar Tage später war er schon wieder mit Oelsner unterwegs, diesmal als Kriegsreporter, zu Pferde und ohne Helen, möglicherweise aber in ihrem Auftrag. Sie hatte ein ausgeprägtes Interesse für die militärische Seite der Revolution – da schlug wohl ihre Herkunft aus einer Soldatenfamilie durch.

Nach den anfänglichen Siegen der Allierten hatten die Ereignisse eine sensationelle Wende genommen. Bei Valmy wurden sie von den Revolutionstruppen geschlagen. Am Tag danach, am 21. September, wurde in Paris die Erste Französische Republik ausgerufen. Am 2. Oktober traf in Paris die Nachricht ein, daß die Feinde auf der Flucht seien. Stone war der erste, der sie nach England übermittelte, wie er prahlte. »Die Neuigkeiten kamen in der Nationalversammlung um halb eins an, ich hörte sie von einem Abgeordneten, sprach mit einem der Sekretäre, und um ein Uhr ging die Post nach Calais ab, und mein Brief wurde an Bord eines Schiffes gebracht, das nach England abging.«

Danach brachen er und Oelsner unverzüglich zu den nachrückenden französischen Truppen auf.

Als sie bei strömendem Regen in Sainte Menehould, ihrer ersten Station, eintreffen, sind alle Wirtshäuser von Militär besetzt, nirgendwo gibt es etwas zu essen. Endlich finden sie in einer zweifelhaften Unterkunft etwas, was einem Bett gleicht. Auch hier ist es so voll, daß sie am Gasttisch keinen Platz mehr finden. Immerhin gibt es ein Feuer, vor dem sie ihre Kleider trocknen können, und man findet sogar eine Flasche Wein für sie, der trinkbar ist. »Annehmlichkeiten sind relativ«, bemerkt Stone. »Während w i r an den Glanz und die Gastlichkeit von Méréville dachten, in dessen verzauberten Gärten wir die letzte Woche verbracht hatten, beglückwünschten sich s i e [die anderen Gäste] dazu, Schutz vor einem erbarmungslosen Sturm gefunden zu haben.«

Der Weiterritt war, was interessante Informationen angeht, für das ungleiche Paar enttäuschend, außerdem beschwerlich und gefährlich. Sie gerieten in einige brenzlige Situationen und irritierten einander. Oelsner war als Angehöriger einer feindlichen Nation selbstverständlich daran interessiert, nicht aufzufallen, Stone, der sich auf Grund seiner guten Beziehungen offenbar sicher fühlte, markierte den starken Mann. Der Rückweg allerdings hat ihn dann doch ziemlich mitgenommen.

»Ich brauchte eine ganze Woche um heimzukommen, was ich auf dem gleichen Wege tat, den der Feind genommen hatte, und fand das Land in einem solchen Zustand der Unbequemlichkeit, mehr schlechte Straßen und zerstörte Brücken als Verwüstung, daß wir manchmal in dreieinhalb Stunden nicht mehr als einen Posten, das sind fünf englische Meilen*, vorwärts kamen; aber es war unmöglich, den Weg zu verfehlen, denn selbst wenn wir blind gewesen wären, hätte uns unserer Geruchssinn geleitet, denn die Leichen von Pferden oder Menschen zeigten sich uns buchstäblich bei jedem Schritt; während einer Tagereise von nicht mehr als zwanzig bis dreißig Meilen zählten wir allein an Pferden mindestens zweitausend; und wenn immer wir uns die Mühe machten, in die Gräben zu schauen, ragten die Arme und Beine nur halb begrabener Männer hervor.«

In White's Hotel

Vorsichtshalber wechselte Stone, »eifriger Kurier zwischen zwei Hauptstädten«, nach seiner Rückkehr die Wohnung. Sein neues Logis lag ganz in der Nähe von *White's Hotel*, das auch als *Hôtel d'Angleterre* bekannt war. Seitdem sie in England immer mehr drangsaliert und verfolgt wurden, war es zum Hauptquartier

---

* Eine englische Landmeile = 1609, 344 m. (Am 1. August 1793 wurde in Frankreich der Meter als neues Längenmaß eingeführt. Die »Suche« nach dem Urmeter mitten in den Wirren der Revolution hat Ken Alder in einem meisterhaften Buch rekonstruiert: *The Measure of all Things. The Seven-Year Odyssey that Transformed the World.* London 2002.)

angelsächsischer Republikaner geworden – Thomas Paine, Thomas Cooper, Horne Tooke, John Oswald, Thomas Christie und Joel Barlow, um nur die bekanntesten zu nennen –, die nun von hier aus versuchen wollten, die Revolution mit Hilfe der Franzosen in ihre Heimatländer zu tragen. Im November 1792 schlossen sie sich zum *British Club* zusammen.

Was England angeht, machten sie sich für die nähere Zukunft wenig Hoffnungen, auch wenn Stone wie der verehrte Dr. Priestley sicher war, daß »die großen Prinzipien der heiligen Freiheit« auch in England siegen würden. Mit »freudiger Begeisterung« sah er dem Augenblick entgegen, »wenn die verschiedenen Parteien der Etablierten und der Oppositionellen, der Dissenter und der Männer von der Amtskirche, der Adligen, Priester und Könige zu e i n e m Haufen von Trümmern zusammenfallen werden, und man nichts mehr sieht oder hört als das Volk, die heilige Stimme des Volkes«.

Anders stand es mit Irland. Die *United Irishmen*, die für die Unabhängigkeit des Landes von den Engländern eintraten und glaubten, im Falle einer französischen Invasion auf die Unterstützung der bettelarmen irischen Landbevölkerung rechnen zu können, sahen ihre Stunde gekommen.

Lord Edward Fitzgerald zum Beispiel, in dessen Adern Rebellenblut floß. Er war der Inbegriff eines romantischen Helden, fabelhaft aussehend, ritterlich, mutig, idealistisch. Ende Oktober traf er in Paris ein und stieg in *White's Hotel* ab, bei seinem Freund Thomas Paine, mit dem er von morgens bis abends zusammen war: »Er hat eine Einfachheit, eine Herzensgüte und eine Seelenkraft, wie ich sie von keinem anderen Menschen kenne«. Stone mischte nicht nur bei den irischen Verschwörungsplänen eifrig mit, er bewährte sich auch als Ehestifter. Bei einem Theaterbesuch stellte er dem Lord, der sich jetzt schlicht Edward Fitzgerald nannte, die schöne Pamela vor, wahrscheinlich die »natürliche Tochter« von Madame de Genlis und dem *ci-devant* Herzog von Orléans. Vier Wochen später waren die beiden verheiratet.

Fitzgerald war dabei, als am 18. November in White's Hotel die neue Republik und die Siege über die Alliierten gefeiert wurden. Unter dem Vorsitz von Stone, dem Präsidenten des Britischen Clubs, wurden 13 *toasts* ausgebracht:

»1. Auf die französische Republik, die auf den Menschenrechten gründet!

2. Auf die französischen Armeen und die Vernichtung von Tyrannen und Tyrannei!

3. Auf die Nationalversammlung!

4. Auf das bevorstehende Abkommen von England und Irland!

5. Auf die Vereinigung von Frankreich, Großbritannien, Belgien und auf daß die benachbarten Nationen sich im gleichen Geist dazugesellen!

6. Auf die Republik der ganzen Menschheit, begleitet von einem englischen Lied zur Melodie der Marseillaise, das eine englische Dame gedichtet hatte.

7. Auf die Auflösung des *Germanic Circle** und die Freiheit für seine Bewohner!

8. Auf die Abschaffung adeliger Titel auf der ganzen Welt! [Diesen Toast hatten Lord Edward Fitzgerald und Sir R. Smith vorgeschlagen.]

9. Auf Lord Edward Fitzgerald und Sir R. Smith!

10. Auf Thomas Paine und auf die neue Methode, gute Bücher durch königliche Proklamationen und Verfolgung ihrer Autoren bekannt zu machen!

11. Auf die Frauen von Großbritannien, besonders die, die sich durch ihre Schriften zugunsten der Französischen Revolution ausgezeichnet haben, Mrs. Charlotte Smith und Miss H. M. Williams!

12. Auf die Frauen von Frankreich, besonders auf die, die den Mut hatten, zu den Waffen zu greifen, um die Sache der Freiheit zu verteidigen!

---

* Gemeint ist wohl das Heilige Römische Reich Deutscher Nation.

13. Auf den universalen Frieden, der auf universaler Freiheit
    gründet!«

Helen, die Dame, die zur Melodie der Marseillaise einen neuen
Text gedichtet hatte, war bei dieser Feier wohl nicht anwesend.
Im Oktober war sie schwer erkrankt. Ein physischer und psychi-
scher Zusammenbruch, ausgelöst durch die traumatischen Er-
lebnisse der letzten Monate, und eine private Krise? Stones Frau
Rachel war seit Mai des Jahres in Paris.

Zwei Monate lang sei sie ans Bett gefesselt gewesen, schrieb
Helen am 12. Dezember an Mrs. Piozzi, einen Tag nach Beginn
des Prozesses gegen den König. Mit ihrer Erholung gehe es nur
langsam voran. Niemals zuvor sei sie dem »unentdeckten Land,
aus dem kein Reisender zurückkehrt«, so nahe gewesen. Ihre
Mutter habe drei Tage und drei Nächte an ihrem Bett gewacht,
ohne Hoffnung auf ihre (Helens) Genesung, und Angst und Verzweiflung hätten sie fast selbst ins Grab gebracht.

»Wie schrecklich ist es, von denen getrennt zu sein, die wir lieben, und wie wenig wissen wir von den Gefühlen unserer entfernten Freunde! Während meine Gedanken auf eine andere
Welt gerichtet waren, glaubten Sie mich tief in die Angelegenheiten dieser Welt verstrickt und rasend vor demokratischer Wut –
und in dieser Vermutung haben Sie mir nicht so freundlich wie
gewöhnlich geschrieben, sondern in einem ziemlich harschen
Ton, der mir weh tat – niemand, liebe verehrte Freundin, kann
Sie zärtlicher lieben oder aufrichtiger bewundern als ich – ich
bin sicher, daß Sie Zuneigung für mich empfinden, und warum sollten unterschiedliche politische Ansichten auch nur eine
vorübergehende Wolke auf unsere Freundschaft werfen, es wird
uns nicht beschieden sein, die Regierungen dieser Welt nach
unseren Wünschen zu lenken, ich flehe Sie deshalb an, wenn Ihnen etwas an meinem Frieden liegt, lassen Sie uns nicht darüber
streiten – was mich angeht, so habe ich mich noch nie so wenig für Politik interessiert wie in letzter Zeit – ich war zu krank
und mein Herz war zu schwer, um noch die Kraft zu haben,

darüber nachzudenken, ob Monarchien oder Republiken besser sind – und augenblicklich bin ich mit meinen Gefühlen ganz
auf der Seite von Louis dem Sechzehnten, dessen Unglück ihm
genügend Anspruch auf unser Mitgefühl gibt, ob er nun schuldig ist oder nicht – sogar der Mob von Paris schien das gestern
zu fühlen, denn sie bewahrten das tiefste Schweigen, als er zum
Nationalkonvent gebracht wurde – wie uns ein solcher Sturz
eines Mächtigen erschüttert!«

Elegie

»Ach, was ist aus den schönen Visionen geworden, die das enthu-
siastische Herz erhoben? – Was ist aus der Begeisterung geworden, die in jeder Brust schlug, als eine Million Menschen sich
versammelte, um vor dem Altar ihres Landes im Namen der Nation unverletzliche Freiheit und Einheit und eine ewige Föderation zu schwören? Das war wahrlich das Goldene Zeitalter der
Revolution – Aber es ist vergangen! – Der betörende Zauber ist
gebrochen, und die heiteren Szenerien der Schönheit und Ordnung, durch die die Phantasie lustwandelte, sind in die Verlas-
senheit der Wildnis verwandelt und von Sturmwolken verdüstert.«

Der erste Brief von Helen Maria Williams' dritter Folge der
Letters from France, die im Sommer 1793 erschien – diesmal vorsichtshalber anonym –, ist bedeutungsvoll auf den 25. Januar
datiert. Vier Tage zuvor war der König hingerichtet worden, was
von England prompt mit der Kriegserklärung beantwortet wurde. Helen schlug darin einen neuen feierlich-ernsten Ton der
Klage und Anklage an.

»Überwältigt von Gefühlen betrachtet man diese außerordentliche Tücke des Schicksals, die Louis den Sechzehnten vom
strahlenden Palast von Versailles in den düsteren Turm des Temple führte – vom ersten Thron in Europa auf das Schafott. Aber
wenn wir die unabsehbaren Folgen bedenken, die dieses Ereig-

nis nicht nur für dieses Land, sondern für ganz Europa haben wird, verlieren wir das Leiden des Einzelnen aus dem Blick, um über das Schicksal der Menschheit nachzusinnen. Während Sie das große Drama, das in Frankreich gespielt wird, aus der Ferne betrachten, sitze ich so nahe an der Bühne, daß ich jeden Blick und jede Geste der Schauspieler sehen kann und jede leidenschaftliche Reaktion, die sie beim Publikum auslösen. Ich werde mich deshalb bemühen, die Umrisse des Bildes auszufüllen, das Frankreich seit der denkwürdigen Epoche des 10. August geboten hat.«

Als Verschwörer gegen die Sache der Freiheit klagt sie das Triumvirat des Schreckens an, angeführt durch den düsteren Robespierre, dessen Verbrechen nicht der Leidenschaft geschuldet seien, sondern einer außergewöhnlichen, tiefverwurzelten zerstörerischen Bosheit. Nach ihm Danton, »der zweitmächtigste und zweitverbrecherischste«, der, weil er weniger Selbstkontrolle habe, auch weniger gefährlich sei. Marat sei das Werkzeug, der Bluthund dieser beiden.

»Neulich fragte ich einen Franzosen aus meiner Bekanntschaft, einen Mann von ausgezeichneten Gaben und passionierten Liebhaber der Freiheit, weshalb er sich nicht in die Politik einmische. ›Aus Ekel‹, sagte er. ›Unsere Revolution‹, fügte er hinzu, ›erinnert mich an die Werke eines berühmten italienischen Malers, der die bezauberndsten Gegenden mit den schönsten Ansichten und reizenden Spaziergängen zeichnete – aber die Figuren, mit denen er diese reizenden Gegenden bevölkerte, waren abstoßend und grotesk. – So erscheint mir unsere Revolution‹, sagte er. ›Die Theorie ist schön, die Grundsätze sind sublim, aber viele der Schauspieler sind hassenswert; und es ist ein System, dessen die jetzt lebende Menschheit nicht würdig ist.‹«

Bevor Helen mit ihren Berichten dort fortfuhr, wo sie begonnen hatte – mit dem Tod des Königs – stellte sie »in chronologischer Ordnung« John Hurford Stones Berichte von den Kriegsschauplätzen aus dem Herbst 1792 voraus, als eine Art Trostpflaster für enttäuschte Freunde der Revolution. Wenn diese inzwischen auch unheilbar beschädigt war, so war für Helen doch wenigstens der Feldzug, der in ihrem Namen geführt wurde, »moralisch rein und unbefleckt«. Zum Glück sei sie in der Lage, ihren Lesern »darüber höchst interessante Einzelheiten mitteilen zu können, und zwar in Briefen, die mir ein englischer Freund schrieb, der mutig genug war, Strapazen und Gefahren zu trotzen und die Truppen zu besuchen, und der, da er die besten Gelegenheiten zur Beobachtung hatte, nicht nur die großen maßgeblichen Ereignisse so genau wie energisch nachzeichnen konnte, sondern auch viele kleine Episoden erzählt hat, die sehr wertvoll sind, da sie dazu dienen, die Stimmung der kämpfenden Parteien zu zeigen.«

Helen war stolz auf den tapferen Freund. Bewunderung freilich verdient vor allem sie. Es hat Mut dazu gehört, in der Höhle des Löwen so kompromißlos gegen die Machthaber zu schreiben, und noch mehr, das Geschriebene zu veröffentlichen. Der Name der Verfasserin war in England ein offenes Geheimnis.

Als Anna Seward von Helens neuem Buch über das revolutionäre Frankreich erfahren hatte, war ihr ganz mulmig geworden. »Daß sie es wagen würde, irgendetwas über dieses Thema zu schreiben, das keine Rechtfertigung der Dämonen der Anarchie war, erschien mir im höchsten Grade unwahrscheinlich. Mit ihrer Verteidigung würde sie sich den gerechten Zorn jedes Engländers und jeder Engländerin zugezogen haben, die nicht entweder töricht oder schlecht oder verrückt sind.

Während ich damals um ihren Ruf fürchtete, zittere ich nun, nachdem ich ihr Buch gelesen habe, um ihr Leben. Wenn es durch eine Übersetzung nach Frankreich kommt, legt es ihren Kopf auf die Guillotine. Sie muß sicherlich die Flucht nach England geplant haben und hat dieses Buch als Palinodie [Widerruf] und Boten ausgeschickt, um ihren Empfang dort zu ebnen und um sich für die allzu zuversichtliche Siegesgewißheit ihrer früheren Bücher über die Französische Revolution zu entschuldigen. Ohne ihre Grundsätze zu verraten, zeichnet dieses jüng-

8 Pierre-Victurnien Vergniaud.
Zeichnung von Louis
Jean Jacques Durameau, 1792.

ste Werk deren unheilvollen Verfall in dem vom Teufel verseuchten Land nach und legt unerschrocken gegen die Partei der Jakobiner Zeugnis ab, die seine Interessen verraten und Frankreich in ewige Schande gestürzt hat.«

Eine Stimme für den König

Durch die hohe Dornenhecke, die Helen vor ihrem Privatleben aufgepflanzt hat, haben wir sie einige Male in Gesellschaft des verheirateten Mr. Stone sehen können. War er wirklich der einzige Mann in ihrem Leben? Was ist mit dem demokratischen französischen Liebhaber, den Anna Seward ihr prophezeit hatte?

Die Politiker, die in Helens Salon verkehrten, oft vor oder zwischen oder nach den Parlamentssitzungen, waren Männer in den besten Jahren, die meisten zwischen dreißig und fünfzig, aus guter Familie, gebildet, eloquent, attraktiv, ehrgeizig, leidenschaft-

9 Henri Jean-Baptiste Grégoire
(Abbé Grégoire). Gemälde von
Pierre Joseph Célestin François, 1800.

lich vom Glauben an ihre Sache erfüllt. Die einmalige Chance, an der Veränderung der Welt mitzuwirken! Von einigen ihrer Gäste hat sie mit besonderer Sympathie gesprochen.

Pierre-Victurnien Vergniaud, ein großer schlanker Mann mit seelenvollen Zügen, der bedeutendste Redner der Nationalversammlung. Abbé Grégoire, der die Erklärung der Menschenrechte um eine *Déclaration du droit des gens* – eine Erklärung der Rechte der Völker – ergänzen wollte. Jean-Paul Rabaut Saint-Étienne, ein reformierter Geistlicher aus Nîmes, dem die Entschlossenheit des Glaubensstreiters ins Gesicht geschrieben steht. Sein Amtsbruder, der heißblütige Marc-David Lasource. Jean-Baptiste Boyer-Fonfrède aus Bordeaux, ein erklärter Gegner der Sklaverei, obwohl (oder weil) sein Vater eine Zuckerrohrplantage auf Santo Domingo besaß. Er scheint Helen ziemlich nahe gestanden zu haben.

Von Jean Henri Bancal des Issards, einem Notar aus der Auvergne – »gutaussehend, einfach, ernst« – wissen wir, daß er He-

10 *Jean-Paul Rabaut Saint-Étienne. Gemälde.*

len liebte. Vielleicht hatte er sie schon während seines London-
aufenthalts im Winter 1790/91 kennengelernt und war ihr dann
in Paris bei Madame Roland wiederbegegnet, die seine erste große Liebe gewesen war, ihm aber nur eine vertraute Freundin sein
wollte. Als Helen Bancal des Issards' Werbung abwies, wandte er
sich hilfesuchend an Madame Roland. Sie redete ihm seine
respektvollen Rückzugspläne aus und riet zu Beharrlichkeit:
»M. W. hat Ihnen Wertschätzung, Interesse, Freundschaft und
Sympathie geschenkt; verdienen Sie sich ihre Dankbarkeit und
ihr Mitgefühl. Zeigen Sie ihr, daß Ihre heißen Wünsche nicht
nur daher rühren, daß Sie davon überzeugt sind, durch ihre Hand
glücklich werden zu können, sondern auch von der Hoffnung,
sie glücklich machen zu können. Fangen Sie also an, ihr zu beweisen, daß Sie dessen fähig sind; haben Sie genug Macht über
sich, ihr bester Freund sein zu können. Es wird unmöglich sein,
daß ihr weiches Herz Sie nicht schließlich zum Gegenstand ihrer
Neigung wählt.«

Ein edles Rezept! Ob es gewirkt hätte? Bancal des Issards hat
es nicht ausprobieren können. Bald nachdem er im Parlament

Marat einen Verrückten genannt hatte, wurde er mit einem Spezialauftrag zur Armee geschickt und geriet in österreichische Gefangenschaft. Das rettete ihm ziemlich sicher das Leben. 1796, nach seiner Freilassung, hielt er noch einmal durch einen Mittelsmann um Helens Hand an und wurde wieder abgewiesen.

In Helens *Souvenirs* findet sich ein äußerst diskreter Hinweis auf seine Liebe zu ihr. Vor der Abstimmung über das Schicksal Ludwigs XVI. habe sie mit mehreren Abgeordneten gesprochen und sie zu überreden versucht, gegen die Todesstrafe zu stimmen, schreibt sie. Der einzige, der auf sie gehört habe, sei Bancal des Issards gewesen. »Ich erinnere mich an diesen kleinen Erfolg meiner Beredsamkeit immer mit einiger Freude.«

Umsturz

Die Jakobiner, ehemals ihre politischen Bundesgenossen, arbeiteten nun mit allen Mitteln an der Vernichtung der Girondisten. Inzwischen ging es für diese um mehr als nur das politische Überleben. Die Gefährlichkeit ihrer Lage hätten sie unterschätzt, meint Helen. »Die Deputation der illustren Gironde setzte sich aus jungen Abgeordneten zusammen. Im vollen Bewußtsein ihrer Rechtschaffenheit und von der Seelenstärke der Jugend erfüllt, schien es mir damals, als ob sie ihre Gegner zu sehr verachteten. Sie verließen die Sitzungen der Jakobiner zu schnell und überließen ihren Feinden das Feld. Das war ohne Zweifel ein Fehler, aber wie sollte man sich in solchen Augenblicken nicht täuschen? Während des Winters 1793 pflegten mehrere Mitglieder der Girondisten ihre Abende in meinem Salon zu verbringen. Oft wurde das Gespräch so hitzig, wie es nur das Bewußtsein persönlicher Gefahr hervorbringen kann. Einige Male gab uns Vergniaud in seiner reinen, glanzvollen Sprache so etwas wie einen Vorgeschmack der bewundernswürdigen Reden, die er an die Jakobiner richtete. Wie mir schien, sprach er mit unwiderstehlicher Überzeugungskraft; seine Sätze waren wohlklingend und melodiös. Zu den Dingen, die ich bedaure, gehört, daß ich mich nicht mehr an die Formulierungen dieses eloquenten Redners erinnern kann, der sich in privaten Unterhaltungen mit Hingabe über grundsätzliche Fragen der Politik verbreitete. Vergniaud sprach bei mir ganz frei, weil ihm meine Gesinnung bekannt war und weil er sie schätzte.«

Vielleicht haben sie und ihre Gäste auch den Probelauf von Vergniauds berühmter Rede vom ersten April gehört, einer Antwort auf Danton und Robespierre, die die Girondisten wieder einmal als *modérés* – Gemäßigte – beschimpft hatten.

»Manche Leute glauben, die Vaterlandsliebe bestünde darin, zu quälen und Tränen fließen zu lassen. Ich meine, sie sollte die Menschen glücklich machen. Man meint die Revolution durch den Schrecken vollenden zu können; ich wollte sie durch die Liebe vollenden.«

Am 2. Juni, nach zwei Anläufen an den vorausgegangenen Tagen, gelang den Jakobinern mit Hilfe der Kommune, des radikal-revolutionären Stadtrats von Paris, der Sturz der sogenannten »Zweiundzwanzig«* der Gironde. Sansculotten** stürmten die Nationalversammlung und erzwangen die Proskription der »Verräter«. Die meisten wurden in den nächsten Tagen verhaftet. Nur wenigen gelang die Flucht, freilich wollten manche auch gar nicht fliehen, sie verschmähten dieses Rettungsmittel aus Stolz. Rabaut Saint-Étienne fand für einige Stunden bei Helen Asyl, bevor er sich anderswo versteckte. Monsieur Roland konnte entkommen. Madame Roland blieb und wurde verhaftet. Helen besuchte sie im Gefängnis und fand sie heiter, lebhaft und gesprächig wie gewöhnlich, bereit, als Märtyrerin der Freiheit in den Tod zu gehen.

* Manchmal auch ›Zwanzig‹ oder ›Einundzwanzig‹, die Zahl wird unterschiedlich angegeben.
** Das revolutionäre »Proletariat« der Pariser Arbeiter und Kleinbürger, die, um sich von der Mode der höheren Schichten abzugrenzen, lange Hosen trugen (*sans culottes* bedeutet »ohne Kniebundhose«). Sie waren in den Sektionen der Kommune organisiert.

Auch für sie und ihre Landsleute wurde die Lage immer unge-
mütlicher. »Nicht lange nachdem die Herrschaft Robespierres
begonnen hatte, wurden keine Pässe zum Verlassen des Landes
mehr ausgestellt, und der Nationalkonvent dekretierte die Verhaftung der Engländer, die in Frankreich residierten; aber am gleichen Tag wurde diese Verfügung zurückgenommen, weil französische Kaufleute ihre Unklugheit deutlich gemacht hatten. Daraus
schlossen wir, daß wir in Zukunft keine solchen Maßnahmen
mehr zu befürchten hätten. Aus einer, wie wir glaubten, zuver-
lässigen Quelle erfuhren wir, daß die Engländer möglicherweise
ausgewiesen werden würden. Währenddessen ballten sich die
politischen Wolken in der Hemisphäre zusammen. Wir hörten
Gerüchte von Strenge und Terror, die jenen dumpfen Geräu-
schen glichen, die im dunklen Schlund eines Vulkans rumoren
und seine gefährlichen Ausbrüche ankündigen. Aber niemand
konnte voraussehen, wie weit das drohende Unheil reichen würde und was für eine breite Schneise der Verwüstung es schlagen
würde. Schon war eine beträchtliche Anzahl von Menschen als
verdächtig eingekerkert worden – v e r d ä c h t i g ! dieses unge-
naue Wort, das für jede Ungerechtigkeit und Unterdrückung her-
halten mußte und das wurde, was die Franzosen ein *mot de ral-
liement* nennen, eine Parole für Gefangenschaft und Tod.«

Schuldig, in England geboren zu sein

»*Section de la Montagne*, Allgemeines Sicherheitskomitee, am
20. des ersten Monats der Dekade, im zweiten Jahr der einzigen
und unteilbaren französischen Republik [11. Oktober 1793] –
Das Komitee verhaftet die nachstehenden Hélène Williams, Alter fünfzig Jahre, gebürtig aus Perle [Perth?] in Schottland, Per-
lis [Persis] Williams, Alter ..., Hélène-Marie Williams, Cécile
Williams, Jeannette Partoubas, alle fünf Engländerinnen, wohnhaft in Paris, rue Helvétius, im Bereich unserer Sektion, damit
sie unverzüglich in Sicherheitsgewahrsam in den Palais du Lu-

xembourg verbracht werden, gemäß dem Gesetz vom 18. des ersten Monats der Dekade [9. Oktober 1793], um die noch festzusetzenden Tage und Jahre in Unfreiheit zu verbringen.

Thorel, Präsident; Mottet, Kommissar, Lemercier, Kommissar; Delasseaux, Kommiss.; Simon, Kommiss.; Jobert, Kommiss.; Boissière, Kommiss.; Jarlat, Sekretär.«

* * *

Seit dem 5. Oktober 1793 galt in Frankreich ein neuer Revolutionskalender, dessen Beginn auf den 22. September 1792 zurückverlegt wurde. Er teilte die Monate in drei Dekaden, von *Primedi* bis *Décadi*, dem neuen Sonntag, und hängte die fünf überzähligen Tage am Ende des Jahres an. Alle vier Jahre gab es einen Schalttag.

Mit der weiteren Ausgestaltung wurde eine Kommission unter der Leitung des Schriftstellers Fabre d'Églantine beauftragt, die dieses moderne, rationalistische Modell nostalgisch im Geiste Rousseaus und der Physiokraten überformte. Das französische Volk soll durch den Kalender, »das von allen Menschen am häufigsten benutzte Buch«, zur Agrikultur als »dem politischen Lebenselement des französischen Volkes« geführt werden. Er gibt den Monaten Namen, die von den Jahreszeiten, dem Wetter, dem Zyklus des bäuerlichen Jahres inspiriert sind. Außerdem wird jeder Tag mit einem Attribut versehen, die gewöhnlichen Tage mit Pflanzen, die *Décadi* mit Tieren und landwirtschaftlichen Geräten. Die *jours complémentaires* sollen *Sansculottides* heißen und verschiedenen nationalen Festen gewidmet sein.

Eine Kalender-Dichtung ganz nach dem Herzen von Helens Freund Jacques-Henri Bernardin de Saint-Pierre, Ingenieur, Reisender, Schriftsteller, Intendant des *Jardin des Plantes*. Er war ein sonderbarer Heiliger, ein großes Kind, empfindsam und launisch, auf die verrückteste Weise vernünftig, ein pragmatischer Träumer, ein Grüner, ein Jünger Rousseaus, dessen zivilisationskritische Lehren er in seinen Schriften propagierte. Als passionierter Botaniker hatte er sich mit naturschwärmerischen Plaudereien einen Namen gemacht und war dann ganz unerwartet mit einem kleinen Roman zu Ruhm gekommen, in dem die Natur eine Hauptrolle spielt. Sein Schauplatz, die französische Kolonie Mauritius, ist nämlich weit mehr als nur reizvolle exotische Kulisse für die Geschichte von Paul und Virginie, deren aus einer Kinderfreundschaft erwachsene Liebe unerfüllt bleiben und unglücklich enden muß, weil die in Standesvorurteilen und Konventionen befangene geldgierige, ehrsüchtige Gesellschaft des Mutterlandes Frankreich taub ist für die Natur, für die einfache, wahre Stimme des Herzens.

Eine Moral nach dem Herzen der Frauen, die den mit Mitte Fünfzig noch immer unverheirateten Gefühlspropheten umschwärmten und mit Anträgen bestürmten. »Schließlich ließ er es zu, daß er angerührt wurde«, wie sein Biograph Arvède Barine zu berichten weiß. »Die Tochter seines Druckers, Félicité Didot, hatte ihn schon lange geliebt. Sie ›hatte keine Angst, ihm das zu gestehen‹, und wurde dafür belohnt: Er stimmte einer Heirat mit ihr zu.« Félicité war zwanzig Jahre alt.

Allerdings stellt der Bräutigam Bedingungen. Er wünscht eine heimliche Trauung. Außerdem soll ihm sein Schwiegervater in spe auf einer Seine-Insel ein Haus bauen lassen. »Ich werde ein Haus, eine Insel und eine Frau haben, ohne daß irgend jemand in Paris etwas davon weiß. Ich werde Sie auf meiner Insel etablieren, mit einer Kuh, etwas Geflügel und mit Madelon, die Expertin in deren Aufzucht ist. Es versteht sich, daß ich Sie so oft wie möglich besuchen komme.«

Dem sich anschließenden Briefwechsel kann man entnehmen, daß dieses Arrangement nicht nach dem Geschmack von Mademoiselle Didot war. Sie träumte davon, im Glanz seines Ruhms zu leben, und er verbannte sie aufs Land und bot ihr den Posten einer Haushälterin an. Die heimliche Heirat konnte sie dem Geliebten ausreden, aber was das Leben auf dem Lande anging, gab er nicht nach und erklärte, daß er nur dort glücklich sein könne. »Wenn meine Geschäfte mich dazu zwingen, in Paris zu bleiben, werde ich Ihnen oft schreiben. Sie werden die Belohnung für meine Arbeit sein; ich werde an Ihrem Busen die Unruhen und Wirren der Stadt vergessen.« Und dann entwarf er einen exakten Tages- und Lebensplan für sie beide, vom Aufstehen bei Sonnenaufgang bis hin zum einfachen Mahl um neun Uhr abends. Mademoiselle Didot fügte sich in ihr Schicksal.

Auf seltsame Weise sind dieser eigensinnige Liebhaber und seine gedichteten und gelebten Idyllen mit den dramatischsten Momenten von Helens Leben verflochten.

»Eines Abends, als Bernardin de Saint-Pierre, der Verfasser des reizenden kleinen Romans von Paul und Virginia, bei mir zum Tee war und ich seiner Beschreibung eines kleinen Hauses lauschte, das er kürzlich in der Mitte einer schönen Insel erbaut hatte und mit dessen Ausstattung er nun beschäftigt war und wo er einige der bezaubernden Szenen realisieren wollte, die seine lebhafte Phantasie von Mauritius geschildert hat, wurde ich aus diesem Märchenland plötzlich durch das Erscheinen eines Freundes [John Hurford Stone] gerissen, der ins Zimmer stürzte und uns in großer Erregung berichtete, daß gerade ein Dekret von der Nationalversammlung verabschiedet worden sei, demnach alle Engländer in Frankreich innerhalb von 24 Stunden festgenommen und ihre Besitztümer konfisziert werden sollten.«

Die Williams-Frauen verbrachten die Nacht und den folgenden Tag in großer Angst und Unruhe, in Erwartung der Kommissare und der Wachen des Revolutionskomitees. Gegen Abend erfuhren sie, daß die meisten ihrer englischen Bekannten ins Gefängnis gebracht worden waren, unter ihnen auch Stone und seine Frau Rachel.

»Endlich kam die Nacht, und da immer noch keine Kommissare erschienen waren, begannen wir uns mit der schmeichelhaften Vermutung zu beruhigen, daß wir als Familie von Frauen erst einmal verschont bleiben sollten, denn die Zeit war gerade erst angebrochen, wo weder Geschlecht noch Alter Anspruch auf Mitleid hatte. Von Müdigkeit und Aufregung übermannt, gingen wir zu Bett, in der schwachen Hoffnung, dem Schicksal unserer Landsleute entgehen zu können. Aber diese Hoffnung währte nicht lange. Um zwei Uhr morgens wurden wir durch ein lautes Klopfen an der Tür unseres Hauses geweckt, das verhängnisvolle Signal unserer bevorstehenden Verhaftung, wie wir wohl wußten. Ein paar Minuten später wurde unsere Wohnungsglocke heftig geläutet. Meine Schwester und ich warfen eilig unsere Kleider über und gingen mit zitternden Schritten ins Vorzimmer, wo wir zwei Kommissare des Revolutionskomitees unserer Sektion* antrafen, in Begleitung einer Garde. Zwei Gardisten wurden mit gezogenem Schwert vor der äußeren Tür postiert, während die übrigen das Zimmer betraten. Eine dieser Autoritäten hielt ein Blatt Papier in der Hand, eine Kopie des Dekrets der Nationalversammlung, das er uns vorlesen wollte. Aber wir lehnten das ab und sagten ihm, wir seien bereit, dem Gesetz zu gehorchen. Als er sah, daß wir blaß waren und zitterten, versuchten er und seine Kollegen uns zu trösten; sie baten, wir sollten uns fassen; sie wiederholten, daß unsere Verhaftung nur Teil einer generellen politischen Maßnahme sei und daß die Unschuld nichts zu fürchten habe, – Ach! Unschuld war leider nicht länger ein Garant für Sicherheit.

Sie registrierten unsere Namen, unser Alter, das Land, wo wir geboren waren, die Länge unseres Aufenthalts in Frankreich, und als sie damit fertig waren, wurde uns gesagt, daß wir uns zum Aufbruch bereit machen sollten. Jeder von uns durfte soviel frische Wäsche mitnehmen, wie wir in ein Tuch einbinden konnten; alles übrige fiel dem Dekret gemäß an die Nation.

Unter dem Druck eines großen Unglücks werden manchmal die lebhaftesten Empfindungen durch kleine Umstände hervorgebracht, die einen Teil des Ganzen bilden und, wie bestimmte Punkte einer Landschaft, im Rückblick der Erinnerung dazu dienen, sich die umgebende Szenerie vor Augen zu stellen: Von dieser Art ist das Gefühl, mit dem ich mich an den Augenblick erinnere, als wir nach dem Verlassen unserer Wohnung von Wa-

---

* Paris war in 48 Sektionen (Verwaltungsbezirke) eingeteilt. Deren Vertreter wählten die Pariser Kommune. Sie hatten sich zunehmend radikalisiert und konnten von der Regierung kaum noch kontrolliert werden.

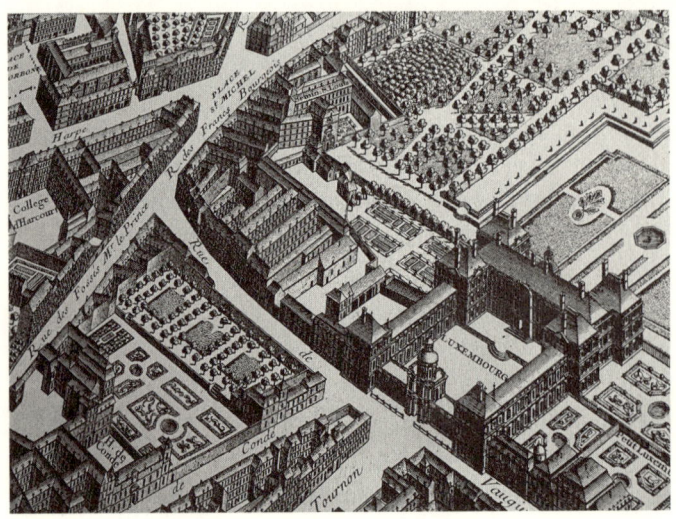

11 *Palais du Luxembourg.*

chen umringt im Treppenhaus standen, während die Kommissare unsere Türen mit Siegeln versahen. Der Kontrast zwischen dem Gefängnis, in das man uns bringen würde, und dem Zuhause, das uns nun verschlossen war, vielleicht für Jahre, erfüllte mein Herz mit einem Schmerz, für den die Sprache keinen Ausdruck hat.«

Auf der Treppe begegnete ihnen der Dichter André Chénier, der im gleichen Haus wohnte wie sie. Er wagte nicht, sie zu grüßen. Die Nacht verbrachten sie im Kommissariat, in einem Raum voller Soldaten, deren »revolutionären Scherzen« die verängstigten Frauen zitternd lauschten. Alle halbe Stunde erschienen Wachen mit neuen englischen Gefangenen, die bald wieder fortgeschafft wurden, während sie noch einen vollen Tag ausharren mußten. Hinterher erfuhren sie, daß dieser Aufschub der Menschlichkeit »ihrer« Kommisssare geschuldet war, die ihnen möglichst gute Haftbedingungen verschaffen wollten. Am Abend wurden sie in den Palais du Luxembourg gebracht, der nun als Gefängnis diente. »Wie war mir zumute, als wir durch die Straßen von

Paris fuhren und die Treppen des Palastes hochstiegen, ein trauriges Schauspiel für die Menge!«

Dort wurden sie überaus höflich von Monsieur Benoit, dem *concièrge* des Gefängnisses, empfangen, einem Mann, »dessen Namen viele Unglückliche gesegnet haben, denn sein Mitleid und seine Freundlichkeit haben so manche Not gelindert«. Das düstere Gemach, das man ihnen zuwies, lag im Stockwerk über den ehemaligen Staatsgemächern. Die Fenster gingen auf den *Jardin du Luxembourg* hinaus, waren verbarrikadiert und oben mit Eisengittern versehen. Auf ihrem Matratzenlager fielen sie erschöpft in einen tiefen Schlaf.

Salon Égalité

»Am nächsten Morgen ging die Sonne mit ungewöhnlicher Helligkeit auf, und mit Hilfe eines Tisches, auf den ich stieg, sah ich durch unser vergittertes Fenster auf die schönen Gärten des Luxembourg. Die großen majestätischen Bäume hatten ihr Laub noch nicht verloren; und obwohl sie, wie unser Geschick, ›in das Verdorren, das gelbe Blatt‹* gefallen waren, zeigten sie noch das reiche Farbenspiel, das zum Herbst gehört. Die Sonne vergoldete die gotischen Türme der umliegenden Klöster, die ihre Spitzen über altehrwürdige Haine reckten, während sich im Hintergrund die Hügel von Meudon erhoben. Es schien mir, als ob die abnehmende Jahreszeit ihre letzten Reize über die Landschaft verbreitet hätte, um meine angegriffenen Nerven zu beruhigen.

Der Palais du Luxembourg war kürzlich für den Aufenthalt der vielen neuen Bewohner präpariert worden, die er aufnehmen sollte, und jeder Raum erhielt einen eigenen Namen, der außen an die Tür geschrieben wurde. Wir waren im Gemach des Cincinnatus untergebracht, Brutus war, glaube ich, unser Nachbar,

---

* Macbeth V,3: my way of life / is fallen into the sear, the yellow leaf.

und ein Socrates hatte sein Zelt ein paar Schritte entfernt aufgeschlagen. Das Gemach der *Indivisibilité* [Unteilbarkeit] wurde Personen zugewiesen, die des *Féderalism* [Föderalismus] angeklagt waren, und an der Tür eines Gefangenen, der *au secret* [in Sicherheitshaft] war, stand in fetten Buchstaben *Liberté*. Was große Namen angeht, so hat man in Paris bemerkt, daß fast alle berühmten Männer der Griechen und Römer zur Guillotine geführt worden sind. Brutus zum Beispiel, der während unserer Zeit im Gefängnis oft mit Befehlen von Anaxagoras von der Stadtverwaltung kam, wurde bald zum gleichen Schicksal verdammt, zusammen mit Anarcharsis, Agricola, Aristides, Phocion, Sempronius Gracchus, Epaminondas, Cato dem Älteren und dem Jüngeren und vielen anderen nicht weniger gefeierten Größen, die in trauriger Folge dem Schwert Maximiliens [Robespierre] zum Opfer fielen.

Unser Gefängnis, das dicht bevölkert war von Menschen unterschiedlicher Herkunft, Lebensumstände, Charaktere, Meinungen und Länder, schien eine Welt *en miniature*. Die Morgenstunden waren der Hausordnung gewidmet und wurden mit kleinen Aufgaben verbracht, über die sich die Gefangenen manchmal beklagten, obwohl sie vielleicht Grund gehabt hätten, dankbar zu sein, weil sie ihnen weniger Zeit ließen, über ihrem Unglück zu brüten. Jeder hatte eine bestimmte Aufgabe; in jedem Raum zündeten die Gefangenen im Turnus das Feuer an, fegten den Boden, machten die Betten; und diejenigen, die es sich nicht leisten konnten, ihre Mahlzeiten aus einem Gasthaus oder, wie es den Wohlhabenden zu dieser Zeit noch erlaubt war, aus ihrem eigenen Haus bringen zu lassen, bereiteten sich ihr Essen selbst zu. Jedes Zimmer bildete eine Gemeinschaft, die bestimmten Regeln unterworfen war: Jeden Tag oder jede Woche wurde ein neuer Präsident gewählt, der die Einhaltung der Gesetze überwachte und für Ordnung sorgte.

Auf welche Widerstände das Prinzip der Gleichheit in der Welt auch treffen mag, im Gefängnis wurde es in vollem Ausmaß praktiziert. Vereint durch das starke Band des gemeinsamen Unglücks, fühlten sich die Gefangenen dazu verpflichtet, das allgemeine Übel durch gegenseitige Gefälligkeiten zu mildern, und Fremde, die einander in dieser Lage begegneten, wurden bald Freunde. Die Armen lebten nicht von den Krumen, die vom Tisch des reichen Mannes fielen, sondern teilten die Annehmlichkeiten der Mahlzeiten mit ihnen; und hier fand man eine Gemeinschaft der wenigen Güter, die allen gehörten und nicht rückerstattet werden mußten. Ein Besen, der einer Gräfin gehörte, wurde von zwanzig zarten Händen zum Fegen benutzt, und einem Teekessel, den ein Freund meiner Mutter zur Verfügung stellte, wurde buchstäblich ›niemals Zeit zum Kaltwerden gegönnt‹, wie Dr. Johnson von dem seinigen bemerkt hat, sondern er wurde von morgens bis abends benutzt, um die Engländer mit Tee zu versorgen.

Am Nachmittag trafen sich die Gefangenen in einem Vorzimmer, das über den Ausblick auf die Gärten verfügte. Hier teilten sie sich in Gruppen. Einige unterhielten sich, andere gingen auf und ab, wieder andere blickten aus dem Fenster auf die Wege unten, wo sie vielleicht einen Verwandten oder Freund erspähten, dem man die Erlaubnis zu einem Gefängnisbesuch verweigert hatte und der nun gekommen war, um ihre Leiden mit einem Blick oder einer Träne der Anteilnahme zu lindern. Während der ersten Tage unserer Haft war es den Gefangenen erlaubt, ihre Freunde zu sehen, und der Kontrast von heiteren und traurigen Szenen, die im Vorzimmer spielten, war frappierend. Hier unterhielten lebhafte junge Leute ihre Besucher mit tausend kleinen Scherzen über ihre Lage; dort nahm ein Ehemann, der Gefangener war, Abschied von seiner Frau, die gekommen war, um ihn zu sehen, und vergoß Tränen über sein Kind, das sich an seine Knie klammerte und sich dagegen sträubte, vom Vater weggerissen zu werden. Als die Zahl der Gefangenen wuchs, was so schnell geschah, daß sie in weniger als einer Woche von hundert auf tausend gestiegen war, wurden die Gefängnisregeln strenger, und die Polizeiverwaltung erteilte den strikten Befehl, daß niemand mehr eingelassen werden sollte. Danach kamen die Frauen von einigen Gefangenen regelmäßig jeden Tag und brachten ihre Kinder auf die Terrasse des Gartens. Oft sah man, wie eine Mutter weinte und die Kinder ihre kleinen Hände ausstreckten und auf ihre Väter zeigten, die ihren Blick auf ihre Lieben hefteten; aber manchmal unterdrückte ein unfreundlicher Wachposten diese traurigen Ergießungen zärtlicher Empfindung, indem er die Menschen auf den Wegen aufforderte, sich fernzuhalten und den Gefangenen keine Zeichen zu geben.

In der Menge, die den Gemeinschaftsraum füllte, waren vornehme Herren und Damen, die am Hof den höchsten Rang bekleidet hatten. Einige flirteten miteinander, andere verabredeten sich für den Abend zum Kartenspielen oder Musizieren in ihren Räumen, und wieder andere erzählten uns in großer Bewegung, was sie gelitten und durch die Revolution verloren hatten. Es war unmöglich, nicht mit dem Leid der einen mitzufühlen oder sich nicht über die Torheit der anderen zu wundern, deren Hochmut größer war als die Angst um ihr Leben und die, obwohl das entsetzliche Dekret gerade erlassen worden war, das ›Terror auf die Tagesordnung‹ setzte, und obwohl sie wußten, daß ein hoher Rang der sicherste Paß zur Guillotine war, dem Gebrauch der althergebrachten Formeln von *Madame la duchesse, Monsieur le comte* etc. nicht widerstehen konnten, die von ihren Lippen so natürlich wie Melodien flossen, an die das Ohr seit langem gewöhnt ist und die die Stimme unwillkürlich wiederholt. Doch es gab unter dem inhaftierten Adel auch viele Personen, die sich als wahre Freunde der Freiheit erwiesen hatten, bedeutende Opfer für sie gebracht hatten und von den Revolutionskomitees unter den trivialsten Vorwänden und manchmal auf Grund absurder Irrtümer ins Gefängnis geworfen worden waren.

Gefangenschaft hier war aber nicht mehr nur exklusiv dem ehemaligen Adel vorbehalten. Es gab Priester, Ärzte, Kaufleute, Ladenbesitzer, Schauspieler und Schauspielerinnen, französische Kammerdiener und englische Zofen, die alle im Gemeinschaftsraum versammelt waren.

Neben dramatischen Geschichten von Schlössern, die dem

Erdboden gleichgemacht worden waren, und Palästen, wo ›man den Fuchs aus dem Fenster sehen konnte‹*, hörten wir manchmal Klagen, die nichts mit Größe und Bedeutung zu tun hatten, aber ebendeshalb das Herz unwiderstehlich ergriffen. Von dieser Art war eine Szene, die sich manchmal zwischen einer armen Engländerin und ihrem Hund abspielte, den sie mitgenommen hatte, damit er ihr in der Gefangenschaft Gesellschaft leistete. Sie war Haushälterin in einer französischen Familie gewesen und hatte einige Monate vor ihrer Gefangennahme ihre Tochter, die ihr einziges Kind war, zu Freunden nach England geschickt. Diese arme Frau brach oft in Tränen aus und rief ›O Charlotte, Charlotte, ich werde dich nie wiedersehen!‹ Wenn immer der Hund den Namen Charlotte hörte, fing er so melancholisch an zu heulen, daß es unmöglich war, nicht mit seiner Klage mitzufühlen.

Das allerschlimmste während unserer Haft waren die Besuche von Henriot, dem Kommandanten der Militärmacht von Paris. Dieser Schurke war einer der Mörder vom 2. September gewesen und von der Kommune von Paris am 31. Mai zum Kommandanten der Nationalgarde ernannt worden, um die Kanone gegen den Konvent zu richten, der Volksvertretung Gewalt anzutun und das Vorspiel zu dem dunklen Drama zu dirigieren, dessen unglücklicher Schauplatz Frankreich und dessen entsetzter Zuschauer Europa gewesen ist. Henriot spielte seine Rolle so sehr zur Zufriedenheit seiner Arbeitgeber, daß ihm das Kommando auch weiter übertragen wurde; und es gehörte zu seinen Aufgaben, die Gefängnisse zu besuchen und dafür zu sorgen, daß sie gut bewacht wurden. Zum erstenmal sah ich ihn am Tag nach unserer Inhaftierung. In Begleitung von zwölf Offizieren betrat er mit gezücktem Schwert ganz plötzlich unser Zimmer. Er sah

---

* Ossian (James Macpherson), *Carthon: I have seen the walls of Balclutha, but they are desolate. The fire had resounded in the halls: and the voice of the people is heard no more. [...] The thisle shook there its lonely head: the moss whistled to the wind. The fox looked out from the windows, the rank grass of the wall waved round its head.*

so aus, als wollte er nicht nur seinen Säbel in unseren Busen stoßen, sondern auch von unserem Blut trinken. Er ließ eine Salve
von Flüchen und Verwünschungen gegen uns los, wollte wissen,
wie viele Guillotinen für die Engländer errichtet werden müßten, und verließ unser Zimmer erst, als eine der anwesenden Personen vor Entsetzen ohnmächtig geworden war. In dieser Art
besuchte er jeden Raum und verbreitete Furcht und Schrecken;
und diese Besuche wiederholten sich drei- oder viermal wöchentlich. Wann immer der Hufschlag seines Pferdes im Hof vernom-
men wurde, schlug der erste Gefangene, der das wohlbekannte
Geräusch erkannte, Alarm, und in einem Augenblick war der Gemeinschaftsraum wie leergefegt; jedermann floh von Furcht gejagt in sein Zimmer. Man konnte keinen Laut mehr hören, im
ganzen Gebäude herrschte Totenstille, und wir blieben zusam-
mengeduckt in unseren Zellen, wie die Griechen in der Höhle
des Polyphem, bis das Ungeheuer verschwand. Die Besuche der
Polizeiverwaltung waren zwar nicht so schrecklich wie die von
Henriot, aber alles andere als beruhigend. Brutalität war wie Terror an der Tagesordnung. Die Besuche der Polizei brachten in
der Regel eine Verschärfung unserer Haft, und nach kurzer Zeit
war jeglicher Zugang zu uns verboten, mit Ausnahme von Briefen, die offen geschickt wurden und uns nach der Prüfung durch
die Wachen ausgehändigt wurden.

Manchmal gab es Anlaß zum Nachsinnen über die seltsamen
Launen und Wechselfälle des Schicksals. Wir fanden den Exmi-
nister Amelot als Gefangenen im Luxembourg, ihn, der während seiner Amtszeit so freigebig mit *lettres de cachet* gewesen
war. Die Tyrannei hatte nun ihre Werkzeuge ausgetauscht, und
er selbst war jetzt das Opfer eines neuen Despotismus. Aus dem
›im Namen des Königs‹ war ›als Maßnahme der öffentlichen Sicherheit‹ geworden.

Wann immer neue Gefangene ankamen, drängten sich alle
um sie und versuchten, sie durch den sanftesten Ausdruck von
Anteilnahme zu beruhigen. Das Erscheinen von Maillard rief
solche Empfindungen nicht hervor. Auch er war einer der Mör-

der des 2. September, erst kürzlich zu einem Kommandanten der Revolutionstruppen ernannt und nun wegen irgendwelcher Vergehen entlassen und zu Sicherheitsgewahrsam verurteilt worden. Er hatte eine sehr aktive Rolle bei den jüngsten Aktionen gespielt und ein paar Tage vor seiner eigenen Verhaftung zwei vielversprechende Knaben, die Söhne eines Exministers, zusammen mit ihrem Erzieher, einem Priester, festgenommen. Sie waren gerade dabeigewesen, in die Kutsche einzusteigen, die sie zur Schule bringen sollte, als sie von Maillard ergriffen wurden, der den Jüngeren, ein Kind von elf Jahren, bei der Schulter packte und streng zu ihm sagte: *Il faut dire la vérité, toute la vérité, et rien que la vérité.** Kaum hatte man Maillard ins Vorzimmer gebracht, als der kleine Junge ihn auch schon erkannte und zu ihm rannte, mit dem Ausruf: *Bon jour, citoyen Maillard – il faut dire la vérité, toute la vérité, et rien que la vérité.*

Nichts war schmerzlicher als die Empfindungen, die die Lektüre der Abendzeitungen hervorrief, welche die Gefangenen zu dieser Zeit noch bekommen durften und die mit der bangen Ungewißheit erwartet wurden, mit der wir im Unglück der Zukunft entgegensehen. Die Abendzeitungen schienen uns das Buch unseres Schicksals zu sein; aber wir konnten darin keine beruhigenden Zeichen von Hoffnung oder Gnade entdecken. Jede Zeile sprach von Verschwörung, Rache, Verzweiflung und Tod, und die Lektüre der Tagesereignisse raubte uns oft den Schlaf.«

---

* Man muß die Wahrheit sagen, die ganze Wahrheit und nichts als die Wahrheit.

Morituri

Quand la tyrannie
Frappe notre vie,
Fiers de notre sort,
Méprisant la mort,
Nous te bénissons,
Nous triomphons,
Et nous savons
Qu'un jour la patrie
Vengera nos nom!*
Sillery und Lasource

Neben dem Zimmer, in dem die Williams-Frauen untergebracht waren, gab es noch zwei weitere Räume. Sie waren vom Gemeinschaftsraum durch einen kurzen Gang und eine Tür getrennt, die abends verschlossen wurde. Der Zufall wollte es, daß diese Zimmer mit zwei Abgeordneten belegt waren, in deren Gegenwart Helen viele angenehme Stunden verbracht hatte: dem 56jährigen Charles-Alexis de Brûlart de Genlis, Marquis de Sillery, und dem dreißigjährigen Lasource. Einem Aristokraten des *Ancien régime* und einem Revolutionär der ersten Stunde. Höchst ungleiche Schicksalsgenossen, die nun gemeinsam auf ihren Prozeß und den sicheren Tod warteten.

»Sillery, der krank war, hatte unter großen Mühen die Erlaubnis erwirkt, daß sein Diener tagsüber zu ihm ins Gefängnis kommen durfte, zusammen mit einer alten Freundin, die inständig darum gebeten hatte, ihn pflegen zu dürfen – mit jener Beredsamkeit, die das Unglück verleiht und der manchmal auch die verhärtetsten Herzen nicht widerstehen können. Während die Männer über unser Geschlecht in so vielen Bereichen Superiorität beanspruchen, sollten sie uns wenigstens die Palme

* Wenn die Tyrannei / unser Leben trifft, / Dann segnen wir Dich, / Stolz auf unser Geschick, / in Verachtung des Todes / Wir triumphieren, / Und wir wissen / Daß eines Tages die Heimat / Unseren Namen rächen wird.

der Beständigkeit zusprechen und anerkennen, daß wir ihnen in Hinblick auf Treue und Beständigkeit unserer Neigungen überlegen sind. Diese Gefängnisse, vor denen die Männer entsetzt zurückschreckten und wo sie oft ihre Freunde im Stich ließen, aus Angst, sie könnten in ihr Schicksal verwickelt werden – Frauen, bei denen die Stärke des Mitgefühls über die weibliche Schwäche der Furchtsamkeit siegte, forderten und erwirkten manchmal die Erlaubnis, sie besuchen zu dürfen. Da Sillerys Freundin und sein Diener die Erlaubnis hatten, bei ihm ein und aus zu gehen, war die Tür nicht beständig geschlossen, obwohl er und Lasource in strengem Gewahrsam gehalten wurden und ihnen der Umgang mit den anderen Gefangenen verboten war.

In der zweiten Nacht unseres Aufenthalts im Luxembourg, als der Wärter die Tür verschlossen hatte, betrat Lasource unser Zimmer. Ach, wie anders war dieses Treffen als die angenehmen gesellschaftlichen Begegnungen früherer Zeiten, deren Unterhaltung er durch seine glänzende, feurige Beredsamkeit bereichert hatte! Er stammte aus dem Languedoc und verband seine geistigen Gaben mit der lebhaften Wärme der Einbildungskraft, für die die südlichen Provinzen Frankreichs seit der Zeit der Troubadoure bekannt sind. In seinem Betragen war er höflich und liebenswürdig, er hatte musikalische Neigungen und eine mächtige Stimme und sang, wie er sprach, mit der ganzen Kraft seiner Empfindung. Wenn er den Tag in ermüdenden öffentlichen Debatten zugebracht hatte, war er froh, am Abend die politischen Tumulte im Gespräch mit den Literaten vergessen zu können, die er gelegentlich bei uns traf. Ach, wir ahnten damals nichts von den Schrecken einer Zeit, da wir ihn in der Düsternis eines Gefängnisses treffen sollten, ein dem Tode geweihtes Opfer, mit dem zu sprechen für uns sehr gefährlich war!

Wir mußten uns im Flüsterton unterhalten, während wir abwechselnd an der äußeren Türe Wache hielt, damit er sofort in sein Zimmer flüchten konnte, sobald sich außen ein Schritt näherte. Er hatte viel zu fragen, da er drei Monate lang in Sicherheitsverwahrung gewesen war und wenig von dem wußte, was draußen in der Welt passierte; und obwohl er seine verzweiflungsvolle Lage durch den Trost zu vergessen schien, den ihm diese Augenblicke vertrauter Unterhaltung gewährten, klagte er oft darüber, daß dieser letzte Freudenschimmer mit dem Preis unserer Gefangenschaft erkauft war. In der Einsamkeit seines Gefängnisses hatte keine Stimme der Freundschaft, keine Äußerung des Mitleids sein Ohr erreicht; und nach unserer Ankunft pflegte er die Stunden zu zählen, bis die Gefängnistore geschlossen wurden, bis drinnen alles still war, abgesehen von gelegentlichen heiseren Rufen der Wachen, und er zu unserem Zimmer hastete. Die Entdeckung dieser Besuche hätte für uns die verhängnisvollsten Folgen gehabt, aber unser Mitgefühl war stärker als unsere Angst; und was immer daraus folgen mochte, wir brachten es nicht fertig, unserem anhänglichen Freund diese letzte melancholische Freude zu versagen.

Bei seinem zweiten Besuch wurde Lasource von Sillery begleitet, dem Gatten von Madame de Sillery, deren Schriften in England so bekannt sind. Er war etwa 60 Jahre alt, hatte ein Leben als Libertin geführt, wie es ehemals für Männer seines Standes in Frankreich üblich gewesen war, und wirkte wegen dieses ausschweifenden Lebenswandels älter als seine Jahre. Er hatte sich die gewählten Manieren bewahrt, die seine Klasse auszeichneten. Er verstand sich auf die Zeichenkunst und zeigte seine Fertigkeit in schönen Landschaften, die er während seiner Gefangenschaft anfertigte. Er unterhielt sich auch mit der Lektüre von historischen Werken, und da er selbst über eine beträchtliche literarische Begabung verfügte, hatte er die Ereignisse der Revolution in lebhaften Farben geschildert, an denen er wesentlich mitgewirkt und über die er viele wichtige Details gesammelt hatte. Mit großem Bedauern erzählte er mir, daß er mehrere Manuskriptbände den Flammen überantwortet hatte.

Sillery war gegen sein nahes Schicksal weniger gewappnet als Lasource. Der alte Mann sah oft in die Vergangenheit zurück und weinte und fragte manchmal mit ängstlichem Gesichtsausdruck, ob wir an die Möglichkeit seiner Befreiung glaubten. Ach, ich habe keine Worte, um die Empfindungen dieser Augenblicke zu schildern! – Zu wissen, daß die Tage unserer Mitgefangenen gezählt waren – daß sie dem Untergang geweiht waren – daß das blutige Tribunal, vor dem sie bald erscheinen würden, nur der Durchgangsweg zum Schafott sein würde – die schmerzliche Pflicht zu haben, unsere Gefühle zu unterdrücken, während wir uns bemühten, die menschliche Schwäche durch Hoffnungen zu stützen, von denen wir wußten, daß sie trügerisch waren, all das war fast unerträglich.«

Einigen Trost fanden die beiden Männer im Glauben. Sie dichteten und komponierten eine kleine Hymne, die sie jeden Abend ganz leise sangen, bevor sie in ihre Räume zurückkehrten. »Diese klagenden Laute, das Grabgeläute meiner scheidenden Freunde, lassen mein Herz immer noch erschauern!«

Am Morgen bevor der Prozeß gegen sie und ihre Mitangeklagten endete, dessen Verlauf sie Helen bei ihren abendlichen Zusammentreffen schilderten, erfuhren die Frauen, daß sie am nächsten Tag aus dem Luxembourg in ein Kloster im Faubourg St. Antoine überführt werden sollten. »Mit welch lebhaftem Bedauern empfingen Lasource und Sillery diese Nachricht! Tausende und Abertausende Male dankten sie uns für die Gefahren, die wir auf uns genommen hatten, indem wir sie empfangen hatten, und für die Anteilnahme, die ihnen die letzten Stunden ihres Lebens leichter gemacht hatte – tausendmal gaben sie uns die heiligste Versicherung unverbrüchlicher Dankbarkeit und Freundschaft, sollten sie überleben; aber sie wußten wohl, wie gering die Aussicht war, daß wir uns in dieser Welt noch einmal sehen würden. Sillery schnitt eine Locke von seinen weißen Haaren ab, mit der Bitte, ich möge sie zur Erinnerung an ihn bewahren, und Lasource gab mir die gleiche Reliquie.«

* * *

Brissot, Vergniaud, Gensonné, Lasource, Fonfrède, Sillery, Ducos, Carra, Duperret, Gardien, Duprat, Fauchet, Beauvais, Duchâtel, Mainvielle, La Caze, Lehardy, Boileau, Antiboul, Vigée.

»Den 31sten Mittags elf Uhr führte man die Verurteilten auf drei Karren nach dem Gerichtsplatz. Auch hier verließ sie nicht ihre bisherige Standhaftigkeit: nur an Fauchet, Fonfrede, Brissot und Karra bemerkte man einige Bestürzung. Die Übrigen schienen vergnügt, lächelten, sangen oder stimmten mit ein in das Geschrei des Volks: Es lebe die Republik! In der Straße St. Honoré bei dem Platze Vendôme riefen mehrere Bürger: ›Sterben müssen die Verräter!‹ Diesen antwortete Duprat: ›Wir sterben frei; ihr aber lebt als Sklaven einer Faktion.‹ Auf dem Richtplatze stellte man sie in drei Reihen. Alle bestiegen das Blutgerüste mit Standhaftigkeit, und ihre letzten Worte enthielten Wünsche für das Wohl der Nation und für die Freiheit. Als Achte hingerichtet waren, beschäftigten sich die Knechte des Scharfrichters ihre Leichname wegzuräumen. Duprat stimmte unterdessen die Strophe aus dem Hochgesang der Marseiller an. Seine Kollegen sangen sie weiter, und so beugten sie ihr Haupt unter dem Mordeisen der Guillotine. Gegen 1 Uhr war die Exekution geendigt, worauf sich das Volk unter dem Geschrei ›es lebe die Republik! es lebe der Berg!*‹ ruhig entfernte.«

Vossische Zeitung, Berlin 1793, Nr. 138

Am 7. November wurde der Herzog von Orléans – Philippe Egalité – hingerichtet.

Am 8. November verlor Helen ihre bewunderte Freundin, die kluge, charismatische Madame Roland. Die Kunst des Sterbens! Madame Roland setzte wie viele Verurteilte einen trotzigen Stolz darein, bei ihrem letzten öffentlichen Auftritt eine gute Figur zu machen. »Auf dem Weg zum Schafott war sie nicht nur gefaßt, sondern gab sich sogar heiter, um eine Person zu ermutigen, die um die gleiche Zeit sterben sollte, aber nicht mit der gleichen

---

* Bergpartei: die Jakobiner.

Stärke wie sie selbst ausgerüstet war.« Als ihr Mann von ihrer Hinrichtung erfuhr, nahm er sich das Leben.

Am 5. Dezember wurde Helens zeitweiliger Schützling Rabaut Saint-Étienne guillotiniert. Er hatte sich zusammen mit seinem Bruder im Haus eines Freundes ein Versteck gebaut. Mit eigener Hand hatten sie eine Wand in ein Zimmer eingezogen und die Tür durch ein Bücherregal verbergen lassen. Der Schreiner verriet sie.

Troubled Waves

Um im Palais du Luxembourg Platz für neue Gefangene zu schaffen, verlegte man die Engländerinnen in das (aufgelassene) Kloster *Les Anglaises*. Da die Räume, in denen sie untergebracht werden sollten, kahl und unmöbliert waren, hatten sie selbst für ihr Matratzenlager zu sorgen. Ein Polizeiinspektor brachte die Williams-Frauen deshalb zu ihrer versiegelten Wohnung. Was er dort tat oder vielmehr unterließ, hat ihr möglicherweise das Leben gerettet, wie Helen in ihren *Souvenirs* berichtet.

»Dieser Inspektor duzte uns, wie es die Regel war; aber er bot uns an, die Wache fortzuschicken, und sagte uns, daß wir uns nicht zu beeilen bräuchten und er gern ein paar Stunden warten würde, bis wir fertig wären. Ich verstand sofort, was dieser Vorschlag bedeutete. Der Inspektor legte sich zum Schlafen auf ein Sofa, und während dieser Zeit verbrannte ich im Nachbarzimmer so schnell wie möglich stapelweise Papiere, deren Entdeckung für uns unheilvoll gewesen wäre; die Billette von Madame Roland, die Briefe von Lasource und anderen *correspondants conspirateurs*. Der Inspektor war so großzügig und taktvoll, daß er erst aufwachte, als ich damit fertig war.«

Auch Manuskripte, die Madame de Genlis ihr anvertraut hatte, sind damals in Flammen aufgegangen.

Das Leben bei den *Anglaises* war härter und karger als im Luxembourg. Die Tage zählte Helen nun nach dem neuen Kalender, der ihrem bedrückten Herzen »inmitten der blutrünstigen Maßnahmen dieser Zeit so erschien wie dem Auge ein einzelner Flecken frischen Grüns« zwischen Felsen oder in der Wüste. Ab und zu durften sie durch ein Sprechgitter mit Freunden reden. Stone war inzwischen wieder frei. Seine Frau Rachel allerdings blieb weiter inhaftiert. Um die langen Tage im Gefängnis auszufüllen, begann Helen an einer Übersetzung von Bernardin de Saint-Pierres *Paul et Virginie* zu arbeiten, in die sie eigene Gedichte einfügte.

Ein Akt der Besitzergreifung, der an eine feindliche Übernahme erinnert. Die heitere, bunte, üppige Tropennatur, die Saint-Pierre schildert, läßt die Dichterin unberührt. Limette, Kakaopflanze, Guave? Wieviel schöner ist die duftende Erdbeerblüte, die sie als Kind entzückte! Orangenlauben und Myrtentäler? Nicht für sie. Ihre Seelenlandschaft ist ein öder Meeresstrand, ihr Seelenverwandter ein Brachvogel, dessen graues Gefieder im Sturm flattert. Sein Klagen mischt sich mit dem Tosen der rastlos anbrandenden Wellen –

»Dieses trostlose Herz, Sorgen zerreißen es!
Verstört und wild ist es, wie die aufgewühlte Brust des Ozeans
in den rauhen, nächtlichen Stürmen.«*

Ende 1793. »Auch die Revolution trat in den Winter ein, in den Tod der Illusionen.« Helen schrieb darüber ein Gedicht.

»Bleiche Enttäuschung! Bei deinem frostigen Namen
Empfinde ich kalte Furcht in jeder zitternden Ader:
Mein ermattender Puls vergißt fast zu schlagen,
Und fast flieht das Leben meinen schwachen Körper.

---

* *That desolated heart what sorrows tear!*
  Disturb'd, and wild as ocean's troubled breast,
  When the hoarse tempest of the night is there!

Doch ich mache dir keine Vorwürfe mehr, erbarmungslose
Nymphe!
Warum verlieren sich meine Gedanken in törichten
Illusionen?
Warum vergolde ich die Reize der Freundschaft und der Liebe
Mit der warmen Glut der purpurfarbenen Flamme der
Phantasie? (...)
Ach, ich fühle es leider, es ist allein meine Schuld
Und mein ist auch die grausame Strafe.«*

Fallbeil

Als Cecilias Verlobter Athanase Coquerel in Rouen von der Verhaftung der Williams-Frauen erfuhr, reiste er sofort nach Paris.
Jeden Abend wurde er bei der Stadtverwaltung vorstellig, jeden
Morgen fand er sich bei der Polizeibehörde ein, und dazwischen
lief er von Pontius zu Pilatus, um ihre Freilassung zu erreichen.
»Schließlich gelang es ihm als einem wahren Ritter alle Hindernisse zu besiegen und seine Liebste der Gefangenschaft zu entreißen, nachdem er unzählige Male in Gefahr gewesen war, selbst
verhaftet zu werden.« Vor dem Haus der Williams war ein Gre-
nadier zur Überwachung postiert worden. Ihre Post wurde kontrolliert.

Um die gleiche Zeit versuchte John Hurford Stone seine Frau
Rachel freizubekommen. Auch seine Bemühungen waren schließlich erfolgreich: »Ich bewirkte Mrs. S.' Freiheit durch einen Brief
an den Konvent, der mir zwei Stunden später sein Dekret durch
einen Offizier zukommen ließ. Ich hätte diesen Schritt früher

---

* *Pale disappointment! At thy freezing name / Chill fears in every shiv'ring
vein I prove: / My sinking pulse almost forgets to move, / And life almost for-
sakes my languid frame. / Yet thee, relentless nymph! no more I blame: /
Why do my thoughts 'midst vain illusions rove? / Why gild the charms of
friendship and of love / With the warm glow of fancy's purple flame? / (...)
I feel, alas! The fault is all my own, / And ah, the cruel punishment is mine.«*

tun sollen, wenn ich nicht durch zu viele Freundschaftsbekundungen getäuscht worden wäre. Ich habe einigen anderen den gleichen Dienst erwiesen. Ein Mann, der in einem Land drei verschiedene Manufakturen gegründet hat, hat Anspruch auf gewisse Gegenleistungen, Gott sei Dank, daß ich davon mehr bekomme, als ich verdiene.«

Er war eben ein ziemlicher Angeber.

John Hurford Stone an seinen Bruder William am 6. *Nivôse* (26. Dezember) – und einen eventuell mitlesenden Zensor:

»Cecy. Williams steht kurz vor der Hochzeit mit einem jungen Bürger aus der Normandie, dem Neffen des Edelmanns, dessen Geschichte ihre Schwester im ersten Band erzählt hat; und da er mit der Baumwoll-Manufaktur vertraut ist und wir hier englische Arbeiter haben, die sonst verhungern würden, haben wir uns zu einer Manufaktur von baumwollenen Hosen, wie man sie in England trägt, zusammengetan, die er leitet. Wir lassen die Sache langsam angehen, weil wir die Arbeiter einweisen müssen, aber wir haben keinen Zweifel, daß sie nicht unbedeutend sein wird, da englische Modeartikel dieser Art hier zu hohen Preisen verkauft werden.

Aber ein anderer Punkt, der möglicherweise in der einen oder anderen Weise eine Änderung in unseren Plänen zur Folge haben wird, sind die aktuellen Ereignisse. Was sagst Du nun zu der Fortdauer des Krieges, wenn Du siehst, welches Schicksal Euch erwartet? Du siehst, daß wir in jeder Weise unbesiegbar sind. Ein Beweis dafür ist die Einnahme von Toulon, bei der Tausende unserer Landsleute umkamen, aber das ist nicht einmal der hundertste Teil des Unheils, das Euch droht. Der Aufstand in der Vendée ist völlig zermalmt, und Truppen sammeln sich an den Küsten. Meiner Meinung nach solltest Du Dein Haus loswerden.

Gestern war unser Weihnachtstag. Da ich die Gicht hatte, konnte ich an einem Essen, das unsere Landsleute, die Williams, gaben, nicht teilnehmen, aber ich hatte ein paar Landsleute bei mir zu Hause, wo wir alle auf Deine Gesundheit anstießen und auf Erfolg für die Sache der Freiheit. Wenn uns nach einer anregenden und angenehmen Gesellschaft verlangt, haben wir die Barlows, Paine, Williams, Wollstonecraft und einige andere, die Du nicht kennst; und nichts amüsiert uns mehr als in Euren Zeitungen die Beschreibungen der Pariser Greuelszenen zu lesen.«

Um sich der Überwachung zu entziehen, waren die Williams-Frauen gleich nach ihrer Entlassung an den Stadtrand von Paris umgezogen. Von dort führte ein nur wenige Minuten entfernter Spazierweg aufs Land, aber sie wagten kaum mehr, das Haus zu verlassen. In den Monaten, die folgten, lebte Helen sozusagen unter dem Fallbeil. Ihre englischen Korrespondenten waren so unvorsichtig gewesen, Passagen aus ihren Briefen der Presse zu übermitteln, und der jüngste Band ihrer *Letters from France* war in einigen Exemplaren nach Frankreich gelangt.

»Es würde des Stifts eines Meisters bedürfen, um das Bild des Unheils und Schreckens, das Paris in dieser Zeit bot, in all seinen dunklen Farben zu zeichnen. Eine tiefe, stille Düsternis durchdrang die Stadt, wo vormals jedes Herz vor Vergnügen hüpfte und jedes Auge vor Freude strahlte. Die Bürger sahen starr vor Schrecken die Todesprozessionen, die täglich die Straßen füllten, und die Gefühle von Mitleid und Empörung wurden durch das Bewußtsein der Gefahr verdrängt, die jedem drohte. Selbst in der eigenen Wohnung und im Schoße seiner Familie wagte man nur im ängstlichen Flüsterton zu klagen, damit nicht ein Dienstbote die verbotenen Äußerungen der Menschlichkeit mithören und als konterrevolutionär denunzieren konnte. Viele Menschen machten, der Schreckensszenen müde, ihrem Leben ein Ende; und einige, die davor zurückschreckten, aber nach dem Tode verlangten, ergriffen Maßnahmen, um vor das Revolutionstribunal gestellt zu werden, wo die Mörder allzeit bereit waren, wie sie wußten. Das übliche Mittel dazu war der Ruf ›Es lebe der König!‹, Worte, die viele junge Frauen, die ihre Eltern oder ihre Liebsten auf dem Schafott verloren hatten, in rasender Verzweiflung wiederholten und in ihnen den ersehnten Passierschein zum Grab fanden.«

»M. W. hat eine schöne Sammlung von Sonetten geschrieben, die in einem ihrer Werke erscheinen werden, das nun im Druck ist«, schrieb John Hurford Stone am 16. Februar 1794 an seinen Bruder. Er liebte die Dichterin, weil er die Dichtung liebte und Bücher überhaupt. Keine seiner geschäftlichen Unternehmungen hat ihm soviel bedeutet wie die Verlagsdruckerei, die er im Februar 1793 für Publikationen in englischer Sprache gründete. Die *Imprimerie Anglaise* oder *English Press* war im repräsentativen Hôtel de la Trémoïlle in der Rue de Vaugirard untergebracht, einem der vielen konfiszierten Emigrantenhäuser, die in Paris günstig zu haben waren. Helen ist möglicherweise von Anfang an finanziell daran beteiligt gewesen, auch wenn sie erst Jahre später als Miteigentümerin und dann als Besitzerin registriert ist.

Stone setzte die größten Hoffnungen in diese Gründung – »Da dieser Ort [Paris] das Zentrum der Literatur und außerdem von allem anderen sein wird, ist es unmöglich zu sagen, was nicht erreicht werden kann«, schrieb er. Er wollte eine Zeitschrift verlegen – »Miss H. M. Williams wird die Herausgeberin sein. Da es ein nationales Unternehmen ist, kannst Du sicher sein, daß es grandios werden wird« –, seine Bücher sollten in großen Auflagen erscheinen und international vertrieben werden. Einen Agenten für die deutschen Länder, die Schweiz und Italien hatte er schon an der Hand.

Die ersten Bücher, die die *English Press* verlegte, stammten von dem amerikanischen Schriftsteller, Geschäftsmann und Diplomaten Joel Barlow. Ein Biograph hat sein abenteuerliches Leben unter dem passenden Titel *A Yankee's Odyssey* erzählt.

Der aus Connecticut stammende Barlow studierte Jura, hatte aber auch literarische Ambitionen. Für sein episches Gedicht *The Vision of Columbus* (1787) pries ihn ein Bewunderer als *Poet Laureate of All America*. 1788 ging er als Agent der *Scioto Land Company* nach Paris, um Auswanderer für eine Siedlung am Ohio anzuwerben. Doch die *Land Company*, die tatsächlich nur eine Kaufoption auf das Land besessen hatte, ging bankrott, das Land fiel an den Besitzer zurück, und die Bewohner von Gallipolis, wie der Ort heute noch heißt, sahen sich betrogen und im Elend.

Ob Barlow von den Machenschaften seiner Firma wußte, ist unklar, aber natürlich gab man ihm die Schuld an dem Desaster und wollte ihn dafür haftbar machen. 1790 floh er deshalb mit seiner Frau Ruth nach London, wo er in den Kreisen der *revolutionists* verkehrte, Freundschaft mit Thomas Paine schloß und revolutionäre Streitschriften verfaßte. Der erste Teil seines *Advise to the Privileged Orders*, der 1792 bei dem Verlagsbuchhändler Joseph Johnson erschien, wurde in England verboten. Barlow entzog sich der Verhaftung durch Flucht nach Paris, wo inzwischen schon viele seiner Londoner Bekannten eingetroffen waren. Den noch ungedruckten letzten Teil des Manuskripts, »den ich jetzt unverändert der *English Press* in Paris offeriere«, schickte Johnson ihm nach. Davor hatte Barlow Stone schon *The Vision of Columbus* und sein satirisches Gedicht *The Conspiracy of Kings* zum Druck überlassen.

Am 18. *Ventôse* (8. März) wurde Stone von einem Engländer namens Arthur denunziert: Er sei verdächtig wegen seiner Verbindungen zu den Girondisten und verdächtig, als Agent der englischen Regierung gegen die Revolution zu arbeiten. »Um seine Machenschaften zu verbergen, hat er eine Buchdruckerei etabliert und sich dadurch gerettet. Überdies hat er seine Frau als Frau eines Druckerei-Arbeiters ausgegeben, obwohl er diesen Beruf niemals in einem anderen Land ausgeübt hat; damit hat er das Wohlfahrtskomitee betrogen. Es ist auch bekannt, daß er sich demnächst von seiner Frau scheiden lassen will, ohne Zweifel, um eine andere Frau zu nehmen, um seine antirevolutionären Intrigen besser verstecken zu können.« Auf Grund dieser Anzeige wurden Stone und Rachel am 24. April verhaftet, zwei Tage später aber wieder freigelassen.

Mitte April schrieb Helen einen bekümmerten Brief an Ruth Barlow, die Paris inzwischen verlassen und sich in Le Havre nach

Hamburg eingeschifft hatte, um von dort aus die Rückreise nach Amerika anzutreten. Dieses eine Mal sehen wir Helen ungeschützt.

»*My dear Madam,*
Letzten Montag habe ich Ihnen nach Le Havre geschrieben, in der Hoffnung, Sie dort wiederzusehen, aber daran ist nun nicht mehr zu denken, wie ich fürchte. – Ich habe heute Mr. Jarvis gesehen – ich habe ihn zufällig getroffen. Seine Mitteilung, daß er morgen nach Le Havre und wahrscheinlich von dort nach Hamburg gehen würde, ist der Anlaß für diesen Brief, weil ich keine Gelegenheit vorübergehen lassen will, Ihnen zu schreiben. Ich glaube manchmal, daß das der einzige Umgang ist, den ich mit Ihnen noch haben werde, und da ich sehe, daß dies das Ende der meisten Freundschaften im Leben ist, stelle ich mir vor, daß ich keine mehr schließen werde – aber was hat das Leben ohne sie noch für Freuden? Für mich hätte es zu wenig Reiz, um es lange ertragen zu können – Ich glaube, ich wäre wie Sterne*, wenn ich keinen anderen Gegenstand meiner Zuneigung hätte, würde ich einen Lieblingsbaum oder sonst etwas finden, was ich bewundern und verehren, wenn schon nicht beleben könnte. Aber das höchste Glück, das es meiner Ansicht nach gibt (ich meine eheliches Glück), werde ich vermutlich nie erleben dürfen, und vielleicht ist es besser für mich, daß ich diese Seligkeit entbehren muß, jedenfalls versuche ich, mir das einzureden – ich werde wirklich jeden Tag philosophischer, und vielleicht wird sich ja das, was ich bisher für mein größtes Unglück hielt, als mein größtes Gut erweisen –

---

* Laurence Sterne, *Empfindsame Reise*, 2. Kapitel: »»Wahrhaftig‹, sagte ich, indem ich freudig meine Hände zusammenschlug, ›und wenn ich in einer Wüste wäre, ich wollte auch dort irgend etwas ausfindig machen, das meine wohlwollenden Empfindungen hervorriefe. – Wenn ich nichts Besseres wüßte, so würde ich sie einer lieblichen Myrte zuwenden, oder ich würde eine melancholische Cypresse suchen, um mich ihr anzuschließen‹.«

Es ist wieder eine Gruppe verurteilt und hingerichtet worden. Danton – Lacroix – Hérault de Séchelles – Desmoulins. Diese und elf andere – Ich sah sie vorbeikommen. Ich war in einer Kutsche auf dem Weg zur Rue St. Honoré, aber der Kutscher konnte unmöglich den Pont Neuf passieren – ich frage mich, warum Verbrecher nicht auf eine weniger öffentliche Weise hingerichtet werden können – zweifellos ist es beleidigend für die Menschlichkeit, daß man den Massen erlaubt, den Verurteilten in ihren letzten Augenblicken zu folgen und sie manchmal zu beleidigen – für mich wäre das schlimmer als der Tod selbst.

Ob es für mich die Möglichkeit geben wird, zu Ihnen nach Hamburg zu gehen? Werde ich Sie je in meinem Heimatland treffen können? Machen Sie mir bezüglich des einen oder anderen Hoffnungen, wenn Sie können – aber erwecken Sie keine falschen – wie gern würde ich mit Ihnen in Amerika zusammenleben – ich glaube, dieses Land würde mir gefallen und meinen Vorstellungen genau entsprechen. Wenn sich meine Angelegenheiten so regeln lassen, wie ich hoffe, werde ich Sie sicher dort sehen, wenn schon nicht anderswo. Ich bedaure, daß Mr. Barlow es vor seiner Abreise nicht geschafft hat, Mr. Stone dazu zu bewegen, mit mir einen Hausstand zu gründen – ich fürchte, nun werde ich mit ihm große Schwierigkeiten haben, aber was mich betrifft, nehme ich es, wie es kommt – wenn es mein Schicksal wäre, unverheiratet zu bleiben, würde ich ihm gegenüber darüber kein Wort verlieren – meine eigenen Bedürfnisse sind bescheiden.

Wie ich Ihnen erzählt habe, hat Mr. Ln schon den Versuch gemacht, mit Mr. Stone zu sprechen – der auf seine übliche Weise ausweichend geantwortet hat und sich nicht festlegen wollte –, aber wenn die öffentlichen Angelegenheiten sich beruhigt haben, sollten auch meine privaten nicht unentschieden bleiben.

Mit aufrichtiger Hochachtung für Mr. Barlow und Sie werde ich immer bleiben

Ihre Sie sehr liebende Freundin M. S.«

M. S. – das steht für Maria Stone.

Am 27. *Germinal* (16. April) dekretierte der Wohlfahrtsausschuß, daß alle ehemaligen Aristokraten (gab es überhaupt noch welche?) und alle Ausländer Paris binnen zehn Tagen zu verlassen hatten. Wer danach noch in der Stadt angetroffen wurde, galt als Geächteter und konnte ohne Prozeß hingerichtet werden. Helen, ihre Mutter und Persis – Cecilia war durch ihre Heirat französische Staatsbürgerin geworden – wählten als Aufenthaltsort ein kleines Dorf bei Marly, einem ehemaligen Landsitz der Könige. »Nachdem wir einen Zufluchtsort gewählt hatten, mußten wir uns vor dem Revolutionskomitee der entsprechenden Sektion einfinden, wo uns kein Paß, sondern ein Passierschein ausgestellt wurde, auf dem stand, daß wir Paris gemäß dem Gesetz vom 27. *Germinal* verließen. So waren wir dazu verurteilt, uns mit diesem Passierschein, der das Kainszeichen auf unserer Stirne war, aufs Land zu begeben und ihn der Gemeindeverwaltung unseres Zielortes vorzulegen; und wir waren auch dazu verurteilt, uns alle 24 Stunden dort einzufinden und unsere Namen auf eine Liste zu schreiben, die nach jeder Dekade an den Wohlfahrtsausschuß geschickt wurde. Und damit die ländlichen Behörden die Absichten des Komitees nicht mißverstanden und Individuen, die sich als Freunde der Revolution ausweisen konnten, mit Milde behandelten, wurde diesen bereitwilligen Opfern per Dekret befohlen, ihre Bürgerbriefe *(certificates of civism)* zu verbrennen.

Die Williams-Frauen bekamen ihren Passierschein am 26. April, dem allerletzten Termin, und reisten sofort ab, in Begleitung von John Hurford Stone, der an ebendiesem Tag aus der Haft entlassen worden war. Seine Frau begab sich allein nach Passy, einem Dorf an der Seine.

»Unsere Nachbarn kamen weinend an unsere Tür, um Abschied von uns zu nehmen; und die Armen, die nun die einzige Klasse waren, die es wagten, eine Beschwerde zu äußern, murrten über die Ungerechtigkeit des Dekrets. Wir mußten den Platz der Revolution passieren, wo wir die aufgerichtete Guillotine sahen und die Menschenmenge, die auf die blutige Tragödie wartete, und die Gendarmen zu Pferde, die den Opfern folgten, die gerade auf den Platz kamen. Das war das alltägliche Schauspiel, das den Wanderbühnen, dem Tanz, dem Gesang, den wechselnden Szenen harmloser Vergnügungen folgte, die die fröhliche Menge auf ihrem Weg von den Tuilerien zu den Champs-Élysées ehemals angezogen hatten.

Wir erreichten unsere kleine Behausung gegen Sonnenuntergang. Die Hügel waren von Wolken gesäumt, die noch die verblassenden Farben des Tages widerspiegelten; die Wälder lagen in tiefem Schatten; ein sanfter Schleier lag über der Natur. Die Luft war voller Wohlgerüche, und die Stille dieser Szenerie wurde nur durch die wohltuendsten aller Naturlaute, das sanfte Rascheln des Laubs und die klagenden Töne der Waldtauben, gebrochen.

Unsere Wohnung lag nur ein paar Schritte entfernt vom prächtigen Park von Marly; und die verlassenen, von hohem Gras überwachsenen Alleen – die Felsblöcke, über die einst Kaskaden geströmt waren, deren murmelnde Wasser verstummt waren – die zu Haufen aufgetürmten Trümmer des Marmors, der einst das Bett kristallener Wasserbecken gebildet hatte – die überall verstreute Maschinerie der Wasserspiele, deren Quellen ausgetrocknet sind – die niedergestürzten Statuen – die ausgelöschten Symbole des Feudalismus – das Unkraut, das zwischen den steinernen Stufen des verlassenen Palastes wuchs – die von Spinnweben überzogenen Fenster der heiteren Pavillons –, all das paßte zu der nachdenklichen Stimmung, die unsere Lage natürlicherweise in uns hervorrief. Und hier, wo wir von Paris nur die entfernte Kuppel des Pantheon sehen konnten, wären wir weniger unglücklich gewesen, wenn wir nicht zu gut gewußt hätten, daß der Wohlfahrtsausschuß die Aristokraten und die Ausländer nicht aufs Land geschickt hatte, um die frische Luft zu genießen oder sich der Schönheiten des beginnenden Frühlings zu erfreuen, sondern als ersten Schritt zu einer kollektiven Proskription.«

Durch Fürsprache einflußreicher Bekannter konnten sie bald nach Paris zurückkehren. Helen berichtet, zwei menschenfreundliche Kommissare hätten mit ihrem Leben für sie gebürgt.

Im Juni wurde Stone von seiner Frau geschieden. (Helen hat ein Vierteljahrhundert später Rachel den schwarzen Peter zugeschoben. Schon vor ihrer (Helens) Bekanntschaft mit Stone habe es Probleme in seiner Ehe gegeben, seine Frau sei eine widerwärtige Person gewesen, in Paris habe sie sich mit Verehrern umgeben und sich dann, »trotz unserer Ratschläge dagegen«, die neuen Scheidungsgesetze zunutze gemacht und von ihrem Mann getrennt, der um diese Zeit sein Vermögen eingebüßt habe und in den Haushalt der Williams aufgenommen worden sei. Wer's glaubt!)

Daß Helen und Stone bald danach einen Paß zur Ausreise in die Schweiz bekamen, verdankten sie seinen ausgezeichneten Beziehungen zu Barère – Bertrand Barère de Vieuzac –, der als Mitglied des Wohlfahrtsausschusses für die Außenpolitik zuständig war, und der Tatsache, daß Stone in England wegen seiner konspirativen Beziehungen zu einem irischen Freiheitskämpfer mittlerweile als Hochverräter galt. Da man ihn selbst nicht einsperren konnte, war Anfang Mai sein Bruder William als mutmaßlicher Mitwisser und Komplize in London verhaftet worden. Um dessen Leben zu retten, sei die Ausreise der Bürger Stone und Williams nach Basel unbedingt nötig, machte ihr Fürsprecher geltend. Zudem würden sie sich dort aktuelle Informationen über »unsere Freunde in England und Irland« verschaffen können.

Anfang Juli machten sich die beiden auf den Weg, zusammen mit dem englischen Parlamentsabgeordneten Benjamin Vaughan – und der Summe von 1500 Pfund Sterling, die sie bei einer Schweizer Bank deponieren sollten. Sie kamen gerade noch rechtzeitig heraus. Denn Mitte des Monats wurde Stone ein weiteres Mal denunziert. Der Ankläger hatte den starken Verdacht, er sei ein Agent des verhaßten britischen Premierministers Pitt.

Es ist alles ziemlich verwirrend, und der Bericht einer Madame de Chastenay, die zur gleichen Zeit in Gesellschaft unterwegs war und Stone an einer Poststation begegnete, trägt auch nicht gerade dazu bei, Klarheit zu schaffen. Dafür vermittelt er einen lebendigen Eindruck von Stones *bravura*.

»Eine Art von *tombereau** hielt hinter uns an. Darin gab es einen Sitz aus Stroh, und auf diese Weise reiste *en poste* ein ziemlich gutaussehender Mann, der gar nicht ungeduldig schien, als man ihm sagte, daß die Pferde der Station unterwegs seien und daß er erst nach uns würde abfahren können. Er kam zu unserem Wagen, im Gespräch mit ihm bekundeten wir unsere Erkenntlichkeit, und nach einigen Minuten fand er die Möglichkeit, mir als seine vertraute Gesellschaft einige Personen zu nennen, die in der Alten Welt von Paris bekannt waren. Nachdem wir ziemlich früh in Chanceaux [Burgund] angekommen waren, machte er uns einen Besuch. Er war heiter und äußerst liebenswürdig und sprach nur von Emigration, und zwar in einem höchst unpatriotischen Tone.«

Am nächsten Morgen teilte Stone Madame de Chastenay mit, daß er auf dem Weg in die Schweiz sei. Sie ermahnte ihn, mit politischen Äußerungen vorsichtiger zu sein, worauf Stone in Lachen ausbrach und erklärte, er sei ein Kommissar der Regierung und in ihrem Auftrag unterwegs. Den Beweis dafür würde sie in Dijon erhalten, wo er einen Tag verbringen werde. Als sie den Speisesaal des Gasthofs betrat, in dem sie abgestiegen waren, sah sie »ihren Fremden«, dessen Kopf bis zu den Ohren in einer Polizeimütze steckte, wie angekündigt in offizieller Funktion. Am Abend begegnete sie ihm noch einmal, und wieder führte er in Gegenwart anderer die verrücktesten, unvorsichtigsten Reden. Sie wollte ihre Mahnungen erneuern. »Ach Gott, sagte er, ich bin niemand, der Aufmerksamkeit erregt. Ich bin Käsehändler, ich gehe in die Schweiz, um dort einzukaufen, und ich werde Ihnen welchen auf dem Rückweg mitbringen.« Tat-

* ein zweirädriger Pferdewagen.

sächlich ließ er ihr drei Wochen später einen riesigen Gruyère-Käse bringen. Sie bat ihn zu sich. »Dieses Mal reiste er mit einer sechsspännigen Kutsche, und ohne Zweifel war er nicht allein. Er kam, war heiter, liebenswürdig, sehr höflich, sprach von allem, was man aus Paris hörte, und sagte schließlich, sein Name sei Stone, er sei Amerikaner, und er bot uns seine Dienste in Paris an. Mehr habe ich nie erfahren.«

Helens englische Freundinnen waren entsetzt, als sie von ihrer Flucht mit Stone hörten. »Der Gedanke an Helen Williams Schicksal ist mir unerträglich! Wie groß müssen die Schrecken und Gefahren dieser Lage gewesen sein, daß sie sich über die Grundsätze von Tugend und Sittlichkeit, die sie einst zu besitzen schien, derartig hinwegsetzen konnte!«

Um diese Zeit schrieb Helen ihnen, daß ein einflußreicher Freund Mr. Stone und ihr die Gelegenheit verschafft habe, auf leichte und ehrenwerte Weise ein Vermögen zu machen. Aus anderer Quelle glaubte Mrs. Piozzi zu wissen, daß Stone vor seiner eifersüchtigen Frau ins Ausland geflüchtet sei. »Stone ist entkommen, sagt man, mehr aus Angst vor rasender Eifersucht als aus der Einsicht heraus, daß der liebenswürdigen Verfassung von Frankreich, an der er so hing, Schaden zugefügt worden ist. Wohl bekomme es ihm und der schönen Helena, deren Liebe zu Paris am Ende ihr Verderben sein wird. Aber sie hat auf die verschiedenste Art ihre Parteilichkeit bewiesen, und gegenwärtig wird ihr das durch eine glänzende Lage für sie und ihre Familie gelohnt.«

Im September 1794 meldete die Londoner *Times:* »Private Briefe aus Paris erwähnen die Heirat von Mr. Stone, einer hierzulande wohlbekannten Person, und Mrs. Helen Williams, der Dichterin. Mr. Stone war zuvor von seiner Frau geschieden worden.« »Ist es wahr, was in allen Zeitungen steht, daß Helen Williams mit diesem Stone verheiratet ist?« fragte Mrs. Pennington (ehemals Weston) entsetzt. *The Rival Wits say that Helena Williams is turned to Stone, and tho' She was once Second to nobo-*

dy, She is now Second to his Wife, who it seems was not guillotined as once was reported; but remains a living Spectatress of the Political and Impolite Revolutions*, antwortete Mrs. Piozzi.

Ist es wahr? Einer Überlieferung nach soll sie der Abbé Grégoire getraut haben, aber Belege dafür haben sich nicht gefunden.

Im April 1795 schrieb Mrs. Piozzi in ihr Tagebuch: »Helen Williams' Freunde schämen sich alle für sie. Als Stones richtige Frau ihrem Mann nach Basel in der Schweiz folgte, wohin er mit seiner neuen Gefährtin, der schönen Helena, geflohen war, unter Zurücklassung der ersteren armen Seele, hoffend, daß sie von den Terroristen guillotiniert werden würde, plagte ihn sein Gewissen, und er hätte sich ihr gegenüber zumindest höflich betragen, aber die zweite Lady stürmte und schrie und brachte ihn dazu, Mrs. Stone von seiner Tür fortzujagen, wo sie um Brot gefleht hatte. *O Tempora! O Mores! –*«

Andenken

»Die Tage meiner Gefangenschaft werden mir oft durch Umstände in Erinnerung gerufen, die weit entfernt von Kummer und Sorgen erscheinen, und Sie werden vielleicht denken, daß meine Phantasie ziemlich unordentlich arbeitet, wenn ich Ihnen erzähle, daß der See, von dessen üppig bewachsenen Ufern ich Ihnen diesen Brief schicke, mich an unser Zimmer im Gefängnis erinnert. Die Wände dieses Zimmers waren mit Tapisserien bedeckt, die eine Landschaft von romantischer Schönheit darstellten. Auf diese Landschaft blickte ich oft und so lange, bis ich fast davon überzeugt war, daß sie wirklich war und ich mich mitten darin befand, so sehr entzückte mich diese angenehme Illusion.«

* Die Spötter sagen, daß Helena Williams sich in S t o n e verwandelt hat, und obwohl Sie einst nirgendwo die zweite war, ist Sie nun seine zweite Frau, die offenbar nicht guillotiniert worden ist, wie früher berichtet wurde, sondern eine lebendige Zuschauerin politischer und unschicklicher Revolutionen bleibt.

Nach der Hinrichtung Robespierres am 10. *Thermidor* (28. Juli) und dem Ende der Jakobinerherrschaft blieben Helen und Stone noch einige Monate in der Schweiz, bevor sie nach Paris zurückkehrten. Sie reisten im Land herum, genossen die schöne Natur der Berge und Seen, machten viele Bekanntschaften und besuchten den greisen Lavater, mit dem sie sich über religiöse Themen und Stones Freund Dr. Priestley unterhielten.

1795 erschienen Helens *Letters Containing a Sketch of the Politics of France, from the Thirty-First of May 1793, till the Twenty-Eigth of July 1794, and of the Scenes which Have Passed in the Prisons of Paris.* Durch gemeinsame Bekannte war ein Manuskript an Ludwig Ferdinand Huber gekommen, der zu dieser Zeit mit seiner Frau Therese (verwitwete Forster) in der Schweiz lebte. Die deutsche Übersetzung stammt möglicherweise von ihr.*

Es ist ein Buch des Andenkens.

»Es wird Sie vielleicht interessieren, von mir eine Skizze der Szenen zu empfangen, die sich seit dem 2. Juni [1793] abgespielt haben, eine Epoche, die einen blutrünstigen Despoten auf die Ruinen eines Throns setzte, bis zum denkwürdigen 28. Juli [1794], an dem die Freiheit wiederauflebte«, schreibt Helen im ersten Brief. »Nachdem ich so lange gelitten habe, ohne zu wagen, eine Klage laut werden zu lassen, wird es mein bedrücktes Herz erleichtern, Ihnen von unserer damaligen Lage zu berichten. Ach mein lieber Freund, die Erinnerung erfüllt mein Herz mit angstvoller Verzweiflung. Die Menschen, deren Gesellschaft ich so sehr genossen habe, deren kultivierter Geist und erhellendes Gespräch der einzige Trost für das waren, was ich durch das Verlassen meines Landes und meiner Freunde verloren hatte – zu erleben, daß sie für immer von mir gerissen wurden, den genauen Zeitpunkt zu wissen, an dem sie zur Hinrichtung geschleppt wurden –«

---

* *Briefe enthaltend einen Abriß der Französischen Staatsangelegenheiten von dem 31ten May 1793 bis zum 10ten Thermidor, und der in den Pariser Gefängnissen vorgefallenen Auftritte ...* Nach einem englischen Manuscript übersetzt von L. F. Huber. [Leipzig] 1795-1796

Aber sie erinnerte nicht nur an ihre Freunde, Bekannten, Gesinnungsgenossen, sie richtete auch Gedenktafeln für andere Opfer des Terrorregimes auf. Für die Königin Marie Antoinette, für Madame Elisabeth, die Schwester des Königs, für Madame Dubarry, die so große Angst vor dem Sterben hatte. Für all die Frauen, die durch die Guillotine umkamen, für die Jungen und die Alten, für die Liebenden und die Dichter. Viele rührende, heroische, herzzerreißende Geschichten.

Auch für die Opfer, die Täter gewesen waren, fand sie versöhnliche Worte. Für Camille Desmoulins zum Beispiel, der zu spät umgekehrt war. Im Anhang ihres Buches hat sie das grandiose vierte Stück seiner Zeitschrift *Le Vieux Cordelier* abgedruckt, das die Paranoia der Pariser Despoten in römischer Verkleidung anprangert.

»An allem nahm der Tyrann Anstoß. War ein Bürger populär? Er war der Rivale des Fürsten und konnte einen Bürgerkrieg anfachen ... Verdächtig.

Scheute ein Mann die Popularität und zog sich an sein Kaminfeuer zurück? Dieses eingezogene Leben wurde bemerkt und bot Anlaß zur Sorge ... Verdächtig.«

Und so geht es weiter, lauter Paukenschläge.

Warst Du reich? Warst Du arm? Bist Du ein nachdenklicher, melancholischer Mensch? Oder ein Bürger, der Vergnügen und Luxus liebt? Bist Du tugendhaft? Ein Philosoph? Ein Redner? Ein Dichter? Verdächtig, verdächtig, verdächtig.

Auch dem holländisch-preußischen Konventsabgeordneten Anarcharsis Cloots (ehemals Johann Baptist Hermann Maria Baron de Cloots), der sich selbst zum »Redner des Menschengeschlechts« ernannt hatte, widmete sie einen Nachruf. Sie hat in diesem Schwärmer wohl einen Verwandten erkannt. »Er war auch ein Blutprediger, aber was ihn am meisten von anderen unterschied, als Grausamkeit an der Tagesordnung war, waren die Chimären seiner Einbildungskraft. Seine zahlreichen Veröffentlichungen waren immer aus *Paris, chef lieu du globe* [Paris, Hauptstadt der Erdkugel] datiert, und er schlug allen Ernstes vor, daß, sobald alle Potentaten der Erde gestürzt sein würden, ein Ereignis, das er vom Beginn der Revolution an aus der Vogelperspektive wahrnahm, jede Nation Repräsentanten nach Paris schicken sollte, wo sie mit Sitzen in der Nationalversammlung geehrt werden und dort eine Universalrepublik bilden sollten.

Bald nach dem denkwürdigen 10. August [1792] marschierte Anarcharsis vor die gesetzgebende Versammlung als Anführer einer Anzahl von Männern, die er gemietet hatte. Sie sollten Bewohner von jedem Winkel des Erdballs repräsentieren und waren in die Nationaltrachten der jeweiligen Völker gekleidet. Diese Abordnung der menschlichen Rassen erklärte durch ihren Sprecher Anarcharsis Cloots ihre Bewunderung für die französische Revolution, deren Zielen sie sich verpflichtet fühlte.

Der Schluß dieses Dramas allerdings war weniger glänzend als die Eröffnungsszene; denn am nächsten Morgen wurde die Tür von Anarcharsis belagert von Italienern, Deutschen, Schweden, Polen, Juden, Türken und Russen, die lautstark ihren Lohn forderten. Aber keiner war lauter als ein kalmückischer Tatar und ein Indianer von den Ufern des Ohio, die ihrem Redner die Rache des ganzen Faubourg St. Antoine androhten, wenn er sich weigern sollte, sie für einen Tag ohne Lohn zu entschädigen und die Leihgebühr für ihre Kleider zu bezahlen. Mit vieler Mühe kam Anarcharsis zu einem Kompromiß mit den Abgeordneten der menschlichen Rasse, die nicht sonderlich zufrieden mit ihrem Vorkämpfer davongingen.«

II ÉGALITÉ:
GEORG FORSTER

I believe there is no one principle which predominates in human nature so much in every stage of life, from the cradle to the grave, in males and females, old and young, black and white, rich and poor, high and low, as passion for superiority.

John Adams

12 Georg Forster. Ölgemälde von
Johann Heinrich Tischbein d. Ä., 1784.

Vater & Sohn

Ein Jahr nachdem Georg Forster in Paris als bekennender Jakobiner gestorben war, veröffentlichte sein Vater Johann Reinhold
Forster in einem philosophischen Journal *Nachrichten* zur Biographie seines berühmten Sohns, den er gewissermaßen als sein
Werk betrachtete. Bevor er sie mit der Geburt des »schwäch-
lichen und sehr mageren Kindes« beginnen läßt, schickt er als
Fundament eine kurzgefaßte Familiengeschichte voraus. Ihre iro-
nische Pointe – ausgerechnet ein königstreuer Gegner der Crom-
wellschen Revolution aus schottischem Adel als Stammvater der
preußischen Forster-Dynastie – ist ihm vermutlich nicht bewußt gewesen.

»Unsre Vorfahren waren zu den unruhigen Zeiten, da Cromwell suchte sich die Oberherrschaft von Großbrittannien durch
List, Ränke und durch sein siegreiches Heer zu erwerben, Besitzer eines Landgutes in Yorkshire in England, und stammen
von der alten Familie der Lords Forester in Schottland ab, mit
denen wir auch unser Familien-Wappen (drei schwarze Hiftshör-
ner im silbernen Felde) gemein haben. Der Rang als *Esquire* oder
Gentilhomme Ecuyer war der Familie eigen. Sie hing, in der allgemeinen Gärung aller Stände, ihrem Könige Carl I. an. Sie mußte,
da er fiel, auch fliehen, um ihr Leben zu retten, und verlor ihre
Besitzungen. Mein Ureltervater Georg Forster ging mit dem Über-
reste seines Vermögens nach Danzig zu Schiff, und er verlor alles, bis auf drei goldene Jacobus, die er im Hosengurte vernäht
hatte. – Alle Städte des damals Polnischen Preußens waren überall mit Ankömmlingen aus Schottland und England angefüllt,
z. B. den Fraser's, den Douglas'sen, den Colden's, den Bentown's,
den Payne's, den Jelespy's, den Wright's. Aus dieser letzern Familie wählte sich der schiffbrüchige Georg Forster seine Gattin.«

Nachdem die Herkunft der Forsters aus vornehmer Familie festgestellt ist, skizziert Johann Reinhold die Lebensläufe weiterer Vorfahren, die es in der neuen Heimat als Kaufleute und Gelehrte, Bürgermeister und Schöffen zu hohem Ansehen gebracht und den verlorenen Adel durch Leistung gewissermaßen bestätigt und wiedergewonnen hatten. So jedenfalls sah er es. »So rühmlich es ist, wenn ein Mann von niedriger Herkunft durch seine Talente, Kenntnisse und edlen moralischen Charakter sich einen Namen erwirbt, wenn er sich unter die Edlen seiner Zeitgenossen aufschwinget: ebenso beruhigend ist es für den, der von rechtschaffenen und über die niedrigsten Volksklassen etwas erhabenen Vorältern abstammt, wenn seine Tugenden, edlen Taten und ausgezeichneten Talente der ganzen Menge seiner Zeitgenossen und der Nachwelt beweisen, daß er den angeerbten Vorzügen keine Schande mache. Denn ohne diese eigentliche Ahnenprobe ist der bloß angeborne und nicht durch eigene Verdienste bestätigte Adel ein sehr zweideutiger Vorzug.«

Ein höchst zwiespältiges Ichideal, aristokratisch, demokratisch, elitär, egalitär – und imaginär. Was für eine Hypothek für den Sohn, der immer sein Bestes geben mußte, um zu beweisen, daß er etwas Besseres war, eigentlich.

* * *

»George Forster ward 1754 am 27sten November, zu Vassenhof [Nassenhuben] einem Dorfe eine kleine Meile südostwärts von Danzig geboren. Ich war damals seit etwa 14 Monaten Prediger bei der dortigen reformierten Gemeinde. Seine Mutter Justine Elisabeth Nicolai war meines Vaters Schwester Tochter, die ich den 26. Februar 1754 geheiratet hatte.«

Johann Reinhold Forster wird von seiner Schwiegertochter Therese als gutaussehender, stattlicher Mann mit lebhaften Augen, sonorer Stimme und leichter, lebhafter Rede geschildert, der Frauen gegenüber sehr verbindlich gewesen sei. Was an ihm sonst liebenswürdig und gewinnend war, liegt verschüttet unter dem Hagel negativer Eigenschaften, die die Mitwelt an ihm entdeckte. Tyrannisch, jähzornig, starrsinnig und streitsüchtig, hochfahrend, rechthaberisch, taktlos, egozentrisch, verschwenderisch … Selbst Sohn eines eigensüchtigen, despotischen Vaters, hätte er nach der Familientradition Rechtswissenschaft studieren sollen, was er haßte. Sein Wunschfach Medizin durfte er nicht studieren. So verlegte er sich schließlich auf die Theologie, was weder gut für ihn noch seine Gemeinde, noch seine Familie war. Mit seiner Frau und Cousine Justina, einer ständig wachsenden Kinderschar – sieben Kinder in elf Jahren – und seinem brennenden Ehrgeiz sah er sich in die Enge eines Provinznests in Hinterpommern (Polnisch-Preußen) verbannt und träumte von Flucht. Naturforscher aus Passion, führte er eine gelehrte Korrespondenz und kaufte dauernd teure wissenschaftliche Bücher, die er sich nicht leisten konnte. Wiederholt mußte er die Gemeinde um eine Kollekte für seine Familie bitten.

Georg, sein Ältester, dessen »Munterkeit, Fähigkeiten und Neugierde« schon im zartesten Alter auffielen, wuchs sozusagen im Arbeitszimmer des Vaters auf, der sich in ihm einen Gehilfen, einen Komplizen seines Ehrgeizes erzog. »Da der Knabe mich oft lesen und die Bücher brauchen sahe, so erweckte dies bei ihm früh die Lust, auch lesen zu lernen. Er ging an die Bücher der Bibliothek und frug, wie jeder Buchstabe des goldgedruckten Titels hieße, und wie die Silben ausgesprochen würden. Hierdurch lernte er diese Titel spielend lesen und da beides lateinische und deutsche Titel auf den Büchern standen, so lernte er bald in beiden Sprachen lesen. Die in Nürnberg herausgekommenen Bilder zu einer Sammlung von biblischen Geschichten, welche ihm seine Mutter oft erklärte, waren im Winter die erste Nahrung für seine rege Wißbegierde. Allein als er mit dem ersten Frühlinge im Garten Insekten und neue Blumen hervor kommen sahe, so wollte er durchaus von mir jedes Insekt, jede Blume und jeden Vogels Namen wissen. Ob ich gleich mit einem Freunde meiner Jugend etwas Naturgeschichte gelernt hatte, so war solches doch teils nicht hinlänglich um wieder Unterricht zu geben, teils aber auch vergessen worden. Ich wollte durchaus die Wißbegierde meines Lieblings befriedigen, ich ging demnach bald darauf zu Fuß nach Danzig, kaufte mir die hallische Ausgabe von Linné's *Systema naturae*, nebst Ludwig's *Definitiones Generum plantarum* und die *Philosophia botanica* des großen Linné und nun fing ich an, die Naturgeschichte mit großem Fleiße von neuem zu erlernen, und mir mit Hülfe dieser und anderer Bücher, welche meine Freunde mir zukommen ließen, die Pflanzen, Tiere, Insekten, Vögel, Fische und Gewürme meiner Nachbarschaft mir bekannt zu machen: und die Namen nebst den Eigenschaften, Ökonomie und Kennzeichen der Pflanzen und Tiere meinem Sohne vorzusagen. Bald darauf lehrte ich meinen Sohn schreiben, rechnen und einige lateinische und französische Wörter.«

Und so immer weiter. Das hört sich so an, als wäre es für Georg eine Lust gewesen, von und mit seinem Vater zu lernen, und wahrscheinlich war das auch anfangs so. Aber schon bald war diese Lust von Angst überlagert, es gab eben sehr viel mehr Peitsche als Zuckerbrot. »Ich habe in jüngern Jahren sehr unter dem Druck gelebt; das hat meine Lebhaftigkeit und mein Zutrauen zu meinen eigenen Kräften sehr geschwächt. Ich mußte mein heftiges Temperament fast ganz unterdrücken um mich gegen das zerstörende Aszendant eines Cholerikus, dem mich meine Verhältnisse unterordneten, einigermaßen zu behaupten. Ich fand daher bald, daß ich nur in dem Grade auf Ruhe rechnen konnte, als ich auf Anmaßung Verzicht tat«.

Johann Reinhold war ungeduldig und jähzornig. Georg wurde oft auch schon bei kleinen Fehlern und Vergehen grausam geprügelt, zitterte vor dem geliebten, gehaßten Tyrannen, lebte mit der Angst. »Niemals sicher, was er in seinem Vater finden würde. Würde er heute liebevoll und freundlich und warm sein? Oder würde er die Haut seines Sohnes abziehen? Mit einem Blick, einem Wort. Den Jungen nackt und beschämt zurücklassend. Wissend, daß er schwach und bedürftig, dumm und selbstsüchtig war. So daß der Junge eine äußere Schale wachsen ließ, um die Gewalt aushalten zu können. Aber wenn diese Häute auch zarte junge Seelen retteten, hörten sie bald auf zu schützen und wurden zum Problem. Denn während die harte Schale den Schmerz in Schach hielt, so ließ sie auch kein Licht ein.«

Georg war zehn Jahre alt, die Mutter wieder schwanger, als Johann Reinhold ihn 1765 auf eine mehr als einjährige Erkundungsreise nach Rußland mitnahm. Im Auftrag der dortigen Regierung sollte er zu den deutschen Siedlern an die untere Wolga reisen, um dann mit einem Bericht Gerüchten über deren üble Lage entgegenwirken zu können, wollte aber auch eigene naturkundliche Forschungen treiben. Sein Memorandum fiel kritischer aus, als es den Auftraggebern lieb war. In der Hoffnung auf eine feste Anstellung in Rußland, die man ihm in Aussicht gestellt hatte, überzog er seinen Urlaub. Zu Hause brachte Justina die Familie mit dem Verkauf seiner Bücher notdürftig durch. Graf Orlow, der Günstling der Zarin Katharina, wich einem Treffen aus. Im Mai 1766 erfuhr Johann Reinhold, daß man seine Pfarrstelle inzwischen neu besetzt hatte, die Russen hielten ihn weiter hin. Schließlich kündigte er seine Abreise in der Petersburger Zeitung an.

»Der Graf schickte darauf einen Sekretär an ihn mit der Frage: was er für seine Dienste verlange? Johann Reinhold gab zur Antwort: er glaube zweitausend Rubel verdient zu haben, setzte aber hinzu: wenn ihm der Graf eine Kopeke über 1000 Rubel gebe, wolle er auch zufrieden sein, aber die abgeschlossene Summe von tausend Rubel allein nähme er nicht an. – Darauf ließ man ihn gehen, ohne ihm die geringste Belohnung zu geben.«

Was nun? Johann Reinhold Forster beschloß, sein Glück in England, der Heimat seiner Vorfahren, zu suchen, und wieder nahm er Georg mit. Doch die Suche nach einer Versorgung gestaltete sich ausgesprochen mühsam. Erst 1768 fand er eine Stelle als Lehrer für Naturgeschichte an der *Dissenting Academy* in Warrington, als Nachfolger von Joseph Priestley. Endlich konnte die in Nassenhuben festsitzende Familie nachkommen. Johann Reinhold haßte das Unterrichten, kam mit den Schülern nicht zurecht, was er durch exzessive Härte auszugleichen suchte, und

13 Johann Reinhold Forster und Georg Forster.
Ölgemälde von John Francis Rigaud.

zerstritt sich mit den Kollegen. Schon ein Jahr später war er wieder arbeitslos. Mit wissenschaftlichen und literarischen Veröffentlichungen kämpfte er ums Überleben und gegen Schulden, wobei ihm Georg eine unentbehrliche Stütze war. Er gab Privatstunden, unterrichtete seine Geschwister und übersetzte am laufenden Band, meist Reisebeschreibungen, die der Vater dann frei bearbeitete, mit Widmungen, Vorworten und Anmerkungen versah und unter seinem Namen veröffentlichte.

So hielten sie es auch mit Georgs Übersetzung der *Voyage autour du monde* des französischen Reisenden Louis Antoine de Bougainville, die durch die Schilderung der neuentdeckten Insel Tahiti »mit ihrer paradiesischen Promiskuität« Sensation gemacht hatte. Bougainville war kurz vor der englischen Konkurrenz – James Cook – dort gewesen, der im Juli 1771 von seiner ersten großen Reise nach London zurückkehrte und unverzüglich begann, eine zweite Expedition mit den beiden Schiffen *Resolution* und *Adventure* vorzubereiten. Als Naturforscher wollte er wieder den »unermüdeten« Joseph Banks mitnehmen.

Doch Banks' extravagante Wünsche zum Umbau des Flagg-schiffes *Resolution* führten zum Streit mit der Admiralität und seinem Rücktritt von der Reise. Ende Mai 1772 ließ Lord Sand-wich von der britischen Admiralität bei Johann Reinhold For-ster als dem Übersetzer Bougainvilles anfragen, ob er bereit sei, kurzfristig für Banks einzuspringen. Das war damals ungefähr so, wie heute das Angebot zur Teilnahme an einer Weltraum-expedition. Ungläubiges Staunen, Begeisterung, fieberhafte Ge-schäftigkeit. Zur Vorbereitung und den nötigen Besorgungen – darunter ein kleiner Schreibschrank aus Mahagony – blieb ja nur äußerst wenig Zeit. Auf Johann Reinholds Bedingungen – die Familie sollte während seiner Abwesenheit finanziell unter-halten werden und Georg ihn als Zeichner begleiten dürfen – war man eingegangen. Am 23. Juli liefen die Schiffe in Plymouth aus. Die beiden Forsters werden an Deck gestanden und zurück-geblickt haben, Seite an Seite, der große, stattliche Vater und der schmächtige Sohn.

* * *

Ziemlich genau drei Jahre später waren die Forsters wieder in London und wurden gefeiert, wenn auch natürlich weit weni-ger als der *local hero* Captain Cook. Was hatten sie nicht alles er-lebt und erbeutet! Kisten voller exotischer Pflanzen und Tiere, Gebrauchsgegenstände der Eingeborenen, Georgs Zeichnungen und Aquarelle – insgesamt 572 Blätter –, detaillierte Beschrei-bungen, Aufzeichnungen über schlechthin alles, was ihnen un-terwegs begegnet war, Fauna und Flora, Physiognomien, Sitten und Gebräuche von Völkern, die vor ihnen keiner besucht hatte, Geschichten, Erinnerungen, Eindrücke, Bilder über Bilder, para-diesisch schöne, schreckliche, erschütternde, lockende, quälen-de. Als Zeichner war Georg gewissermaßen das Auge der Expe-dition gewesen, was bedeutet, daß sich ihm alles besonders fest eingeprägt hat.

Das Erotik- und Porno-Kino, das durch die Reise in seinen Kopf gepflanzt worden war! Der nach den herrschenden christlichen Moralvorstellungen erzogene Siebzehnjährige, der überzeugt davon war, daß Sexualität nur in der Ehe erlaubt sei (ein Gesetz, das in ganzer Strenge freilich nur für Frauen galt) und Selbstbefriedigung für eine schwere Sünde hielt (gegen die er so heftig wie vergeblich ankämpfte), fand sich von heute auf morgen in eine reine Männergesellschaft versetzt. Matrosen, rauhe Burschen, die keine anderen Begierden hatten als »viehische« und über nichts lieber redeten. Drei Jahre lang hörte er Tag für Tag ihre Zoten, und der eigene Vater tat dabei gerne mit, was ihm äußerst unangenehm gewesen sein soll. Georg war dabei, wenn sie nach Wochen und Monaten auf See bewohntes Land erreichten und sich besoffen auf »liederliche« Eingeborenenfrauen stürzten, »mit welchen die ganze Nacht hindurch alle mögliche Ausschweifungen getrieben wurden«. Er sah, wie Eingeborenenmänner für irgendein Geschenk, einen Nagel oder ein Stück Stoff, ihre Frauen auch gegen deren Willen dazu zwangen, »sich den Begierden von Kerlen preis zu geben, die ohne Empfindung ihre Tränen sehen und ihr Wehklagen hören konnten«. Er war fasziniert und irritiert von den freizügigen Sitten der Insulaner. Unverheiratete junge Mädchen durften unsanktioniert Geschlechtsverkehr mit wechselnden Partnern haben! Er beobachtete, wie die Frauen tanzten, »verschiedene Stellungen und allerhand mannigfaltige Bewegungen machten, ihren Mund wollüstig verzerrten«, wie sie zusammen mit ihren Männern »unanständige« Paarungstänze zeigten. Mit Kennerblick betrachtete und bewertete er ihren Wuchs, Körperbau – »den Oberteil des Körpers fanden wir wohlgebildet; die Beine hingegen außerordentlich dünn, übel gestaltet und krumm« –, Gesichtsbildung, Frisur und Kleidung – »ihr langes unverschnittenes Haar war mit einem schmalen Streif weißen Zeuges nachlässig durchflochten und fiel in natürliche Locken, schöner als die Fantasie eines Malers je geformt hat«. Besonders großen Eindruck machte ihm ein junges Mädchen, das fortwährend plauderte und damit auch nicht aufhörte, als es zu tanzen begann. Die Seeleute provozierte das »zu groben Bemerkungen über das weibliche

Geschlecht, wir aber fanden durch dieses Betragen die Bemerkung bestätigt, daß die Natur dem Manne nicht nur eine Gespielin gegeben, seine Sorgen und Mühseligkeiten zu erleichtern, sondern daß sie dieser auch, durchgehends, die Begierde eingepflanzt habe, vermittelst eines höhern Grads von Lebhaftigkeit und Gesprächigkeit zu gefallen«.

Johann Reinhold Forster hatte darauf gesetzt, daß der wissenschaftliche und literarische Ertrag der Weltreise ihm Ruhm und Reichtum bringen würde, aber was den Reichtum angeht, sah er sich enttäuscht. Schon unterwegs war er öfter mit Captain Cook aneinandergeraten, und nach der Rückkehr eskalierte der Konflikt, weil beide den offiziellen Reisebericht verfassen wollten. Dabei zog Johann Reinhold den kürzeren. Er entschloß sich zu einer eigenen, unabhängigen *narrative*, doch weil ihm die vertraglich untersagt war, mußte der Sohn einspringen. Für den war das ein Glück, denn durch den internationalen Erfolg der *Voyage Round the World* (1777) konnte er endlich aus dem Schatten seines Vaters treten, der sich bisher seine Arbeiten bedenkenlos angeeignet hatte. Ebendeswegen hielten viele Johann Reinhold für den wahren Verfasser auch dieses Buches. Zu Unrecht. Zwar basiert es auf dessen Tagebüchern und hat der Vater dem Sohn beim Schreiben über die Schulter geschaut und ihm manchmal die Hand geführt. Ein so frisches, flüssig und anschaulich, manchmal glanzvoll geschriebenes Buch aber hat und hätte er niemals zustande gebracht. Schon gar nicht in Englisch, das er mit starkem, zum Spott reizenden deutschen Akzent nicht nur sprach – *I vil tel de Kinck of you*, droht er auf einer Karikatur –, sondern sozusagen auch schrieb.

Aus der immer bedrohlicher werdenden finanziellen Notlage konnte Georgs Buch die Familie nicht retten, auch nicht seine schönen Zeichnungen und Aquarelle, die der Vater an einen Sammler verkaufte. Das beträchtliche Honorar, das er für die Teilnahme an der Reise bezogen hatte, war ihm unter den Händen zerronnen, was an seinem – ihrem – aufwendigen Lebensstil lag. Es heißt, Vater und Sohn hätten sich wie Adlige gekleidet.

Als Georg, ohne Zweifel angestachelt durch den Vater, einen offenen Brief an den Lord der englischen Admiralität – *A letter to the Right Honourable the Earl of Sandwich* – schrieb, den er beschuldigte, Johann Reinhold »unter dem Einfluß seiner Mätresse« um die ihm zustehende Entlohnung für seine Leistungen gebracht zu haben, hatten die Forsters in England keine Zukunft mehr.

* * *

»Sieh hier, lieber Leser die Miene des gereisten, des Nord und Süd, Ost und West verbindenden Deutsch-Briten. Auf Blocksberge von Salzwasser sieht er herab, wie ich und Du auf Champagner Schaum. Erkenne Neptunischen Trotz und Dreizack vom Augenwinkel bis zum Null der Unterlippe. Im ganzen Mund Südpol, Eis-Inseln, Feuerland, und doch wieder süßes Oteihitisches, aromatisch laues Elysium und Wollust und hinsterbendes Obronisches Entzücken im Unterkinn. Nährende Brotfrucht überall.«

Georg Christoph Lichtenberg

Im Herbst 1778 reiste Georg Forster nach Deutschland, um literarische Projekte auf den Weg zu bringen und eine Stelle für den Vater zu suchen. Seine deutsche Übersetzung und Bearbeitung des Reisebuchs war inzwischen erschienen. Wo er auch hinkam, suchte man seine Bekanntschaft. Ein Triumphzug, von dem nachfolgende Generationen keinen Begriff mehr hatten, wie seine Witwe Jahrzehnte später schrieb. »Forster war der erste d e u t-s c h e Weltumsegler, den die deutsche gebildete Welt persönlich kennen lernte. So, aus der Unbedeutendheit seiner gedrückten Jugend heraustretend, ward er bei seiner Ankunft in seinem ursprünglichen Vaterland von der Neugier, dem Wohlwollen, dem Enthusiasmus des gebildeten Deutschlands empfangen. In den Residenzen beschieden ihn die Fürsten zu sich, der Adel lud ihn ein, der Mittelstand drängte sich zu ihm. Für die Gelehrten hatte sein Gespräch ein Interesse, für das wir jetzt keinen Maßstab mehr haben. Für Michaelis, Heyne, Herder und andre geist-

14 *Georg Forster. Schattenriß, um 1784.*

volle Forscher des Altertums und der Menschengeschichte er-
öffnete er die Wissensquelle der Urwelt in der Bekanntschaft
mit den noch von keiner Art Zivilisation gemodelten Südseevöl-
kern, sowie in der Kenntnis einer Natur, auf die noch keine Men-
schenkraft wirkte.«

Im Handumdrehen hatte Georg Forster eine Anstellung als
Professor am Collegium Carolinum in Kassel gefunden – ausdrücklich nur für sich, den Vater wollte man nicht haben. Im
November kam er zum erstenmal nach Göttingen, das deutsche
Gelehrten-Mekka, und in das Haus des angesehenen und einflußreichen Philologen und Altertumsforschers Christian Gottlob Heyne, dessen Tochter Therese damals 14 Jahre alt war und
vom »Hype« um den »Weltenwanderer« infiziert wurde. Sechs
Jahre später war sie mit ihm verlobt.

Am 5. Oktober 1784 schrieb Luise Mejer, eine in Celle lebende
Freundin Thereses, ihrem Verlobten Heinrich Christian Boie
eine Neuigkeit aus Göttingen, die von dort an Charlotte Kest-
ner – Goethes Lotte – nach Hannover gelangt war und von Lotte

zu ihr: »Noch eins: Therese heiratet – aber es bleibt ein Geheimnis, weil die Hochzeit erst in einem oder zwei Jahren ist. Sie heiratet Forster, der in Wilna in Polen Professor geworden ist. Er war Theresens erste Liebe, wurde vergessen. Da sie beide nicht an e i n e m Orte sind, geht alles gut, denn Therese schreibt sehr schön. Vielleicht hört auch die Koketterie auf, nun sie Einen Gegenstand ihrer Liebe gewählt hat.« »Die erste Liebe Theresens für Forster wußte ich«, schrieb Boie zurück. »Ich freue mich, daß er sie heiratet, freue mich aber auch, daß sie nicht meine Frau wird.«

Therese selbst bekannte ihrem Bräutigam, daß er sie schon vor fünf Jahren »außerordentlich interessiert« hätte und daß ihre engste Freundin und Rivalin Caroline Michaelis, auch eine Professorentochter, »sie damals ganz entsetzlich enkouragiert« hätte, ihn zu lieben. »Das hätte sie auch zwei Jahre lang mit Enthusiasmus getan, ohne bei ihm Gegenliebe gewahr zu werden.«

In einer späteren Version für ihre älteste Tochter strich sie die Schwärmerei für Forster, fast. Dafür arbeitete sie Carolines Rolle als eifersüchtige Konkurrentin und Kupplerin heraus. »Dein Vater Forster kam nach Deutschland, als ich vierzehn Jahre war, das Interesse, das seine Reise hervorrief, seine Eigenschaft als Fremder machten ihn zum Objekt der allgemeinen Neugier, er zeichnete mich während seines Aufenthalts in Göttingen aus, und seitdem bildete sich Caroline ein, daß er mich heiraten würde und versuchte alles, mir diese Eroberung zu entreißen, die tatsächlich nur imaginär war. Zugleich setzte sie mir in den Kopf, daß ich in ihn verliebt sei, was nicht lange funktionierte, ich fürchtete das Romanhafte und war bald von Anbetern umgeben, die brillanter waren als er, der nicht mehr in meiner Nähe war und mich nicht mehr auszeichnete und den ich im Alter von 14 bis 19 Jahren nur drei oder viermal sah. Trotzdem bestand Caroline hartnäckig darauf, uns für verlobt zu halten, schon seit Forsters erstem Aufenthalt hatte sie versucht, ihn an sich zu ziehen und war damit erfolgreich gewesen wie alle

Frauen bei ihm Erfolg hatten, weil das sein Schwachpunkt war, schließlich kam ihr in den Sinn, mir einen absurden anonymen Brief zukommen zu lassen, in der Absicht, mich und Forster auseinander zu bringen, aber da wir nicht zusammen waren, hatte sie damit keinen Erfolg. Da hast Du eine ihrer Unternehmungen, ich habe mich nie dafür revanchiert, das war niemals in meinem Charakter, ich habe nie weder Neid noch Mißgunst gekannt. Als Caroline 19 Jahre war und ich 20, heiratete sie den Doktor Böhmer, einen Mann ohne Vermögen. Ein Jahr später, mit 20, heiratete ich.«

In Mainz, 1789

»Was hat Ihnen denn zu der Revolution in Frankreich gedünkt?« fragt Georg Forster in einem Brief vom 30. Juli 1789 seinen Schwiegervater Christian Gottlob Heyne. »Daß England sie ruhig hat geschehen lassen, ist sehr viel Treuherzigkeit und sehr wenig Politik. Die Republik von vierundzwanzig Millionen Menschen wird England mehr zu schaffen machen als der Despot mit dieser Menge Untertanen. Schön ist es aber zu sehen, was die Philosophie in den Köpfen gereift und dann im Staate zustande gebracht hat, ohne daß man ein Beispiel hätte, daß je eine so gänzliche Veränderung so wenig Blut und Verwüstungen gekostet hätte. Also ist es doch der sicherste Weg, die Menschen über ihren wahren Vorteil und über ihre Rechte aufzuklären: dann gibt sich das Übrige wie von selbst.« Da war das Land schon in Aufruhr, brannten in den Provinzen Schlösser und waren Männer wie der Minister Foulon und Bertier de Sauvigny, der Intendant von Paris, schon der Lynchjustiz des Volkes zum Opfer gefallen.

In der Nacht vom 4. auf den 5. August geschieht dann das Unglaubliche: Der Feudalismus wird abgeschafft. Erblichen Adel soll es nicht mehr geben. Die Abgeordneten suchen einander in einem Delirium von Großmut und Opferbereitschaft zu überbieten und verzichten auf Privilegien und Gewohnheitsrechte. »Welch eine Sitzung war die vom 5. August, von der französischen Nationalversammlung! Ich glaube, sie ist noch in der Welt ohne Beispiel«, schreibt Forster dem Schwiegervater. Und dann, nach diesem Höhenflug, steigt Forster wieder herunter zur Prosa seines Berufsalltags als Bibliothekar an der Universität Mainz, der die Verlegung eines Teils der Bibliothek zu organisieren hatte. Er treibe jetzt »ein sehr mechanisch scheinendes Werk, gehe die Titel aller auf der Kartause befindlichen Bücher, die noch auf einzelnen Zetteln stehen, sorgfältig durch, kompariere sie mit drei andern Verzeichnissen, lege Profanskribenten, Theologen und Doubletten jedes apart und lasse danach die Bücher selbst repartieren«.

Forster ist im 35. Lebensjahr. Seit reichlich einem Jahr ist er nun in Mainz, dem Haupt- und Residenzstädtchen des gleichnamigen Erzstifts, dem ranghöchsten geistlichen Fürstentum in deutschen Landen. Der Erzbischof, seit dem 13. Jahrhundert einer der (zunächst) sieben Kurfürsten, war als *Primas Germaniae* Stellvertreter des Papstes in Deutschland. 1789 heißt er Friedrich Karl Joseph Freiherr von Erthal. Ein jovialer, lebenslustiger alter Herr mit ziemlich laxer Moral, der auf großem Fuße lebt und sein Land »gelinder« regiert, als es dem stockkonservativen Domkapitel lieb ist.

Das hatte ihn 1774 als Nachfolger des liberalen Emmerich Joseph von Breidbach gewählt, in der Erwartung, daß mit ihm das Ende der Aufklärung in Mainz gekommen sei. In seinen ersten Regierungsjahren versuchte Erthal auch wirklich, die Uhren zurückzudrehen, dann aber setzte er, wenn auch halbherzig, die gemäßigte Reformpolitik Breidbachs fort. Besonders am Herzen lag ihm die Förderung der darniederliegenden Universität. Im Zuge dessen waren etliche evangelische Gelehrte aus dem nördlichen Deutschland nach Mainz berufen worden, unter ihnen auch Forsters bester Freund, der Mediziner Thomas Samuel Sömmering.

Als die Stelle des Universitätsbibliothekars vakant wurde, hatte

Erthal deshalb keine Probleme damit gehabt, sie mit einem bekennenden Aufklärer zu besetzen. Beim Vorstellungsgespräch, bei dem ihm Forster von den Religionsbegriffen der Otaheiter erzählte, fing er zu dessen Erstaunen sogar an, selbst etwas zu »freigeistern«. Forsters Ruhm als Weltreisender, der ihm auch schon zu seinen früheren Anstellungen verholfen hatte, war wieder seine beste Empfehlung gewesen. Zumal der kleine Sohn von Frau von Coudenhove, der einflußreichen Freundin Erthals, Cooks Reisen gelesen hatte und sich sehr darauf freute, von Forster »noch vieles von dem neuen Weltteil« zu erfahren.

Auch Forster findet nichts dabei, in den Dienst eines geistlichen Fürsten zu treten, dessen Existenz und Konfession er prinzipiell mißbilligt. *Ubi bene ibi patria!* Das Leben hatte ihn gelehrt, daß ein bürgerlicher Intellektueller sich seine Arbeitgeber nicht malen konnte. Hauptsache, die Stelle wurde gut bezahlt und ließ ihm Muße zu eigener Arbeit, und beides war in Mainz der Fall.

Die Gegend ist schön, das Klima angenehm. Forster lebt mit seiner Familie in einer großen Wohnung in einem »Professorenhaus« in der Neuen Universitätsstraße. Seine Frau Therese, die er abgöttisch liebt, ist interessant und einnehmend, ihr dreijähriges Töchterchen Röschen (Therese) macht ihnen Freude, ein zweites Kind ist unterwegs. Über Mangel an Gesellschaft müssen sie nicht klagen, jeden Abend gegen sieben Uhr kommen Freunde und Bekannte zum Tee. Zum engsten Zirkel gehören der Arzt Georg Wedekind, der wie Therese aus Göttingen stammt, Sömmering, der gleich nebenan wohnt, und Ludwig Ferdinand Huber, ein junger Diplomat mit schriftstellerischen Ambitionen, der sich eng an sie angeschlossen hat. Und sie haben viel Besuch von Durchreisenden, die die Bekanntschaft mit Forster suchen oder erneuern wollen. Von außen betrachtet scheint seine Lage beneidenswert. Tatsächlich ist er unzufrieden, wie fast immer und überall.

Die strapaziöse Weltreise hat seine Gesundheit ruiniert, er leidet an Rheuma, ist äußerst anfällig für Infekte und hat häufig Magenbeschwerden. Als Folge einer schweren Skorbuterkrankung sind seine Zähne in einem katastrophalen Zustand.

Er fühlt sich zuwenig gewürdigt. Mainz ist keine Gelehrtenstadt wie Göttingen. Geist gilt nicht viel oder ist sogar unerwünscht; der stockkonservative Klerus hat für Protestanten und Aufklärer nicht viel übrig, und das bekommt Forster auch zu spüren.

Seine Geldsorgen sind chronisch. Dem väterlichen Beispiel folgend, ist er schon früh auf den »traurigen Irrtum« geraten, »seinen Wohlstand auf die Größe seiner Einnahmen, nicht auf die Beschränkung seiner Ausgaben gründen zu wollen«, was ihn zu ständiger Produktivität zwingt und an den Schreibtisch schmiedet, ebenden, der ihn schon auf die Reise mit Captain Cook begleitet hatte. Im Juli 1789 war Forster so erschöpft gewesen, daß er mit der Familie zu einem Erholungsurlaub nach Eltville ins Rheingau gereist war, was auch wieder Geld kostete.

Er übersetzt viel aus dem Englischen, was ihm leicht von der Hand geht. Eigenständige literarische Arbeiten aber kosten ihn viel Zeit und Mühe und bringen wenig ein. »Meine Schreibart, die einigen denkenden Männern behagt, ist nicht populär«, klagt er. So schmeichelhaft es ist, von einem Lichtenberg gelobt zu werden, ein Bestsellererfolg wäre ihm lieber. Er ist eifersüchtig auf Kollegen – »diese Schmierer!« –, die mit flachen, gedankenarmen Büchern bekannt und wohlhabend werden. Er hat aber auch etwas gegen die akademischen Schriftsteller, die Professoren, die Stubengelehrten. Und viele von ihnen haben etwas gegen jemanden wie ihn, der eine Menge weiß, sich für fast alles interessiert, aber nichts gründlich studiert hat und den Gestus wissenschaftlicher Objektivität weder beherrscht noch beherrschen will.

Forster sitzt zwischen den Stühlen. Erziehung und Werdegang haben ihn für einen normalen bürgerlichen Beruf verdorben. Der Ruhm als Weltreisender hat zwar wenig für sein unterentwickeltes Selbstbewußtsein getan, dafür aber viel für seine Ansprüche. Egal was für eine Stelle er bekleidet, sie muß ihm zu gering, zu unbedeutend sein. Kann sich ein Mann, der mit Cook um die Welt gereist ist, mit der Fleißarbeit eines Bibliothekars im Duodezfürstentum Mainz befreunden?

Das Schlimmste von allem ist, daß er seine Frau nicht glücklich machen kann.

Dreieck mit Meyer

Thereses Schwärmerei für Forster scheint damals, als er nach Göttingen kam, vielen aufgefallen zu sein, nur Forster selbst will davon kaum etwas bemerkt haben. Er habe zuwenig Eigenliebe gehabt, um zu glauben, daß man einen Menschen wie ihn lieben könne. Wohl deshalb war er besonders empfänglich für die Form der Männerbündelei, die damals *en vogue* war. In den besseren Kreisen gehörte es zum guten Ton, Priester in Sarastros Tempel zu sein. Am bekanntesten sind bis heute die Freimaurer, aber es gab auch noch andere Zirkel. Mit seinem neuen Freund Sömmering trat Forster dem Bund der »Gold- und Rosenkreuzer« bei, die sich auf einen Ordensgründer aus dem frühen 17. Jahrhundert beriefen. Sie verhießen ihren Adepten die Erfüllung von Weltverbesserungsträumen, nährten Allmachtsphantasien und hatten auch für ihre Liebestriebe eine hohe Antwort. Forster verschrieb sich ihnen mit Haut und Haaren und hatte wohl auch deshalb keine Augen für die bewundernden Blicke der kleinen Therese Heyne. »Nichts ist berauschender für einen so eiteln Menschen, wie ich war, als das Glück, den großen Zusammenhang des Schöpfungsplanes zu übersehen, Gott nahe, in ihm gleichsam anschauend Alles zu lesen und konzentriert zu übersehen, was in anscheinender uns unbegreiflicher Unordnung da vor uns liegt, ein Vertrauter der Geisterwelt und selbst ein kleiner Halbgott, ganz Herr der Schöpfung, alle, auch die noch verborgenen Naturkräfte zu kennen, ihnen zu gebieten, und dies Alles durch das leichteste Mittel von der Welt, durch grenzenlose seraphische Liebe gegen das vollkommenste Wesen, innige Vereinigung im Geiste mit ihm, Selbstverleugnung im höchsten Grad, Verachtung alles dessen was die schnöde Welt hochachtet, Entsagung aller Eitelkeit, beständige asketische Gemeinschaft mit ihm, kontemplative sowohl als praktische experimentierende Erforschung der Natur etc.«

Während Forster daran arbeitete, sich mittels des vorgeschriebenen Stufenweges von niederen, tierischen Wesensteilen zu reinigen, um sich dann in einer »Chymischen Hochzeit« mit dem Göttlichen zu verbinden, war es Therese nicht schwer gewesen, Ersatz für ihn zu finden, es gab schließlich genug Studenten in Göttingen. »An Kaffeegesellschaften und Bällen, an Abendbroten und Spaziergängen, auf denen überall die Professorentöchter mit den Musensöhnen zusammentrafen, war kein Mangel.« Sie entdeckte und genoß ihre Wirkung auf Männer und erprobte ihre Macht. Eine schon fest geglaubte Beziehung zerschlug sich, wahrscheinlich weil sie den Geliebten »unbeschreiblich durch Eifersucht« gequält hatte. Als die Eltern sie vorsichtshalber für eine Weile in die Schweiz schickten, weil sie um ihren Ruf fürchteten, riß sie auch dort wieder »verschiedne junge Leute wie im Strudel mit sich fort«, wie sie ihrer Freundin bekannte. »Gute Luise! warum bin ich zu außerordentlichen Narrheiten verurteilt? – Ich war einst schuldlos – wo ist aber die Zeit? schon lange füllt Unruhe und Zweifel mein Herz – ich zittre vor meinem künftigen Schicksal, vor Tod und Leben, und trotze allen beiden. Ach Luise, was Sie hofften, was mein Vater hoffte – ich mache ihrer aller Hoffnung zunichte, und komme wieder so wie Sie mich abreisen sahn. Ohne Ruhe, ohne Tugenden, ohne Fähigkeit glücklich zu sein. Hoffen Sie nicht, daß ich je meine Freunde glücklich mache, ich bin geboren, um Euch zu kränken; liebt mich, beweint mich – ich hätte können ein außerordentliches Geschöpf werden, ich weiß es, aber seht, ich bin nichts. Sehn Sie mich doch an, Luise, finden Sie nicht in den beständigen Widersprüchen ein unbegreifliches Schicksal?«

* * *

Im biederen Göttingen muß Therese wie ein Wesen von einem anderen Stern gewirkt haben. Klein und knabenhaft schlank, sah sie mit ihren »Glutaugen« und dem dunklen lockigen Haar wie ein Zigeunerkind aus, was mit ihrem »feurigen« quecksilbrigen Temperament zusammenstimmte. Mit beängstigender Heftigkeit konnte sie sich in ihre Gefühle und »wilden Phantasien« hineinsteigern. Sie war überhaupt nicht so, wie man sich Mädchen wünschte (sanft, bescheiden, zurückhaltend, häuslich), und wollte es doch so gerne sein und war stolz darauf, daß sie anders war. Von frühester Jugend fühlte sie sich unter Anklage und ständigem Rechtfertigungsdruck, kein Wunder, daß sie es in der Kunst der entschuldigenden Selbstverteidigung zur Meisterschaft gebracht hat. In den vielen Geschichten, die sie von sich erzählt hat, sind Wahrheit und Fiktion so kunstvoll miteinander verwoben, daß man nie genau weiß, ob und was man ihr glauben soll.

Therese war die Älteste von vier Geschwistern (eine Schwester, zwei Brüder), mit denen sie um die Liebe und Aufmerksamkeit des Vaters konkurrierte – »die Kinder beten den Vater an, aber außer ihm gibt's auch keinen Sterblichen, der nicht Gegenstand ihrer Verachtung wäre«. Doch ihre Sehnsucht nach Nähe blieb unerfüllt. »Ich war stets sein Liebling, ich soll sein Ebenbild sein«, analysierte sie später. »Aber er wußte nie das Glück als Freund mit seinen Kindern zu leben, sich zu verschaffen, nachdem doch sein fühlendes Herz ein langes Menschen Leben durch strebte. Er ist mir zu ähnlich, und weil er seine Fehler in mir erkennt stößt er immer mit Härte gegen mich an.« Die Heftigkeit zum Beispiel hatte sie von ihm. Sie war dabei, als der Vater ihre schöne aufsässige Schwester Marianne im Zorn fast erwürgt hätte.

Professor Heyne, der durch eisernen Fleiß aus einfachen Verhältnissen zu einem einflußreichen, geachteten Mann aufgestiegen war, hatte traditionelle Vorstellungen, was die Geschlechterrollen angeht. »Eine Frau mit schlichtem Verstande muß für einen lebhaften Geist ein großes Glück sein; einen glänzenden Verstand, zumal an einer Frau, seh ich nie für ein Glück an, einer der glänzen will, ist mir ein Jammer.« Regelmäßigen Unterricht erhielt Therese nicht, aber sie bekam natürlich zu Hause viel mit. »Kluge Leute«, Studenten und Professoren, gingen bei Heynes ein und aus. Therese hörte zu, und sie las, jeden Tag viele Stunden, was gerade im Gespräch war, was sie interessierte, am liebsten tränenselige englische Romane, in denen den Frauen die Opferrolle der bedrängten, leidenden Unschuld zugeteilt war.

Und die Mutter? Therese hat von ihr später das haßerfüllte Bild einer lieblosen, faulen, schamlosen, an Leib und Seele schmutzigen Schlampe und Ehebrecherin gezeichnet, die ihre Kinder verwahrlosen ließ. Selbst wenn sie sie damit getroffen haben sollte, was ziemlich unwahrscheinlich ist, erklärt das nicht die Heftigkeit der Attacke, die ein Tabubruch, ein Muttermord *in effigie* ist. Das klassische Beispiel einer Projektion!

Der letzte Liebhaber der Mutter war laut Therese der aus Franken stammende Johann Nikolaus Forkel, der zum Jurastudium nach Göttingen kam und dann im musikalischen Fach Karriere machte. Die Nachwelt kennt ihn als Verfasser der ersten Bach-Monographie und Mitbegründer der universitären Musikwissenschaft. Therese schildert ihn als »häßlich, plump, unwissend in allem außer der Musik«. Wenn ihr Mann nicht zu Hause war, habe die Mutter als Zeichen für ihren Liebhaber ein weißes Band aus dem Fenster gehängt, das Verhältnis sei öffentlich geworden, es habe abscheuliche Auftritte gegeben, bei welchen dem jungen Menschen das Haus verboten worden sei. »Aber meines Vaters Weichheit und ihre Verzweiflung oder was sonst? und des Menschen Unverschämtheit brachte ihn wieder an seinen alten Fleck im Hause, und das sieben Jahre lang. Mein Vater muß unendlich gelitten haben, und am mehrsten durch die Demütigung, daß so ein Mensch ihn beschimpfe und daß seiner Frauen Alter sie noch mehr lächerlich machen mußte.«

Therese war zwölf Jahre alt, als die Mutter starb. In zweiter Ehe heiratete Heyne Georgine Brandes, eine attraktive und gescheite junge Frau, die Thereses ältere Schwester hätte sein können. Die fühlte sich von ihr und der wachsenden Zahl von Halbgeschwistern (»wie Sand am Meer«) an den Rand gedrängt und sah mit Eifersucht, daß die Stiefmutter auch bei den Studenten sehr beliebt war, die ins Heynesche Haus kamen. »Ihn selbst [Professor Heyne] konnte man nur auf Augenblicke genießen« (erzählt einer von ihnen, Peter Poel), »aber mehrere Mitglieder der Familie zogen solche mächtig an, welche Sinn für weibliche Liebenswürdigkeit und Bildung hatten. Wenige mir bekannt gewordene deutsche Frauen besaßen so viel Verstand und Kenntnisse als die Hofrätin Heyne. Minder gründlich und folgerecht entwickelte die älteste ihrer beiden Stieftöchter, Therese, in der Unterhaltung einen lebendigeren, mehr von der Phantasie und durch sinnliche Eindrücke aufgeregten, als von tief im Herzen wurzelnden Empfindungen beherrschten Geist; ihre Gedanken und Einfälle jagten einander mit einer solchen Schnelligkeit, daß die Worte sie kaum einholen konnten und der Atem ihr oft ausging; dann konnte man sich das Vergnügen machen, sie durch vorsätzliche Mißverständnisse zu den lustigsten Ausbrüchen der Ungeduld zu bringen. Sie wurde bald nach meiner Abreise des unglücklichen Georg Forsters Braut.«

* * *

Im Dezember 1783 hatte Forster, inzwischen von seiner Schwärmerei für die Rosenkreuzer geheilt, einen Ruf nach Polen an die Universität in Wilna (Vilnius) angenommen. Während seines Abschiedsbesuchs bei Heynes verlobte er sich mit Therese, oder vielmehr sie verlobte sich mit ihm. Ihren Antrag in Form einer Liebeserklärung hat er wohl eher mit gemischten Gefühlen angenommen. Zwar fand er eine Einheirat in die Familie Heyne sehr verlockend, nicht zuletzt deshalb, weil er in Christian Gottlob Heyne einen Freund und Ratgeber gefunden hatte, der so ganz anders war als sein eigener Vater. Aber er hatte eben auch erfahren, welch eine Last eine Familie sein konnte, eine Quelle von Unfrieden, Sorgen und Existenzängsten.

Obwohl er also die Nachteile des kettenden und drückenden Ehestandes fürchtete, wußte er, daß er heiraten mußte. »Einmal habe ich nach meinen Grundsätzen mir den Umgang mit Frauenzimmer außer der Ehe nie erlauben wollen und können, und doch fühle ich, daß zu meiner Ruhe, zur Besänftigung meiner Einbildungskraft und meines Bluts ein Weib ein notwendiges Übel ist. Ich kenne mein Temperament; hätte ich ein gutes Weib, ich suchte nichts mehr in der Welt.«

Seine Traumfrau? Jung, unschuldig, gesund und reich hatte er sie sich gewünscht. Schön brauche sie nicht sein, nicht geistreich, nicht überklug – »nur etwas Fähigkeit zu begreifen«. Aber was wir uns wünschen, ist oft nicht das, was wir wirklich wollen. Was Forster wollte, war eine unterhaltsame Frau wie die Insulanerin, die ihm auf seiner Weltreise so gut gefallen hatte. Eine Frau, die noch beim Tanzen weiterredete. Eine Frau wie Therese.

Was hat sie dazu gebracht, die Jungmädchenschwärmerei zu Forster neu zu beleben und ihn für sich gewinnen zu wollen? Daß Caroline Michaelis vor ihr heiratete, den Arzt Wilhelm Böhmer, »machte ihr keine Freude«, wie Luise Mejer trocken feststellte. Sie wollte unbedingt weg von zu Hause, weg von der allzu liebenswürdigen Stiefmutter, die dauernd schwanger war. Schon wieder ein Kind, für dessen Unterhalt der arme Vater sorgen mußte! »Ich hatte die sonderbare Idee heiraten zu müssen um Ihnen eine Last abzunehmen, und da ich in der unglücklichen Stimmung war, es gäb' kein Glück, so war mirs beinahe einerlei auf welche Art ich unglücklich war«, schrieb sie ihm einige Jahre später. Sie phantasierte sich in die Rolle der tapferen, heiteren Gefährtin hinein, die ihren Mann in die polnische Wildnis begleitete. Sie wollte einen berühmten Mann haben. Sie wollte ein großes Leben.

»Meine erste Heirat ward mit unerhörter Unvorsichtigkeit geschlossen. Ich liebte nicht, hatte mir nie zu lieben erlaubt, war 19 Jahre alt, war sehr bewundert worden, fühlte die Notwendigkeit, daß ein bewundertes Mädchen bald Frau werden mußte, war so rein sittlich, so jungfräulich an Seele und Gewissen wie wenig Mädchen sein mögen, kannte aber das elende Urteilen meines Geschlechtes, und wünschte unabhängig zu werden durch die Unterwerfung in den Willen eines Mannes. Von mehreren wählte ich Forster. So weit handelte meine Vernunft mit drolliger Kälte, aber der Mensch *n'est pas fait d'une piéce il est repandu de mille briques** – meine Phantasie half der Vernunft und ich s c h w ä r m t e kalt zu sein. – Also ich war Braut.«

Vater Heyne hielt es für klüger, die Hochzeit noch etwas aufzuschieben und Forster erst einmal allein nach Wilna reisen zu lassen. Therese, die sich nach seiner Abreise in einen Grafen Schulenburg verliebt hatte, wurde zu einer kranken Freundin nach Gotha geschickt, wo sie vorläufig bleiben sollte. »Es ist wahr«, kommentierte Luise Mejer, »Therese kann Forster in Göttingen nicht treu bleiben, denn ihr Herz oder Verstand ist von Schmetterlings-Art.«

Ihr Bräutigam wußte, daß er Therese jetzt lieben müsse, aber sein Herz konnte dem Entschluß nicht recht folgen. Er schrieb ihr ellenlange moralisierende und philosophierende Briefe, beichtete ihr seine Schwächen und Irrwege – die Rosenkreuzer! –, sah die »frohe Aussicht« vor sich, »von Ihrer Hand gepflegt, einst ruhig und guten Mutes zu entschlafen« und: »Ich glaube nicht, daß Sie sich je über den zu feurigen Liebhaber beklagen werden; aber den treuen, den gutmeinenden, den dankbaren, den zärtlichen, der nie glaubt, erwidern zu können, was Ihre Liebe ihm schenkt, den hoffe ich, werden Sie nicht an mir vermissen.«

Wie empfänglich er für andere, überhaupt für weibliche Reize war, läßt das Tagebuch seiner Reise nach Wilna erkennen. Man möchte ihm fast wünschen, es wäre nicht erhalten geblieben. Es zeigt den fast Dreißigjährigen als ziemlich larmoyanten Jüngling in sexuellen Nöten, der sich ständig mit Schuldgefühlen quält. »Vergehe mich bis zur *Onanie*. Das treibt mir alles Gute aus dem Kopf. Wie schwach, wie elend ist doch der Mensch! O wie bin ich so unglücklich!« »Um 4 ins Bad, wollüstig geplätschert, wobei es, trotz aller guten, vorherigen Entschließungen

* ist nicht aus einem Stück gemacht – er ist aus tausend Teilen zusammengesetzt.

doch wieder zur *purgatio* kam.« »Nach dem Bade zu Bett, wo ich Büffons *Introduction à la Minéralogie* lese, und mich sehr vergesse. *(Onanie.)* Spaziere im Garten, höchst unzufrieden mit mir selbst, bös über das Geschehene, und die Strafe ahnend, scheint mirs, daß ich heut von der dortigen Gesellschaft scheel angesehen und verachtet werde.« Und so immer wieder. Lassen sich die antipolnischen und antisemitischen Ausfälle in diesem Tagebuch als eine Form des Selbsthasses verstehen? »Überall wimmelts von Juden, und Polacken; Unreinigkeit und Schweinerei überall.« »Schweinezucht der Juden, ihre unmenschliche Unreinlichkeit!«

Daß er unterwegs immer wieder mit jungen Mädchen anbändelte und ihnen nicht nur schöne Augen machte, bereitete ihm kaum Gewissensbisse. In Walbeck am Harz (»wer hätte sanfte Seelen da gesucht!«) traf er eine mutwillig-unschuldige Wirtstochter – »hat den Werther gelesen, weiß ihn auswendig, heißt Lotte« –, die ihm gefährlich weit entgegenkam, andere als er hätten das ausgenutzt, lobte er sich. Was war das Besondere an ihm, fragte er sich, das Mädchen »von einem gewissen Schlage« anzog? Nicht nur diese, Forster kam mit seiner arglosen, bescheidenen, um Sympathie werbenden Art überhaupt bei Frauen gut an, trotz seines unscheinbaren Äußeren – klein gewachsen, mit weichen, wenig ausgeprägten Zügen, verfärbten Zähnen, von Pokkennarben gezeichnet. »Ach Therese! Du bist die Einzige, die ohne Schwärmerin zu sein, doch Forster lieben konnte. Und o wie sehr fürchte ich eben darum, deiner göttlichen Seele unwert zu sein.« In Wien wurde er hofiert und umschmeichelt. Beglückt flog er wie eine Honigbiene von einer Blume zur nächsten.

»Fräulein Mimi spielt auf dem Klavier und ist sehr kirre ... Mimi fast zärtlich. Mit Born zu den Fräulein von Raab. Die eine sieht nicht sehr schön aus, ist aber wegen ihres schönen Klavierspiels und Gesangs, wegen ihres Mineralienkabinetts, und wegen ihrer Kenntnisse überhaupt liebenswürdig. Die andre ist schön, hat wunderschöne Augen, in die ich mich gern vertiefte.« »Nach dem Essen sehr viel mit Mimi gesprochen; *Confidences mutuelles* [wechselseitige Bekenntnisse] Schwester- und Brüder-schaft – mit Peppi auch gesprochen, und das gute Kind geküßt. Herr von Hartenstein, dessen Frl. Tochter, ich tue gleich bekannt mit ihr. Frau von Haunold, Frau von Trattern, Gräfin von Thun und Gräfin von Wallenstein, deren Schwester. Um 2 nach Haus. Ziemlich zufrieden von diesem Tag. Wenn ich nur kein solcher Schmeichler wäre. Gute Nacht liebe Therese!«

»Zur Frl. von Raab. Ich werde ordentlich bös, daß Jeannette mit Gemmingen löffelt, und zanke und maule den ganzen Abend mit ihr bis um 11. Ach was ist der Mensch – und zumal der schwache Mensch, der allen gefallen will? Ich fürchte, daß ich keine glücklich machen kann, weil ich alle glücklich machen oder eigentlich alle gewinnen will.«

»Laura nenn' ich mein Stiefmütterchen, und umhalse sie zärt-lich und lange. Sie war sicher in einer Art von sehr hoher sinn-licher reizbarer Lage, denn sie ließ alles geschehn, Küsse auf die Brüste, Drücken pp. Jeanette nicht also, die traut sich selbst nicht so viel, lieber gibt sie aus eigner Bewegung einen Kuß, und damit gut, ihr voller Busen ist empfindlicher. Mensch! Mensch! mußt du erst izt diese Erfahrungen machen?«

Therese, der er von seinen Erfolgen schrieb, wenn auch na-türlich nicht in allen gewagten Details, war *not amused*. »Ich bin gehorsam wie seine Frau und laß mir's geduldig gefallen, daß er Seiten lang von der Gräfin Thun schreibt, und Monate lang in Wien bleibt – o, ich werde einst eine exemplarische Frau sein.« Als er sich schließlich doch widerwillig von Wien losge-rissen hatte, war er voller Selbstmitleid. »Nun ja! das ist die Strafe für die Reise um die Welt; – dafür muß man nach Wilna ins Exilium!« Von den polnischen Frauen bemerkte er: »Sie wol-len ziemlich handgreiflich caressiert sein.« Die kleine schmale Therese Heyne schien ihm nach alledem nicht mehr besonders begehrenswert.

* * *

Und Therese? Kaum war sie Anfang April 1785 von Gotha nach Göttingen zurückgekehrt, war sie wieder verliebt, »zum erstenmal allumfassend, unbeschreiblich und glücklich«, wie sie versichert. »Mittlerer Statur, rosenrötlichen Angesichts, heller Flachshaare, lächelnder Gebärde, histrionischer [theatralischer] Inklination, der Rechte Beflissener, der Poesie Dilettant, etwas windigen Wesens, einen Strohbaß redend, ein ganz guter junger unbedeutender Mensch«, beschrieb Gottfried August Bürger den Theaterdichter, Übersetzer und Juristen Friedrich Ludwig Wilhelm Meyer, dem Heyne eine Stelle als Universitätsbibliothekar verschafft hatte. »Den Zeitgenossen imponierte er mehr durch sein Wesen, als durch seine Werke«, urteilt Thereses Biograph Ludwig Geiger. »Schrankenlose Individualität – mit diesem Wort kann man Meyers Eigentümlichkeit bezeichnen. Sein eigenes Selbst, nicht die ihn umgebende Welt erschien ihm als das Wichtigste und Interessanteste, und gerade weil er diese Selbstpflege, um nicht zu sagen, Selbstvergötterung, ohne Scheu offenbarte, machte er dieses Selbst auch anderen interessant.« Er war ein »Frauenbezwinger und Herzensbrecher; wo er hinkam, stiftete er Unheil«.

Als ihm Therese gestand, daß sie mit Forster verlobt sei, war Meyer erleichtert. An einer ernsthaften Bindung war er nicht interessiert, aber die Jagd berauschte ihn. Wenn man seine auf den Ton rasender, hoffnungsloser Leidenschaft hochgetriebenen Briefe liest (zwischendurch fiel er gern ins Englische), fühlt man sich lebhaft an die verkleideten Liebhaber aus Mozarts *Così fan tutte* erinnert.

»O daß mich meine Hoffnung mich tröge, daß die Entkräftung die ich in mir fühle nie wieder dem Leben Platz machte, daß das Blut welches itzt so langsam in mir fortschleicht, wie der letzte Tropfen aus einer Flasche sterbend verdunstete! Noch einmal richtet' ich den matten Blick auf Ihre Zukunft, lächelte noch einmal, und wäre nicht mehr. Meine Grabschrift ist gemacht. Hier ruht der dieses Aufenthalts nicht bedurfte, um sich von der Welt loszureißen. Sein Morgen war heiter, sein Mittag schwül, früh sein Abend. Wohltätige Strahlen umgaben ihn, als er hinunter sank. Es war zu spät.«

Mußte Therese den Verzweifelnden nicht wenigstens liebevoll trösten? Sie machte sich vor, daß sie »die Freiheit ihrer Lage« ausnutzen und den Umgang mit ihm genießen könne. »Ich lehnte mich an Meyers Brust, küßte seine Stirn, verbot ihm meinen Mund, und wie er einmal mit seiner tollen Phantasie meinen Fuß küßte der recht ordentlich war, bat ich ihn wie ein Kind, dem man eine Blume, einen Vogel nimmt, nur meinen Fuß zu küssen – und Meyer leitete mich, oder beherrschte sich, denn er erhielt mir meine kindliche Keuschheit in Gedanken und Tat.« Kindliche Keuschheit? Ein Spiel mit dem Feuer und eine Dreieckskonstellation, wie sie uns immer wieder in den Erzählungen und Romanen begegnet, die Therese später schrieb.

Nehmen wir Juliette, die Heldin einer Geschichte, die Therese eng an ihre Beziehung zu Meyer und Forster angelehnt hat. Unter dem Titel *Mehr Glück als Verstand* verspricht sie den Lesern eine unblutig endende Variante von *Werthers Leiden*. Juliette also ist einem abwesenden Herrn von T. versprochen, den sie kaum kennt, ein Arrangement der Familien, dem sie sich gern und freiwillig gefügt hat. Da tritt Julius in ihr Leben und verdreht ihr mit seinen hyperbolischen Schmeicheleien den Kopf.

»Arm, fremd, gelähmt an meinen schönsten Kräften, wäre ich ein Rasender wäre ich ein Hochverräter an der Natur, wenn ich Sie anders anschaute als der Maulwurf die Sonne, an der er einen Augenblick sein finsteres Dasein erwärmt, um dann zurückzukriechen in das enge dumpfe Loch, das ihn lebendig begräbt. So gönnen Sie mir dann immerhin den lichten Punkt in meiner armseligen Existenz, den mir ihre Nähe gewährt.«

Im August 1785 traf Georg Forster in Göttingen ein, um Hochzeit mit Therese zu halten und sie anschließend mit nach Wilna zu nehmen. Sie war über seine Ankunft (viel früher als erwartet) unglücklich – »nur wenige Tage und der Traum ist ausgeträumt« – und gestand Forster ihre Liebe zu Meyer. »Geradezu mit Wonne ging er auf den Freundschaftrausch ein, der beide beseelte«, schloß Duzbrüderschaft mit Meyer und nannte ihn seinen Assad, in Anlehnung an eine Figur aus Lessings drei Religionen verbrüderndem Toleranzdrama *Nathan der Weise*. »Forster schwärmte mehr wie wir zwei, ließ uns einander ewige Liebe schwören, bat von mir keinen Kuß, den ich nicht auch Meyer anbot.«

Weshalb ließ Forster sich auf dieses gefährliche Spiel ein? Er und seine Mitspieler waren Kinder einer Zeit, in der der Gefühlskult in höchster Blüte stand, Freundschaft und Liebe einander zum Verwechseln ähnlich sahen und neue Beziehungsmuster erprobt wurden. Rousseau hatte die Utopie einer harmonischen Dreiecksbeziehung in seinem Briefroman *Julie ou La Nouvelle Héloïse* entworfen. Das Manifest einer neuen, revolutionären Moral, die die Liebe als höchste Tugend predigt, sie von Zwang und Besitzansprüchen löst und die Liebenden in die Freiheit der Selbstdizilinierung entläßt. Ein Danaergeschenk, wie viele erfahren mußten, die versuchten, nach diesem Evangelium zu leben.

Forster war dafür um so empfänglicher, als sein verehrter Freund, der Philosoph und Schriftsteller Friedrich Heinrich Jacobi, in seinem Roman *Woldemar* (zunächst unter dem Titel *Freundschaft und Liebe* erschienen) eine solche Beziehung verführerisch geschildert hatte. »Allwine ruhte an Henriettens Busen. Da empfing sie Woldemars Gelübde, da ergab sich ihre Seele dem Edlen.« Und nach dieser Verlobungsszene, welches Glück! »Jeder Sonnenstrahl wird lebendig, wenn ich ihn in Allwinens und Henriettens Auge erhellen sehe, wenn Allwina und Henriette in ihrem Schein mich umarmen; so wird mir alle Liebe wiedergegeben, die ich hoffnungslos ausgoß ins Unendliche«, schwärmt der Titelheld. »Die frohe, freie, volle Liebe war es, die hatte dies alles getan.« Später gibt es dann doch Probleme.

Wahrscheinlich hat Forster, ein Schwärmer wie Woldemar, tatsächlich in aller Unschuld, ohne sich von seinen Motiven Rechenschaft zu geben, an die Möglichkeit eines Dreiecks nach Maßgabe des *Woldemar* geglaubt, mehr als Therese und anders als Meyer. Seine Liebe zu Therese wurde durch den Dritten mächtig angefacht, so wie Thereses Liebe zu Meyer durch die bevorstehende Hochzeit mit Forster. Am 4. September 1785 war es soweit.

»Eine sonderbare Stimmung für einen Hochzeitstag! Juliette scheint mir bald ängstlich, bald still ergeben«, schreibt Herr von T. in *Mehr Glück als Verstand* einem Vertrauten. Die Hochzeitsnacht fällt für ihn aus, ebenso für Forster, der ihr seit Jahren entgegengefiebert hatte. »Juliette folgte, wie gewöhnlich, ihrer Tante, als diese im Begriff war, sich auf ihr Zimmer zu begeben. Die gute Frau schien verwundert, und öffnete den Mund, sehr vermutlich, um etwas Albernes zu sagen. Ich trat zu ihr, ergriff die Hand meiner Frau, küßte diese Hand, wie jeden Abend und sagte ihr gute Nacht. Eine hohe Röte übergoß ihr Gesicht; sie senkte den Blick, den sie erst sinnend auf mich geworfen hatte; sie hielt mir ihre Wange zum Kuß hin – Mit so kühner Sicherheit trägt sie den Zunder an den Rand des Vulkans! Ich berührte mit meinen Lippen die dargebotene Wange und entfloh.«

* * *

Am Tag danach reisten Forster und Therese nach Wilna ab. Unterwegs hielten sie einige Male zu Abschieds- und Antrittsbesuchen an. Zuerst bei Sömmering in Kassel, der Lichtenberg in Göttingen davon berichtete. »Es freut mich doch, daß Therese sich so bald gefaßt hat, denn der Abschied soll sehr betrübt gewesen sein«, schrieb dieser zurück. »Ich glaube auch, dieses kleine Feuerschiff wird ein ganz gutes Fischerboot werden, wenn nur Forster häufig an Bord angeht, den Haupt-Leck sorgfältig stopft und die Feuermaterialien über Bord wirft. Nur der Leck, der Leck!« In Halle stellte Forster seine Frau den Eltern und Geschwistern vor. Vorher waren sie zwei Tage in Weimar gewesen, wo Forster die Bekanntschaft Herders gemacht hatte. »Mich dünkt, seine zu frühe Reise nach dem Südpol hat dem Keime seiner Gesundheit und seines Gliederbaues etwas geschadet, daß er sich schwerlich zu einem Mann entwickeln dörfte, der an Seelen- und Leibeskräften werde, was sein Vater gewesen« schrieb dieser. »Übrigens ist er ein gutherziges, gelehrtes Männchen, der sich in den meisten Wissenschaften selbst zu etwas durchschlagen müssen, das ihm denn viel Mühe gemacht hat.«

Wo sie auch waren, Meyer war immer dabei. Forster schrieb ihm überschwengliche Briefe. »Lieben wir uns wie bisher über Alles, und Einen im Andern, lieben wir uns als Brüder und Freunde unserer T h e r e s e, lieben wir T h e r e s e als das einzige, beste Weib, welches je die Erde verschönerte! Wir Beide, von Ihnen getrennt, lieber A s s a d, gedenken Ihrer täglich mit Liebe und mit zärtlicher Zurückerinnerung; es ist unser süßestes, edelstes und innigstes Gefühl, ein Gefühl, wobei wir uns mit dem meisten Selbstbeifall fühlen und gleichsam vollkommen eins sind, wie wir es ohne die Übereinstimmung unserer Seelen nie hätten sein können!«

Noch von unterwegs, aus Warschau, versicherte Therese Georgine Heyne, die in die Assad-Geschichte eingeweiht war, daß sie den richtigen Mann geheiratet hatte – und ließ durchblicken, daß sie sich ihm verweigerte.

»Forster ist ein ganz fürtrefflicher Mensch! liebe Mutter, ist der einzige, der ein so verkehrtes Geschöpf konnte glücklich machen. Er schränkt sich ein, er versagt sich – alles mit der edelsten Art, die ihn mehr ehrt als Reichtum. Gegen Weiber macht ihn seine Liebe zu mir würklich blind. Er ist der streitbare Ritter des Interessanten, denn bis zur Unverschämtheit mich für schön auszugeben, hat ihn seine Liebe noch nicht gebracht.« Und dann fügte sie kryptisch an: »Liebe Mutter ich sage Ihnen nichts von meinem ehelichen Glück, es läßt sich auch Kinderglück schwer beschreiben, es besteht in solchen Kleinigkeiten! solchen großen Kleinigkeiten! Er nennt mich die Priesterin der Natur, Assad nennt mich Vestalin indem er von meinen Kindern spricht. Ach Mutter Natur gibt Unschuld, nicht Unerfahrenheit ist ihre Mutter.«

Um Therese Enttäuschungen zu ersparen, hatte Forster ihr das

Haus in Wilna, das er für sie gemietet und eingerichtet hatte, in düsteren Farben geschildert. Um so angenehmer wurde sie überrascht. »Wenn ich mir ein Häuschen aussuchen sollte, sucht ichs nicht anders, nicht reinlicher, nicht bequemer – wohl brillanter, wohl eleganter könnte es sein, soll es werden. Zuerst führte man mich in mein Zimmer – grün tapeziert, sehr hübsche grüne Stühle, ein gutes ganz neues Kanape, jetzt einen allerliebsten Mahagoni *Bureau*, der mit Forster die Reise um die Welt machte, und einige gute saubere Eichen Tische. Das Schlafzimmer dabei, eben so groß, und hoch – zwei sehr artige Bettstellen mit saubern neuen gefüllten Strohsäcken, Tisch, Stühle; in meinem Wohnzimmer, das ein Eckzimmer ist, 4 große Fenster, zwei im Schlafzimmer.« Das Haus war geräumig, hatte alles, was man brauchte – Küche, Waschkessel, Holzraum, Backofen, Speisekammer –, und es gab genug Platz auch für die Dienstboten. Wie damals oft ältere Häuser, so war es versetzt gebaut, die eine Hälfte höher als die andere, »so daß sich die Etagen auf der Hälfte immer passen«.

Dieses verschachtelte Haus mit seinen schmalen, hohen Treppen, in dem sich Therese in den ersten Tagen noch verirrte, war zwei Jahre lang der Hauptschauplatz ihres Lebens, ihres jungen Eheglücks und ihrer Eheleiden. Das Schlafzimmer mit seinen artigen Bettstellen!

Herr von T. über die ersten Wochen seiner Ehe mit Juliette:

»Wenn ich ihre unbefangene Tätigkeit, ihre Sorgfalt, ihre hausfräuliche Würde, mit aller weiblichen Grazie vereint, vor Augen hatte, dann dachte ich oft, es fehle nichts an unserem Glücke – bis wieder die fürchterliche Geisterstunde schlug – So möchte ich diese unerklärlichen Augenblicke nennen. Wo ihre Angst, mir zu entfliehen, bewies, daß sie mir alles sein wollte, nur nicht liebendes Weib.«

Schließlich ergab sie sich doch.

Therese Forster an Caroline Böhmer (ehemals Michaelis):

»Wie ich heiratete, war ich unschuldiger als ein Kind. Ich ward erst vier Wochen nach meiner Hochzeit Frau, weil die Natur uns nicht zu Mann und Frau bestimmt hatte. Ich weinte in seinen Armen und fluchte der Natur, die diese Qual zur Wollust geschaffen hatte – endlich gewöhnte ich mich daran – in Polen machte ich ihn glücklich, aber Liebe genügte ihm nicht, obschon er dort glauben mußte, ich liebte ihn, denn meine Briefe an Meyer, die er sah, störten ihn nicht, so schwärmerisch sie waren.«

Tagsüber war vorläufig alles gut. Therese stürzte sich in ihre neue Rolle mit dem Eifer eines Kindes, für das man sie noch halten konnte.

»Ich sehe jünger wie je aus. Der Bischof frug mich letzthin *mais en conscience madame quel age avez vous? en dix ans mon Prince je ne vous dirais plus la verité, aujourdhui j'ose la dire, j'ai vingt un ans passé. Comment? mais vous avez l'air d'une enfant de 13 ans – grace a ma conduite folle, Monseigneur*[*] – Sie müssen bedenken, daß die Weiber hier schon in 20 Jahren zu verblühen anfangen, und die *toilette* nicht verstehen – und daß mein äußerst einfacher Anzug, abgeschnittnes Haar, und beinahe unmerkliches Rotauflegen, da die andern fingerdick malen, mich sehr jung macht.«

Der Haushalt als Schlachtfeld, als Schauplatz stillen Heldentums.

»Ähnlicher als die Therese Forster, die jetzt hier in dem rauhen Wilna lebt, und jene Therese Heyne, die vor einem halben Jahre in Göttingen war, ähnlicher und unähnlicher zu gleicher Zeit kann sich ein und dasselbe Geschöpf kaum sein. Noch mit aller der Tätigkeit, mit der glühenden Phantasie, mit dem unruhigen Geist find' ich in meinem Hause meine Welt! Mein Mann, meine Wirtschaft, mein Nähzeug füllt mir Herz und Sinn.«

Sie kümmerte sich um alles, unterrichtete das Dienstmädchen

---

[*] »Sagen Sie mir aufrichtig, Madame, wie alt sind Sie?« »In zehn Jahren, mein Fürst, würde ich Ihnen nicht mehr die Wahrheit sagen, aber heute wage ich es, sie zu sagen, ich habe die 21 überschritten« »Was? Sie sehen aus wie ein Kind von 13 Jahren« – »Dank meiner verrückten Lebensweise, Monseigneur.«

im Gemüseschneiden, fertigte Nachthemden für Forster, strickte ihm Strümpfe, lebte einzig für sein Wohlbefinden und seine Arbeitsfähigkeit. Und er arbeitete viel. Es kränkte sie, daß er nicht mehr Zeit für sie hatte, aber sie übte sich in praktischer Philosophie: »Ich nehme die Welt wie sie ist und finde sie gut. Forster ist ein Engel in Menschengestalt – wir kennen ja keine andre Engel. Sie würden ihn nicht mehr kennen.« Er war nicht mehr gedrückt und schweigsam, wie zur Zeit seiner Läuterungsexerzitien bei den Rosenkreuzern, als er sich mit Schuldgefühlen gequält hatte und Vergnügen für Sünde hielt, sondern »beständig heiter, oft ausgelassen froh. Seine Gesundheit ist herrlich! – unser kleines einfaches Mahl von meinen Händen bereitet, ist ihm und mir jeden Mittag ein Fest. Eine Stunde beim Frühstück und zwei kleine Stündchen am Mittag ist alles was er mir gibt: und er steht immer um 6 Uhr auf. Wenn er mit mir speist und froh über seine gelungene Arbeit und fröhlich über meine Zufriedenheit ist – so ist kein Thron der Erde den ich ohn ihn für Litauens Tannen und Sand tauschte.«

Sie hatten einander vor der Heirat ja nur wenig gesehen, nun lernten sie einander kennen, oder vielmehr: Therese lernte Forster kennen, er lernte sie nur immer mehr lieben. Er erhob sie zu seiner Göttin, er verlor sich an sie. In »unermüdlicher Zärtlichkeit« dachte er sich immer neue Bequemlichkeiten und Aufmerksamkeiten für sie aus, obwohl er sich das eigentlich nicht leisten konnte. Sie bat seinen Verleger Spener in Berlin, von ihm künftig keine Bestellungen für Geschenke mehr entgegenzunehmen.

* * *

Als sie schwanger wurde, kannten seine Freude und sein Stolz keine Grenzen; sie dagegen durchlitt diese Zeit. Todesängste quälten sie, ihre Freundin Luise Mejer war gerade im Kindbett gestorben. Dauernd war ihr schlecht, ihr Magen rebellierte, sie konnte kaum Nahrung bei sich behalten und magerte noch mehr ab.

Schon bald machte ihr Forsters Liebe angst. Sie sah die Zu-

15 Therese Forster, Jugendbildnis.

kunft klar voraus. »Wenn ich seh wie der Mann ganz für mich in mir lebt – so unendlich einzig mich nur hat, so möchte ich sagen, setze dein Glück nicht in eine einzige Sache, denn sie gibt nur quälende Freuden, und wenn du sie verlierst, unveränderliches Elend.« Was sollte aus Forster werden, wenn sie im Kindbett sterben würde? »Mein lieber Freund, Sie wissen nicht ganz, wie sehr wir füreinander leben«, schrieb sie an Sömmering. »Sehen Sie, ich erschrecke, wenn ich denke, was hier aus ihm werden müßte?«

Hier, das war Polen, die »wüste Insel«, die »sarmatische Wildnis« aus »Sand, Armut, Kot«, in die es sie verschlagen hatte – so sahen sie es beide. In der Kälte des Winters klammerten sie sich aneinander. Auch Therese brauchte ihren Mann als Bundesgenossen gegen die Welt. Darauf und auf der gemeinsamen Schwärmerei für Assad gründete das Eheglück des ersten Wilnaer Jahres. Forster hat für die Völker, die er während seiner Reise mit Captain Cook besuchte, sehr viel mehr Verständnis aufgebracht als für die Menschen in Polnisch-Litauen. Die Oberschicht nannte er geschmacklos, unwissend, oberflächlich, spiel- und prunksüchtig, pfäffisch; das »eigentliche Volk – jene Millionen Lastvieh in Menschengestalt« war in seinen Augen »durch die langgewohnte Sklaverei zu einem Grad der Tierheit und Fühllosigkeit, der unbeschreiblichsten Faulheit und stockdummen Unwissenheit herabgesunken«, daß für seinen Aufstieg zum »gewöhnlichen Pöbel« nicht einmal ein Jahrhundert ausreichen würde.

Therese stimmte in dieses Lied mit ein. Ihr Herz blutete über das Elend, »das genußberaubte Leben« der ausgebeuteten Bauern, aber sie schrieb auch, die Menschen hier seien »ohne alles Menschliche, die Nation verwildert. Weg mit ihnen allen«. Was die höheren Stände und überhaupt alle ihre Bekannten anging, so dankte sie mit Forster Gott, daß sie nicht so waren wie diese. »Forster und ich sind eine Welt für uns, eine Art Geschöpfe befremdend denen Menschen um uns, ihnen unbekannt, und kennten sie uns, ihnen ein stiller Vorwurf, und also gehässig. Die Menschen um uns her sind keiner fähig zu fühlen was unser Glück ist. Keiner versteht was uns freut: keiner kennt allgemeines Wohl, Verhältnisse der Menschheit, Freuden der Natur, häusliche Glückseligkeit durch Ausbildung des Geistes – die Regierungsform stört hier das alles, macht alle Harmonie und Aufklärung unmöglich; die Nation bleibt blind, die Menschen verderbt.«

Als der Schnee schmolz und der Frühling kam, hatte sich Forsters Stimmung verdüstert. Er war jetzt wieder oft krank und depressiv, unglücklich über seine Verbannung, schon wieder gedrückt von Schulden, unzufrieden, weil er nichts Großes für die Universität bewirken konnte. Was er hätte erreichen können, war ihm zu gering. Das war gegen den Pakt, den Therese insgeheim mit sich geschlossen hatte. Wenn sie ihn nicht glücklich machen konnte, was für einen Sinn hatte ihre Ehe dann überhaupt noch?

»Wenn irgendeine Veranlassung uns beide auf einige Augenblicke niederdrückt – und wo finden sich diese Augenblicke nicht? – so ists mir, als wenn nur das Fleckchen Erde, wo wir weinend stehen, für uns da wär, wie ein paar Schiffbrüchige auf einer Klippe, die nichts wie wilde Wogen um sich hören, die den Schall ihrer Seufzer verschlingen – zweihundert Meilen weit kein lebend Geschöpf, daß es fühlt warum dein Herz blutet! Doch diese Augenblicke gehen bald vorüber. Wenn ich Forster so niedergedrückt seh, so raff ich meinen Mut zusammen, und wisch meine Augen und lächle eins mit zitternden Lippen – und da ists gut, so ruh ich nicht bis ich ihn wieder fröhlich habe. Das kommt nicht oft und bleibt nicht lang. Doch habe ich nie in meinem Leben eine Empfindlichkeit gesehen die des Mannes seiner gleich käme! Wie oft muß sein Herz verwundet gewesen sein ohne eine freundliche Hand die es heilte. Sein ganzes Selbst ist zerrüttet wenn etwas was mich betrifft – besonders wo er sich tadelswert glaubt, ihm schmerzt – das ist kein Zorn, oder Ärger – ein so dumpfer, sprachloser, betäubter Zustand – liebe Mutter was würde nach meinem Tode aus diesen Mann? Und er dürfte nicht sterben, ein ehrlicher Mann darf nicht sterben wenn er unbezahlte Schulden hat, und es ist eine Schmach der Menschlichkeit leben zu müssen, wenn man seines Lebens Seele ins Grab gescharrt hat.«

Das Töchterchen, das ihnen am 10. August 1786 geboren wurde – zu Forsters Enttäuschung »nur ein Mädchen, aber ein so liebes gesundes Geschöpf, daß es im Ernste muß geliebt werden, bis ich meinem Georg einmal einen Jungen gebe« –, das kleine Röschen also half ihrer Beziehung nicht, im Gegenteil. Es kettete Therese an Forster. Sie war in der Ehe gefangen wie er in Wilna, an das ihn ein achtjähriger Vertrag fesselte.

Aus eigener Kraft konnte er nicht hoffen, von dort fortzukommen. Da sprach eines Tages, es war der 2. Juni 1787, ein russischer Marineoffizier bei ihnen vor, der Forster im Auftrag der russischen Zarin Katharina II. ein höchst lukratives Angebot machte: Falls er sich bereit erklären würde, an einer Südsee-Expedition teilzunehmen, würde die russische Admiralität seine Schulden übernehmen, ihn aus seinem Vertrag mit der Universität auslösen, die Kosten für die Ausrüstung tragen und ihm ein sehr gutes Gehalt zahlen.

»Mit dem Entzücken eines freigelassenen Gefangenen verließ Forster mit seiner Frau und seinem Töchterchen Polen, in den letzten Tagen des Augusts 1787. – Die Jahreszeit war dem angrenzenden Schlesien, wegen der Stoppelfelder, nicht günstig, aber das Land schien den Reisenden ein Paradies, und sie durchflogen es wie Menschen, die zum Rechnen keine Zeit haben, denn Forster machte diesen Weg von vierhundert Stunden mit sechs Postpferden. Überall unterwegs empfingen ihn seine Bekannten, als sei er aus einem ungerechten Exil zurückgekehrt, seine nächste Zukunft zog die lebhafteste Teilnahme auf sich – und in einem Taumel von Hoffnungen und Freude trafen die Reisenden in Göttingen ein.«

Dort wartete Meyer.

* * *

Die Ehe ist die ›Verbindung zweier Personen verschiedenen Geschlechts zum lebenswierigen [lebenslangen] wechselseitigen Besitz ihrer Geschlechtseigenschaften‹. Die eine Person kann sich hier (im Geschlechtsgenuß) nur unter der Bedingung zur Sache machen, daß die andere sich ihr ebenfalls als solche gibt; denn nur so gewinnt sie wieder ihre Persönlichkeit. Das Verhältnis der Verehlichten ist ein Verhältnis der Gleichheit des Besitzes sowohl der Personen als der Güter. In der Ehe liegt ein ›auf dingliche Art persönliches Recht‹ vor.

Rudolf Eisler, Kant-Lexikon

Wann immer Therese sich für das Scheitern ihrer Ehe rechtfertigte, nannte sie als wichtigsten Grund physischen Abscheu vor ihrem Mann, dessen »viehische Sinnlichkeit« ihr unerträglich gewesen sei. Sie sprach von ihm also so, wie Forster von den Matrosen auf der *Resolution*.

Er verstand darunter die ungehemmte, ungebundene, durch keinerlei Gefühle, Liebe, Zärtlichkeit, Respekt, zivilisierte Befriedigung sexueller Begierden.

Was meinte Therese damit? Forster liebte sie, und er war durch die Heirat, mit Kant zu sprechen, zum rechtmäßigen Besitzer ihrer »Geschlechtseigenschaften« geworden. Doch da sie seine nicht haben wollte, war die »Gleichheit des Besitzes« als Fundament der Ehe zerstört. Forsters Sexualität mag robust und ohne Beimischung von Verführung und Erotik gewesen sein, aber wenn Therese sie »viehisch« nannte, umschrieb sie damit wohl, daß Forster seine ehelichen Rechte ohne Rücksicht auf ihre Empfindungen wahrnahm. Sie fühlte sich von ihm vergewaltigt. Er wollte immer. Sie wollte nie. Das ertrug er, solange er sich ihre Abwehr mit weiblicher Schamhaftigkeit und Unschuld erklären konnte. Als er entdeckte, daß sie nur mit ihm nicht wollte, drehte er durch.

Therese an Caroline Böhmer, am 25. Februar 1794:

»Nun kamen wir zurück, und er wurde elend, denn nun sah er, ich hatte ihn nie geliebt. Damals bot ich ihm an, bat, flehte, mich von Meyer zu trennen. Er wollte nicht, er wollte, ich sollte ihn lieben und Meyers Freundin sein – Meyer hätte mich unbedingt besitzen können, aber diesem rätselhaften Menschen mochte nichts daran liegen, er wollte mich verderben, er gab mir elende Bücher zu lesen, er suchte mein Gefühl zu zernichten – und verließ uns. Forster hatte damals meine Seele empört – er wußte, ich liebe einen Andern – er war der Vertraute meiner Unklugheit – er hätte mich einen stillen Lebensweg führen können und bestürmte mich mit Sinnlichkeit. Nun fiel ich in Verzweiflung. Ich war allem Gefühl abgestorben und verfolgte jede Spur desselben mit fanatischer Bitterkeit. Nur Forsters Wohlstand, sein Hauswesen war meine Absicht – ihn mußte ich immer, immer gut sein – er war mir teuer und wert in jeder Rücksicht, wo ich nicht sein Weib war, aber wo ich seine Sinne berührte, mußte ich mit den Zähnen knirschen. Ich sah mich endlich vor eine Hündin an, die das Männchen niederwirft – ich sah es wie die Erniedrigung der Menschheit an – ich hatte einen Grad menschenhassender, alles Gefühl verabscheuender Bitterkeit, die seinem guten Herzen wohl meistens entging.«

Therese an Friederike und Johann Gotthard Reinhold, 24. Februar 1806:

16 *Caroline Schlegel (geb. Michaelis,*
verh. Böhmer). Ölgemälde von
Johann Friedrich Tischbein, 1798.

»Ich sah also Meyer bei meiner Rückkehr wieder. – Jetzt wußte ich, daß es der Liebe nicht genug sei zu lieben, ich wußte daß
die Natur mich nicht Forsters Weib sein lassen wollte, ich wußte
daß ich dem Mann den ich liebte der Liebe süßesten Preis versagen mußte. – Forster der mich für unfähig gehalten hatte Weib
zu sein, erriet nun daß e r nur bestimmt sei mir Abscheu einzu-
flößen. Kein Ausdruck kann die Qualen schildern die nun für
mich begannen. Sie leiden keine Schilderung, aber wie ich sie
überlebte weiß ich nicht. Forster nahm den unseligsten Weg,
er wollte die Liebe erzwingen die ihm die Natur versagte – Meine Gesundheit litt, stürzte nieder, ein fürchterlicher Auftritt
griff meine Lunge an, die seitdem leidet. Forster sah die Notwendigkeit mich zu schonen. Meyer legte seinen Dienst nieder und
ging nach England.«

Nun begann die fürchterlichste Epoche meines Lebens. –
Ich kann sie keinem Manne schildern, und kein Weib wird sie
begreifen – ich fühlte mein Herz von Meyer mißhandelt, und
lebte in der Ehe wie eine der Unglücklichen die ihren Körper

preis gibt um nicht Hunger zu sterben – Ich sage Ihnen so wenig! – was ich litt, leidet keine Details – Forster handelte wie ein Unsinniger! wie oft, während jener fürchterlichen 8 Monate nach unsrer Rückkehr aus Polen, bis zu Meyers Abreise nach England bat ich flehentlich – trenne mich von Meyer, laß mich fort, verbiete mir ihn wiederzusehen – Umsonst! wir sollten uns sehen, täglich, vertraut, – und lieben, aber nicht wie e r geliebt sein wollte.«

Die sechsspännige Reise in die Freiheit hatte sie in eine Ehehölle geführt.

Vielleicht wäre ihre Beziehung sanft auseinandergegangen, wenn aus der russischen Südsee-Expedition etwas geworden wäre. Aber das Projekt zerschlug sich, und als die Zarin Katharina befahl, daß Forster, für den sie ja schließlich ziemlich viel Geld ausgegeben hatte, nach Petersburg kommen solle, wo man über seine weitere Verwendung entscheiden würde, weigerte er sich.

So blieben sie also zusammen und versuchten einen neuen Anfang in Mainz.

Wilhelm von Humboldt, der in Göttingen studiert und Forster bei Heynes kennengelernt hatte, besuchte ihn im Herbst 1788, bald nach dem Umzug. Er lernte Sömmering kennen – »ein finstrer, einsilbiger Mann« – und genoß die Gespräche mit Forster. Von Therese war er fasziniert. Schön sei sie nicht, schrieb er in sein Tagebuch. »Manchmal ist sie sogar häßlich, und sehr häßlich. Sie hat dann ganz das Gesicht ihres Vaters, schielt auch mit einem Auge wie der Vater. Aber manchmal weiß sie auch in ihre Mienen eine Güte, eine Grazie zu legen, die hinreißt. Ich möchte sagen, ihr Gesicht wäre eine reine Leinwand, auf die ihre Seele erst malen muß.«

Zwar irritierten ihn ihre allzu große Lebhaftigkeit und ihr unweibliches Gestikulieren. Auch schminkte sie sich, was ihm äußerst mißfiel. »Sie sagt zwar, sie muß es tun, weil sie sonst so sehr blaß ist. Ihr Mann sagt sogar daß er es fodert. Gott weiß nun ob es Gefälligkeit oder übler Geschmack des Mannes ist.« Und doch – »es ist ein herrliches Weib. So unendlich viel Geist, so ausgebreitete Kenntnisse, die sich überall zeigen.« »Sie denkt über alle Dinge nach, und sie ist die erste Frau mit der es mir nie am Gegenstand des Gespräches fehlte.«

Seine Berichte zeigen, wie sie die Menschen für sich einnahm. Sie zog sie ins Vertrauen.

»Gegen Abend ging ich zu Forsters. Ich fand sie allein. Das Gespräch fiel auf Freundschaft, Liebe, eheliches Glück und Unglück. Sie beklagte den Zustand der Mädchen und Weiber. Ich sagte, es sei nur die Schuld der Männer, sie schob es mehr auf die Mütter, die die Ideen der Töchter über die Ehe nicht genug berichtigten. Besonders erwähnte sie des Falles, wo der Mann ein guter Mann wäre, wo die Frau ihn liebte, wo er aber doch nicht stark und fein genug empfinde, kurz wo er ihr nicht nah käme. Ich empfahl alsdann einen Vertrauten. Sie ergriff die Idee so begierig, daß ich gleich merkte, es sei ihre eigne schon längst gewesen. Nun sprachen wir über Rechtmäßigkeit und Unrechtmäßigkeit hiervon und über das unbillige Urteil der Welt, vorzüglich der Weiber. Überall schimmerte, wie es mir schien, durch, daß sie ihre eigne Geschichte erzählte. Sie sagte mir, sie habe eine unglückliche Jugend wegen ihrer Familienverhältnisse durchlebt. Nur einen Freund habe sie gehabt, der sie getröstet hätte.«

Humboldt wußte, auf wen sie anspielte. »Sie haben sehr viel bei mir gewonnen, wenn sie Wilhelm heißen«, sagte sie zu ihm. »Der Name ist mir sehr wert. Meyer heißt so.«

Und Therese wußte wohl schon, wer ihr rettender Engel werden sollte. Ludwig Ferdinand Huber war für die Rolle des Vertrauten eine Idealbesetzung. Konziliant, moderat in seinen Ansichten und Empfindungen, konfliktscheu, bequem, nahm er das Leben leicht. Also alles andere als ein Verführer mit mephistophelischer Ader wie Meyer, erst recht kein männlicher Held, sondern ein zur Fülle neigender Mann mit kräftigem Nacken, eingedrückter Brust und zu kurzem Oberkörper, der gewissermaßen einen linken Körper hatte: »Er konnte nicht ohne die größte Angst auf ein Fußbänkchen steigen; eine Leiter zu erklimmen, war für ihn eine Unmöglichkeit, und einen nur etwas steilen Anhang herunter zu gehen, versetzte ihn wirklich in einen bedauernswerten Zustand.«

Geboren 1764 in Paris (drei Wochen vor Therese) als Sohn eines Übersetzers und Sprachlehrers und einer Französin, in Leipzig aufgewachsen, zweisprachig, schon in jungen Jahren literarisch ambitioniert. In Opposition zu seiner frankophilen Erziehung begeisterte er sich für die englische und die neue deutsche Literatur, besonders für Schiller. Diese Passion begründete wohl auch seine Freundschaft mit dem Juristen Christian Gottlieb Körner, die zur quasi familiären Bindung wurde, als sich Huber mit Dora Stock verlobte, der Schwester von Körners Braut Minna. 1784 schrieb dieses »vierblättrige Kleeblatt« einen Verehrerbrief an den Dichter der *Räuber* und lud ihn nach Leipzig ein, eine Einladung, der Schiller im Jahr darauf folgte. Körner wurde sein bester Freund; Huber, Minna und Dora erweiterten diesen Bund zum freundschaftlichen Zirkel, in dem ihnen die Utopie einer Menschheitsverbrüderung vorschien. »Seid umschlungen, Millionen!« Schiller schrieb sein Gedicht *An die Freude*, das sie in Körners Vertonung sangen.

Inzwischen gingen die Freunde wieder ihre eigenen Wege. Schiller lebte in Weimar, Körner in Dresden. Er war längst mit seiner Minna verheiratet und Vater einer Tochter, Huber immer noch mit Dora verlobt. Erst hatte seine ungesicherte berufliche Situation die Gründung einer Familie nicht erlaubt, und als er dann eine Stelle im diplomatischen Dienst fand, schob er die Heirat weiter auf. Im April 1788 kam er als Legationssekretär der Sächsischen Gesandtschaft nach Mainz, nicht lange vor Forster, dessen Ankunft er begierig erwartet hatte. »Er eilte dem berühmten Mann, von dem er sich manche Anregung versprach, entgegen, um ihm im folgenden nicht mehr von der Seite zu weichen«, erzählt Ulrich Enzensberger. »Forster, dessen Herz immer nach Aufmerksamkeit verlangte, der immer schwach wurde, wenn er sich bewundert sah, zog ihn an sich, vor allem, als er bemerkte, daß Huber Therese geradezu anbetete.« Er hätte gewarnt sein müssen, aber er sah in Huber keinen Konkurrenten. Dessen einfühlende und ausgleichende Art tat eben nicht nur Therese mit ihrem ausgeprägten Hang zur Selbstdramatisierung gut, sondern auch ihm und seiner Ehe. Zunächst jedenfalls. Er genoß es, jemanden in der Nähe zu haben, mit dem er über Politik und Literatur reden konnte, der bereit war, Übersetzungen zu übernehmen, für die Forster selbst keine Zeit hatte, jemanden, dem sein Rat und seine Hilfe wichtig waren. Schillers übergroßes Vorbild vor Augen, strebte Huber eine Laufbahn als Dramatiker an, aber das Dichten ging ihm nicht leicht von der Hand. Als er nach Mainz kam, plagte er sich schon eine Weile mit seinem ersten Stück, dem Historiendrama *Das heimliche Gericht*, das Ende 1789 endlich fertig wurde.

Für Therese

Im September 1789 saß Wilhelm von Humboldt wieder auf Forsters Canapé und erzählte von seinen parisischen (»nicht paradiesischen«) Eindrücken. Er war auf der Rückreise aus Frankreichs Hauptstadt, die er als Revolutionstourist besucht hatte. (Sein ehemaliger Lehrer Campe, der mit ihm gereist war, bürgerte wenig später in seinen schwärmerischen *Briefen aus Paris* das französische *fraternité* in die deutsche Sprache ein: »Entzückte und liebevolle Brüderlichkeit – wenn es erlaubt ist für ein so neues Schauspiel ein neues Wort zu prägen – schien die einzige herrschende Empfindung durch die ganze unermeßliche Stadt zu sein.«) In den zweieinhalb Wochen seines Aufenthalts in Mainz wird Humboldt wieder Gelegenheit zu vertrauten Gesprächen mit Therese gefunden haben. Als er sich Anfang Januar des nächsten Jahres brieflich für Forsters ziemlich skeptisch ausgefallene Glückwünsche zu seiner Verlobung mit Caroline von Dacheröden bedankte, nutzte er die Gelegenheit zu einem Plädoyer für die offene Ehe. Er erklärte die Wahrheit der Empfindung zu ihrem einzigen Gesetz und machte sich damit auf taktvolle, aber unmißverständliche Weise zu Thereses Anwalt.

Das Unglück so vieler Ehen entspringe wohl nur daraus, »daß die Enge der gegenseitigen Empfindungen nicht immer der Enge des Verhältnisses gleich« sei, begann er vorsichtig. Aber es hänge doch schließlich von uns ab, »diese Ungleichheit aufzuheben« und, da die Empfindung sich nicht zwingen lasse, »das Verhältnis ihr anzupassen«. Dazu gehöre auch die Klugheit, einzusehen, daß man eheliche Rechte nicht erzwingen dürfe, »daß gewisse Dinge aufhören zu sein, was sie sind, wenn nicht die Empfindung sie gibt, sondern Ideen von Pflicht, Nachgiebigkeit, Mitleid sie erpressen, und – wenn man es noch so nennen darf – Feinheit genug, da keinen Genuß zu finden, wo der gegenseitige Genuß nicht gleich groß ist«.

Als diese Mahnung bei Forster eintraf, war der schon mit Vorbereitungen zu einer Reise mit Humboldts jüngerem, zwanzigjährigen Bruder Alexander beschäftigt. Sie sollte über Brabant (Belgien), Flandern und Holland nach England gehen. Auf dem Rückweg war dann noch ein Abstecher nach Paris vorgesehen. Die Zeit dafür war mit dreieinhalb Monaten sehr knapp bemessen, aber mehr Urlaub konnte und wollte Forster sich nicht leisten. Vor der Welt und Therese rechtfertigte er das kostspielige Unternehmen mit »neuen Geldmitteln«, die es ihm mit etwas Glück einbringen würde. Er glaubte Forderungen an die englische Admiralität zu haben, wollte Sponsoren für ein aufwendiges Buchprojekt gewinnen und nach einem Goldesel suchen: »Er wollte sich nach einem reichen jungen Engländer umsehen, den er auf weiten Reisen begleiten werde, der ungemein viel Geld bezahlen solle.« Außerdem hatte er vor, ein Buch über die Reise zu schreiben, mit dem er viele politisch interessierte Leser anzusprechen hoffte. Angefacht durch die Revolution in Frankreich, war es in Brabant und in den niederländischen Provinzen zu Aufständen gekommen, über die er als Augenzeuge berichten konnte.

Am frühen Morgen des 25. März 1790, einem Donnerstag, gingen Forster und Humboldt an Bord des Schiffes, das sie rheinabwärts bringen sollte. Es war ein trüber Tag, sehr zur Enttäuschung der Reisenden, die für ihren ersten Tag und die Fahrt durch den Rheingau auf Sonne und Frühlingsgefühle gehofft hatten. Statt dessen übersetzte Forster einen ganzen Bogen – sechzehn Druckseiten – eines englischen Reiseberichts über Borneo und labte seine Phantasie »mit jenen glühenden Farben und jenem gewaltigen Pflanzenwuchs des heißen Erdstrichs«, wovon die noch winterlich kahle Gegend um sie herum so gar nichts hatte. Nach dreizehnstündiger Fahrt kamen sie nachts bei Mondlicht in Boppard an und begaben sich auf Zimmersuche. Das erste Wirtshaus war ausgebucht, im zweiten waren alle Fenster eingeworfen, das dritte war so schmutzig, daß sie im vierten einkehren und sich mit »einer kalten Kammer und einem gemeinschaftlichen Lager« begnügen mußten. Sie machten einen »mineralischen Gang« in die Umgebung, tranken von dem russischen Tee, den Therese vorsorglich eingepackt hatte, und verbrachten dann noch einige Stunden mit Schreiben, obwohl sie todmüde waren und das Licht (abgesehen von gelegentlichen »Feuerwerken«) so funzelig brannte, daß sie kaum ihre Schriftzüge erkennen konnten.

»Ich war eben im Begriff, meine beste Therese, unserer Philosophie eine Lobrede zu halten, als mir einfiel, daß im Grunde wenig dazu gehörte, um sich in ein Schicksal wie das unsrige zu finden, welches uns Feder, Dinte und Postpapier gestattet, um an Dich schreiben zu können. Freilich wäre es schöner gewesen Dir alles was ich jetzt auf dem Herzen habe, mit der angenehmen Erwartung einer süßen Nachtruhe zu sagen, aber es hat doch auch etwas interessantes hier von Abenteuern reden zu können.«

Am nächsten Tag schrieb Forster an seinem Brief weiter, erst »auf dem Rhein, zwischen Lahnstein und Koblenz«, dann im Wirtshaus in Andernach, wo er ihn auf die Post gab, den ersten von vielen langen Briefen, die in den nächsten Wochen an seine Frau gingen. »Lebewohl, einzige liebende und angebetete Seele! Tausendmal am Tage denk' ich an Dich, wünsch' ich Dich bei mir, nicht mit Wehmut, nicht mit Unruhe, aber mit inniger Liebe und mit der Freude die der Gedanke an Dich mir zu geben vermag. Sei froh, sei glücklich, sei reich in Dir selbst, und beglücke alles um Dich her, nun ich nicht da bin aus Deinen Augen Liebe und Freude zu lesen. Küsse Röschen und Clärchen. Grüße Hubern herzlich.«

Bei der Abreise hatte er ein ziemlich schlechtes Gewissen gehabt, eben wegen der Reisekosten und weil er Therese mit den Kindern in Mainz zurückgelassen hatte. (Clärchen war gerade vier Monate alt). Aber Huber würde sich ja um sie kümmern, und wenn sie schon nicht hatte mitkommen können, so wollte er ihr doch alles wenigstens ganz genau schildern. »Ich sehe und bemerke und schreibe nur auf, für Dich; ohne diese Triebfeder schriebe ich keine Zeile, und ohne den Wunsch Dir, nicht Ersatz oder Schadloshaltung, aber doch irgend ein Etwas für alles was Du entbehrst, zurückzubringen, würde mich der Schmerz, daß Du nicht mit mir teilst, zu allem Beobachten unfähig und unmutig machen. Was wäre mir die ganze Welt ohne die Eine Liebe, die mir verlangenswert scheint?«

Er fand eine bittersüße Befriedigung darin, seinen Empfindungen für Therese wenigstens in seinen Briefen Ausdruck geben und nach Herzenslust von ihr schwärmen zu können. »Ich werde ja Deine Verzeihung erhalten, Du Teure, daß ich mein zärtliches Herz überströmen lasse, nun ich so fern von Dir bin, daß ein Blick, ein Händedruck, ein Kuß, eine selige Umarmung Dir nichts von allem, was mich durchwühlt, verraten kann. Wehre mir nicht, meine Therese, denn Du müßtest unsichtbar in dieser einsamen Kammer stehen, und mir ins Auge und ins Herz sehen, ehe Du dieses harte Urteil sprechen dürftest.« Wenn Humboldt (wie meist) in der Kutsche schlief und die einförmige Gegend an Forster vorbeizog, träumte er sich sein verflossenes Leben mit ihr zurück, »und zwischen Täuschung und Wirklichkeit finde ich tausend Punkte, in denen ich mich als Mensch fühle, genieße und leide«.

Er schrieb von seiner ängstlichen Sorge um sie – »Wenn Du Dich erkältest, liebe Therese? Ich könnte ja noch viel unglücklicher sein, als ich bin!«– und klagte über seine, die menschliche Natur. »Mein Himmel, was sind wir Menschen! Diese schreckliche Dependenz von Trieben, die sich aller Vernunftherrschaft entziehen, und die wenn man auch die Oberherrschaft über sie erkämpft, sich dadurch unersetzlich rächen, daß sie unsere innere Harmonie zerstören – ich will lieber nichts mehr sagen, mich betäuben und an nichts denken, um nicht in eine Bitterkeit zu verfallen, die meinem übrigen Charakter nicht angemessen ist.« Er wollte sich bessern, er würde so sein, wie sie ihn wollte, heiter tätig und heiter verzichtend. »Wir werden glücklich sein, liebes Weib; alle meine besseren Seelenkräfte weissagen es mir«, schrieb er beschwörend. »Nicht umsonst werde ich gehofft, gearbeitet, gewacht, von Dir mich getrennt, und unsere letzten Kräfte aufgeboten haben; nicht umsonst werde ich mäßig in meinen Wünschen, bei einem für jeden Genuß so empfänglichen Herzen, stolz genug ihn aufzuopfern und fest in meinem Vorsatz, nicht mir zu leben gewesen sein. Wenn aber nur der Gedanke, daß Du mir bleibst, mich stärkt, so will ich tragen, was zu tragen ist, ohne alle Bedingung.«

Schreibend wirbt er um sie mit allen Kräften seines Herzens und Geistes. In der Hoffnung, er könne sich ihr doch noch liebenswürdig machen, legt er ihr in seinen Briefen die Welt zu Füßen, reich, bunt, vielfältig. Nimmt sie mit in Galerien, Kirchen, ins Theater, in Naturalienkabinette, porträtiert Mitreisende. Mit politischen Mitteilungen hält er sich zurück. Dafür schickt er ihr die schönsten Ansichten aus der Natur, wie er sie nur zeichnen kann, zart empfunden und genau gesehen.

»Der Anblick des offenen Meeres war heut sehr schön; es war so still, so weit, so unermeßlich, und dabei lagen einige Fahrzeuge mit aufgespannten Segeln am Strande, und erwarteten die Flut, die brausend an das Ufer prallte, um mit derselben in See zu gehen; um die Sonne war ein großer weißer Kreis zu sehen, und längs dem Strande nichts als dürre, öde Sandhügel oder Dünen, hinter denen der Kirchturm von Scheveningen hervorragte. In Deine Seele, mein teuerstes Weib, betrachtete ich diese großen Züge der Natur, und ließ mich von ihnen durchdringen.«

»Welch einen schönen Tag haben wir heute verlebt, meine Gütigste! Heut ist das erste, durchaus schöne milde Wetter uns zu Teil geworden. Um sechs Uhr verließen wir Leiden unter dem unaufhörlichen Gesange der Vögel, und sobald wir eine kleine Strecke auf der Treckschuite gefahren waren, umflatterten uns die Kibitze und die großen Brachvögel, die Schnepfen, die Meerschwalben – und alles jauchzte und jubelte in der Luft und auf den Wiesen. Das bunte Vieh in kleinen Herden, die aber auf der unermeßlichen Ebene mehrere tausend Stück ausmachten, belebte die Landschaft, die hier mit frischem, smaragdfarbenem Grün prangte; der Himmel war von reinstem Blau; ein leises Lüftchen liebkosete die spiegelglatte Welle des Kanals auf dem wir hinglitten, und der Spiegel in der Kajüte malte uns unaufhörlich dieselben Aussichten zum zweitenmal, die nun in entgegengesetzter Richtung vor unsern Augen vorüberflossen.«

»Wir pflückten die Blumen aus dem Rasenbett und hielten die rosenrot schattierten Gänseblümchen (Humboldt nennt sie Studentenblümchen) hoch über uns in das Licht, gegen den lasurnen Himmel, und da war es doch in der Tat, als wäre das Rosenrot in das Blau hineingehaucht, so zart sind die Blättchen, von der Sonne durchschimmert, und so rein, so ätherisch sind die Farben der Tausendkünstlerin Natur. Es ist mir unmöglich zu beschreiben mit welcher Empfindung ich jetzt alles von Dir getrennt genieße und wahrnehme.«

Arm in Arm

»Wir konnten diese Reise zu keiner glücklicheren Zeit machen als gerade jetzt«, schrieb Alexander von Humboldt noch von unterwegs – von England aus – an einen Freund. In jugendlicher Unbeschwertheit scheint er von Forsters Eheleiden kaum etwas mitbekommen zu haben. Sie waren durch alle Provinzen gekommen, hatten wichtigen politischen Ereignissen »beigewohnt« und viele interessante Bekanntschaften gemacht. Forsters Name hatte ihnen alle Türen geöffnet. »Unsere Rückreise über Paris wird nicht viel mehr als Durchreise sein. Wir werden nur wenige Tage bleiben und Forsters Urlaub von 3 ½ Monaten wird dann schon abgelaufen sein.«

Das Konföderationsfest am 14. Juli, das der abschließende, krönende Höhepunkt der Reise hätte sein können, erlebte er deshalb nicht mit. »Wir verließen Paris wenige Tage vor dem großen Feste, Forster wollte nicht zögern, sein Urlaub war um – und ich hatte seiner Frau versprochen, mich nie von ihm zu trennen, also mußte ich mit ihm zurück.« Aber vielleicht waren die Vorbereitungen sogar eindrucksvoller als das Fest selbst? »Der Anblick der Pariser, ihrer Nationalversammlung, ihres noch unvollendeten Freiheitstempels (zu dem ich selbst Sand gekarrt habe) schwebt mir wie ein Traumgesicht vor der Seele.«

Für Forster war diese Erfahrung »herzerhebend«. Eine Lebenswende!

»Ich sah die Zurüstungen zu diesem Feste, das beispiellos in den Jahrbüchern der Menschheit bleibt. Das größte Amphitheater in der Welt, wogegen die berühmten Römischen nur Kinderspiele sind, ward in wenigen Tagen durch die Allmacht des Volkswillens erschaffen. Die verdächtige Trägheit von fünfzehntausend besoldeten Arbeitern ward durch den Enthusiasmus von hunderttausend Freiwilligen vergütet. Im Taumel der Freiheit arbeiteten sie mit einem Eifer, einer Behendigkeit, mit einer Fröhlichkeit, mit einer Verschwendung der Kräfte, die man kaum noch begreift, wenn man sie auch selbst gesehen hat. Unendlich war die Abwechselung der arbeitenden Gruppen, und unbegreiflich, ohne die Begeisterung des Augenblicks in Rechnung zu bringen, die Ordnung, die allenthalben herrschte. Hier waren keine Wachen aufgestellt, hier kannte man nicht die gebieterische Stimme des Aufsehers, und noch weniger seinen Stecken; auch die Bienen und Ameisen bauen ohne Tyrannen und Satelliten, und vollenden doch in Eintracht den Bau ihres kleinen Freistaats.

Die Gerechtigkeit des Volkes heiligte eines jeden Eigentum, und schützte jedermann in seinem Recht. Kleidungsstücke und Uhren, die man während der Arbeit von sich gelegt hatte, blieben den ganzen Tag unberührt an ihrer Stelle liegen. Mit Trommeln und Kriegsmusik, die Schaufeln auf der Schulter, zogen die begeisterten Scharen Arm in Arm unter Freiheitsgesängen zu ihrem Tagewerk, und später als die Sonne verließen sie das Feld. Alte und Junge, Männer und Weiber, Herzöge und Tagelöhner, Generalpächter und Schuhputzer, Bischöfe und Schauspieler, Hofdamen und Poissarden, Betschwestern und Venuspriesterinnen, Schornsteinfeger und Stutzer, Invaliden und Schulknaben, Mönche und Gelehrte, Bauern aus den umliegenden Dörfern, Künstler und Handwerker unter ihren Fahnen kamen Arm in Arm in buntscheckigem Zuge, und griffen rüstig und mutig zur Arbeit. Tausend rührende Züge des überall rege gewordenen Gefühls verherrlichten diese geschäftige Szene; tausend gutmütige Scherze, tausend Beweise des Gallischen Frohsinns, tausend Beispiele der Ehrliebe, Großmut und Uneigennützigkeit des Pöbels versöhnten die gedemütigte *Morgue* des Adels. Um des Schauspiels Täuschung zu vollenden, erschien auch L u d - w i g d e r S e c h z e h n t e, ohne Leibwache, ohne Gefolge, allein in der Mitte von zweimalhunderttausend Menschen, seinen Mitbürgern, nicht mehr seinen Untertanen. Er nahm die Schaufel, und füllte einen Schiebkarren mit Erde, unter lautem Jauchzen und Beifallklatschen der Menge. Alles drängte sich zu ihm hin, nannte ihn F r e u n d und V a t e r, und gab ihm alle die süßen Namen, welche der Despot aus dem Munde seiner Schmeichler nie hört, und welche nur ein guter und gerechter König aus dem Munde eines freien Volkes hören kann.«

In den drei Tagen, die er und Humboldt in Paris waren, wurde Forster vom Freund zum engagierten Parteigänger der Revolution. »Er hatte ihre Erfolge in dem schönsten Bilde der freiesten Ergießung von Freude und Einigkeit gesehen. Erst jetzt war sie für ihn in die Wirklichkeit übergetreten; alles, was fortan dort vorging, knüpfte sich an diese Wirklichkeit, jeder Handelnde, Re-

17 *Vorbereitung des Föderationsfestes.*

dende hatte für ihn ein persönliches Interesse gewonnen. Zwei
Jahre lang nährte sich seine Phantasie und sein Geist mit dieser
großen Begebenheit, und ohne auf die entfernteste Weise mit ihr
in Berührung zu stehen, bereitete dieses Interesse ihn zu dem
Standpunkt vor, auf den ihn die Begebenheiten des Octobers
1792 versetzten.«

Guter Genius

Ökonomisch gesehen war die Reise, an die Forster so große Hoffnungen geknüpft hatte, ein Fehlschlag. In ihren *Nachrichten von
Johann Georg Forster's Leben* zog Therese eine vernichtende Bi-
lanz: »Keine seiner Erwartungen ward befriedigt. Es schien ihn
kein Segen auf keinem Schritt dieser Reise begleitet zu haben.«
Die einzige Unternehmung, die ihm gelungen sei, habe mehr
gekostet als eingebracht, bemerkte sie sarkastisch. Forster hatte
nämlich einen Londoner Buchhändler aufgetan, der ihm interessante Bücher und Landkarten druckfrisch zuschicken wollte.
Er glaubte sich damit auf dem heißumkämpften Übersetzungs-
markt einen Vorsprung verschaffen zu können. Zwar hatte er tatsächlich einen reichen jungen Engländer gefunden, der als Kost-

gänger in sein Haus kam. Thomas Brand, so sein Name, wollte Deutsch lernen, um Kants Schriften im Original lesen zu können. Aber Forster verstand es nicht, daraus finanziellen Vorteil zu ziehen. »Statt sich die Gelegenheit einer Pension von einem reichen Engländer zu Nutze zu machen, berechnete er sie für einen deutschen Beutel, und jeder Geldvorteil fiel hinweg.« Der einzige Gewinn, den er aus dieser Reise gezogen habe, sei wohl die Freundschaft mit Alexander von Humboldt gewesen.

Und das Buch, das er aus Tagebuchaufzeichnungen, vor allem aber aus den Briefen an sie komponiert hatte? War das für sie tatsächlich n i c h t s ?

Nach der Ankündigung des Werkes war es Forsters Schwiegervater ganz bange geworden. Einen Erfolg hielt er für höchst zweifelhaft. Schließlich hatte Forster diesmal nicht unerforschte Südseeinseln besucht, sondern zivilisierte europäische Länder nebenan. Unbekanntes also werde er seinem Publikum nicht bieten können, dafür gebe es reichlich Gelegenheit, durch allzu freimütige Äußerungen Anstoß zu erregen, zumal in diesen politisch aufgeregten Zeiten. »Sie gehen auf Kohlen, und ich wünsche daß Sie nichts schreiben, was Ihre Ruhe untergräbt.« Einen Brief später präzisierte er, was ihm besondere Sorgen bereitete: »Ich hörte, Sie würden die Briefe an unsre Therese richten; wie leicht wäre es da, zum Exempel, daß Sie mehr Zärtlichkeit ausdrückten als einmal der gesellschaftliche Zustand erlaubt!«

1791 erschien in der Vossischen Buchhandlung in Berlin der erste Band der auf drei Teile berechneten *Ansichten vom Niederrhein, von Brabant, Flandern, Holland, England und Frankreich im April Mai und Junius 1790*, ein Jahr später der zweite Band. Zum geplanten dritten, England und Frankreich behandelnden Teil ist es nicht gekommen. Huber hat ihn nach Forsters Tod aus dessen Tagebüchern zusammengestellt.

Eben das, wovor Heyne Angst hatte, macht den besonderen Reiz der *Ansichten* aus. Gerade weil Forster über die bereisten Länder wenig Neues mitteilen konnte, mußte er selbst, sein Empfinden, Denken, Urteilen dem Buch Interesse geben, wie er erkannte. So persönlich und im besten Sinne unwissenschaftlich hatte in deutschen Landen bisher wohl niemand von seinen Reisen erzählt.

Die Literaturwissenschaftler, die es preisen, haben sich kaum dafür interessiert, daß es ein Werk der Liebe ist und durch die Empfängerin wesentlich mitgeformt wurde. Forsters Reisebriefe an Therese sind nie als eigenständige Veröffentlichung erschienen. Dabei ist auch hier wie so oft die Skizze in vieler Hinsicht reizvoller als das ausgeführte Gemälde. Die lebendige, ungezwungene Sprache der Briefe hat Forster bei der Bearbeitung nicht immer glücklich ins literarisch Gewählte gehoben. Politischen Ereignissen gab er darin sehr viel mehr Raum, das Private – seine Liebeserklärungen – löschte er, wie es der Schwiegervater gewünscht hatte. So ganz konnte und wollte Forster aber seine Muse doch nicht verleugnen. Er huldigte ihr in einer kryptischen Widmung im hohen Stil. Es ist, als wäre seine Liebe zur Grimasse erstarrt.

»In des Wanderers Busen wirktest Du seiner Empfindungen schöneres Gesetz. Ihre Schöpfung sei Dir geweiht! Laß die Weihe den Wert erhöhen, damit etwas an der Gabe dem Geber eigen sei.

Ist der Priester nur kühn, der seinem guten Genius vor allem Volk die Opferschale lehrt? oder wer ahndet in Einem lohnenden Blick die große, reine, stille Wonne seiner Vollendung?«

Wilhelm von Humboldt an Georg Forster: »Ihre Ansichten haben mir viel Freude gemacht. Sie haben so viele wahrhaft genialische Stellen. Nur Eins, lieber Freund, lassen Sie mich Ihnen aufrichtig gestehn. Die Dedikation habe ich ganz und gar nicht verstanden. Alexander sagte mir, sie sei an Ihre Frau. Können Sie mir nicht ein paar Worte der Erläuterung geben?«

Therese hat Forsters Opfergabe verschmäht, wie es scheint. Vielleicht, weil das Buch sie unangenehm an ihre Treulosigkeit erinnerte? Während er auf Reisen war und ihr die Welt in seinen Briefen zu Füßen legte, küßte sie einen anderen.

»Nun fingen wir uns zu lieben an, Huber und ich – denn eh

18 Ludwig Ferdinand Huber.
Zeichnung von Dorothea Stock, 1784.

Forster nach England ging, hatten wir nie in irgend einen Verhältnis gestanden – der Zufall entdeckte unsern Herzen, wie nahe sie waren, und Forsters häusliche Ruhe war dahin. Er war unendlich edel, gut, menschlich – aber vor dem Unglück, was ihn
traf, konnte ihn nichts hüten – lieben konnte ich ihn nicht, und
lieben – nun zum erstenmal aus Herz und Sinnen und Verstand –
lieben mußte das liebevollste Herz, das jetzt nicht mit dem Ungestüm erster Jugend, aber der unabänderlichen Innigkeit eines
gebildeten Gefühles liebte.«

»Nun ward ich glücklich durch I h n! – Das Gefühl von Forsters Elend erwachte nun in mir, und in der Unmöglichkeit von
ihm Glück zu empfangen, war es nun meines Lebens Zweck ihn
zu beglücken – dazu mußte ich ihn betrügen, denn er forderte
ja, was ich ihm nicht von Herzen geben konnte. So ging es seit
er aus England zurück kehrte. Bald sah er mein Verhältnis zu
Huber, ich verneinte es nicht, bot ihm aber, sowie es ihn auf-
brachte, an, Huber nicht mehr zu sehen. Er wiederholte seine
Raserei. Huber mußte in unser Haus ziehen. Es fielen fürchterliche Krisen vor, er bot mir einst in Leidenschaft S c h e i d u n g

an. Alles hatte den Gedanken in mir entfernt. Ich schlug sie
aus, bat um Erlaubnis mich von Huber zu trennen, den ich entfernt und nah gleich lieben würde – er bestand auf unsern alten
Verhältnis. Er liebte, vertraute, bedurfte Huber, er wußte wie heilig sicher sein Interesse in Hubers Händen war.«

»Forster hätte müssen den Freund oder sein Weib aufopfern,
und hatte zu beiden keinen Mut. Der Mann und ich wünsch-
ten nur zusammen unter Forsters Augen zu leben, und seufzten
nach dem Alter, das mit seinem Eis unser glühend Herz kühlen
würde. Aber alle drei gut und edel, uns verstehend, und unser
Glück wünschend hatten wir sehr glückliche Zwischenzeiten,
so elend auch unser Inneres war, denn wir fehlten alle dreie gegen unsre Pflicht.«

In Mainz, Worms und Speyer wimmelt es von französischen
Emigranten, deren großspuriges, arrogantes Auftreten bei der Bevölkerung nicht gut ankommt. Forster hat die zweite große Wohnung in seinem Haus übernommen, den bisherigen Mieter aus-
gezahlt und Huber, der immer noch mit Dora verlobt ist, bei
sich einziehen lassen. In seinen Briefen an Verwandte und Bekannte versucht er, die Fassade der glücklichen Familie aufrecht-
zuerhalten, auch wenn das immer schwerer fällt.

»Ich lebe hier eingeschränkt, und in häuslicher Ruhe vergnügt«,
schreibt er am 17. Mai an Herder. »Meine Therese ist heiter und
froh unter ihren Kindern. Zwei Mädchen haben wir; von einem
dritten Kinde erwartet das liebe Weib ihre Entbindung in einigen Tagen«. In einem Brief an Heyne vom gleichen Tag klingt
das so: »Therese hofft in wenigen Tagen auf ihre Befreiung von
der Bürde, die ihr diesmal mehr Ungemach als gewöhnlich verursacht hat.«

Am Morgen des 4. Juni 1791 wird Thereses drittes Kind geboren, wieder eine Tochter, Luise. Pate ist ihr Hausarzt Georg Wedekind. Weder sie noch Forster scheinen sich darüber gefreut haben. Während der ganzen Zeit ihrer Schwangerschaft hat sich Therese elend gefühlt. Auch Forster ist oft krank. Wie eh und je schreibt er verzweifelt gegen die wachsenden Schulden an, »wie in der Galeere an die Feder geschmiedet«. Während Therese in den Wehen liegt, bringt er, »der unvermeidlichen Unruhe und Störung ungeachtet«, die Einleitung zu einer auf viele Bände angelegten Sammlung von Reisebeschreibungen zu Ende. Zum Lesen französischer Zeitungen komme er leider nur beim Mittagessen, was Therese ungern sehe, klagt er dem Schwiegervater. Seine literarischen Projekte stehen immer mehr im Zeichen der Revolution.

Mit Spannung hatte er auf Burkes *Reflections on the Revolution in France* gewartet und das Werk seinem Verleger Voß unbesehen zur Übersetzung vorgeschlagen: »Es erschien endlich am Montag, den 1. November und am 5ten November war bereits die ganze erste Auflage von 4000 Exemplaren vergriffen. Mehr braucht man wohl nicht zu sagen, um die Wichtigkeit dieses Werkes anschaulich zu machen.« Er erwartet sich viel davon. Burke war ein *Whig*, ein Abgeordneter der Liberalen, der als Chefankläger im Staatsprozeß gegen Warren Hastings* als Anwalt der ausgebeuteten indischen Bevölkerung und der in ihr geschändeten menschlichen Natur aufgetreten war.

Als Forster Burkes Schrift dann liest, ist er bitter enttäuscht.

---

* Warren Hastings (1732-1818), Generalgouverneur von Britisch-Ostindien, der während seiner Amtzeit Macht und Reichtum der East India Company durch moralisch höchst zweifelhafte Mittel befördert hatte, wurde nach seiner Rückberufung der Prozeß gemacht, der sich von 1788 bis 1795 hinzog und mit Hastings' Freispruch und seinem finanziellen Ruin endete. Während ihres Aufenthaltes in London hatten Forster und Humboldt einen Verhandlungstag besucht. – Der dritte Teil der *Ansichten vom Niederrhein* enthält einen Bericht darüber.

»Ein so schales, pedantisches und unbefriedigendes Gewäsch, daß ich es unmöglich wagen kann, solches zu übersetzen«, knurrt er. In England, wo der Verfasser allgemein bekannt sei, sei so etwas ja vielleicht trotzdem verkäuflich, aber für den deutschen Leser wünsche man sich doch etwas Gründlicheres.«

Aber natürlich hatte Forster die Sprengkraft von Burkes Pamphlet sofort erkannt. Sie lag nicht in der politischen Philosophie des Verfassers, der behauptete, daß die Menschen von Natur nicht gleich, sondern ungleich seien, die Existenz von natürlichen Rechten leugnete und die Legitimation von Herrschaft durch Tradition und Geschichte begründet sah, sondern in seinen mit Leidenschaft vorgetragenen düsteren Prophezeiungen, von denen viele sich erfüllen sollten. Die Revolution würde in Chaos und Gewalt versinken und am Ende in eine Militärdiktatur führen, warnte er in hellsichtigem Mißtrauen gegen radikale Reformer (»sie versuchen niemals zu korrigieren oder zu regulieren; sie verfahren nach dem kürzesten Weg und reißen das Haus ab«) und gegen politisches Handeln auf Grund von Prinzipien und Theorien: »Ich habe keine hohe Meinung von jener abstrakten, metaphysischen, ungewissen Menschlichkeit, die kaltblütig jene Menschen, mit denen wir täglich verkehren, auf der Stelle ins Unglück stürzt – im Namen eines zukünftigen und ungewissen Nutzens für Menschen, die nur in der Vorstellung existieren.«

Einen mehr als ebenbürtigen Gegner fand Burke in Thomas Paine. Der aus England stammende Sohn eines Korsettmachers, der bei seinem Vater in die Lehre gegangen war, bildete sich danach autodidaktisch weiter. Eine Zeitlang schlug er sich als Privatlehrer durch. 1774 ging er nach Amerika, wo er wenig später die Abspaltung der Kolonien von Großbritannien anstieß und entscheidend beförderte, zuerst mit einem Zeitungsartikel, dann mit der Schrift *Common Sense*, die für unabhängige, demokratisch regierte »Vereinigte Staaten« plädierte. Sie wurde ein ungeheurer Erfolg – in den ersten drei Monaten wurden 120 000 Exemplare verkauft – und trug entscheidend zur amerikanischen Unabhängigkeitserklärung bei. Nun also machte sich Paine, mitt-

*19 Thomas Paine. Stich von
William Sharpe, nach dem Gemälde
von George Romney, 1792.*

lerweile wieder in England, ein zweites Mal für eine Revolution stark. Wohl auch aus enttäuschter Liebe. Wie Forster hatte er bisher geglaubt, daß Burke auf seiner Seite stünde. Christopher Hitchens, der Paines Gegenrede eine spannende Monographie gewidmet hat, nennt sie »einen der ersten modernen Texte«, ein »begeisterndes Fanal« *(a trumpet of inspiration)* und eine »sorgfältig gearbeitete Blaupause für eine vernünftigere, anständigere Gesellschaftsordnung«.

Am 4. Juni 1791 schrieb Forster an Voß:

»Ich habe aus England eine b e w u n d e r u n g s w ü r d i g e Schrift von Thomas Paine, dem berühmten Verfasser des *Common sense* erhalten. Sie heißt *T h e R i g h t s o f M a n* und ist wider Herrn Burke gerichtet. Vier Editionen sind schon vergriffen, Sie ist aber so d e m o k r a t i s c h, daß ich sie wegen meiner Verhältnisse nicht übersetzen kann. Madame Forkel übersetzt sie und ich will sie ihr revidieren.«

Wer war diese Madame Forkel? Forsters Biographen haben sich für seine Beziehung zu ihr wenig interessiert, und auch sie selbst ist wegen ihres »lockeren Lebenswandels« lange mit Mißachtung gestraft worden. Es ist erstaunlich, wie leichtfertig wir oft moralische Urteile der Vergangenheit übernehmen, deren Prämissen wir längst nicht mehr teilen. Erst 2001 ist die erste Biographie über diese Frau erschienen, die wie Therese und Caroline eine Professorentochter aus Göttingen war.

Sophia Margareta Dorothea, genannt Meta, geboren 1765 als Tochter des Göttinger Stadtpredigers und Philosophieprofessors Rudolf Wedekind. Mit sechzehn flüchtet sie in die Ehe mit Johann Nikolaus Forkel, dem angeblichen Liebhaber von Therese Forsters Mutter, und wird mit ihm unglücklich. Mit achtzehn schreibt sie einen Roman, dessen Figuren nach Göttinger Modellen gezeichnet sind. Unnötig zu sagen, daß ihr das Hohn und Spott einträgt. Eine Affäre mit dem Dichter Gottfried August Bürger zerbricht, angeblich, weil die »liederliche« Meta andere Liebhaber neben ihm hat, weshalb Bürger sich in seiner Ehre gekränkt fühlt, sie öffentlich denunziert und ihr den anzüglichen Schimpfnamen Furciferaria verpaßt. Meyer alias Assad, der Therese nicht lange zuvor mit Forster sitzengelassen hatte, schreibt an ihn: »Über die Furciferaria, die ich freilich nicht mag, weil sie mir immer zu schmutzig war, auch nicht verstand sich zu kleiden, kann ich dennoch nicht urteilen wie Ihr. Daß sie mehrere zugleich geliebt und genossen hat, harmoniert sehr mit meinen Grundsätzen; ich tue das nämliche so gut ich kann und weiß, und gestehe Euch, ich finde ein solches Behagen daran, daß ich ordentlich seitdem ich dieses erfahren eine Art *Estime* für sie gefaßt habe.«

Meta flüchtet nach Berlin, wohin ihr ein Göttinger Theologiestudent folgt. »Er ist der Unglückliche unter vielen andern, die gleiches Recht dazu hätten«, weiß Caroline Böhmer. Beraten und unterstützt von dem Theaterdirektor und Schriftsteller Johann Jacob Engel versucht Meta, sich als Übersetzerin aus dem Englischen und Französischen eine eigene unabhängige Existenz zu schaffen. Im August 1789 kommt sie nach Mainz, um ihren Bruder Georg zu besuchen und Beziehungen zu Forster zu knüpfen, der sich ihrer annimmt, hoch erfreut, eine Mitarbeiterin für seine »Übersetzungsfabrik« gefunden zu haben. Er wird ihre Übersetzungen durchsehen, mit Einleitungen und Fußnoten versehen und unter seinem zugkräftigen Namen veröffentlichen, so wie es sein Vater einst mit ihm gehalten hat. (Nur gelegentlich, bei Romanen und einem pädagogischen Ratgeber für junge Mädchen, arbeitete sie »in eigener Regie«.)

Zurückgekehrt nach Göttingen und zu ihrem Mann, machte sich Meta an die Arbeit. Auf Bitten Forsters unterstützte Heyne sie mit den nötigen Büchern. »Die gute Frau! wenn das Übersetzen sie nur zu einer guten Hausfrau machte! Von daher kam doch der erste Quell des Übels! Daß Forkel nicht weniger Schuld haben mag, zweifle ich gar nicht; daß sie auch selbst mehr zu bedauern als anzuklagen ist, gebe ich zu. Aber sie sollte doch den äußerlichen Wohlstand beobachten, und nicht den Tag zehenmal als eine Schlumpe und Bacchante über die Straße laufen.«

Einer der ersten Aufträge war ein Reisebuch von Helen Maria Williams' Freundin Mrs. Piozzi. Die Honorare ließ Forster ihr durch den Schwiegervater zukommen: »Ich fürchte, gäbe ich es auf die Post an diese gute Frau adressiert, so könnte es ihrem gewissenlosen Manne in die Hände fallen, der es ihr nicht nur vorenthalten, sondern vielleicht gar den Empfang ableugnen könnte.«

Im Mai 1791 war Meta wieder in Mainz und bald ganz von der Paine-Übersetzung in Anspruch genommen. Sie verbrachte täglich viele Stunden mit Forster, in seinem Arbeitszimmer und abends am Teetisch, und wurde seine Vertraute, zu einer Zeit, da er Freundschaft bitter nötig hatte: »Du bist mir eine nachsichtsvollere Freundin als alle andere um mich her, und soviel Selbstverleugnung habe ich noch nicht gelernt, das Angenehme dieser Empfindung entbehren zu mögen, wenn ich es genießen kann.« Nach außen hin gab er sich als Metas wohlwollender, männlich überlegener Beschützer, der über die gewöhnlichen Vorurteile der Gesellschaft erhaben war. Doch der ungenierte, grobe Ton, den er ihr gegenüber manchmal anschlug – hat er nicht etwas Verachtendes? »Huber ist dick und fett, wie immer«, schrieb er zum Beispiel, oder »die alte Vettel in Petersburg«, womit er die russische Zarin Katharina meinte.

Um den 21. Juni, nur vierzehn Tage nach der Geburt von Tochter Luise, machten sie zusammen eine etwa einwöchige »Erholungsreise« nach Karlsruhe. Forster, der elf Jahre älter war als Meta, gab sich als ihr Stiefvater aus. Es ist schwer, für diese Eskapade eine unschuldige Deutung zu finden. Vielleicht gibt es sie.

Unterwegs erfuhren die beiden von der vereitelten Flucht des französischen Königs. Wie sich bald zeigte, war das der Anfang von seinem Ende. Bisher hatte er das Wohlwollen der Öffentlichkeit genossen, nun schlug die Stimmung um. Das Volk fühlte sich von ihm verraten.

Forster und seine »Tochter« nahmen die Nachricht mit höhnischem Triumph auf. Das erfahren wir aus dem Brief, den Meta nach der Rückkehr an Forsters Verleger schrieb, um ihn dazu zu überreden, ihre Übersetzung von Paines *Rights of Man* doch in sein Verlagsprogramm zu nehmen, was er zuvor abgelehnt hatte. Die Sache war ihm wohl einfach zu heiß.

»Sie haben den Paine abgewiesen, und der gute Forster hat mir das mit einem Jammergesicht kund getan, als spräche er ein Todesurteil, denn er war seiner Sache so gewiß, daß wir auf einer ganzen Reise (wohl zu verstehn, wie ich bin 7 Tage lang mit ihm dem Könige von Frankreich entgegengereist) so oft uns ein Aristokrat begegnete, gegen einander ausriefen: »Die Menschheit hat ihre Titel zum Altare gebracht, und die Vernunft ein Brennopfer damit angezündet.« Paine p. 17. Doch nebenher, mich hat Ihre Weigerung nicht betrübt, weil ich fest überzeugt bin, wenn Sie das Buch sehen, so können Sie nichts weiter als es drucken, und wenn Hochverrat darauf stünde, und Hochverrat ist's freilich, die geweihten Götzen vieler Jahrhunderte nieder zu reißen. Gott Paine muß in keiner Winkel-

buchhandlung, er muß bei G o t t Voß oder gar nicht erscheinen. Mein Manuskript ist beinahe fertig; ich vollbringe es ganz,
Forster macht seine Noten, durchsucht usw., ich – wofern nicht
ein ausdrückliches Verbot mit Feuer und Schwert von Ihnen
ankommt – ich siegle ein, schicke es Ihnen, o h n e F o r s t e r z u
s a g e n w o h i n, und Sie – werfen es entweder in's Feuer oder
drucken es und ich bin ganz ruhig wegen seines Schicksals.«

Voß druckte es tatsächlich, sicher auch angesichts der außerordentlichen Resonanz, die Paines Schrift in England gefunden
hatte. Mit Metas Übersetzung war er höchst unzufrieden. Forster gab ihm demütig recht. Er werde Madame Forkel in Zukunft
nicht mehr so gehaltvolle Bücher zur Übersetzung anvertrauen.
Leichtere Literatur – Romane und Reisebeschreibungen – sei bei
ihr besser aufgehoben. Zugleich bat er Voß inständig, Meta seine
Kritik zu verschweigen, sie sei gedrückt genug und ihr körperlicher und seelischer Zustand besorgniserregend.

Allerdings läßt sich die Beschwerde von Voß nicht recht nach-
vollziehen. »Bei objektiver Beurteilung ihrer Übersetzung gelangt
man zu dem Ergebnis, daß diese Leistung durchaus anerken-
nenswert ist«, urteilt Theo Stemmler. »Frau Forkel übersetzt auch
schwierige idiomatische Wendungen in ein lesbares Deutsch,
folgt meist genau dem Wortlaut des Originals, ohne jedoch pe-
dantisch an der syntaktischen Konstruktion der Vorlage festzu-
halten.« Zwar habe sie einige Fehler gemacht, aber das sei Friedrich Gentz bei seiner zu Recht gerühmten Übersetzung von
Burkes *Reflections* auch passiert. Vielleicht schlug Voß den Sack
und meinte den Esel, weil es ihn mittlerweile schon wieder reute,
sich auf die Veröffentlichung dieses aufrührerischen Textes mit
seinen zündenden Formulierungen eingelassen zu haben?

»Für die Lebenden, und nicht für die Toten muß gesorgt werden.«

»Legt also die Axt an die Wurzeln und lehret die Regierungen Menschlichkeit.«

Der erste Teil von Paines *Die Rechte des Menschen* erschien
im Frühjahr 1792, anonym. Als »kleines Verdienst, welches un-

sere Ausgabe selbst vor der Urschrift auch alsdann vorausbehält, wenn sie auch alle Unvollkommenheit der Übersetzung an sich trüge« – so Forster in seinem Vorwort –, enthielt sie im Anhang den vollständigen Text der französischen Konstitutionsakte, »Frankreichs *Magna Charta,* wie der König sie am 14. September 1791 beschworen hat«.

Die rechtliche Gleichstellung der Frauen war in der neuen Verfassung nicht vorgesehen. Dagegen wehrte sich Olympe de Gouges in Paris mit einer *Deklaration der Rechte der Frau und Bürgerin.* Sie beginnt mit dem Satz: »Die Frau ist frei geboren und bleibt dem Manne gleich in allen Rechten.« Ihr Einspruch wurde von den Gesetzgebern ignoriert und im Ausland möglichst totgeschwiegen. In deutschen Bibliotheken hat sich bisher kein einziges Exemplar gefunden.

Vielleicht aber gab diese Erklärung den letzten Anstoß zur *Vindication of the Rights of Woman,* die Mary Wollstonecraft in heiligem Zorn in etwa sechs Wochen herunterfetzte. In ihrer Widmungsadresse an den französischen Minister »M. Talleyrand-Périgord, ehemaliger Bischof von Autun« beklagte sie eine Verfassung, die angeblich auf rationalen Prinzipien gründete, aber die Hälfte der Menschheit ausschloß. Wenn Frauen wie Männer über die Gabe der Vernunft verfügten, was für ein Recht hatten diese dann, ihnen alle bürgerlichen und politischen Rechte zu versagen und sie dazu zu verdammen, eingemauert in ihre Familien im Dunkeln herumzutappen? Um das rechtfertigen zu können, würden die Männer erst einmal beweisen müssen, daß Frauen keine vernunftbegabten Wesen seien, sonst sei die neue Konstitution ungerecht, despotisch und unmoralisch, da die bestehende Ungleichheit der Geschlechter die Wurzel vieler individueller und gesellschaftlicher Übel sei.

In einem Punkt aber kündigte sich darin doch eine epochale Verbesserung auch und besonders für die Frauen an: »Das Gesetz betrachtet die Ehe nur als einen bürgerlichen Kontrakt.«

»Goethe bei der Armee! Welche Profanation«, rief Forsters Schwiegervater aus. Aber Herzog Carl August von Sachsen-Weimar-Eisenach, ein Neffe des Herzogs von Braunschweig, der am 19. August 1792 mit seinen Ascherslebener Kürassieren in Frankreich einmarschiert war, hatte Goethes Anwesenheit ausdrücklich gewünscht, und so reiste der Dichter ihm nach. Unterwegs machte er für zwei Tage in Mainz Station. Gleich nach seiner Ankunft am 20. August wurde er vom Königlich Preußischen Kammernherrn von Stein, »der sich im Haß gegen alles Revolutionäre gewaltsam auszeichnete«, über die bisherigen Erfolge der Verbündeten informiert und mit einem Auszug des geographischen Atlas für Deutschland versehen, der unter dem Titel *Kriegstheater* erschien. Mittags speiste er mit einigen attraktiven französischen Emigrantinnen, die er »mit Aufmerksamkeit zu betrachten Ursache hatte«.

Die beiden Abende verbrachte er bei Sömmerings, zusammen mit Forsters, Huber und Caroline Böhmer, die sich seit einiger Zeit in Mainz aufhielt. Sie seien in »heiterster Stimmung« gewesen, schrieb er in der *Kampagne in Frankreich*, seinem Bericht über den Feldzug. »Am Montag, als guter Wein in Strömen floß und das Gespräch sich entzündete, und am Dienstag, als man Bier trank – ›wobei denn für die allgemeine Konversation viel verloren ging‹ –, genoß die Gesellschaft die letzten Stunden einer alten Welt, von der sie halb wußten und halb sogar hofften, daß sie den Winter nicht überleben werde.« So Goethes Biograph Nicholas Boyle. Aber wahrscheinlich war es mit dem Genießen nicht so weit her gewesen. Die Mainzer und der Gast aus Weimar standen schließlich in feindlichen Lagern. Deswegen war von politischen Dingen auch nicht gesprochen worden, wie Goethe betont. »Man fühlte, daß man sich wechselseitig zu schonen habe: denn wenn sie republikanische Gesinnungen nicht ganz verleugneten, so eilte ich offenbar mit einer Armee zu ziehen, die eben diesen Gesinnungen und ihrer Wirkung ein entschie-

20 *Landschaft mit Freiheitsbaum.*
Aquarell von Johann Wolfgang von Goethe, 1792.

denes Ende machen sollte.« Doch in den Aufzeichnungen zur
Kampagne in Frankreich findet sich der Satz: »Große republikanische Spannung der Gemüter; mir ward unwohl in der Gesellschaft.«

Vielleicht ging es Forster ebenso? Am Morgen nach dem ersten
Abend mit Goethe machte er seinem Herzen in einem Brief an
seinen Schwiegervater Luft. »Die letzten Auftritte in Paris lassen wenig Hoffnung, daß sich Alles so leicht werde abtun lassen, als unsere Monarchen es geglaubt haben«, meinte er, auf

die Erstürmung der Tuilerien anspielend. Die Pariser hätten die Worte des Manifestes des Herzogs von Braunschweig mit Handlungen erwidert »und dadurch den Herzog gleichsam herausgefordert seine Drohungen zu erfüllen. Ob er es leicht wird können, steht dahin.« Nachdem Forster sich über die eigensüchtige, unkluge Politik der Allianz ausgelassen und in Rage geredet hat, kommt er noch einmal auf die Zukunft zu sprechen: »Wie wird es jetzt noch gehen! Welchen Szenen können wir nicht entgegensehen! Wie wird der Krieg sich in die Länge ziehen, und wohin kann das Feuer noch kommen? Welche Folgen für ganz Europa können noch aus diesen Bewegungen hervorgehen!«

Für seine eigene Zukunft sah er schwarz. Die finanzielle Lage desolat, seine Ehe ein anderes Kriegstheater. Er sei ärmer, als er je in seinem Leben gewesen sei, schrieb er an Meta. »Mit einem Worte, alles geht rückwärts. Das sind allemal die Nachwehen der Disharmonie im Hause!«

Am 17. November des Vorjahres war die kleine Luise gestorben, nicht trotz, sondern eher wegen unausgesetzter ärztlicher Bemühungen. »Wir haben unsern beiden jüngsten Kindern die Pocken einimpfen lassen, weil bösartige Blattern grassieren. Alles schien gut zu gehen, allein das schwache, sechsmonatliche Luischen bekam unter dem Ausbruch der Blattern Konvulsionen, die sonst dabei ein unschädliches, meist noch für günstig gehaltenes Symptom sind. Diesmal waren sie es nicht. Donnerstags Morgens hatte sie den ersten Anfall und nun folgten immer stärkere, die trotz aller angewandten Gegenmittel, Moschuspulver, Kampher, Klystier, Weinbähung [feuchtwarme Umschläge], Opium, nicht weichen wollten und das arme Würmchen um sechs Uhr Abends töteten. Man weiß nicht, wie weh das tut, bis man es erfahren hat. Meine Frau hat sich dabei indessen sehr brav gehalten, nur ist sie von der Spannung jetzt matt und schwach, mehr als sie es uns gestehen mag. Ein paar gute Nachtruhen werden doch viel zu ihrer Stärkung tun.«

Brav gehalten? Wie gefaßt und normal das klingt!

Therese an Johann Gotthard Reinhold im Februar 1805:

»Ich hörte das sterbende Röcheln meines Kindes mit der verzweiflungsvollen Beruhigung nun mit einem Bande weniger einem qualvollen Leben zu gehören. Huber saß neben mir und sah schaudernd mein kaltes eisernes Herz.«

Therese an Reinhold im Oktober 1805:

»Wie mein erstes Kind starb – es war in Mainz – es war schrecklich und unnatürlich denn ich durfte nicht weinen weil der unglückliche Forster meine Tränen haßte.«

Als Luischen starb, war Therese schon wieder schwanger. »Sie haben ihr jüngstes Kind an den inokulierten Blattern verloren. Forster sorgt indeß für Ersatz, und das ist zehnfach ärger – und wenn Sie das nicht für ein Leiden halten, wenn Sie Forster billigen können, der doch wissen muß, daß er seines Weibes Herz nicht besitzt – nun so sind Sie ungerecht – wie die Männer alle.« Ob wirklich Forster derjenige war, der für Ersatz sorgte? Ob Therese mit ihm schlafen mußte, um ihre Beziehung zu Huber zu verdecken?

Caroline Böhmers Brief war an einen vertrauten Freund gerichtet, der Forsters Ehe sehr gut kannte. Meyer hielt sich inzwischen wieder in Göttingen auf.

Nach dem frühen Tod ihres (ungeliebten) Ehemannes und zweier Kinder stand Caroline mit ihrem Töchterchen Auguste alleine da. Sie war auf der Suche nach einem neuen Leben und einer neuen Liebe. Im Winter 1791/92 hatte Therese ihre alte »Freundfeindin« zu einem längeren Aufenthalt nach Mainz eingeladen, und Caroline war tatsächlich gekommen. Sie mietete eine kleine Wohnung in der Welschnonnengasse, fünf Minuten von Forsters entfernt, und lebte praktisch mit ihnen zusammen, als Zuschauerin und Mitspielerin ihres Ehedramas, das sich immer mehr mit den revolutionären Ereignissen verwob.

Thereses viertes Kind kam am 21. April 1792 zur Welt, etwa sechs Wochen vor dem von ihr errechneten Termin. »Daher war kein Kinderzeug fertig, keine Vorkehrung getroffen, keine Wiege da; kurz wir haben eine lächerliche Szene gehabt; denn am Ende wußte man sich doch zu helfen.« Diesmal war es ein Sohn, »winzig klein, wie alle Kinder Thereses«, der Georg getauft wurde. Die Empfindungen des Vaters (?) waren von »gemischter Art«: »Freude, daß der kritische Zeitpunkt glücklich überstanden ist, daß alles gut geht, Mutter und Kind gesund sind; Freude, daß der Mann, der einmal den häuslichen Kreis einem glänzendern Glücke vorgezogen hat, nun auch die Bestimmung vor sich sieht, gewisse Ideen- und Gedankenreihen, die in einen weiblichen Kopf nie recht passen, dennoch einem seiner Kinder übertragen zu können und zu sollen; aber dies gemischt mit den Besorgnissen aller Schwierigkeiten, welche sich zwischen jenen Zeitpunkt der vollendenden Erziehung und diese Aussicht aus der Ferne noch häufen und sie vereiteln können, mit dem Gefühl vielfältigster Pflichten und vermehrter Beschwerde auf der Bahn des Lebens – vor allem mit dem Gedanken, daß das künftige Glück und die Zufriedenheit noch eines Menschen nun wieder von unserm Handeln abhangen muß.«

Seltsam gewundene Sätze.

Das Kind lebte nur drei Monate. Am Tag bevor es starb, waren Forster und Huber aus Frankfurt zurückgekehrt, wo sie die prunkvollen Feierlichkeiten anläßlich der Krönung des neuen Kaisers Franz II. miterlebt hatten. Sie war demonstrativ auf den 14. Juli gelegt worden. »Den Jammer der Mutter, die ihn selbst stillte, und dabei gesund geworden war, können Sie sich wohl vorstellen; folglich auch die allgemeine Zerrüttung, die seitdem in meinem Hause herrscht.«

Therese an Emil von Herder am 24. Juli 1810:

»Heute ist's der Jahrestag, daß mir im Jahre 1792 ein Sohn starb. Er war in jeder Hinsicht ein Kind der Tränen – zu früh geboren, weil mein gequältes Gemüt den Körper zerstörte, hatte ihn nur die künstlichste Sorgfalt erhalten – wie die höher steigende Sonne die Früchte reifte, entwickelte sich plötzlich Leben in ihm, das Kind ward schön wie ein Engelsbild – da waren viele Menschen von der Kaiserkrönung nach Mainz gekommen, alle die törichten Fürsten, die den losgerissenen Löwen mit ihren verjährten Kinderwaffen bändigen wollten. Ich hatte viele Gäste zur Wohnung, und heute viele, viele am Tisch. Da rief man Luisens Vater ab, und wie er zurück kam, sagte er mit errungener Fassung: Georg war krank, der Arzt hat ihn schon unter Händen – da eilte ich herab und der Knabe lag kalt ausgestreckt über der Wärterin Schoß. Ich schrie laut auf – da glänzten seine Augen noch einmal, und brachen dann. Und die vielen Gäste hatten das Trauerhaus verlassen – Forster war auf sein Zimmer gegangen, und in dem öden Saal, wo man geschwärmt hatte, saß ich allein und fühlte die furchtbare Zerrüttung meines Lebens – da schlug es halb zwölf, wie Huber hereintrat und mir sagte: jetzt ruht das Kind. – So lange hatte das Leben gekämpft.

Wie das Kind ins Grab getragen ward, sah ich ihn von meinen Fenster nach und weinte. Da zürnte Forster und sagte: bis ich auch dahin getragen werde, wird nichts besser werden. Da fühlte ich, daß wir schlechter wurden vom Beisammenleben, denn ich mußte ihn unmenschlich finden und mußte meine Indignation verhehlen. Aber da ich immer zu sterben hoffte und sein Unglück mein bitterster – ja mein einziger Schmerz war – denn er war ja mein böses Gewissen, so nahm eine Sehnsucht, jedes Gute ihm zu tun, nicht ab.«

Man fragt sich natürlich, weshalb Forster, Therese und Huber so lange bereit waren, an- und miteinander zu leiden. Die schlichte Antwort ist wahrscheinlich, daß ihnen eine Trennung noch unerträglicher schien.

Forster wollte Therese auf keinen Fall verlieren, wußte aber, daß er sie – wenn überhaupt – nur zusammen mit Huber behalten konnte.

Therese hing an Forsters Namen und fürchtete um ihren guten Ruf. Sie wollte nicht vor der Welt und ihrem Vater als Ehebrecherin dastehen.

Huber schließlich hätte zugeben müssen, daß er gleich zwei Freunde und eine Verlobte betrog.

Seit Jahren führte er nun schon ein Doppelleben. Immer noch war er mit Dora Stock in Dresden liiert, der er kühle, hinhaltende Briefe schrieb, aber nicht, wie es um ihn stand. So war es sein designierter Schwager Körner, der schließlich eine Erklärung erzwang: »Ich habe ihn aufgefordert das was er w a r und was er i s t streng und unbefangen zu vergleichen, und wenn er einen Unterschied finden sollte, ein Verhältnis abzubrechen, das seinen und Doras Lebensgenuß vergiften müsse, sobald es ihn nicht mehr würzen könne. Mein Ton muß ihn überzeugen, daß sein Verhältnis mit mir von keinem Zwange seiner Neigungen abhängt, und selbst mit Dora habe ich ihm die Möglichkeit einer k ü n f t i g e n F r e u n d s c h a f t nach Verfluß einer Zwischenzeit zu zeigen gesucht.«

Ein edelmütiger Vorsatz, mit dem Körner sich überschätzt hatte. Als Huber ihm antwortete – »und wenigstens offenherzig genug« –, daß er sich verändert fühle (»er habe geschwiegen, solange er die Folgen der Wahrheit nicht habe absehen können; aber verlangte Wahrheit könne er nicht vorenthalten«), schrieb er ihm »sehr kalt, daß er die F o l g e n d e s S c h w e i g e n s noch weniger voraussehen konnte, und daß es nicht fein war, mehrere Jahre von Doras Leben seiner Weichlichkeit aufzuopfern«. Die Antwort Hubers darauf nannte er abgeschmackt. »Er findet daß nach meinen Äußerungen zwischen uns noch eine Erklärung nötig sei, hat aber jetzt nicht Zeit dazu, weil – die Franzosen in Speyer sind, und er mit dem A r c h i v e der Sächsischen Gesandtschaft von Mainz nach Frankfurt flüchten muß!!!«

Dresden war eben doch sehr weit weg von den Kriegsschauplätzen am Rhein.

An Einem Tische

Rette sich wer kann! Die Einnahme von Speyer am 29. September kostete über tausend Mainzer Soldaten das Leben, die zur Verteidigung eingesetzt worden waren, und versetzte die Regierung von Mainz »in die jämmerlichste Angst«. Es war klar, daß sie nicht genügend Truppen hatte, um die Stadt gegen die Feinde zu halten. Per Anschlag ließ sie politische Gespräche in den Wirtshäusern verbieten, was gegen den Vormarsch der Franzosen nicht helfen konnte.

»Sie werden kommen um von der Stadt Besitz zu nehmen«, schreibt Forster am 5. Oktober an seinen Verleger. »Gestern ist alles was laufen konnte, von hier geflüchtet; alle französische Emigrierte besonders die Frauenzimmer, zu Wagen, zu Pferd, zu Wasser, zu Fuß. Der Domschatz, die Archive, die Meublen aus dem kurfürstlichen Schloß, alles ist fort: alle Domherren haben ihre Sachen geflüchtet und alle Vornehme desgleichen. Der Kurfürst kam gestern selbst von Frankfurt um bei dem Einpacken gegenwärtig zu sein und um halb zehn Uhr Abends fuhr er wieder in aller Stille zum Tor hinaus, nachdem er die Wappen hatte von seinen Kutschen abkratzen lassen, um nicht erkannt (und aufgehalten?) zu werden.« Sogar die Gelder der Witwen- und Waisenkasse hatte er mitgenommen.

»Das panische Schrecken des Adels und der Pfaffen ist über allen Begriff. Vier Tage hat das Flüchten gewährt und fünfzehn Meilen in die Runde hat sichs verbreitet. In unserer ganzen Straße ist nur noch ein Haus außer dem meinigen, wo nicht Alles fortgelaufen wäre«, berichtet Forster am 9. Oktober dem Schwiegervater, der ihm ebenfalls dringend zur Flucht geraten hatte.

Am Morgen des 20. Oktober stieg er auf den Turm der St. Stephanskirche, von wo man das französische Lager übersehen konnte. Etwa 12 000 Soldaten, schätzte er. Weitere 20 000 Mann wurden erwartet. »Wir sind hier ganz ruhig. Wir können uns gegen die Schüsse wohl in Sicherheit setzen, und bei der Übergabe, die doch wahrscheinlich durch Kapitulation geschieht, haben wir nichts zu fürchten.« Vielleicht hatten sie – hatte er – sogar mehr zu hoffen, als zu fürchten?

Einen Tag später war es dann soweit. »Die Kapitulation ist gestern geschlossen worden, und heute Morgens werden die französischen Truppen einziehen. Den Einwohnern ist für Person und Eigentum vollkommene Sicherheit verheißen. Therese küßt Ihre Hand; sie ist nicht einen Augenblick bange, aber wohl gestern während der Ungewißheit ein wenig ungeduldig gewesen. Mehr oder weniger waren wir es Alle.«

Die Stadt war ein Meer vom Blau-Weiß-Rot der Trikoloren, Bänder und Kokarden, die sich viele Bürger zum Empfang der Franzosen vorsorglich beschafft hatten. Nach sechsmonatigem Feldzug und Kampieren im Freien waren die Soldaten äußerst verschmutzt und zerlumpt. »Aber es sind sehr viel schöne Leute darunter, und Alles hat den französischen Frohsinn und *bonhomie* im höchsten Grade. Offiziere und Gemeine sind wie Brüder, ein Herz und eine Seele, und essen in den Wirtshäusern an Einem Tische miteinander. Der General Custine ist ihnen ein Gott, bei dem sie schwören; er hat einen unglaublichen Grad von Liebe bei ihnen und darf ihnen mit unumschränkter Macht gebieten.«

Fast gleichzeitig mit den Franzosen war Meta Forkel in Mainz eingetroffen, nicht lange nachdem sie an einem ländlichen Rückzugsort (Frensdorf bei Bamberg) ein Kind geboren hatte. Es war bei Pflegeeltern zurückgeblieben. Sein Vater war der aus Franken gebürtige Johann Heinrich Liebeskind, der in Göttingen Jura studierte. Eine Heirat kam vorläufig nicht in Frage.

Meta wohnte diesmal nicht bei ihrem ziemlich schwierigen Bruder, sondern bei Caroline Böhmer, die sie großmütig bei sich aufnahm. »Man hat sie mir nicht aufgedrungen – ich habe selbst die erste Idee gehabt. Ich kannte sie beinah gar nicht – hab aber keinen Haß gegen Sünder, und keine Furcht für mich. Die Frau gefällt mir bis jetzt – ich bin gut mit ihr –«.

Nach Metas angeblich mißlungener Paine-Übersetzung hatte Forster neue Literatur für sie gefunden, »welche ihren Fähigkeiten angemessen« sei, wie er seinem Verleger beteuerte. Meta werde unter seiner Aufsicht arbeiten! Doch Voß gab den Auftrag für die Übersetzung der *Topographical Description of the Western Territory of North America* dann an den Professor Zimmermann in Braunschweig. Als es unter dem Titel *Nachrichten von dem westlichen Lande der Nordamerikanischen Freystaaten ...* 1793 erschien, hatte Forster seinen Verfasser, den Amerikaner Gilbert Imlay, in Paris schon persönlich kennengelernt.

Aber wir sind noch in Mainz. Nach der Besetzung – Befreiung? – der Stadt zögerte Forster zunächst noch, sich offen auf die Seite der Franzosen zu stellen. Obwohl er es jetzt für möglich hielt, daß der ganze Westen von Europa »eine andere Gestalt« annehmen und Mainz eine wichtige politische Rolle dabei zu spielen haben würde, wartete er ab, wie sich die Lage entwickeln würde, und suchte nach Mitteln, seine finanzielle Situation zu stabilisieren. »Meine Lage ist so unsicher, als sie es noch nicht gewesen ist. Der Kurfürst ist jetzt außer Stande mir meinen Gehalt zu zahlen; schon kündigt man den Beamten der Universität an, daß sie auf das nächste Quartal nicht mehr rechnen dürfen. Meine Kränklichkeit des vorigen Winters und einige unangenehme Familienauftritte haben mich gezwungen, 1500 Taler Schulden zu machen«, schrieb er Voß kryptisch und bat ihn flehentlich, ihm zu einem Darlehen in dieser Höhe zu verhelfen. Wenig später erneuerte Forster seine Bitte, »noch dringender als zuvor«. »Unsere bisherigen Vorgesetzten und selbst der eventuelle Nachfolger des Kurfürsten lassen noch immer nichts von sich hören und geruhen, uns in der vollkommenen Unwissenheit ihrer Pläne und Absichten zu halten; ein so geringer Gegenstand wie ein Gelehrter mit Frau und Kindern verdient weiter nichts, als vergessen zu werden. Daran denkt man nicht, daß ich Not leide, sobald die Universität mit ihren Zahlungen ausbleibt, und dies mit zwanzig anderen Familien der Fall ist, die dadurch insgesamt gezwungen werden, zu ihrer Selbsterhaltung ganz andere Maßregeln zu ergreifen, als man sonst von ihnen erwarten durfte.«

Er war nicht unter den zwanzig Revolutionsfreunden, die sich am 23. Oktober im Akademiesaal des Schlosses zum Mainzer Jakobinerklub, der »Gesellschaft der Freunde der Freiheit und Gleichheit«, zusammenschlossen, anders als die Verwandten seiner Hausfreundinnen, Metas Bruder Georg Wedekind und Carolines Schwager Georg Wilhelm Böhmer, der seine Stellung als Gymnasialprofessor in Worms noch vor der Einnahme der Stadt gekündigt und sich dem General Custine als Sekretär angedient hatte. »Mir sank das Herz, wie ich den Menschen sah – o weh – wollt und könnt Ihr den brauchen? – aber wen kann man nicht brauchen? Die sich bei solchen Gelegenheiten vordrängen, sind nie die besten.« So Caroline, freilich erst, als sich das Blatt schon wieder gewendet hatte.

Forster gehörte zu denen, die mitliefen. »Das allgemeine Wohl des Orts, wo man sich befindet, muß man wollen; dem Willen der Mehrheit muß man folgen; oder seine bürgerliche Existenz und seine Familie einer blinden Anhänglichkeit an Leute opfern, die für sich selbst nichts zu tun im Stande sind, viel weniger ihre Klienten oder diejenigen, die um ihretwillen ins Unglück geraten, unterstützen wollen und können.« Er habe jetzt nur die Wahl, sein Haus und seine Möbel, also alles, was er auf der Welt besitze, zu verlassen und »aufs Geradewohl mit Frau und Kind umher zu irren – oder: hier zu bleiben, die Universität aufrecht zu erhalten suchen, sich der Bürgerschaft anzunehmen, sie auf vernünftigem, gemäßigten Wege so zu führen, daß ihnen bei dem Frieden die Wiedervereinigung mit dem deutschen Reiche, wenn sie notwendig sein sollte, nicht nachteilig wird, und bei dieser Laufbahn zu wagen, was zu wagen ist, daß man mich verkenne, verschreie, für den Hauptdemagogen halte, und dergleichen mehr«. Zumal militärisch alles gut für die Franzosen zu laufen schien. Sie waren mittlerweile weiter nach Norden vorgerückt und hatten Frankfurt eingenommen.

Am 7. November trat Georg Forster dem Jakobinerklub bei. Zwei Tage später kam ein Brief von Voß, dem es gelungen war, das Darlehen für ihn zu besorgen. Forster erklärte zunächst seine Bereitschaft, es anzunehmen, unter der Bedingung, daß es ihn »nicht im geringsten zu irgend einer Verantwortlichkeit« für seine politischen Schritte und Grundsätze verbinde, schlug es dann aus, weil die Berliner Geldgeber von ihm erwarteten, daß er »ein guter Preuße bleiben möge«, bereute diese »übertriebene Delikatesse« schnell wieder und nahm das Geld doch, obwohl er sich inzwischen als französischer Bürger fühlte.

Der schnurrbärtige General Custine war hocherfreut, mit dem

Weltumsegler einen Prominenten auf seiner Seite zu haben, der noch dazu ausgezeichnet Französisch sprach. Am 19. November wurde Forster zum Vizepräsidenten der Allgemeinen Admininistration ernannt, die das neue französische *département* – die besetzten Gebiete am Rhein – vorläufig verwalten sollte. An einer Professur in Berlin, für die ihn der preußische Minister Hertzberg am gleichen Tag vorschlug, war Forster nicht mehr interessiert. Er wollte als Republikaner leben und sterben. »Es ist jetzt schlechterdings unmöglich, daß diese Seite des Rheins je zurückfallen könne an das deutsche Reich – Daß man doch nur einsehen möge, wie die Stimmung unserer Zeiten ist, wie von lange her die Schicksale dieses Augenblicks vorbereitet sind, wie es platterdings unmöglich ist, daß die morschen Dämme halten können, die man der Freiheitsüberschwemmung entgegensetzt! Es ist eine der entscheidenden Weltepochen, in welcher wir leben. Seit der Erscheinung des Christentums hat die Geschichte nichts ähnliches aufzuweisen. Dem Enthusiasmus der Freiheitseiferer kann nichts widerstehen – als etwa die in Stupidität versunkenen Verfassungen Asiens. Das ist alles so sonnenklar, daß es Tollheit und Blindheit wäre, noch daran zu zweifeln. Zwingt die Franken noch zu einem Feldzuge und die ganze europäische Welt wird in Einem Jahre frei! Ich hätte es nicht geglaubt, wenn ich nicht durch die glaubwürdigsten Berichte aus England benachrichtigt wäre, daß dort vielleicht in sechs Monaten die republikanische Revolution ausbrechen werde.«

So schwärmte er am 21. November. Elf Tage später wurde Frankfurt von hessischen Truppen zurückerobert. Die Franzosen mußten sich zurückziehen. Die Zukunft sah plötzlich düster aus. Es war zu erwarten, daß die Alliierten versuchen würden, Mainz wieder von seinen Befreiern zu befreien, und nicht unwahrscheinlich, daß ihnen das gelingen würde. Die deutschen Jakobiner würden dann als Landesverräter nicht auf Schonung rechnen können, weder von den Siegern noch von ihren Mitbürgern, deren Enthusiasmus für die Heilsbotschaft der Revolution sehr zu wünschen übrigließ. »Die Aufopferung für ein Volk, das durchaus keinen Gebrauch davon macht, ist eine der aller-augenscheinlichsten Torheiten«, klagte Forster. Zurück konnte er nicht mehr.

Flucht

Jahrzehnte später schrieb Therese an den Schriftsteller Karl August Böttiger: »Wie die Revolution für uns Exaltierte die bürgerlichen Rücksichten aufhob, befolgte ich die große Moral auf Kosten der kleinen – trennte ein unwürdiges Verhältnis und setzte mich in den Stand, meine Kinder zu erziehen, mein Dasein zu retten.«

Nach der Frankfurter Katastrophe, dem »traurigen 2. Dezember«, scheint Therese in Panik geraten zu sein. Huber hatte Mainz verlassen, sie war von ihm getrennt, sie war mit Forster in der Stadt gefangen, womöglich auf unabsehbare Zeit. Sie sah ihre Chance, wollte nur noch weg, so schnell wie möglich, Forster mußte sie und die Kinder unbedingt abreisen lassen! Er zögerte. Zwar gab er zu, daß er von Therese das Opfer, mit ihm zu leben und zu sterben, nicht fordern könne und eine Trennung notwendig sei, fürchtete aber, daß ein solcher Schritt ihn das ohnehin nicht feste Zutrauen der Mainzer kosten und als Feigheit gedeutet werden würde. Es ging um seine Ehre. Hatten sie sich nicht beide erst kürzlich (wie lang das her war!) über diejenigen aufgeregt, die die Stadt fluchtartig verlassen hatten? Würde man nicht sagen, »wir sind verloren, denn Forster schickt seine Frau und Kinder schon fort; und er hat auch nur das Maul aufgerissen, wie die Andern, um uns im Stich zu lassen, jetzt, da es gilt?«. Allen Ernstes erwog er, seine Mitbürger vor ein Ultimatum zu stellen. Wenn sie sich nicht klar zu Frankreich bekannten, würde er selbst sich als französischer Bürger und Beamter betrachten, der ihnen keine Rechenschaft mehr schuldig sei, und Therese sogleich abreisen lassen. Falls es aber wider seine Vermutung doch zu einer »Insurrektion der Freiheit« kommen sollte, dann werde er mit seiner Familie in Mainz bleiben.

Natürlich setzte sich Therese durch. Am 7. Dezember brach sie mit Röschen und Cläre nach Straßburg auf. »Sie kam im Haus eines entschiedenen Jakobiners unter, dessen verblühte Tochter als Freiheitsgöttin in Umzügen auftrat.« Einer Bekannten schrieb sie, sie sei zu diesem Schritt gedrängt worden, von dem Mann, den sie liebte, und von Freunden, die der Überzeugung gewesen seien, daß Forster ohne sie in seinem politischen Handeln freier sein werde.

Caroline Böhmer an ihren Vertrauten Meyer am 17. Dezember 1792:

»Therese ist nicht mehr hier. Sie ist mit den zwei Kindern nach Straßburg gegangen – warum – das fragen Sie mich nicht. Menschlichem Ansehn nach ist es der falscheste Schritt, den sie je getan hat, und der erste Schritt, den ich ohne Rückhalt miß-billige. Sie, die über jeden Flüchtling mit Heftigkeit geschimpft hat, die sich für die Sache mit Feuereifer interessierte, geht in einem Augenblick, wo jede Sicherheitsmaßregel Eindruck macht, und die jämmerliche Unentschiedenheit der Menge vermehrt – wo sie ihn mit Geschäften überhäuft zurückläßt – obendrein beladen mit der Sorge für die Wirtschaft – zwei Haushaltungen ihn bestreiten läßt, zu der Zeit wo alle Besoldungen zurück ge-halten werden. Das fällt in die Augen. Er wollte auch nicht – ich weiß weder, welche geheimen Gründe sie hat, noch welche sie ihm geltend machte – sie hats aber durchgesetzt. Ich müßte mich sehr irren, wenn nicht diesmal weniger verzeihliche An-triebe als leidenschaftliche sie bestimmten, vielleicht die Begier-de nach Wechsel, und eine Rolle dort zu spielen, wie sies hier nicht konnte. Viele vermuten Trennungspläne – Sie und ich ge-wiß nicht. Würde sie so gerecht sein? – Er ist der wunderbarste Mann – ich habe nie jemanden so geliebt, so bewundert und dann wieder so gering geschätzt. Er ging seinen politischen Weg durchaus allein und tat wohl daran – ihr Geist ist nicht für diese Sphäre, mehr tätig als würkend darin. Er geht mit einem Adel –

einer Intelligenz – einer Bescheidenheit – einer Uneigennützigkeit – wär es nur das! aber im Hinterhalt lauscht Schwäche, Bedürfnis ihres Beifalls, elende Unterdrückung gerechter Forderungen – auffahrendes Durchsetzen geringerer. Er lebt von Attentionen und schmachtet nach Liebe, und kann diesen ewigen Kampf ertragen, und hat nicht die Stärke sich loszureißen, die man auch da, wo man Superiorität anerkennt, haben müßte, wenn es uns mit uns selbst entzweite. Dieses Mannes unglückliche Empfänglichkeit, und ihr ungroßmütiger Eigennutz verdammen ihn zu ewiger Qual. Ich habe wohl gedacht, ob man ihm die Augen öffnen könnte – es versteht sich, daß ich nicht mittelbar noch unmittelbar dazu beitragen darf und werde – ich habe gefunden, man würde seine Liebe töten können, aber seine Anhänglichkeit nicht. Spricht ihm das nicht sein Urteil? Sie beschäftigt, sie amüsiert ihn – das kann ihm kein Wesen ersetzen – darum ist sie einzig – sie reizt seine Eitelkeit, weil er sieht, daß sie auch andre beschäftigt, und daher nie erfährt, wie nachteilig die Urteile sind, die selbst diese von ihr fällen. Wer sie nicht mag, flieht sie – ein neuer Triumph! So hält sie ihn – geht hin, und nutzt seinen Namen, und führt ihn mit Stolz. Das ist nicht billig – ach und doch verdient ers. Guter Forster, geh und klag die Götter an.

Ich bleibe hier – man gewöhnt sich an alles, auch an die tägliche Aussicht einer Belagerung.«

Zopf ab!

»Mitbürger Mitbürgerinnen
Einwohner und Einwohnerinnen von Mainz!
Sonntags den 13ten Jenner um 2 Uhr Nachmittags pflanzen diejenigen Eurer Mitbürger, die der Freiheit und Gleichheit treu bleiben und für diese Kleinode der Menschheit leben und sterben wollen – den Freiheitsbaum!
Nehmt Teil an den Empfindungen, an der Begeisterung, an

der Freude Eurer Mitbürger, feiert den frohen Tag in Eintracht und in Fröhlichkeit – er ist der erste Tag eures neuen Lebens.

Im Namen vieler Freunde der Freiheit und Gleichheit ladet Euch hiezu ein

Euer Mitbürger Forster«

Es war Winter. Eine Belagerung der Stadt konnte erst in einigen Monaten beginnen, was dem freien Mainz noch eine Galgenfrist verschaffte. Forster und seine politischen Freunde waren entschlossen, sie zu nutzen, um den Anschluß einer »Rheinischen Republik« an Frankreich unter Dach und Fach zu bringen und die zögerlichen Bürger durch revolutionäre Propaganda dafür zu gewinnen. Am 1. Januar 1793 erscheint *Die Neue Mainzer Zeitung oder der Volksfreund* zum erstenmal. An vielen Orten wurden Freiheitsbäume aufgestellt, man tanzte auf Bällen der Freiheit und Gleichheit. Im Klub redete Forster jeden Tag *ex tempore*, zu Hause wurde weiter diskutiert, mit Gästen oder im engsten Zirkel mit Caroline und Meta. Trotzdem fand er noch Zeit für lange, liebevolle Briefe an Therese, die er mit Geld unterstützte. Dank des Berliner Darlehens war er nun wieder flüssig.

Doch sosehr sich Forster und seine Mitstreiter auch mühten, die Mainzer Bevölkerung blieb weiterhin lau, schon aus Selbsterhaltungstrieb, aus Angst vor der Wiedereroberung der Stadt durch die Alliierten, auch wenn ihnen Forster hoch und heilig versicherte, das sei völlig undenkbar. Die französischen Befreier ihrerseits wurden ungeduldig und traten immer offener als Besatzungsmacht auf, was ihre Beliebtheit nicht eben steigerte. Im Jakobinerklub kam es deswegen zu heftigen Auseinandersetzungen, bei denen auch persönliche Animositäten und Rivalitäten ausgetragen wurden.

Eine schwierige Ausgangslage für die bevorstehenden Wahlen, bei denen die Bevölkerung über den Anschluß an Frankreich abstimmen sollte. Eigentlich hatten sie längst stattfinden sollen, doch weil man noch zwei Kommissare aus Paris erwartete, verzögerten sie sich, zum Ärger Forsters, der die Mainzer möglichst schnell zu Franzosen machen wollte. Seine von Therese manchmal beklagte »sultanische« Ader, ein Erbteil des Vaters, trat offen zutage.

»Die National-Convention schickt uns Kommissarien und läßt die eroberten Länder nun wirklich in Besitz nehmen, und alle adelige und geistliche Güter sequestrieren. Die ganze Herrlichkeit hat also ein Ende, und es ist gut, daß sie sich nur bald deklarieren, sonst m ü s s e n sie frei werden, sie möchten wollen oder nicht.«

Doch trotz allen Ärgers und obwohl er von früh bis spät rastlos tätig war, ging es Forster so gut wie lange nicht mehr, auch gesundheitlich, trotz des miserablen, »unerhört nassen« Wetters. Er galt etwas, konnte etwas bewirken. An herausgehobener Stellung arbeitete er an einem welthistorischen Projekt mit, für eine bessere Zukunft, für das Glück der Menschheit. An diesem großen Ganzen gemessen schienen seine Eheprobleme ziemlich unbedeutend. Nun, ohne Therese und Huber, war er wieder Herr im eigenen Haus. Er hatte gleich zwei Freundinnen, bei denen er sich aussprechen konnte. Und weil Therese fern von ihm war, konnte er sich ihr wieder ganz nah träumen.

Kurz vor Neujahr, am 25. Dezember, verabschiedete er sich von seinem Zopf und damit symbolisch vom *Ancien régime.* »Der Friseur verrichtete diese große Operation und alles behauptete, daß ich sehr zu meinem Vorteil aussehe. Hier ist etwas Haar, zum Beweis, daß die Sache wirklich geschehen sei«. Und forderte Therese auf, »rein republikanisch« zu bleiben und es mit den Jakobinern zu halten. So wie er selbst es tat, mit einem höhnischen »Tod dem König«, dem in Frankreich zu dieser Zeit der Prozeß gemacht wurde. (Zur Feier der Hinrichtung ließ er sich einen Schnurrbart wachsen!)

»Ich glaube nicht, daß es dem dicken Capet gut geht. Paris leidet es nicht und Frankreich auch nicht. Er wird dran müssen, oder es gibt noch eine Revolution. Wir leben in einer sonderbaren Krise, wo es nicht mehr möglich ist, Mittelstraße und Mäßigung zu beobachten, wo es Pflicht sogar wird, zu Extremen zuweilen zu greifen. Nur, daß es Männer mit reifer Einsicht und Überlegung, mit umfassendem Geist und festem vollen Herzen tun, nicht leidenschaftliche Schwärmer oder kurzsichtige selbstzufriedene Toren!« Extremismus als Bürgerpflicht der geistigen Elite?

Viel stille Freude sei zu einem solchen Zeitpunkt nicht zu hoffen, fuhr er fort. »Man wirkt, man wird getrieben, man hält sich und sorgt nur, sich selbst nie zu verlieren. Alles übrige hängt nicht von uns ab. Mein Weg liegt gar bestimmt vor mir.«

Was ihn nicht daran hinderte, bald auch noch von ganz anderen Wegen und einem Neuanfang mit Therese zu träumen. Zuerst würde er den dritten Band seiner *Ansichten* ausarbeiten, am liebsten in der Schweiz, wo er wieder mit ihr und Huber zusammenleben wollte. Danach plante er eine Reise nach Südfrankreich. »Meine Feder in der Hand, auf meinem Esel oder Maultier, durchirrte ich Provence und Languedoc, und schriebe was ich sähe. Dieses Tagbuch müßte mir sehr einträglich werden, weil ich beinahe nichts verzehrte und noch viel leichter als im Jahre 1790 arbeite und schreibe.« Später könnten sie vielleicht nach England ziehen. Sogar über die Umzugsmodalitäten hatte er sich schon Gedanken gemacht. »Meine Sachen, Bücher und dergleichen die ich noch behielte, ließ ich von Straßburg nach Auxonne und dann die Rhone hinab gehen. Wir schifften uns zu Marseille oder zu Livorno nach London ein, und träfen dort unsere kleine Einrichtung ohne Mühe.«

Während Forster Luftschlösser baute, konkretisierten sich Thereses Pläne für eine Zukunft ohne ihn. Am Neujahrstag 1793 hatte sie Straßburg verlassen und war nach Neuchâtel gereist, damals eine preußische Enklave in der Schweiz, wo alte Freunde von ihr wohnten. Dort wollte sie auf Huber warten. Für sie war die Ehe mit Forster – »6 Jahre erzwungene Liebe« – zu Ende. Aber es dauerte noch Wochen, bis er davon erfuhr. Wie es dazu kam, ist, wie so manches in dieser Geschichte, unklar. Therese beteuert, daß Forster schon 1790, nach der Rückkehr von der

Reise mit Humboldt, von ihrer Beziehung zu Huber erfuhr, aber wieviel hat sie ihm tatsächlich gesagt? Von wem waren Luise und Georg? Beide von Huber (wie heute meist angenommen wird)? Nur Georg von Huber? Wußte sie es selber?

Ein Brief Körners an Schiller vom 26. Februar legt nahe, daß Therese Huber auffordern mußte, sich endlich offen zu ihr zu bekennen und Forster über ihre Zukunftspläne aufzuklären. »Er hat seinen Abschied gefodert. Sein Verhältnis zu Forsters Frau liegt jetzt offen am Tage. Ein Brief den sie an ihn aus der Schweiz geschrieben, und an mich jedoch ohne sich zu nennen zur Bestellung geschickt hatte, ist von mir an seine Eltern geschickt und von diesen eröffnet worden. Sie hat ein Kind von ihm, verlangt ihn zum Manne, fodert Entdeckung gegen Forster, der bisher getäuscht worden ist. Huber hat seinen Eltern inzwischen selbst seine Lage entdeckt, und schreibt daß Forsters beide mit ihm einverstanden sind. Was sagst Du zu diesem allen?«

Caroline Böhmer allerdings schrieb Meyer, sie habe Huber dazu gedrängt, Forster nicht länger hinzuhalten. Warum war sie eigentlich immer noch in Mainz? Teilnahme an Forster, nicht etwa revolutionäre Sympathien hätten sie dort festgehalten, behauptete sie im nachhinein. Und überhaupt, sie habe keine Ahnung von den politischen Ereignissen außerhalb von Mainz gehabt.

»Einer Gemeinschaft mit meinem tollen Schwager, der nie meine Wohnung betreten hat, macht ich mich nicht schuldig. Allein meine Verbindung mit Forster in Abwesenheit seiner Frau, die eigentlich nur das Amt einer moralischen Krankenwärterin zu Grunde hatte, konnte von der sittlichen und politischen Seite allerdings ein verdächtiges Licht auf mich werfen, um das ich mich zu wenig bekümmerte, weil ich selten frage, wie kann das andern erscheinen? wenn ich vor mir selbst unbefangen oder gerechtfertigt dastehe. – Der Himmel weiß, welch treue Sorge ich für Forster trug. Ich wußte nichts von Theresens Planen. – Ende Dezember schrieb sie mir: Lieb und pflege Forster und denke vor dem Frühling nicht an Änderung des Aufenthalts, bis dahin läßt sich viel hübsches tun. Das war der einzige und letzte Brief seit ihrer Abreise – seitdem keine Silbe, weder an die Forkel noch mich. Ich erriet indessen ihre Absicht, und sah, wie vielmehr Forster bei jeder Verzögerung leiden würde, da er nichts zu ahnden schien – darum schrieb ich im Jänner an Huber, worauf er mir antwortet: ›Sie sind gut und brav mir so entgegen zu kommen, und ich danke Ihnen, daß sie mir noch fühlbarer machten, daß ein Aufschub unedel sei‹. Hierauf folgte auch bald ein Brief von ihm an George, dessen Überbringerin ich sein mußte. – Therese schrieb zur gleichen Zeit – und die Sache ward ausgemacht, daß Huber Therese und Claren haben und George das älteste Kind behalten sollte. Forsters Stimmung war so schwankend, daß es alle unermüdliche Geduld weiblicher schwesterlicher Freundschaft erforderte ihn zu ertragen, allein Du, der Du alle seine anziehenden Eigenschaften kennst, wirst es leicht begreifen, wie sie eben in der Verbindung mit mitleidenswürdiger Schwäche mich zur allerfreiwilligsten uneigennützigsten Ausdauer bewegten. Hier sind ein paar Zettel von ihm, die ich Sie aufzuheben bitte – es sind die einzigen, die ich noch habe, ich zernichtete alles, was von seiner Hand war, und mag auch diese nicht mehr bei mir führen. In der Mitte des Februar ging er aufs Land und blieb 3 Wochen aus – ich war indes so krank an Gichtanfällen, daß ich zu Bett lag und nicht reisen konnte.«

Im März waren die Nachrichten von der skandalösen Ehebruchsgeschichte auch zu Professor Heyne nach Göttingen gelangt. »Ich habe durch Forster zu meinem tiefen Kummer erfahren, daß Sie durch einen mir unbegreiflichen Zufall von einer Angelegenheit unterrichtet sind, die Sie nur durch Ihre Kinder erfahren sollten«, beginnt Therese einen langen Rechtfertigungsbrief an den Vater. In ihrer Version der Ereignisse war es Forster selbst, der sie edelmütig zu einer Erklärung (und damit Entscheidung) aufforderte, als sie schon in der Schweiz und noch unschlüssig war, ob sie nun ihrem Herzen folgen und sich von ihm trennen sollte.

»Ich habe kein Geheimnis mehr für ihn. Seit meiner Ehe genieße ich zum erstenmal das Glück, mit vollem reinem Zutrauen ihm zu geben, was ich ihm immer gerne gab und er nie zufrieden annahm – meine achtungsvolle Freundschaft. Er verzeiht
mir unendlich großmütig meine Untreue, die er immer wußte;
er will mein Freund sein. Dieses ist ein Glück, das mich mehr
rührt als alle Mühe, die mir die Beendigung einer drei Jahre lang
fortgesetzten Verstellung gab. Meine ganze Zukunft muß angewandt sein, Forstern und der Welt zu zeigen, daß mich eine übelgetroffene Wahl zu einem Fehltritt führte, daß ich aber ein sittsames Weib zu sein den Charakter habe; und das ist der Plan
meines Lebens.« Und gegen Ende ihres Briefes versicherte sie:
»Forster wird glücklich sein. Seine sehr ungestümen Sinne brauchen bei einem anderen Weibe keine Liebe, und statt eines unseligen gefesselten Weibes hat er sich ein Geschöpf durch die
Bande der heiligsten Dankbarkeit zu eigen gemacht.«

Morgengabe

»Ich bin jetzt während der Volkswahlen auf dem Lande, um sie
zu betreiben«, schrieb Forster Therese am 27. Februar. Die Kommissare aus Paris waren endlich eingetroffen und hatten Termine und Modalitäten festgelegt. Um an den Wahlen teilnehmen
zu können, mußten die Wahlberechtigten, das heißt jeder, der
über 21 Jahre alt war – ausgenommen Knechte, Bedienstete, Ausländer und Frauen –, einen Bürgereid ablegen: »Ich schwöre treu
zu sein dem Volke und den Grundsätzen der Freiheit und der
Gleichheit.« Wer das verweigerte, würde als Feind des französischen Volkes behandelt werden. Adel und Geistlichkeit sollten unter Eid den Verzicht auf ihre Privilegien erklären, wozu
sie natürlich keine Lust hatten. Forster sah sich gezwungen, energisch durchzugreifen.

   »Überall hatten die Aristokraten und Fürstenknechte uns
Widerstand bereitet. Hier in Grünstadt waren die Grafen von

Leiningen sogar geblieben, um meine Operationen zu vereiteln. Ich ließ 60 Mann kommen und forderte die Grafen nebst allen ihren Beamten auf, Frankenbürger zu werden. Sie protestierten, sie kabalierten, sie hetzten Bürger und Bauern auf, sie ließen einen meiner Soldaten überfallen und verwunden. Ich beorderte noch 130 Mann und in dem Augenblicke, wo sie ankommen, stellte ich mich an ihre Spitze, nahm Besitz von beiden Schlössern und setzte die Grafen gefangen. Heute habe ich sie gefangen nach Landau geschickt; die Weiber gehen morgen über den Rhein. So muß uns alles weichen, was der guten Sache widerstrebt.«

Mit dem Wahlmodus war der Ausgang der Wahlen vorbestimmt, so gering die Wahlbeteiligung auch war und sosehr sich viele Mainzer gegen die verordnete neue Staatsbürgerschaft wehrten. »Hier hat der Fanatismus und die Unwissenheit eine Verstockung unter die Einwohner gebracht, die man nur bedauren kann, aber zugleich mit der unerbittlichsten Strenge behandeln muß. Täglich schickt man noch Leute, die nicht huldigen wollen zu 30 und mehr über den Rhein, und man wird bis zur Entvölkerung der Stadt damit fortfahren«, schrieb Forster Mitte März an Therese, die in Neuchâtel zu seinem Kummer unter den Einfluß von Feuillants, also Anhängern einer konstitutionellen Monarchie, geraten war. Gesundheitlich gehe es ihm aber weiter gut, was ihn wundere, »bei allem was in mir durcheinander stürmt. Vor lauter Arbeit kann ich nichts arbeiten. Des Abends sind wir jetzt öfters mit den Kommissarien der Nationalkonvention und des Vollziehungsrates zusammen; neulich tranken jene zum erstenmal den Tee bei mir, gestern bei der Böhmerin. Diese reist mit Madame Forkel in wenig Tagen ab. So wenig sie mir waren, so zerstreuten sie mich doch und die treuherzige, ehrliche Forkeln werde ich doch vermissen. Wenn ich dann nur bald von hier wegkomme! ... Wär ich nur erst in Paris!«

»So wenig sie mir waren«?

Forster war gleich von zwei Wahlkreisen in den Konvent gewählt worden, der ihn am 18. März bei der konstituierenden Sitzung zum Vizepräsidenten bestimmte und auf seinen Antrag hin der »Vereinigung des freien Deutschland mit der Frankenrepublik« per Akklamation zustimmte. Die erste Republik auf deutschem Boden! Die Rede, die er drei Tage später hielt, glich einer Predigt.

»Mitbürger! der schreckliche Tag des Gerichts ist gekommen; die letzte Stunde der Tyannei hat geschlagen; Verstockung, blinde Wut und ohnmächtige Überspannung ihrer letzten Kräfte sind die Zeichen des scheußlichen Todeskampfes, in welchem sich jetzt das sterbende Ungeheuer zu unseren Füßen windet. Ja! gerecht ist Gott! Der Sieg der Vernunft ist vollkommen«. Seinem dringenden Wunsch gemäß gehörte Forster zu den Delegierten, die den Reunionswunsch des Mainzer Konvents in Paris vortragen sollten, zusammen mit zwei anderen Delegierten, dem Kaufmann Andreas Potocki und Adam Lux. Der Bauernsohn aus Kostheim hatte in Mainz Philosophie studiert und war 1784 mit einer Dissertation zum Thema »Enthusiasmus« promoviert worden. »*Enthusiasmus executionis fons et parens multarum revolutionum*«, heißt es darin, »Enthusiasmus ist die Quelle und der Vater vieler Revolutionen«. Er war ein Anhänger Rousseaus, konnte dank seiner Heirat mit einer wohlhabenden jungen Frau als »philosophischer Bauer« leben und bewirtschaftete ein eigenes Landgut.

Am 25. März brachen die drei auf, vier Tage später waren sie in Paris und stiegen im *Hôtel des Patriotes Hollandais* in der Rue des Moulins ab. Am nächsten Morgen wurden sie von *poissardes* willkommen geheißen und abgeküßt, wofür sie ein Trinkgeld geben mußten. Dann verlas Forster im Konvent die »überschwenglich-unterwürfige Reunionsadresse«, die den wirtschaftlichen und strategischen Wert dieses neuen französischen Departements nach Kräften herausstrich: »Durch die Vereinigung mit Uns erhaltet Ihr ein Land, wo die Natur ihre Güter mit milder Hand verbreitet hat; ein fruchtbares Erdreich, einen gemäßigten Himmelsstrich ... Mainz am Zusammenfluß des Rheins und des

Mains, wo der Handel Deutschlands sich in der Hand des fränkischen Kaufmanns sammlen wird; – Mainz, den Schlüssel des deutschen Reiches und die einzige Öffnung, durch welche noch Eure Provinzen den Armeen und den Artilleriezügen der Feinde zugänglich blieben; – Mainz endlich, das die Meister in der Kunst als ein Meisterstück von Befestigung anerkennen, woselbst die ohnmächtigen Bemühungen der gegen Euch verschworenen Despoten zu Schanden werden müssen, so oft sie es wagen dürften, das unsinnige Projekt eines Angriffs in Ausübung zu bringen.«

Doch obwohl beide Seiten durch eine Vereinigung Vorteile hätten, sollte es keine kleinliche Abrechnung geben: »Die Liebe der Völker, wie die Liebe der Geschlechter macht alles gleich: und wissen wir nicht, daß wenn Ihr unsre Bitten gewährt, wenn Ihr die rheinisch deutsche Gegenden der fränkischen Republik einverleibt, nur die Aufrichtigkeit und Wärme, womit wir uns in Eure Arme werfen, Euch allein bestimmen werden?« – Der Antrag wurde »unter vielfältigem Beifallklatschen« angenommen.

Einen Tag später traten Forster und Lux dem Pariser Jakobinerklub bei. Sie hatten vor, noch ein paar Tage zu bleiben und dann heimzukehren, doch daraus wurde nichts. Die militärische Lage hatte sich schneller geändert als vermutet. Während sich die Franzosen immer weiter zurückzogen, rückten die Alliierten vor und schnitten Forster den Weg nach Mainz ab. Er war in Paris gestrandet, mit den Kleidern, die er auf dem Leibe trug, sechs Hemden und der vagen Hoffnung, daß seine neuen Landsleute eine Verwendung für ihn haben würden.

Auf Forsters Canapé

Am 30. März, als Forster den Franzosen ein neues Departement gleichsam zum Geschenk macht, verläßt Caroline Böhmer Mainz in Richtung Frankfurt, zusammen mit Meta Forkel, deren Schwiegermutter, deren Schwägerin und vier Kindern. Unterwegs werden die Frauen von preußischen Vorposten verhaftet, verhört und auf die Festung Königstein gebracht, weil sie mit führenden Mainzer Klubisten verwandt oder liiert sind. Sippenhaft also.

Für Caroline, die allgemein als Geliebte Forsters gilt, ist die Lage bedrohlich. Sie ist nämlich schwanger. Der Vater des Kindes ist ein neunzehnjähriger französischer Leutnant. Passiert ist es in einer rauschenden Ballnacht im Februar – ganz so schlimm kann es mit Carolines Gicht also nicht gewesen sein. Sie setzt Himmel und Hölle in Bewegung, um ihre Freilassung zu erreichen, bevor ihre Schwangerschaft offenbar wird. Für den Fall eines Scheiterns ist sie fest entschlossen, sich umzubringen. »Ihr Zustand wäre Beweis gewesen für eine ehebrecherische Beziehung zu Forster, und die Tatsache, daß der Vater ein Besatzungsoffizier war, wäre um keinen Deut besser gewesen.« Gerade noch rechtzeitig, am 14. Juli, wird Caroline aus der Haft entlassen. Die Fürsprache ihres Bruders beim preußischen König hatte Erfolg gehabt. Wenig später kommen auch Meta und die Wedekind-Frauen frei.

Der anonyme Verfasser des Schmähstückes, das im Sommer 1793 erschien, unter dem Titel *Die Mainzer Klubbisten zu Königstein oder Die Weiber decken einander die Schanden auf*, hat nichts von Carolines Schwangerschaft gewußt, aber auch so spielte er ihr übel mit. Politische und sexuelle Revolution sind für ihn zwei Seiten einer Medaille, was er nach bewährtem Muster propagandistisch nutzt: Er denunziert die Republikaner moralisch, um damit zugleich ihre Gesinnung zu denunzieren. Seine Klubisten sind windige, opportunistische, vergnügungssüchtige Libertins, mit besonderer Lust aber schwingt er die Moralkeule gegen die demokratischen Gelüste der Frauen. Die Zustände im Forsterschen Haus lieferten ihm reichlich Stoff für das Sittenbild einer revolutionären *ménage*, das auffällig präzise Insider-Kenntnisse mit Spekulationen und übler Nachrede verknäult. Huber kommt ganz schlecht weg, Therese wird vergleichsweise glimpflich behandelt, Forster selbst bleibt weitgehend verschont, was dafür spricht, daß der Verfasser ihm nahestand. Man hat an

Sömmering gedacht, der sich von der Revolution und von Forster gleichermaßen abgewandt hatte. Carolines Biograph Eckart Kleßmann will ihm das nicht zutrauen, meint aber, er könnte sehr wohl der »Zuträger« des Skribenten gewesen sein.

Als Probe daraus die (gekürzte) erste Szene des Stücks, das nach der Verhaftung der Frauen einsetzt, mit einem Zickenkrieg zwischen der Bürgerin Böhmer, »einer viel versprechenden und wenig haltenden Witwe«, und der Bürgerin Forkel, »Taglöhnerin bei der englischen Übersetzer-Fabrike des Bürger und Mainzer Nationalkonvents Deputierten, Forster«. Außerdem tritt als moralische Instanz die Mutter von Meta und dem »großen Erzbürger« Wedekind auf.

»Zimmer der Bürgerin Böhmer.

Bürgerin Wedekind. Wohin mich arme alte Frau, mit einem Fuße im Grabe, die Raserei, die Blindheit, die Nichtswürdigkeit meines Sohnes bringt!

Bürgerin Böhmer. Sie sind unwürdig, die Mutter eines so großen Mannes zu sein. Ihrem ersten Schmerz und Ihrem Alter will ich diese Sprache verzeihen.

Bürgerin Forkel. Wenn Sie darinne fortfahren, Mama, so werde ich bei dem Kommandanten die Motion machen, daß man sie augenblicklich aus diesem Zimmer und aus unserer Versammlung weise.

Bürgerin Wedekind. Da verlöre ich einen schlechten Trost an Dir, besonders ungeratene Tochter. Aber um Gottes Willen, an was dachtet Ihr, den Weg einzuschlagen und Euch unsern Feinden in die Hände zu liefern?

Bürgerin Böhmer. Ich glaubte nicht, daß die Preußen, schon so tief von der ursprünglichen Würde der Menschheit, von der edlen Freiheit herabgesunken wären, um sogar drei unverfängliche Frauenzimmer zu arretieren.

Bürgerin Wedekind. Was schwätzt ihr da wieder von ursprünglicher Würde und Unverfänglichkeit? Seid Ihr nicht den ganzen Tag mit Klubisten herumgezogen, habt Ihr Euch nicht öffentlich als Freiheitsheldinnen zur Schau gestellt, habt Ihr nicht laut gegen die Mainzer Bürger geschimpft, daß sie nicht schwören wollten, habt Ihr nicht zu der äußersten Gewalttätigkeit gegen sie geraten, habt Ihr nicht gehetzt und angestiftet, was das Zeug hielt, habt Ihr Euch nicht alles dessen laut gerühmt?

Bürgerin Böhmer. Das taten wir alles und mußten's tun, wenn wir die feigen unentschlossenen, kleinmütigen Seelen dieser großen Pfaffenstadt, wie sie Forster so treffend in seinen unsterblichen Zeitschriften nennt, zu einem Entschlusse bringen wollten, der ihnen die ewige Glückseligkeit zusichert, der ihre Stadt zur ersten Handelsstadt Deutschlands macht, der Frankfurt, diese Mördergrube der edlen Franken zernichtet, der die Fesseln bricht, unter denen Mainz schon so lange seufzt.

Bürgerin Forkel. Sie sind zwar dieser großen Wohlthaten unwürdig, die Mainzer, und belohnen sie mit Undank; wahre Demokraten stören sich hieran nicht und sind großmütig genug, auch Undankbare wider ihren Willen glücklich zu machen.

Bürgerin Wedekind. Das alles ist mir zu erhaben; seufzen habe ich wohl in Mainz gehört, aber nur über fränkische Fesseln.

Bürgerin Böhmer (halb laut zur Bürgerin Forkel): Mit dem alten Weibe muß man Nachsicht und viel Geduld haben, sonst hält man's nicht aus. Wir wollen von was anderem reden. Auf den hölzernen Stühlen da sitzt sich's nicht so gut als auf Forsters Canapé.

Bürgerin Forkel. Von der Zeit, als seine Frau hinweg ist, mußt Du hinzusetzen, denn zuvor war dieses Pläzgen nur für die Forsterin und Hubern vorbehalten.

Bürgerin Böhmer. Wenn das Canapé sprechen könnte, was meinst Du wohl? –

Bürgerin Forkel. Daß es von Dir nicht viel weniger, als von der Forsterin erzählen würde.

Bürgerin Böhmer. Noch lange nicht so viel, als Forsters Schreibzimmer von Dir, wenn Du ganze Stunden da zubrachtest, um Deine englischen Übersetzungen von ihm durchgehen zu lassen. Du hattest es hierin noch besser als ich, denn dies Handwerk triebst Du, wie die Forsterin noch da war, und zwar ohne je im mindesten von ihr gestört zu werden, weil sie indes mit Hubern desto ungestörter das ihrige treiben konnte.

Bürgerin Forkel. Daß Du Dich meisterhaft auf's Verleumden verstehst, hast Du nach der Abreise der Forsterin hinreichend bewiesen.

Bürgerin Böhmer. Kannst Du etwa leugnen, daß Dich Forster, wenn er Dich so allein auf seinem Zimmer bei sich hatte, ganz unberührt gelassen? –

Bürgerin Forkel. Forster liebte seine Frau viel zu sehr, als daß ihm, so lange sie anwesend war, das mindeste von der Art eingefallen wäre.

Bürgerin Böhmer. (So lange sie anwesend war!) wohl gemerkt! In ihrer Abwesenheit aber? –

Bürgerin Forkel (errötet). Du fragst mich aus, als müßte ich Dir vor Gericht stehen.

Bürgerin Böhmer. Du errötest; das ist mir schon genug, ich glaubte dazu, Du könntest nicht mehr rot werden.

Bürgerin Forkel. Wenn ich es so weit gebracht hätte als Du, obschon ich Dir nachsagen muß, daß Du noch die Farbe verändern kannst, denn als uns die Preußen arretierten, wardst Du totblaß. Gelte ich etwas bei Forster, so hab ich mich doch des Weges nie bedient, den Du Dir erlaubtest.

Bürgerin Böhmer. Ich erlaubte mir keinen andern, als daß ich ihm die Augen über die wahren Ursachen, die seine Frau zu einer so plötzlichen Abreise bewogen, öffnete, und dies – war ich ihm, als Freundin schuldig.

Bürgerin Forkel. Als Freundin warst Du schuldig, die Fehler seiner Frau, ihre Verirrungen und Schwachheiten um so mehr mit dem Mantel der Liebe zu bedecken, in das mildeste Licht zu stellen und zu entschuldigen, als Du beinahe die Hälfte Deines Aufenthaltes in Mainz bei der Forsterin zubrachtest und alle Wohltaten genossest, die man in einem täglichen vertrauten

Umgange mit einer im Grunde sehr guten Frau genießt. Dies, meine schöne Moralistin, warst Du schuldig.

Bürgerin Böhmer. Du siehst alles, was ich dabei tat, aus dem schiefsten Gesichtspunkte. Du erinnerst Dich, daß alle Abende anstatt des Nachtessens bei Forstern in großer Versammlung Tee getrunken, Zeitungen gelesen, und mit dem höchsten Grade von Aufklärung und Menschenliebe darüber raisonniert ward. In diesen Versammlungen führte die Forster, als Präsidentin, das Wort, so oft Huber nicht da war; demokratisierte, revoltierte, insultierte, bouleversierte alle sogenannten großen Herren mit einem Mute, mit einer Beredsamkeit, die nur Nachahmung und Wetteifer entzünden konnte. War aber Huber da, so caressierte sie; und da demokratisieren und caressieren bei den Weibern aus der nämlichen Quelle kömmt, so daß, wenn sie aus Alter oder andern Umständen, nicht mehr caressieren können, sie desto ärger demokratisieren, so trieb die Forsterin wechselweise das Eine und das Andere mit dem glücklichsten Erfolge.

Bürgerin Forkel. Wenn ich an diese Versammlungen beim Tee denke, wo das Glück der stumpfen Mainzer zubereitet, debattiert, beratschlagt, wo der Kurfürst und Koadjutor abgesetzt, der Adel aufgehoben, der Pfaffheit ein Tritt vor den Hintern gegeben, die Räte abgeschafft, und unsere Brüder auf den Thron gesetzt wurden – wenn ich daran denke, was das alles für große, für unsterbliche Männer waren, die dies ewige Werk beim Tee – errichten halfen – und mit unserem itzigen Zustande vergleiche, o! dann möchte ich in Tränen zerfließen.

Bürgerin Böhmer (mit einem verächtlichen Blicke). Kleine Seele, die ihr Unglück nicht zu tragen, nicht frei leben oder zu sterben weiß, ich bleibe Dir gewiß keine Antwort schuldig – Huber mußte als sächsischer *Chargé d'affaires*, sobald sich die Franzosen der Stadt näherten, Mainz verlassen und das kam seiner natürlichen Feigheit trefflich zustatten. Er war es, welcher der Forsterin, die ihn als einen ungeleckten Bären in ihr Haus geholt hatte, um ihn desto besser lecken zu können, die Demokratie i n o k u l i e r t e; sie war es, welche Forstern, der anfangs zu gutmütig und schwach vor den französischen Mordtaten und folglich vor der Konstitution selbst zurückbebte, mit ihrem Feuer e l e k t r i s i e r t e, und so entstand aus einer geringfügigen Ursache das Größte, das Nützlichste, was Menschen tun können, demokratische Proselytenmacherei.

Bürgerin Forkel. Wenn mir nur jemand die Demokratie auf diese Art inokuliert hätte! Miltons Pinsel, wie er diesen seligen Augenblick zwischen Adam und Eva mit unerreichten Farben malt, wäre noch ein Stümper, gegen das Gefühl, was meine Brust schwellen würde. Allein mein Mann ist ein musikalischer Rülp, mit dem solch eine platonische demokratische Umarmung gar nicht zu pflegen ist.

Bürgerin Böhmer. Von Frankfurt schrieb nun Huber fleißig an die Forsterin alles, was dort antidemokratisches vorging und – nicht vorging. Bei dem *thé* las die Forsterin abends diese Briefe, auszugsweise versteht sich, mit einem Ton – auf dem nämlichen Canapé – mit einem Tone – oft mit einer Bewegung – die das elastische Canapé wie ein Echo wieder gab. Forster merkte nichts, ich merkte aber alles. Nach der unglücklichen Affäre in Frankfurt fing die Forsterin an zu rasen, weil sie Hubern verloren oder doch wenigstens in Gefahr glaubte. Sie dachte an nichts, als sich mit diesem Abgotte ihres Herzens und ihrer Sinnlichkeit wieder zu vereinigen – und plötzlich – sie, – der Schlußstein des weiblichen Klubs, sie, die Gattin des in der Mainzer Revolution so allmächtigen Forster, ließ nicht durch tausend schlangenartige Kunstgriffe von ihrem Manne ab, bis er ihr gestattete, mit ihren Kindern abzureisen, um sich gegen die Verfolgungen der Aristokraten, des Mainzer Volkes der Antiklubisten und aller nur möglichen Gefahren, die sie vorspiegelte, in Sicherheit zu setzen.

Bürgerin Forkel. Hier war es, wo Du sie erwartetest und nun – fängt Deine Rolle an – über die ich izt auch ein paar Worte zu sagen habe. Du sahst Forstern in der tödlichen Betrübnis, ohne jedoch die wahre Ursache, welche seine Frau von ihm schied, zu ahnden und Du warst – abscheulich genug, sein Herz nicht nur mit der wahren Ursache, sondern noch mit grundfalschen Nebenumständen zu zerreißen. Du – sagtest ihm, seine Frau habe mit Hubern diese Reise abgeredet, habe sich in seine Arme geworfen, lebe mit ihm zu Neuchâtel, sei mit ihm verheuratet und habe ihrem Manne gänzlich entsagt. Deine Absicht aber war, Forstern in Dein Netz zu verwickeln, ihn zu Deinem Manne zu machen, mit ihm, der schon lange nichts anders träumte und den vielleicht dieser Plan allein zum Demokraten machen konnte, als Deputierter des Mainzer Nationalkonvents nach Paris zu ziehen, dort und in Mainz die bedeutende, große, gelehrte Dame zu spielen und –

Bürgerin Böhmer. Schweig, Vagabundin, nicht wahr, Deine Gründe sind reiner oder bist Du nicht etwa deswegen Demokratin geworden, damit Du ohne Scheu herumziehen und allen Deinen Gelüsten fröhnen kannst?

Bürgerin Wedekind. Ihr seid mir zwei saubere Weibsleute. Du Forkel, verdienst die Schwester Deines Bruders Wedekind zu sein. Was habe ich verbrochen, daß mich der Himmel mit zwei solchen Ungeheuern bestrafte? (Weint.)«

Pariser Ansichten

Die Liebe ist die einzige Sucht, die sich von der Unerreichbarkeit ihrer Droge nährt.

Esther Vilar

Es ist nicht ohne Ironie, daß ausgerechnet Forsters Haus als eine Art Kommune, als Ort simultanen Demokratisierens und Caressierens in Mißkredit geriet. Denn so vehement er Freiheit und Gleichheit predigte: was die Geschlechterrollen angeht, war er alles andere als revolutionär. Er sah den Mann als Beschützer und Versorger, die Frau als Hausfrau und Mutter, glaubte an eine doppelte Moral und war von der geistigen Überlegenheit des

Mannes überzeugt, jedenfalls prinzipiell. Er war Kopf, sie Herz. Wie seine »feurige« Therese eben, die sich alle Mühe gab, als Musterbild einer Frau *comme il faut* zu erscheinen. Sie hatte eine Heidenangst davor, als Blaustrumpf zu gelten, und empfand es als unangenehm, mit einer »zweideutigen« Intellektuellen wie Madame de Staël verglichen zu werden, wie sie behauptete. Sie habe das Wissen »ewig als eine große Nebensache für ein Weib behandelt«, in ihrem Leben »außerdem nie etwas erlernt, sondern alles nur so aufgelesen« und wünsche nicht, daß man sie für eine gelehrte und geistreiche Frau halte. »Ich wars nie, und machte nie Ansprüche daran, denn ich war immer mehr wie das.« Hier wie in anderen Dingen wollte sie den Kuchen zugleich essen und behalten.

»Ich ehre mich mehr weil ich schnell einen guten Strumpf stricke als weil Goethe bei meinem unbefangnen Geschwätz gerührt nachdachte und meinen Geist pries. Dieser Geist machte meines edeln Forster Unglück, mein weiches Herz, mein häuslicher Fleiß, mein Leben als Hausweib wog acht Jahr lang sein Elend auf.« Eine Frau wie die Staël hätte Forster »frei gelassen« und dann vergessen, meinte sie, sie aber liebte er weiter.

Man kann sich vorstellen, was Therese und Forster von einer »zweideutigen« Frau wie Mary Wollstonecraft hielten, deren *Vindication* bald nach Erscheinen in einem der vielen Londoner Bücherpakete in Mainz eintraf.

Nun gehört die Verfasserin der »Rechte des Weibes« zu Forsters ersten Pariser Bekanntschaften. Wie viele Leser hat er sie sich als grimmige Amazone vorgestellt, als eine, die die Männer attackierte, weil sie keinen abgekriegt hatte – und wird angenehm enttäuscht. »Sie ist ein sehr artiges Weib, und hat viel Liantes [Entgegenkommendes], mehr als Engländerinnen zu haben pflegen.« Gleich zu Beginn lernt er auch den schottischen Arzt, Publizisten und Geschäftsmann Thomas Christie kennen, »der zu Gunsten der französischen Revolution mit viel Beifall geschrieben hat. Seine Frau und seine Schwester sind bei ihm, und ganz gegen die Art der Engländerinnen, sind sie artig und umgänglich. Die Schwester besonders hat viel Artigkeit und Munterkeit, mit viel Verstand und Bildung. Ich werde auch nach einigen Tagen die Dichterin Miß Williams kennen lernen, die sich nebst ihrer Mutter hier aufhält und nicht minder gefällig sein soll. Christie hat mich eingeladen, die Abende, so oft ich will, bei ihm zuzubringen, und ich gestehe, daß es mir wohl tut, unter Engländern zu sein und ihren ruhigen Freiheitssinn statt des überspannten hiesigen Fanatismus zu genießen. Warme Empfindung und kalte Überlegung ist das Los dieser glücklichen Menschen, da hingegen bei den meisten Franzosen das Herz Eis ist und nur der Kopf glüht.«

Durch seine Herkunft und Biographie ist Forster ja selbst ein halber Engländer und hat mit seinen neuen Freunden nicht nur politisch viel gemeinsam. Schon längst kennen sie einander aus ihren Veröffentlichungen. Bald verbringt er fast jeden Abend bei Christies, »weil man mich gerne sieht«, weil Mary Wollstonecraft dort verkehrt und weil er Christies Schwester Jane attraktiv findet. Bei einem Ausflug nach Versailles, dessen Park nun dem Volk offensteht, lesen er und Jane zusammen *Les Chateaux d'Espagne* – »ein sehr niedliches kleines Lustspiel« – und weiht sie ihn in ihre unglückliche Herzensangelegenheit ein, die von der Familie mißbilligt wird. »Der Schatz ist in England, und so viel ich gehört habe, ein schöner junger Franzose, der ehemals ein Adjutant von Lafayette war.« Forster glaubt zu bemerken, daß Janes Bruder eine Verbindung zwischen ihr und ihm nicht ungern sähe, und hat den Eindruck, »daß Miss sehr geneigt gewesen ist, vernünftig zu handeln, wie man das nennt«. Er habe aber deutlich gemacht, daß aus der Sache nichts werden könne.

Am 15. April ging Forster mit Jane, Helen Maria Williams und Mary Wollstonecraft in die Oper, um sich mit ihnen das Ballett *Das Urteil des Paris* anzusehen. Hätte er sich für eine seiner Begleiterinnen entscheiden müssen, wäre der Apfel an Mary gegangen. Wie Wilhelm von Humboldt später in Paris hörte, soll Forster eine unerwiderte Leidenschaft für sie empfunden haben. Vielleicht erklärt das, warum er so schlecht auf Wilhelm von

Wolzogen zu sprechen war. Er sah in dem lebenslustigen jungen Diplomaten, der sich im Geheimauftrag des Herzogs von Württemberg in Paris aufhielt, einen begünstigten Nebenbuhler: »[Er ist] ein *bonvivant*, mit ungeheurem *embonpoint* und breiten Schultern, was ihm bei den Engländerinnen die Reputation eines schönen Mannes zu wege bringt, die er mir doch nicht gerade zu verdienen scheint.«

Schon wenige Wochen nach seiner Ankunft in Paris hat Forster einen großen internationalen Bekanntenkreis. Sein Name öffnet ihm auch hier alle Türen.

»Chamfort ist mir sehr gut; den ehrlichen Bernardin de St. Pierre habe ich einmal besucht, er wohnt mir aber zu weit ab. Custine, der Sohn, hat mir noch gestern versprochen, mich zu Condorcet zu führen. An Thomas Paine habe ich nicht viel gefunden. Er ist besser in seinen Schriften zu genießen. Das Launigte und Egoistische mancher Engländer hat er im höchsten Grade. Sein Gesicht ist feuerrot und voll purpurner Knöpfe, die ihn häßlich machen; sonst hat er eine spirituelle Physiognomie und ein feuriges Auge. Einige Deutsche, die sich hier aufhalten, kommen öfter mit mir zusammen, unter andern ist ein Graf Schlaberndorf aus Schlesien, ein junger Oelsner, eben daher, der auch in Christie's Hause bekannt ist, ein junger Schwabe, namens Kerner, der für die Hamburger Zeitung hier Nachrichten schreibt. Schlaberndorf, in dem gesetzten Alter von vierzig Jahren, ist ein sehr kluger, einsichtsvoller Demokrat und ein Mann von reifer Erfahrung. Er kennt Europa sehr genau, besonders England. Oelsner hat sich hier viel Bekanntschaften gemacht und viel Lokalkenntnisse erworben, er weiß alles mit dem rechten Ausdruck und Kunstwort zu nennen, kennt den *ton de conversation*, ist *joli cœur* bei den Damen und macht artige Bemerkungen mit einer Leichtigkeit, die an französische grenzt. Der kleine Schwabe Kerner sprüht Freiheit wie ein Vulkan und ist originell und gutherzig, wie ein junger Schwabe sein muß, er hat Kopf und Energie. Dazu ist er Dr. der Medizin.«

Sehr gut gefiel ihm auch die Amazone Théroigne de Méricourt, die ehemals als Heldin gefeiert und mit der Bürgerkrone geehrt worden war, nun aber in Ungnade gefallen und von fanatischen Marktweibern mißhandelt worden war. »Denke Dir ein 25 oder 28jähriges braunes Mädchen, mit dem offensten Gesicht, mit Zügen die einst schön waren, es zum Teil noch sind und einen einfachen, edlen, festen Charakter voll Geist und Enthusiasmus verraten; besonders viel sanftsprechendes in den Augen und Munde«, schwärmt er Therese vor. »Ihr ganzes Wesen ist aufgelöset in Freiheitssinn, sie spricht unaufhörlich nur von der Revolution, und wohl zu merken, alle ihre Urteile waren treffend, ohne Ausnahme richtig, bestimmt und gerade trafen sie auf den Punkt woraufs ankam. Diese Bekanntschaft machte uns allen Vergnügen.«

Anders als die Bekanntschaft mit dem Schweizer Bankier Johann Caspar Schweizer und dessen Frau Magdalena, die seit 1786 in Paris lebten und in ihrem luxuriös eingerichteten Stadtpalais einen Salon führten. Schweizer »war einer der hochherzigsten und unglückseligsten philanthropischen Schwärmer, der nie das Gleichgewicht der Seele gefunden hat«, schreibt Jakob Baechtold, »ein Mann, dessen erhitzter und beständig irregeleiteter Phantasie sich Welt und Menschheit nur durch das trügerische Prisma der Poesie zeigten, der, unstet in allem, was er unternahm, an seine Geistesüberlegenheit glaubte und absichtlich die Gefahr suchte, der unermüdlich wohltätig und leichtgläubig, das Opfer aller Schwindler und Abenteurer der alten und neuen Welt geworden ist. Weltverbesserer, Projektmacher und leider auch Kaufmann, Kunstsammler, Schriftsteller und Dichter, mit unersättlichem Trieb zur Bildung, aber ohne rechte Grundlage, schwankt er, von den edelsten Absichten beseelt und doch oft verdammt und immer verlacht, stets auf der Grenze zwischen Wahnsinn und vernünftigem Tun.«

Die Septembermassaker und die Hinrichtung des Königs hatten die Schweizers zu erbitterten Feinden der Jakobiner gemacht und Magdalena an der Revolution verzweifeln lassen, was Forster zu heftigen Ausfällen gegen sie verleitete. Sie ekelten ihn an mit ihrer hochmütigen Aristokratie, denn die Misanthropie der Frau sei weiter nichts als Freiheits- und Gleichheitshaß. »Die Notwendigkeit, nicht zu glänzen, sich nicht unterscheiden zu dürfen, macht diese Leute wütend, und dieselbe Ursache, die diese Leute zu Anfang der Revolution zu glühenden Patrioten machte, weil ihre Klasse damals emporkam, macht sie jetzt zu Verschwornen gegen den Staat, wo sie nicht mehr die Aristokratie des Reichtums zeigen können. Alles, was dem König anhing, wird von ihnen vergöttert, sie trägt ein Läppchen Tuch von seinem letzten Rock in ihrem Ringe verborgen; selbst ungläubig, huldigt sie doch dem Aberglauben, hängt dem Magnetismus eifrig und blind an und steht mit den bigottesten Leuten in der engsten Verbindung. Er ist ein spekulierender Kaufmann, der immer über schlechte Zeiten klagt und unter dieser Decke beständig fort die Assignate* benutzt, um Güter und Häuser wohlfeil zu kaufen und teuer zu verkaufen. Seine Versalität und sein mit Ideen aus allen Fächern meublierter Kopf, der nie einem Grundsatz acht Tage lang, oft nicht vierundzwanzig Stunden lang, treu bleibt, hindert ihn doch nicht an diesem herzlosen kaufmännischen Geizen. Mit einer gewissen kranken Lebhaftigkeit, die anfangs einnimmt, und einer schweizerischen Energie und Massivheit in der Phantasie, fühlt der Mensch im Grunde nichts als sein Bedürfnis, unaufhörlich etwas anderes zu treiben, und bei einer Terminologie und Phraseologie, die beinahe Gründlichkeit scheinen könnte, hat er weder für Kunst noch Wissenschaft Sinn, sondern betet nur immer seine Sentenzen her.«

Klassenhaß! Zwei Briefe später ruderte Forster dann mit schlechtem Gewissen zurück, wollte aber doch irgendwie recht haben und klopfte sich für seine Korrektur auch noch auf die Schulter. Seine Bemerkungen seien »ein wenig zu streng« geraten, räumte er ein, aber man könne die Dinge bekanntlich von verschiede-

---

* Das während der Revolution geltende Papiergeld. Zunächst ausgegeben als Staatsanleihen, entwickelten sich die Assignate zum allgemeinen Zahlungsmittel, aber da viel zu viele gedruckt wurden, herrschte bald Inflation.

nen Seiten sehen. »Ich habe also nicht sowohl falsch, als bloß einseitig geurteilt. Wenn harte Urteile immer auf diese Art untersucht würden, wie leicht ließen sich Einseitigkeit und Parteilichkeit vermeiden!« Vielleicht hatte er inzwischen erfahren, daß Schweizer nach dem Sturm auf die Tuilerien sein eigenes Leben riskiert hatte, um Landsleute von der Schweizergarde vor dem sicheren Tod zu retten und ihre Flucht ins Ausland zu ermöglichen.

* * *

Über Mangel an Gesellschaft also kann Forster nicht klagen. Er lebt mit »guten, gefühlvollen, mit feinen, gebildeten, mit klugen, vernünftigen Menschen«, geht mit Frauen um, die ihm gefallen, sogar zu sehr. Er erneuert die Bekanntschaft mit einer hübschen, »erstaunlich« herzlichen Frau, die ihm bei seinem Parisaufenthalt vor drei Jahren rasendes Zahnweh »vermittelst einiger Tropfen auf Baumwolle« kuriert hatte. Er unternimmt viel. Und doch fühlt er sich oft entsetzlich einsam. Therese kann ihm niemand ersetzen. In deutschen Landen ist ein Kopfgeld auf ihn ausgesetzt. »Ich habe keine Heimat, kein Vaterland, keine Gefreundete mehr; alles was sonst an mir hing, hat mich verlassen, um andere Verbindungen einzugehen«. Ein verlassenes Kind.

»Wie ich heute einsam im Palais Royal auf und ab ging, kamen mir unwillkürlich die Tränen in die Augen, daß ich nun auf mein Zimmer zurückkehren sollte und in der unendlich großen Stadt keinen Menschen hätte, der sich im mindesten um mich bekümmerte, keinen, der Anteil an mir nähme, und dem es nicht völlig gleichgültig wäre, wenn ich morgen verschwände! Gewiß eine sonderbare Wendung meines Schicksals, nachdem ich so lange meine Kräfte alle aufgeboten habe, um Menschen an mich zu knüpfen, mit denen ich im Tausch gegenseitiger Pflege und Sorge glücklich zu sein hoffen durfte. Ich fühle dies alles jetzt schmerzlicher, weil ich krank bin, in einem traurigen Hotel garni ohne Bedienung und ohne eines Menschen Teilnahme.«

Therese wartet indes in Neuchâtel auf Huber und drängt auf eine schnelle Scheidung.

Forster soll sie in die Wege leiten, stößt aber auf Schwierigkeiten. »Ich werde von Pontius zu Pilatus geschickt und nun heißt es gar, ich müßte alles in Mainz anhängig machen, welches nicht möglich ist. – Indessen, wenn ich erst auf der Munizipalität nähere Erkundigungen eingezogen habe, hoffe ich noch einen Ausweg angezeigt zu erhalten, wodurch Dir Dein Wunsch gewährt werden kann. Ich bitte also, daß Du noch etliche Tage Dich gedulden mögest.« Wie engagiert hat er die Sache betrieben? Therese müsse nach Paris zu kommen, schreibt er, aber das will sie auf keinen Fall. Sein Vorhaben, sie in Neuchâtel zu besuchen, weist sie entsetzt ab.

»Ich habe Deinen Brief, meine teuerste Therese, worin Dein schönes Herz so ganz darliegt. Es hat das schmerzliche Gefühl meines grenzenlosen, unheilbaren Elends nur noch geschärft. Ich kann nicht mit Dir leben und kann Dich auch nicht entbehren; es ist unmöglich, daß ich je durch Liebe beglückt werde, denn nie kann ein anderer Gegenstand mich rühren und mein Herz erfüllen – und ich liebte so ganz unbedingt, so hingegeben! Ich liebe noch ebenso mit dem zerfleischenden Bewußtsein, nie, nie! glücklich gewesen zu sein, nie Gegenempfindungen erregt zu haben, folglich nie erwecken zu können. Wünsche nicht diese Hölle zu fassen, daß ich einsehen lerne, womit ich sie verdient habe, sondern wünsche, daß ich ruhiger und mit dem Schicksal versöhnter sterbe. Ich war gewiß für häusliches Glück geschaffen, ich war nützlich als Mensch und wär es als Mensch, als Vater und Freund, als Gatte immer mehr geworden. Alles ist zerrüttet, alles ist hin; ich kann nicht mehr die Ruhe der Seele finden, die zur Arbeit unentbehrlich ist; ich kann mich mit der toten Einsamkeit nicht aussöhnen und hasse sie doch weniger als die traurige Gesellschaft der Menschen.«

Sie schreibt ihm auf französisch: *Ne t'obstine plus de changer mon sort. Je ne veux pas retourner auprès de toi.**

---

* Beharre nicht darauf, mein Schicksal ändern zu wollen. Ich will nicht zu Dir zurückkehren.

Er schreibt: »Ich harre der Zeit unseres Wiedersehns.« Je unwiderruflicher sie ihm in der Realität entschwindet, desto unerbittlicher hält er an ihr fest, was ergreifend, aber auch schrecklich ist, weil es an einen Stalker denken läßt. Er nennt Therese jetzt gern »geliebte Tochter«. In seinem neuen Entwurf einer zukünftigen *ménage à trois* spielt er die Rolle des edelmütigen Familienfreundes. »Ich bleibe dabei, daß ich mein Leben und meine Seligkeit für Glück mit Dir gegeben hätte; weil es mir aber nicht beschieden ist, so wünsche ich wenigstens Dein Glück.« Huber reicht er brieflich die Hand zur Versöhnung, nachdem er ihm zuvor eine merkwürdig abgehobene Strafpredigt gehalten hat. »Das Allgemeine [Ihrer Handlung] zerrüttete nur gesellschaftliche Formen, das Individuelle brachte einen Mann, der nur Ein Glück kannte, um jede Hoffnung für die Zukunft, weil auch nach Ihrem eigenen Urteil dieses Glück einzig ist. Daß ich weder glücklich war noch glücklich machte, ändert hier nichts; ehe Sie alle Verhältnisse, alle Bande zerrissen, hätten Sie Gewißheit haben sollen, daß auch der Wert dessen, was ich entbehrte, von mir unerkannt geblieben sei, und niemand hat ihn je höher, niemand je so hoch angeschlagen als ich, denn der Verlust bleibt mir ewig unheilbar und unvergeßlich.«

Forsters bewährtes Überlebensmittel und gewissermaßen sein Markenzeichen als Schriftsteller, als Sprachkünstler: Von einem höheren Standpunkt aus sucht er sich am Zopf der Reflexion aus dem Sumpf des Individuellen, des chaotischen, schmuddeligen Lebens herauszuziehen. Das kann (wie hier) zu Verrenkungen führen. Aber auch zu der wunderbaren, schwermütigen, gefühlsdurchwärmten Gedankenmusik, wie sie aus seinen Pariser Briefen an Therese immer wieder erklingt.

»Es ist sonderbar meine geliebteste Therese, daß unsere eigentümliche Verhältnisse so mit den wichtigsten Angelegenheiten des ganzen Menschengeschlechts zusammenhängen! Wenn ich bloß erwäge wie wenig alles, was ich seit dem November getan habe, jetzt zweckmäßig erscheint, so möchte ich manchmal wünschen, ich wäre ruhig aus Mainz gezogen und hätte mich in

Hamburg oder Altona niedergelassen, ohne etwas mit den Händeln der Völker zu tun zu haben. Wenn ich dagegen bedenke, daß nur auf diese Art unser Schicksal die Wendung nehmen konnte, die in unserer Lage einmal die einzige war; daß so eine Täuschung, die uns am Ende leicht alle miteinander unglücklich gemacht hätte, aufhören könnte; daß nur so die Gewißheit in mir entstehen konnte, meinen politischen Grundsätzen Genüge geleistet zu haben, und jene zweite, daß der rechtschaffene Mann nur so lange fortarbeitet, als er es ohne Verletzung seiner Selbstachtung tun kann, daß endlich nur auf diese Art eine gewisse Entwickelung meiner selbst möglich war, die zwar unendlich schmerzlich, aber auch zugleich eine Quelle von sonderbarer Beschauung in mir geworden ist, und daß ich bei dem allen das Bewußtsein in mir trage, nach der jedesmaligen Einsicht, die ich hatte, nicht aus Leidenschaft gehandelt zu haben – dann bin ich zufrieden mit allem was geschehen ist.«

* * *

Seine Zufriedenheit wird auf eine harte Probe gestellt. Mit leidenschaftlicher, ängstlicher Anteilnahme hat er das Schicksal des belagerten Mainz verfolgt, obwohl die Masse seiner Bürger »der unsäglichen Mühe, die man sich um seine Befreiung gegeben« habe, nicht wert sei und »so leicht und gern in ihr altes Joch« zurückkehren werde, »als hätte es nie etwas anderes gekannt und geahndet«. Für seinen Hausarzt und Mitstreiter Wedekind, der sich gerade noch rechtzeitig aus der Stadt retten kann, hat er nur Hohn und Spott übrig. Der Hase sei auf die erste Annäherung der Feinde entsprungen! Die Verhaftung der »armen Weiber«, die nun auf der Festung Königstein gefangen sind, findet er freilich hart, auch wenn sie doch eigentlich die Schuld der unvorsichtigen Böhmer sei. Gut, daß er und Therese wenigstens davon verschont geblieben sind. Daß einige Klubisten auf der Flucht den Preußen in die Hände gefallen und schwer mißhandelt worden sind, dauert ihn sehr! »Aber warum blieben sie nicht in der sichern Festung, wo man ihnen im ärgsten Fall bei der Kapitulation den Abzug sichern mußte.« Als die Franzosen die Mainzer Bürger, die den Eid verweigern, aus der Stadt ausweisen (nach vorsichtigen Schätzungen mindestens zweitausend Personen), kommentiert er knapp: »Alle entbehrliche Mäuler sind weggeschafft.«

Am 19. Juni begannen die Preußen damit, die Stadt unter Artilleriefeuer zu nehmen. »Ich kann ohne Tränen kaum an Mainz denken – aber auch nicht an W i l n a«, schreibt Forster am 23. Juni an Therese, und zwei Wochen später, während das Bombardement immer noch anhält: »Das Schicksal von Mainz bringt mir lauter schauerlich ernste Bilder zu Gemüte. Die arme Stadt muß bald ein Schutt- und Aschenhaufen, ein schrecklicher Jammerplatz sein, und die unglücklichen, zu Grunde gerichteten Einwohner! O Therese, Deiner Einbildungskraft brauche ich nicht brennende Türme und Straßen zu malen, um Dir zu vergegenwärtigen, wie es dort jetzt aussieht, und an Hülfe ist schwerlich mehr zu denken, bei der Verwirrung, die in unsern Köpfen herrscht und dem Mangel einer festen vollziehenden Regierung. Wie hat das Schicksal für uns gesorgt, daß es uns herausriß, – und tausende müssen jetzt schmachten! Was ist der Verlust aller unserer Habe gegen das unbeschreibliche Elend? Gütiger Himmel! Wie stürzen so viele Hoffnungen auf einmal zusammen? Und wie wenig gilt im Kriege das Glück der friedlichen Einwohner! Das Interesse der Franken, die Stadt zu behaupten, und das der Belagerer, sie einzunehmen, ist so groß, daß das Wohl der armen Menschen, die drin sind, wie ein Punkt verschwindet. – Ich bilde mir schon ein, da ich seit mehrern Tagen keinen Brief von Dir habe, daß Du aus den Zeitungen eben diese Nachrichten vom Bombardement von Mainz liesest, und daß Dich die zu sehr angreifen, als daß Du schreiben könntest. Vielleicht drückt Dich auch die Hitze. Hier ist sie seit etlichen Tagen sehr groß und steigt noch mit jedem Tage. Aber wie muß sie dort mitten im Feuer, ohne einen grünen Baum, ohne Gemüs, ohne Obst, ohne Milch nicht sein!«

Die Stadt müsse jetzt »einem Schutthaufen ähnlich sehen«,

schrieb er wieder ein paar Tage später. »Die Liebfrauenkirche, der eine Domturm, die Schustergasse, Judengasse, Bleichen, der Tiermarkt angebrannt! Unsere Reihe Häuser? steht sie, oder brennt sie? ich weiß es nicht. Und die armen Einwohner!« Forsters unglücklicher Zorn richtete sich auf den Fürstbischof. »Der schändliche alte Bock, der sein Land, seine Stadt, seine unglücklichen Untertanen dem leidigen Ehrgeiz, sich in die französischen Angelegenheiten zu mischen, aufopfern konnte, was hat er nun davon? Wäre er neutral geblieben, nie wär ein Franzos nach Mainz gekommen. Die Furien müssen ihn doch geißeln! Oder schläft so eine Bestie ruhig, verdaut, und spielt mit seinen Weibern?« Fiel diese Invektive so maßlos aus, weil er selbst von Schuldgefühlen gequält wurde, seine Mitverantwortung an der Katastrophe aber auf keinen Fall zugeben wollte? Schließlich hatte er den Mainzern hoch und heilig versprochen, daß es niemals dazu kommen würde.

Als Therese, von ihrer Umgebung bedrängt, Forster zu einer öffentlichen Stellungnahme auffordert, »damit man doch die g a n z e S t a d t nicht für schuldig halte«, dementiert er aufgeregt, daß die »Freiheitsspiele, die dort getrieben wurden«, Grund für die Belagerung gewesen seien, und überhaupt, die Franzosen hätten Mainz auf jeden Fall aus strategischen Gründen einnehmen müssen. »Ist es möglich, der Stadt anzurechnen, was so einzig die Schuld des Ungeheuers ist, der darin schwelgte? Also der Kurfürst, und er allein ist Urheber allen Elends, das dort gelitten wird.«

Nach der Kapitulation von Mainz am 23. Juli übten die Bewohner grausame Rache an ihren jakobinischen Mitbürgern, die von den abziehenden Franzosen fast alle zurückgelassen wurden. Therese wurde mit Schmähschriften und Bettelbriefen von Opfern der Belagerung überhäuft, während sie und Forster sich um die Wiedererlangung ihrer Besitztümer bemühten. Ihr Haus hatte die Bombardierung der Stadt unversehrt überstanden, nach dem Einmarsch der Preußen war es von den Behörden zum Schutz vor Plünderern versiegelt worden. Forsters wertvollstes

Gut, seine Manuskripte, Aufzeichnungen und Tagebücher, konnte ein Bekannter in Sicherheit bringen.

An dem Tag, als die Stadt sich den Preußen ergab, steckte Forster mitten in der Lektüre eines neuen Buches, das ihn sehr beschäftigte. »Zwei Quartbände von William Godwin – *Enquiry on political justice*. Ein sehr gründliches philosophisches Werk, worin endlich die ganze Theorie der menschlichen Gesellschaft und der Regierungsverfassung auf Vernunft und Moral und ihre unumstößliche Grundsätze gebaut werden. Ein Werk voll echter und heiliger Bekenntnis der Wahrheit, welches wenigstens künftig noch wirken wird, wenn es jetzt seine Wirkung nicht gleich haben sollte. Ich exzerpiere mir daraus was ich kann, denn das Buch gehört der National-Convention, der es der Verfasser geschenkt hat.«

* * *

Inzwischen ist Huber, aus sächsischen Diensten entlassen, in Neuchâtel eingetroffen. Der Klatsch blüht, die Behörden machen Schwierigkeiten, Huber gilt ihnen als Jakobiner, den sie nicht bei sich dulden wollen, ein Verdacht, den er mit einem langen Schreiben zu zerstreuen sucht. Er darf bleiben, nimmt aber vorläufig eine eigene Wohnung.

Er und Therese planen die gemeinsame Zukunft als Schriftsteller-Ehepaar. Huber wird eine deutschsprachige politische Zeitschrift mit dem programmatischen Titel *Friedens-Präliminarien* herausgeben, ein inzwischen wieder aufgegebenes Projekt Forsters, der Beiträge für die ersten Nummern beisteuert oder vermittelt, so etwa John Hurford Stones Reportage über seine (und Oelsners) Abenteuer als Kriegsberichterstatter vom Herbst 1792. Therese will sich auf die Belletristik verlegen und Romane, Erzählungen und Theaterstücke schreiben, die unter Hubers Namen erscheinen sollen, weil sie von schriftstellernden Frauen nichts hält, jedenfalls dann nicht, wenn sie in der Öffentlichkeit auftreten.

Sie hatte auch schon konkrete Pläne, als sie Forster um weitere

Mitteilungen über zwei Revolutionsheldinnen bat, von denen er ihr in früheren Briefen berichtet hatte, die Amazone Théroigne de Méricourt und Charlotte Corday, die Mörderin – Richterin, wie viele glaubten – von Jean-Paul Marat, der in seinem Hetzblatt als »Volksfreund« unersättlich Gewalt und Tod gepredigt hatte. Am 17. Juli, vier Tage nach ihrer Tat, wurde sie hingerichtet. Ob es wahr sei, daß ein roher Mensch ihren abgetrennten Kopf geohrfeigt habe, wollte Therese wissen. Es stimmte. Der Henker Legros wurde dafür mit drei Monaten Gefängnis bestraft.

Forster, der das »Blutgericht« eine Schande der Revolution genannt hat – »ich mag nicht daran denken« –, war dennoch zur Hinrichtung Charlottes gegangen. Das öffentliche Sterben war in den Augen des Publikums zu einer Charakterprobe für die Verurteilten geworden, und die Corday bestand sie glänzend. Ihr Beispiel werde einst die Geschichte dieses Kampfes veredeln, »wenn längst die Privatansichten verschwunden sind, die jetzt die Urteile der Menschen entzweien, und nur der reine Ertrag übrig bleibt, von der Größe, die ausführen kann, was sie unternahm«, schrieb Forster bewundernd. »Die fanatische Überzeugung der Mörderin Marats tut hier nichts zur Sache, sie mag Irrtum oder Wahrheit zum Grunde haben, wohl aber die Reinheit ihrer Seele, die von ihrem Zwecke so ganz erfüllt war, und mit so schöner Heldenstärke alle Folgen der Tat hinnahm. Sie war blühend von Gesundheit, reizend schön, am meisten durch den Reiz der Unverdorbenheit, der sie umschwebte. Ihr schwarzbraunes kurzabgeschnittenes Haar machte einen antiken Kopf auf der schönsten Büste. Ihre Heiterkeit blieb bis auf den letzten Augenblick auf dem Blutgerüste, wo ich sie hinrichten sah. Ihr Tod war mir wohl für sie. Du hast schnell ausgelitten, dacht ich. Der Maler David (ein heftiger Jakobiner und Mitglied des Nationalkonvents) ging hin, sie im Gefängnis zu malen. ›Man wird künftig gern mein Bild sehen wollen.‹ Er erstaunte über die Heiterkeit ihres Gesichts und meinte, es sei Anspannung des Augenblicks, um sich vorteilhaft zu zeigen. Werden Sie aber immer diese Miene behalten? fragte er. ›Sorgen Sie nicht, antwortete sie mit Lächeln und sanfter Stimme, ich bin nie anders als Sie mich jetzt sehen.‹ Die Tat war ganz ihr eigener Anschlag, mit keiner Seele ging sie darüber zu Rat. Sie führte das Messer sicher, ohne eine Vorübung gemacht zu haben. Sie liebte die Republik, und die Freiheit mit Enthusiasmus und fühlte tief ihre innere Zerrüttung.«

Adam Lux, Forsters Kollege vom Mainzer Konvent, begegnet in dieser Frau seinem Schicksal, dem er seit seiner Ankunft in Paris entgegengeeilt war. Entsetzt über die Politik der Bergpartei, hatte er sich mit Leidenschaft den Girondisten angeschlossen. Als sie Anfang Juni gestürzt wurden, wollte er ihrem Untergang nicht tatenlos zusehen. Zunächst hatte er vor, »ihren Tugenden öffentlich an den Schranken des Konvents zu huldigen und sich im Angesicht des Volkes den Dolch in seine Brust zu stoßen«, was ihm seine Freunde mit Mühe ausreden konnten. Aber »ihre Vorstellungen scheinen ihn veranlaßt zu haben, die Sorge für seinen Tod den Schreckenmännern zu überlassen«.

Der kleine feurige Schwabe Georg Kerner, ein schillerscher Jüngling wie aus dem Bilderbuch, hat die Geschichte seines Liebestodes erzählt.

Lux war gerade in Paris unterwegs, »als eine ungewöhnliche Bewegung auf den Straßen seine Aufmerksamkeit erregte«. Er erfuhr, daß man die Mörderin Marats soeben auf den Richtplatz führte, und folgte ihr dorthin.

»Charlotte Corday erschien, ihr Auge war mit einem Gemisch von Größe und Mitleiden auf die Volksmenge geheftet – Lux las in ihren Zügen, was nur wenigen zu lesen von dem Schicksal vorbehalten war – sein Blick begegnete dem ihrigen – mehr bedurfte es nicht, um in dem Innersten ihrer Seele zu lesen und jene Harmonie entdecken zu können, die große Herzen in einem Moment auf Ewigkeiten verschwistert. – Man hatte ihm von einer aristokratischen Fanatikerin gesprochen, und er fand eine Republikanerin, die, nachdem sie dem Rache fodernden Vaterland den hohen Tribut gebracht hatte, die Gesetze zu versöhnen, mit jenem Blick dem Tod entgegenging, der ihrem Wesen noch drei Schritte vor dem Schafott jene verklärte Gestalt zu geben schien, die ihr erst jenseits desselben zuteil werden sollte: Man hatte ihm von einer alten Betschwester gesprochen, und er fand ein Mädchen in der vollkommensten Jugendblüte, ein Mädchen, dem die nahe Gegenwart des Todes keine der Rosen rauben konnte, die ihre Wangen schmückten – dem die jungfräuliche Sittsamkeit, gepaart mit Heldenmut und Schönheit, jenen unaussprechlichen Reiz gab, dem selbst der stupideste Fanatism durch ein plötzliches Unterbrechen seines wilden Gebrülls und das Verbrechen durch eine dem schwachen Überrest von Menschlichkeit entschlüpfte Träne huldigen mußte. – Genug, er fand das Ideal einer republikanischen Seele.

Sein gut organisiertes, ungeschwächtes Aug erblickte die kleinste ihrer Bewegungen, die Art, womit sie sich dem Schafott näherte und das Totengerüst bestieg, die sanfte Schamröte, die selbst das drohende Beil nicht zurückschrecken konnte, als die Blutknechte ihr den jungfräulichen Busen entblößten – nichts entging seinem spähenden Blick: Das Eisen fiel – sprachlos und wie vom Donner gerührt stand er neben dem Trauergerüste und riß sich endlich nur mit Mühe von dem schrecklichen Schauspiel los. – Noch ein Blick auf den enthaupteten Leichnam – und in eben dem Augenblick schlägt eine wilde Bestie das blutende Haupt ins Gesicht. Die blutgierige Menge entrüstet sich selbst mitten in ihrer Blutgierde über die abscheuliche Freveltat – Lux teilt diese Entrüstung – sie erleichtert seine von tausend Empfindungen bestürmte Seele und gibt ihm Stärke genug, seine Wohnung zu erreichen, wo er sich gänzlich dem Übermaß seines Schmerzes preisgab – und die empörende und seelenerschütternde Szene, deren er beigewohnt hatte, tausendmal sich zurückrief, um tausendmal die nämliche Marter zu fühlen. Jetzt war Schweigen in seinen Augen – ein Verbrechen. Er entschloß sich, für die Wahrheit auf dem nämlichen Schafott zu bluten, wo Corday, von Vaterlandsliebe entflammt, ihren Geist aufgegeben hatte.«

Am 19. Juli erschien seine Flugschrift *Über Charlotte Corday*, die die Geliebte seiner Seele verherrlichte und Forster in größte Besorgnis versetzte. Er fürchtete, daß die Leidenschaft seines Zimmergenossen ihn mit in den Tod reißen würde. Um ihn zu schützen, schrieb Lux einen Abschiedsbrief an den »teuren Freund und Mitbürger«. Darin erklärte er förmlich, daß er sein Pamphlet ohne dessen Wissen verfaßt habe. »Ich bin sehr vergnügt darüber, mit Ihnen während unserer Verbannung gelebt zu haben – ich danke Ihnen für alle mir erwiesenen Freundschaftsdienste – und umarme sie von Herzen.

Leben Sie wohl. Adam Lux.«

Am 24. Juli wurde er verhaftet.

Die Befürchtung, die sein Kollege bei ihm geweckt habe, sei eingetroffen, schrieb Forster an Therese. »Er ist diesen Morgen wirklich arretiert worden, weil er in der Tat entweder unvorsichtig oder heroisch, je nachdem mans nimmt, das Frauenzimmer hoch gepriesen hat, das mit so wunderbarem Mut den Dolch auf Marat gezückt und ihn ermordet hat. Der gute Mensch hat ganz den Kopf über dem Mädchen verloren und kennt nichts seligers als für sie sterben zu müssen und für die Partei, die ihm ausschließlich recht zu haben scheint.« Er habe Lux zugeredet, sich seiner Einbildungskraft nicht zu überlassen, »allein, alles war in den Wind geredet. Selbst die Bedenklichkeit mich zu kompromittieren, die einzige, die für ihn Gewicht hatte, hielt ihn nicht zurück. Es wird ganz unmöglich sein, das Geringste für ihn zu tun, was er denn auch gar nicht wünscht.« Was ihn selbst betreffe, so sei er ruhig und gefaßt. »Habe ich nicht alle Ursache mich für bessere Zeiten aufzusparen?« Seine Überzeugung lehre ihn, »daß alles Wirkenwollen über einen gewissen Kreis hinaus, durch die Ungewißheit des Erfolgs zum bloßen Hazardspiel wird und sich gemeiniglich durch Verfehlen des Zweckes und anderer übler Folgen selbst bestraft.«

War das die Lehre, die er aus seinem Engagement in Mainz gezogen hatte? Wenn ja, so ließ Forster sich das nicht anmerken. Er argumentierte grundsätzlich. »Alles zu frühzeitige Pfuschen ins Handwerk der Vorsehung, so wie der Natur, kann nur das Gute verrücken.«

Adam Lux wurde ins Gefängnis gebracht, wo er noch einige Monate lang auf seinen Prozeß und den erwünschten Tod warten mußte, den seine Freunde so gerne abgewendet hätten. Besonders »der Hase« Wedekind setzte sich engagiert für ihn ein. Es gelang ihm sogar, den Herausgeber des jakobinischen *Journal de la Montagne* zur Veröffentlichung eines Artikels zu überreden, der auf mildernde Umstände für Lux plädierte: Er sei nicht zurechnungsfähig, die Liebe zu Charlotte Corday habe ihm den Verstand geraubt. Lux hat dieses Rettungsmittel mit einem öffentlichen Dementi entrüstet von sich gewiesen.

* * *

Seitdem er in Paris war, hatte Forster versucht, sich eine neue Existenz zu schaffen. Die Diäten, die er als Deputierter bezog, reichten zum Leben nicht aus und waren überdies befristet. Einkünfte aus schriftstellerischen Arbeiten hatte er nicht mehr. Thomas Christie, wahrscheinlich auch John Hurford Stone, versuchten ihn als Mitarbeiter für ihre Verlagsprojekte zu gewinnen. »Man bietet mir hier an, mich auf Buchdruckerkunst zu legen.« Das scheint ihn nicht interessiert zu haben. Statt dessen bemühte er sich um eine Stellung im Dienste der Regierung. Für das Außenministerium verfaßte er eine Denkschrift, in der er für eine politische Mission nach Indien warb, die das Ziel haben sollte, die Fürsten des Landes für ein gegen England gerichtetes Handelsbündnis mit Frankreich zu gewinnen. Er selbst wollte sie unternehmen und mit einer Forschungsreise verbinden. »In einigen Tagen fange ich an persisch zu lernen. Kleinigkeit!« schreibt er Therese. »Ich könnte vier bis sechs Jahre ausbleiben, oder noch länger, ohne zu alt zum Genuß des Überrests meines Lebens in die Arme meiner Kinder zurückzukehren, und indem ich sie glücklich wiederfände, für die Erfüllung Deiner mütterlichen Pflicht auch Dir einen dankbaren Freund wieder zuzuführen.« Dazu kommt es nicht. Immerhin wird er, zusammen mit einem Kollegen, dem *citoyen* Petry, als Agent in den Norden Frankreichs geschickt. Sie sollen mit den Engländern über einen Gefangenenaustausch verhandeln.

* * *

»Gestern ging ich sehr weit spazieren. Es war liebliches Wetter; unter hohen Weißpappeln, zwischen den fetten Wiesen am Kanal für mich allein ging ich und sann und maß in meinem Kopf den Punkt und die Unendlichkeit. Ich saß auf einem grobbehauenen Klotz und war in Gedanken bei Euch. Die beiden Kinder hüpften im Grase herum und mir wurde so innerlich glühend, daß ich nur Dank fühlen konnte für das Gefühl und die Ahnung.«

Gestern, das ist der 9. September 1793. Seit einem Monat hält sich Forster nun schon in Arras auf, der Heimatstadt Robespierres. Versuche, mit den Engländern in Verhandlungen einzutreten, sind bisher erfolglos gewesen. Forster vertreibt sich die Langeweile mit Lesen und Schreiben. Er hat mit einer Darstellung der Revolution in Mainz begonnen, in Form von rückdatierten Briefen, die die Gleichzeitigkeit von Erzählzeit und erzählter Zeit simulieren sollen, bleibt aber mittendrin stecken. Nach dem Fall der Stadt bringt er es nicht fertig, sich in die Zeit zurückzuversetzen, da er noch von Begeisterung für die Revolution erfüllt gewesen war. Die sei inzwischen *sa belle mort* [ihren schönen Tod] gestorben. »Ich schreibe, was ich nicht mehr glaube«, erkennt er und wünscht sich zurück nach Paris.

Das Rezept gegen Schmerz und Reue, das Therese sich verschrieben und auch ihm empfohlen hat, lehnt er ab, mit nachdenklichen, seelenvollen Sätzen: »Dich hüten vor literarischem und politischem Enthusiasmus, heißt doch nur wollen, was die Natur anders will. Wir müssen glücklich oder unglücklich sein, wie es unser Wesen mit sich bringt, da hilft wahrlich kein Hüten; und überhaupt ist es eine so unendliche Torheit zu glauben, daß Glück die Bestimmung des Menschen sei, und zweitens, daß es durch irgend eine moralische Diät erzwungen werden könne.

Empfinden und Denken ist unsere Bestimmung und beides hat nur zufällige Beziehung auf Glück und Unglück, oder Genuß und Schmerz. Wahr ist es, wenn wir durch bittere Erfahrungen inne geworden sind, daß die heftigen Bewegungen, die großen Anstrengungen unserer Geisteskräfte oft am wenigsten geschickt sind, uns froh zu machen, wenn wir gewaltsam zurückgeschleudert werden und Wunden davontragen, deren Schmerz wir lange nachfühlen, die vielleicht immer offen bleiben, so lernen wir wohl still liegen, uns nicht umherwälzen, um nicht die rohe Rotte zu reizen und lieber auf den Gebrauch unserer Gliedmaßen verzichten, als die Gefahr laufen uns zu stoßen. Aber das ist doch wahrlich nur ein Symptom der abnehmenden Kräfte, der abgelaufenen Hörner, und ich weiß nicht, wie man sich darauf etwas zu gute wissen kann. Wahrlich, wenn man so viel Besonnenheit hat, zu wissen, daß die zarteste Reizbarkeit, so viel Leiden sie uns immer verursacht, doch auch das Einzige bleibt, worin wir unser selbst und des Umgebenden froh werden können, wird da nicht unsere erste Sorge sein, sie so rege, so empfindlich wie möglich zu erhalten?«

Seine jedenfalls ist es, mehr denn je. Therese! Jeder ihrer Briefe bereitet ihm schmerzliche Freude und schürt die Sehnsucht nach einem Wiedersehen. Die von ihr ersehnte Scheidung wird zum Mittel, dieses Ziel zu erreichen. Anfang Oktober – er und sein Kollege haben in Arras immer noch nichts erreichen können – bittet er um einen Urlaub von fünf bis sechs Wochen. Nicht genug damit, daß er durch die Wiedereinnahme von Mainz ruiniert worden und seiner ganzen Habe verlustig gegangen sei, »mein Unglück wollte es auch noch, daß die Trennung von einer Frau, die ich über alles in der Welt liebte, die einzige Möglichkeit ist, ihr das Ausmaß meiner Zuneigung zu beweisen. Bis jetzt konnte die Scheidung, in die ich um ihres Glücks willen eingewilligt habe, nicht ausgesprochen, nicht einmal eingeleitet werden, auf Grund meiner Abwesenheit von meinem Wohnsitz. Es gibt nur ein Mittel, um eine rasche Entscheidung herbeizuführen: Ich muß mich in eine unserer Städte an der Grenze zur

Schweiz begeben, wo sich meine Frau befindet, und ihr dadurch die Zusammenkunft erleichtern, welche das Gesetz verlangt, wenn die Scheidung mit gegenseitiger Zustimmung der Parteien erfolgt.« Die Gewährung seiner Bitte sei ihm unendlich wichtig, *puisque ma tranquillité y tient* [weil meine Ruhe davon abhängt]. Sie wird ihm erfüllt, zumal man mittlerweile beschlossen hat, die Mission abzubrechen.

Forster wäre am liebsten sofort abgereist, aber vorher gab es in Paris für ihn noch allerhand zu tun. Er mußte sich Papiere und Geld für Therese beschaffen. Das dauerte seine Zeit. »Die Tage gehen hier hin, wie gar nichts. Man kann nur des Morgens früh Leute antreffen. Abends geht jeder ins Schauspiel, in Gesellschaft, oder treibt seine eigene Angelegenheit«, schrieb er am 24. Oktober in einem grimmigen Brief. »Die Grenzenlosigkeit unserer Kräfte wird die Koalition jetzt erst in ihrem vollen Maße empfinden. Mag es denn brennen und verbrennen, weil sie nichts haben retten wollen! Wir haben die Vendée nun a u s g e r o t t e t, und so werden wir a u s r o t t e n, was sich uns widersetzt. Es ist an keine Ausgleichung zu denken, als bis man bittend zu uns kommt. Die L a v a der Revolution fließt majestätisch und schont nichts mehr. Wer vermag sie abzugraben? Ich sehne mich herzlich nach Euch; meine Kinder zu umarmen ist die einzige Kühlung für den Brand, der mich verzehrt. Noch einmal und dann!«

* * *

Wenig später hält Forster einen Paß in Händen, der ihn als *agent du pouvoir executif* ausweist und seinen Auftrag nennt. Er soll die Stimmung der Schweizer in bezug auf Frankreich erkunden. Damit ist eine Reise in die Schweiz von französischer Seite aus legitimiert. Am 31. Oktober kommt er im grenznahen Städtchen Pontarlier an, wo er seine Pläne ändert. Sie und Huber dürften nicht einreisen – Ausländer seien »von diesem heiligen Boden ausgeschlossen« –, schreibt er Therese am 1. November. Da sie nicht will, daß er nach Neuchâtel kommt, schlägt er ein Treffen im nahen Môtier (im Val de Travers) vor. Therese möge sich erkundigen, ob er in aller Sicherheit kommen könne, drängt er. Sobald er das wisse, werde er aufbrechen.

Über die Daten und die Dauer dieses Treffens, das dann doch nicht in Môtier, sondern in einem abgelegenen Wirtshaus auf den Höhen des Neuenburger Jura stattfand – offenbar sollte niemand davon erfahren –, herrscht Unklarheit. Aus dem Brief Forsters vom 1. November geht hervor, daß er früh am 5. November, einem Dienstag, aufbrechen wollte, um am Mittag am verabredeten Treffpunkt anzukommen. »Wir waren den 5. 6. 7. 8. November beisammen«, berichtet Therese nur wenig später. Sollten sie wirklich so lange zusammengewesen sein? In der Forschung hat sich die Datierung Paul Zinckes durchgesetzt, der schreibt, Forster sei am Abend des 6. November wieder auf französischem Boden gewesen, und die Begegnung vom 3. bis zum 5. November stattfinden läßt. Das verträgt sich freilich nicht mit Thereses Angaben, auch nicht damit, daß Forster am 3. November aus Pontarlier noch einen Bericht nach Paris schrieb.

»Meine Einzige Therese, – – Alles habe ich aufgeboten, um mich zu h a l t e n; aber jetzt brichts los. O meine Kinder! Wie blutet mein Herz bei diesem Abschied! Ich habe, und Ihr werdets mir angemerkt haben, sehr glückliche Stunden mit Euch gelebt. Der Blick auf die nächsten Wochen und Monaten vielleicht – ist für mich Vereinzelten traurig. Die Erinnerung an mein verlorenes Glück und das Gefühl meiner jetzigen Ohnmacht, uns allen zu helfen, die Tränen, die Ihr alle vergossen habt, und der Schmerz, der uns alle preßte, werfen mich nieder. Ich will und werde mich aufraffen; seid unbesorgt. O lebt in mir, wie ich in Euch zu leben gedenke.«

Sie hätten in einem kleinen Schweizer Grenzdorf miteinander vier sehr frohe Tage verlebt, schreibt Therese am 21. November ihrem Vater. »Er hatte uns dort ein *Rendez vous* gegeben, weil seine *Commission* in Arras durch die völlige Taubheit der Engländer, bei allen Anerbietungen die Gefangenen auszutauschen, von selbst aufhörte. Er wird unablässig als *Agent du pouvoir executif* gebraucht. Sie können sich denken, welche rührende und frohe äußerst interessante Zusammenkunft es sein mußte. Er war von den Kindern höchst zufrieden, und diese hatten über ihr Väterchen und über ihr Hüberchen, die sie nun beide beisammen hatten, einen gewaltigen Lärm. Das Schwatzen nahm kein Ende, wir saßen bis in die Nacht, lasen, schrieben und erzählten. Er ist herzlich wohl und so wie es seine Briefe mir schon lange zeigten gleichmütiger und fester wie jemals. Es machte ihm ganz besondere Freude die Kleinen ihr Französisch wälschen zu hören. Es war wohl ein närrischer Haufen Menschen, der in dem kleinen Dörfchen beisammen saß! Drei Menschen die sich immer ehrten und liebten, deren äußeres Verhältnis aber das grausamste Mißtrauen zwischen sie stellte; sie sahen sich nun wieder und statt allen Feinden, die sie sonst quälten, war Liebe Dank und Vertrauen in ihren Kreis getreten. Forster schreibt uns seitdem, daß er froher wie je auf seinem Weg fortgehe und unsre Zukunft nur einst mit der seinen vereinigt wünsche. Er sieht sehr wohl aus – nach und nach hat er sich auch wieder etwas Kleider und Wäsche gekauft, denn er hatte gar nichts aus Mainz mitgenommen.«

In der Biographie Hubers, die Therese nach dessen Tod verfaßte, hat sie die gemeinsame Zeit um einen weiteren Tag verlängert. »Von Schnee und Felsen umgeben, in einem elenden Bauernwirtshause, verlebten sie dort fünf wunderbare, unvergeßliche Tage.«

* * *

»Der unglückliche Lux ist, nach seinem Wunsche, ein Freiheitsmärtyrer auf der Guillotine geworden. Diese Nachricht hat mir heut (Sonntag den 10.) den ganzen Tag verdorben. Dazu kommt noch das ganz unbeschreiblich schlechte Wetter.« Forster sitzt immer noch in seinem Gasthauszimmer in Pontarlier. Er kann sich nicht losreißen. Nun versichert er plötzlich, Therese und Huber könnten doch unbesorgt zu ihm kommen. Aber die hofften inzwischen, auf einem anderen Weg, in der Schweiz, zum Scheidungsziel zu kommen.

»Sehen Sie nicht, daß die Ohnhosenherrschaft wirklich herrschend im Geiste der Menschen werden muß?« schreibt Forster an Huber. Er arbeitet an einem Buch, das diese Überzeugung propagiert. Der Verfasser der *Parisischen Umrisse* muß unglücklich und zornig gewesen sein. Was ihm mit Mainz nicht geglückt war, versuchte Forster nun mit der Französischen Revolution insgesamt. Er wollte sie retten.

Wieder hat er die Briefform gewählt, um seine Sicht der Dinge darzustellen, aber anders als bei der aufgegebenen Geschichte der Mainzer Republik stimmen fiktive und reale Datierung der Briefe (nach dem Revolutionskalender) annähernd überein. Ihr Adressat ist ein deutscher Jedermann, Forsters »guter Antigallikaner«, der für die vielen Menschen steht, die sich nach den Septembermorden, spätestens aber nach der Entmachtung der Gironde desillusioniert von der Revolution abgewandt haben, zumindest von der real existierenden jakobinischen. Menschen wie Therese und Huber, für dessen *Friedens-Präliminarien* dieser Text bestimmt ist, der alles andere als versöhnlich ist. Er ist glänzend geschrieben und ziemlich verstörend. Das Problem ist nicht, daß Forster darin einen radikalen Standpunkt einnimmt. Auch heute noch gibt es Historiker, die ihn teilen, und sie haben dafür gute Gründe.

Wenn wir von der *terreur*, der Schreckenszeit, hören, denken wir zumeist an die vielen Opfer der Guillotine, die bleierne Zeit von Verdächtigung und Verrat und Tod. Aber dem einfachen Volk ist es unter der Jakobinerherrschaft besser gegangen als zuvor, und es gab viele menschenfreundliche Maßnahmen, Beschlüsse, Erlasse der Pariser Kommune. Der Historiker Jules Michelet hat in seinem großen Revolutionsepos auch daran erinnert.

»Sehen wir, was die Register im November 1793 bringen, wagen wir uns in diese Archive des Verbrechens, dringen wir ein in den Schlupfwinkel der ruchlosen, der fürchterlichen, der blutdürstigen Kommune«. Eine kleine Auswahl aus seiner langen Liste jakobinischer Reformen:

»Ein von seiner Mutter schlecht behandeltes junges, elfjähriges

Mädchen wird vom revolutionären Ausschuß seiner Sektion vorgeführt und bittet um Arbeit. Die Sektion übernimmt es, für seinen Unterhalt zu sorgen.

In Bicêtre und anderen Hospitälern sollen in Zukunft die Verrückten und die Epileptiker von den Kranken gesondert untergebracht werden.

In der Salpêtrière [der Irrenanstalt] sollen die scheußlichen Zellen verschwinden, in denen die Tobsüchtigen eingeschlossen wurden.

Mit besonderer Sorgfalt sollen die in der Niederkunft befindlichen Frauen behandelt werden. Man weist ihnen (zum erstenmal!) ein besonderes Haus an.

Auch lese ich, daß die Kommune bei öffentlichen Festen und Versammlungen den schwangeren Frauen und den Greisen besondere Plätze anweisen ließ, um sie vor dem Gewühl der Menge zu schützen.

Die Sektion Bonne-Nouvelle verlangt, daß die Bibliothek ihres Arrondissements alle Tage geöffnet bleibt.

Es wird eine Prüfungskommission für Krankenpfleger ernannt.

Man wird nach Mitteln suchen, um die Armen, die Siechen und die Greise unterzubringen.«

Verstörend ist also nicht, daß Forster sich auf die Seite der Radikalen schlägt, sondern wie er es tut. Der Tonfall ist bald ironisch-vertraulich, bald schneidend sarkastisch, bald prophetisch. Die Revolution ist für ihn das Werk einer überindividuellen Macht, der Vorsehung. Daß sie schließlich siegen wird, daran ist nicht zu rütteln. Was die zeitlichen Mittel angeht, deren sie sich bedient, muß man sie eben so nehmen, wie sie sind. Was zählen schon Menschenleben angesichts des erhabenen Endzwecks? Kann man mit einer Lawine rechten?

Forster schreibt als französischer Sansculotte. Er sagt »wir« und »ihr«.

Das Gesicht, das die Revolution nach dem Sturz der Gironde gezeigt hat, streng, unerbittlich, militant patriotisch, antiklerikal, war nötig, um sie zu retten und das Land vor den inne-

ren und äußeren Feinden zu bewahren, meint er. »Das echte
anspruchslose Christentum des Herzens und des Geistes, ohne alle Zeremonie, ohne alle Meisterschaft, ohne Dog-
men und Gedächtniskram, ohne Heilige und Legenden, ohne
Schwärmerei und Intoleranz, als eine praktische Moralphiloso-
phie mit den Palmen einer frohen Ahnung, wird anfangen auf-
zukeimen.«

Mit grimmiger Lust schwärmt er von den Wonnen der Be-
dürfnislosigkeit. Er, der das gute Leben liebt, dem es so schwerfiel, sich etwas zu versagen!

Er macht sich über die Deutschen lustig: »Es gab eine Zeit,
wo man sich mit einer Art von Siegwarts-Empfindsamkeit über
die Harmlosigkeit unsrer Revolution hoch erfreute; alles schien
so gelassen, so friedlich abzulaufen, daß man Frankreich für
das glückliche Schlaraffenland hielt, wo einem die Freiheit von
selbst in den Wurf käme.« Hatte er tatsächlich vergessen, daß
er auch so ein »man« gewesen war?

Von der hohen Warte männlicher Vernunft schaut er herablassend auf die Weiber herab, deren »gutmütige Schwärmerei so
gern eine Unschuldswelt hervor zaubern möchte«. Es sei ihnen
zu verzeihen, spottet er milde, »wenn sie über dem Punkt das
All vergessen. Sie sind gewohnt, das Schauspiel der Weltbege-
benheiten nur in dem Einen Gegenstande, der das Herz erfüllt,
zu erblicken; und alles um sie her ist Nacht, wenn dieser Spiegel zerbricht. ›Die Guillotine‹, sagte mir neulich eine Pariserin,
›wird noch alle Regungen der Menschlichkeit ersticken. Selbst
meine Kinder sprechen schon davon in ihren Spielen, und die
Straßenjungen haben längst manche Katze guillotiniert; ja es
heißt sogar, daß sie in einem gewissen Städtchen das Experiment
an einem aus ihrer Mitte hätten probieren wollen.‹ – Mich machten diese Beispiele von angeblicher Verwilderung umso weniger
bange, da ich wußte, daß diesmal einige der neuesten Auftritte
die gute Frau außer Fassung gebracht hatten. Warum sollte auch
Fühllosigkeit gerade das Hauptresultat einer Revolution sein,
worin so manche Triebfedern wirken? Wer hält die Engländer

darum für fühlloser als andre Menschen, weil man in England wöchentlich ganze Galgen voll Diebe, Räuber und Mörder aufhängen sieht?«

Und dann die erbauliche Geschichte, die Forster seinen Lesern im 6. Brief bietet! Sie handelt von jungen Soldaten, die kontrarevolutionäre Parolen gebrüllt haben und dafür zum Tode verurteilt werden. Und zwar ausdrücklich auch von ihren eigenen Eltern, deren republikanische Strenge vor der Entscheidung durch ein reuevolles Gnadengesuch der Staatsverbrecher auf die Probe gestellt wird.

»Zwischen Bürgersinn und Elternliebe erhob sich der wunderbarste Kampf – oder darf ich Kampf nennen, was eigentlich ein Zusammenschmelzen beider Gefühle in ein unnennbares war? Die Überzeugung von der Strafbarkeit ihrer Kinder sprach augenblicklich das Todesurteil im Herzen selbst der Väter und Mütter; und zu gleicher Zeit behauptete der Schmerz über den Verlust ihrer Lieblinge seine traurigen Rechte. Ihre Tränen stürzten unaufhaltsam hervor; aber das Vaterland und die Gerechtigkeit forderten ihre Opfer. Unter lautem Weinen und Schluchzen schrien die unglücklichen Väter und Mütter mit einer sie selbst betäubenden leidenschaftlichen Heftigkeit: ›fort zum Tode mit ihnen! auf den Richtplatz! sie haben's verdient!‹ – Es blieb kein trocknes Auge weder im Konvent noch unter den Tausenden von Zuschauern.«

* * *

Paris, im Winter 1793. Forster ist wieder in seiner Dachkammer im *Hôtel des Patriotes Hollandais*, allein. Adam Lux ist den Liebestod für Charlotte Corday gestorben. Der glücklose General Custine ist als Vaterlandsverräter hingerichtet worden. Thomas und Jane Christie haben Frankreich verlassen. Oelsner ist in die Schweiz geflohen, Thomas Paine sitzt im Gefängnis, ebenso Graf Schlabrendorf. Mary Wollstonecraft lebt mit dem Amerikaner Gilbert Imlay zusammen und erwartet ein Kind von ihm. Helen Maria Williams, ihre Mutter und ihre Schwestern sind nach einigen Wochen der Gefangenschaft wieder auf freiem Fuß. Nach einem mißlungenen Selbstmordversuch – er wollte der Verhaftung entgehen – liegt Nicolas de Chamfort mit qualvollen Schmerzen auf dem Krankenlager und wartet auf den erlösenden Tod, der wochenlang auf sich warten läßt. Den Schlachtruf »Brüderlichkeit oder der Tod«, der überall angeschrieben stand, hatte er mit den Worten kommentiert: »›Brüderlichkeit oder der Tod‹, das besagt: Werde mein Bruder oder ich schlage dich tot. Brüderlichkeit heißt für sie Kain und Abel.« Die Guillotine arbeitet fleißig. Forster gibt den Opfern Haltungsnoten. Lux soll aufs Schafott gesprungen sein, Manuel ist zitternd in den Tod gegangen, Bailly entschlossen und Orléans »herzhafter, als man erwartete. Vielleicht mochte ein Mensch, der so über allen Genuß blasiert war, auch wohl einmal zur Abwechselung das Sterben versuchen wollen.«

In großen patriotischen Festen huldigt man der Göttin der Vernunft. Forster wird von Merlin de Thionville, dem ehemaligen Kommissar und gescheiterten Verteidiger von Mainz, zum Essen eingeladen und verstaucht sich die Hand beim Pfänderspiel. Speist bei einem »rechtschaffenen Sansculotten«, besucht den Abgeordneten Lecointre und in Versailles Bekannte, denen der Staat einen großen Teil ihres Vermögens genommen hat. Wird zu seinem Verdruß von Mainzer Emigranten bedrängt, die sich durch ihn Hilfe und Unterstützung erhoffen. In Sachen Scheidung hat er bisher nichts unternommen.

Georg Forster an Therese und Huber, am Mittwoch, den 11. Dezember:

»Meine Teuersten!

Ich liege nun seit 3 Tagen an einer Brustentzündung im Bett. Die Schmerzen waren heftig, die ersten paar Nächte habe ich nicht geschlafen. Es war meine Schuld, ich war ohne Überrock, des Abends, in einem häßlichen Pariser Nebel umhergetrieben. Tu's nicht wieder. An Pflege und Besuch hat mir es nicht gefehlt. Eine Nacht hat ein junger Deutscher aus Schwaben, Kerner, der zugleich etwas Arzt ist, bei mir zugebracht.

Sonnabend, den 14. Dezember.

Meine Lieben, ich kann noch nichts anfangen und schreibe deswegen an Euch für den nächsten Posttag. Ihr solltet die Wirtschaft sehen! Eine ganze Stunde habe ich mich angezogen inklusive des Rasierens, und nun liege ich wie eine Fliege im Armstuhl. Laß Dir aber Alles dieses nicht so zu Herzen gehen, liebe Frau. Die Unmöglichkeit, mir Deine Pflege angedeihen zu lassen, könnte ja unter den friedlichsten Umständen, durch eine Amts-, ja eine Vergnügungsreise veranlaßt worden sein.

Donnerstag, den 19. Dezember.

Es fängt an, liebe Kinder, etwas besser zu werden. Die Schmerzgestängs- und Krummzapfen-Musik in meiner Brust hat aufgehört, es ist nur noch etwas dumpfer Schmerz vorhanden. Die Tage her hab' ich denn freilich in meiner unfruchtbaren Einsamkeit allerlei betrübte Glossen gemacht, arbeiten konnt' ich nicht. Die traurigen, einsamen, langen Abende, wo man vom Tag her erschöpft ist, weder schreiben noch lesen kann, und doch aufbleiben muß, um nicht noch traurigere lange Nächte schlaflos im Bett zuzubringen! Wenn es nicht die so dunkle und nun so oft getäuschte Hoffnung wäre, Euch noch etwas nützen zu können, und weiß es der Himmel, wenn man sich so jeden Arm und jede Stütze abgehauen fühlt, vergeht einem wohl oft das Hoffen, – so hätt' ich doch nun nichts mehr hier zu suchen und wäre wohl berechtigt, meinen Abschied zu fordern. Für mich selbst, sehe ich wohl, kann weiter nichts noch sein als Arbeit und Mühe – um was? um elende Selbsterhaltung von einem Tag zum andern in einem genuß- und freudelosen Dasein. Hundertmal hab' ich nun schon erfahren, daß es größer ist zu leben, als zu sterben. Jeder elende Hund kann sterben.«

Freitag, den 20. Dezember.

»Ich mußte versuchen gestern auszugehen, zu fahren versteht sich; aber der Versuch ist mir übel bekommen. Meine Brust war so wund und ermüdet, als hätte sie auf einem Reibeisen gelegen, und noch ist Alles inwendig ein Schmerz.«

Freitag, den 27. Dezember.

»Meine Geliebtesten! Eure Briefe erhielt ich wohl am 23sten, aber seitdem rührte ich keine Feder an. Das war ein harter Rückfall! Ich bin gänzlich entkräftet und skelettiert. Meine skorbutische Gicht war mir im Arm, im Gedärme, im Magen. Drei Tage brach ich Alles aus, was ich trank. Es ist keine Gefahr gewesen, aber unsäglicher Schmerz, Schlaflosigkeit, Schwächung des ganzen Körpers.

Meine armen guten Lieben! So wirft uns das Schicksal hin und her! Meine Ärzte, alle d r e i, denn an denen hat es nicht gefehlt, und die berühmtesten, warnten mich am meisten vor Gemütskrankheit und hatten Recht; denn die immer fehlschlagende Hoffnung und die Unvermögenheit, unser gemeinschaftliches Wohl nach Wunsch zu befördern, haben gewiß zu meiner Krankheit sehr wesentlich beigetragen. Sobald ich kann, schreib ich mehr. Ihr begreift, daß dieses ein *effort* ist, den nur unser Band möglich macht. An Hülfe, Freunden, Besuch, Anerbietungen hat mirs nicht gefehlt. Ich hoffe in vierzehn Tagen ein Mensch zu sein, jetzt bin ich ein Schemen.«

Sonntag, den 29. Dezember.

»Heute kann ich die Feder nicht halten. – Ich hoffe nun in ein paar Tagen Linderung. Seit zehn Tagen kein Auge zu.«

Sonnabend, den 4. Januar 1794.

»Nur ein paar Zeilen aus meinem Schmerzensbett, um meine Teuersten nicht ohne Nachricht zu lassen. Meine Krankheit dauert nun den dreizehnten Tag. Ich tue kein Auge zu, hatte bis diese Nacht immer Schmerzen, mehr oder weniger heftig. Jetzt bricht sichs, wie es scheint, den vierten Tag nach Anlegung zweier Blasenpflaster. Gefahr ist keine, Kräfte sind noch da, obschon so gemindert, daß es langsam mit der Herstellung gehen wird. Glaubt, an meinem Krankenbericht ist kein Wort zu viel und zu wenig. Ich bitte Sie, lieber Huber, zu verhüten, daß unsere Therese sich nicht Einbildungen macht. Wahr, ich bin sehr und schmerzlich krank; aber noch einmal: keine Gefahr.

Nicht wahr Kinder, ein paar Worte sind besser als nichts? Ich habe nun keine Kräfte mehr zum Schreiben. Lebt wohl! hütet Euch vor Krankheit; küßt meine Herzblättchen.«

Das ist Forsters letzter Brief. Er starb am Freitag, dem 10. Januar, um 6 Uhr abends nach einem Schlaganfall. Ein Bekannter aus Mainzer Tagen war bei ihm.

»Ich tat meine letzte Freundespflicht, und drückte ihm die Augen zu.

Der *Juge de Paix* [Friedensrichter] hat auf sein Hinterlassentum gleich die Siegel angelegt. Solches besteht aus zwei vollen Koffern; in solchen findet sich auch seine Uhr, seine Brieftasche mit Assignaten, seine Briefschaften, Kleider und Wäsche etc.; auch hat die Wäscherin noch Wäsche, und wie mir unser verstorbener Freund noch heute morgen sagte, so hat er auch noch seine Apointements [Gehalt] von mehr als 60 Tagen zu fordern; seine Schulden sind zweimonatlicher Hauszins, die Doktor-, Apotheker- und Wärter-Kosten, dann die wenigen Begräbnisauslagen.« Ein Beamter stellte den Totenschein aus. *Georges Forster – agé de trente neuf ans, domicilié à Paris, rue de Moulins, No. 542, Section de la Montagne. Marié à – sa femme absente.**

Zwei Tage später wurde er begraben. Die *Gazette national* brachte am 18. Januar einen längeren Nachruf, in dem es heißt: »Ein skorbutisches Fieber, eine Folge seiner Seereise, häuslicher Kummer und seine Arbeiten rissen ihn aus der Bahn.«

* * *

Thereses Brief, in dem sie ihrem Vater von Forsters Tod berichtete, erreichte ihn Ende Januar. Er antwortete mit der Liebeserklärung an den Mann, den sie betrogen und verlassen hatte. »Seit der gestern erhaltenen, mich gänzlich betäubenden Nachricht kann ich meine Gedanken noch nicht wieder sammeln; ich bin untröstlich über den Verlust meines Forster. Wohl war es mein Forster; ich liebte ihn unaussprechlich! So viel Empfin-

---

* Georges Forster – neununddreißig Jahre alt, wohnhaft in Paris, rue de Moulins 542, Section de la Montagne. Verheiratet mit – seine Frau abwesend.

dungen mischten sich hier zusammen! Sein Wert, – ach, ersetzt wird er der Welt nicht wieder! Was für Kenntnisse hier vereinigt waren, treffen nicht leicht wieder zusammen. Der edelste Charakter, das beste Herz und mir immer der Gegenstand des Kummers, des Mitleidens; – immer gerührt dachte ich an ihn, er verdiente mehr als Tausende glücklich zu sein, war es nie, war so tief unglücklich! Es ist mir noch unmöglich zu denken, daß ich ihn nie wieder sehen soll.

Nie werde ich ihn vergessen können, immer wird er mir vor Augen schweben: – Du edler, bester Mann.«

Therese und Huber heirateten am 10. April 1794.

III LIBERTÉ:
MARY WOLLSTONECRAFT

It is justice, not charity, that is wanting in the world!

Mary Wollstonecraft

21 Mary Wollstonecraft.
Ölgemälde von John Opie, 1797.

Geistige Arena

Der Roman *Adeline Mowbray; or the Mother and Daughter* ist eine Moritat, ein moralisches Schauermärchen. Die Titelheldin, ein romantisches Geschöpf mit einer unglückseligen Schwäche für weltfremde philosophische Spekulationen, gerät unter den Einfluß eines Schriftstellers namens Frederick Glenmurray, der neben anderen gesellschaftlichen Institutionen auch die Ehe angegriffen hat. »Nachdem er in aller Ausführlichkeit ihre Verkehrtheit und Schlechtigkeit deutlich gemacht hatte, zeichnete er ein so anziehendes Bild von der weit überlegenen Reinheit und dem Glück einer Verbindung, die durch keine anderen Fesseln als Liebe und Ehre zusammengehalten wird, daß Adeline im höchsten Enthusiasmus für die neue Ordnung der Dinge mit sich einen feierlichen Pakt einging, nach seinen Regeln zu leben.« Und das tut sie dann auch, mit tödlicher Konsequenz. Wie es der Zufall will, lernen sie und Glenmurray einander kennen und lieben, und während dem Philosophen vor der Umsetzung seiner Theorien in die Praxis doch etwas bange ist, zeigt sich seine Schülerin fest entschlossen, der Meinung der Welt zu trotzen und mit ihm ohne Trauschein zusammenzuleben. Damit ist ihr Untergang besiegelt. Die Leidensstationen dieses Weges in soziale Ächtung und Tod sind mit geradezu sadistischer Genugtuung ausgemalt. Die reinsten Motive, die besten Argumente zählen nichts gegen die herrschenden Normen und Konventionen. Die Macht der öffentlichen Meinung hat immer recht, und das ist auch gut so.

Für die Protagonisten ihres Romans stand der Verfasserin, Amelia Opie, ein Paar aus dem nahen Bekanntenkreis Modell: William Godwin und Mary Wollstonecraft. Zwar ist sie mit deren Geschichte aus didaktischen Gründen ziemlich frei umgegangen. So hatte Mary für ihre Ablehnung der Ehe keinen männlichen Vordenker gebraucht und waren sie und Godwin weltklug genug gewesen, gegen ihre Überzeugung zu heiraten, als Mary schwanger wurde. Das Porträt aber, das Mrs. Opie von Mary-Adeline gezeichnet hat, ist ähnlich und lebendig. Angesichts des bösen Endes, das ihr bereitet ist, würde man einen verbiesterten Blaustrumpf erwarten. Bemerkenswerterweise ist das Gegenteil der Fall.

Zwar ist Adeline von einer ganz und gar unweiblichen Denk- und Diskussionslust, die sie zum Schrecken ihrer braven Nachbarinnen machen. »Sie verachtete *small talk*, sie beharrte immer darauf, die Herren ihrer Bekanntschaft (die das machmal ebenso wie ihre Frauen erschreckte) in ein literarisches oder politisches Gespräch zu ziehen. Sie wollte jedes Wohnzimmer in eine geistige Arena verwandeln und alle ihre Gäste in intellektuelle Gladiatoren. Man konnte öfter hören, wie sie zwei ernsthafte Matronen bei der Unterhaltung über ihre Entbindung unterbrach und sie fragte, ob sie ein neues theologisches Traktat oder eine Schmähschrift gegen den Minister gelesen hätten. Während jene sich sanft und damenhaft über körperliche Leiden verbreiteten, sprach sie in gewählten Ausdrücken über geistige Energie; und nie empfing oder machte sie Besuche, ohne die Gesellschaft davon zu überzeugen, daß sie die klügste, gebildetste und unangenehmste Gesprächspartnerin war.« Und doch ist diese nervige Musterschülerin der Aufklärung ein anziehendes Geschöpf mit ihrer Intensität, ihrer Lust am Denken, ihrem Wissensdrang, ihrem Verlangen nach moralischer und intellektueller Vervollkommnung. Trotz ihres unweiblichen Gesprächsstils erscheint sie als Frau ausgesprochen reizvoll, jedenfalls für Männer. Amelia Opie, selbst eine klassische Schönheit, wußte das nicht nur von ihrem Ehemann, dem Maler John Opie, der Mary mehrmals porträtiert hat.

»Attraktiv eher als hübsch, das war das passendste Wort, um sie zu beschreiben. Ihre Schönheit lag im Ausdruck ihres Gesichts, nicht in der Regelmäßigkeit ihrer Züge, obwohl ihr die ungewöhnliche Helligkeit und Regelmäßigkeit ihres Teints, der Glanz ihrer haselnußbraunen Augen und die Fülle des weichen hellen Haares, das in Locken über ihre rosigen Wangen fiel, einigen Anspruch auf das, was man Schönheit nennt, verliehen. Aber ihr eigenes Geschlecht erklärte, daß sie nach nichts aussah – und vielleicht hatte es recht – obwohl das andere gegen diese Entscheidung protestierte –, und vielleicht hatten sie auch recht: aber Frauen kritisieren Details, während Männer das Ganze bewundern. Frauen argumentieren, und Männer fühlen, wenn sie über weibliche Schönheit urteilen; und wenn eine Frau eine andere für reizlos erklärt, ist es sehr wahrscheinlich, daß sie sich im Recht glaubt, weil sie als Frau die zauberische Gabe zu gefallen nicht wahrnehmen kann, ›das gewisse Etwas, kostbarer als Schönheit‹, das oft einen Schleier über die Unregelmäßigkeit von Zügen wirft und sogar einer eigentlich unscheinbaren Frau, zumindest von Männern, die Bezeichnung hübsch verschafft.

Ob Adelines Gesicht unschön war oder nicht, ihre Figur konnte sogar der Strenge weiblicher Kritik trotzen. Sie war groß, fast wie ein Mann; aber ihre Gliedmaßen waren so weiblich und wohlgeformt, ihre ganze Gestalt so ebenmäßig, ihre Bewegungen so leicht und anmutig, und so echt weiblich waren ihr Blick und ihre Manieren, daß man ihre übermäßige Größe bei der übermäßigen Schönheit ihrer Figur vergaß.«

Zum erstenmal begegneten sich die 32jährige Mary Wollstonecraft und der 35jährige William Godwin alias Frederick Glenmurray bei einem *dinner* im Hause des Londoner Verlagsbuchhändlers Joseph Johnson. Es war der 13. November 1791.

Der Name Johnson stand für ein Programm, eine Kultur. Dieser ruhige, zurückhaltende, ja scheue Mann bemühte sich nach Kräften, dem Projekt Aufklärung in England zum Erfolg zu verhelfen und den Boden für eine bessere, gerechtere Gesellschaft zu bereiten. Sein Herz schlug für die Schwachen. Bei ihm publizierten Dissenter wie Richard Price und Joseph Priestley, die für religiöse Toleranz plädierten (Katholiken ausgenommen) und in der neuen amerikanischen Verfassung ein hoffnungsvolles Vor-

22 Joseph Johnson. Stich von William Sharpe
nach einem Gemälde von Moses Haughton.

bild für das eigene Land sahen; in seinem Verlag erschienen bahnbrechende wissenschaftliche Abhandlungen, pädagogische Schriften, Kinderbücher (ein besonderes Anliegen) und ein juristischer
Ratgeber für Frauen – *Laws Respecting Women, as they Regard
Their Natural Rights* –, die meist keine Ahnung von ihren wenigen Rechten hatten und deshalb in der Regel betrogen und über-
vorteilt wurden. Um seine Publikationen für möglichst viele
Menschen erschwinglich zu machen, sparte er an ihrer Ausstattung.

Sein dreistöckiges Haus nahe der St. Paul's Cathedral – 72 St.
Paul's Churchyard – im Herzen des Londoner Geschäftsviertels
war ein Ort der Begegnung für seine Autoren und Freunde
– *a sort of Menagerie of live authors* –, für nonkonformistische,
liberale, radikale Intellektuelle, Philosophen, Theologen, Pädagogen, Wissenschaftler und Künstler. Johnsons Tischgesellschaften
(in einem kleinen Eßzimmer mit schiefen Wänden) waren legendär, wegen der illustren Gäste und der interessanten Gesprä-

che, die oft bis spät in die Nacht dauerten, nicht etwa wegen der schlichten Hausmannskost, die die Köchin auftrug (gekochter Kabeljau, Kalbfleisch mit Gemüse, Reispudding . . .).

Zu dem Essen, bei dem Godwin und Mary einander kennenlernten, war auch der berühmte Thomas Paine eingeladen, der nur fast ein Autor Johnsons geworden wäre. Der hatte den Verlag von Paines *Rights of Man* zunächst übernommen, war aber dann sozusagen um fünf nach zwölf – die ersten Exemplare waren schon ausgeliefert – auf massiven politischen Druck hin von der Veröffentlichung zurückgetreten. Daß Paine schnell einen neuen Drucker fand, war Godwin mit zu verdanken, der Paine bewunderte und sich engagiert für ihn eingesetzt hatte.

Als Godwin, ein kleiner Mann mit dem durchgeistigten Kopf eines Denkers, an diesem Nachmittag – es war ein Sonntag – die Treppen zu Johnsons Wohnung hochstieg, freute er sich auf die Bekanntschaft und ein interessantes Gespräch mit Paine. Wahrscheinlich ging es Mary Wollstonecraft genauso. Beide schlugen sich zu dieser Zeit noch mehr schlecht als recht als Schriftsteller durch und sahen keinen Grund, sich füreinander zu interessieren. Die Bücher, die sie berühmt machten, waren noch nicht publiziert, aber schon im Entstehen. Sein philosophisches Hauptwerk, *An Enquiry Concerning Political Justice,* erschien 1793, ihre *Vindication of the Rights of Woman* im Januar 1792, knapp zwei Monate nach der Begegnung mit Godwin. Ihre erste, gegen Burke gerichtete *Vindication of the Rights of Men* hatte er nur durchflogen und sich, typisch für *literary men,* wie er selbstkritisch zugab, über grammatikalische Fehler geärgert, sicher auch über den scharfen, auftrumpfenden Ton des Pamphlets. Er konnte Rechthaberei bei anderen nicht leiden. Und nun verdarb sie ihm damit auch noch den Abend, von dem er sich so viel versprochen hatte, freilich auch, weil Paine den Mund kaum aufmachte. »Mary und ich trennten uns in gegenseitigem Mißfallen« resümiert er.

»Paine redete normalerweise nicht viel, und obwohl er gelegentlich scharfsinnige und frappierende Bemerkungen machte, wurde das Gespräch in der Hauptsache von mir und Mary bestritten. Wir streiften eine ziemliche Vielfalt von Gegenständen. Vor allem ging es über die Charaktere und Gewohnheiten einiger berühmter Männer. Mary hatte in einem ziemlich tadelnswerten Ausmaß die Gewohnheit angenommen, alles von seiner negativen Seite zu sehen und auch dann mit kritischen Urteilen nicht zu sparen, wenn die Umstände in jeder Hinsicht zu Zweifeln berechtigten. Dagegen hatte ich einen starken Hang zu wohlwollenden Deutungen, und besonders da, wo ich unzweifelhafte Zeichen von Genie entdeckte, war ich sehr geneigt, das Vorhandensein hochherziger männlicher Tugenden vorauszusetzen. In dieser Art erörterten wir die Charaktere von Voltaire und anderen, die von einigen glühende Bewunderung erfahren haben, während die Mehrheit sie mit äußerster moralischer Strenge behandelt hat.

Mary fühlte sich schließlich dazu herausgefordert mir zu sagen, daß Lob, das so reichlich gespendet werde, wie ich es spende, weder dem Geber noch dem damit Bedachten zur Ehre gereiche.

Wir diskutierten einige Fragen, die die Religion betrafen, wobei ihre Ansichten den allgemein akzeptierten näher waren als meine. Im Fortgang des Gesprächs wurde ich zunehmend unzufrieden mit meinem Anteil daran. Wir berührten alle Gegenstände, ohne irgendeinen davon energisch und zusammenhängend zu behandeln. Immerhin ließ ich ihr Gerechtigkeit widerfahren, als ich sie in einer Gesellschaft, mit der ich beim Essen saß, als selbständig und unabhängig denkende Person lobte, freilich auch mit Tadel nicht sparte. Sie allerdings ließ mir in keiner Weise etwas von dem zukommen, was ich für Gerechtigkeit hielt. Wir trafen uns noch zwei- oder dreimal im folgenden Jahr, machten aber kaum Fortschritte in Richtung einer herzlichen Bekanntschaft.

Ende 1792 ging Mary nach Frankreich, wo sie zwei Jahre lang lebte.«

Wahrscheinlich hat sie sich über Godwin so geärgert wie er

sich über sie. Auch er liebte nämlich den Kampf in der »geistigen Arena« und konnte seinen Kombattanten dabei ziemlich auf die Nerven gehen. »Er haßte es, eine Auseinandersetzung ergebnislos abzubrechen, und neigte zum Insistieren. Menschen, die die Schärfe seiner Beobachtungen und sein umfassendes Verständnis bewunderten, waren oft zugleich irritiert durch seine direkte und hartnäckige Argumentationsweise. Das schnaubende Lachen, mit dem er signalisierte, daß er anderer Meinung war, konnte höhnisch oder triumphierend klingen. Er redete zuviel und brachte es nicht fertig, ein Thema fallenzulassen, wenn das Interesse der Gesellschaft offensichtlich nachließ. Seinen Gegnern wurde nicht erlaubt, sich unter dem Schutz einer witzigen oder zweideutigen Bemerkung mit Anstand zurückzuziehen, sondern sie wurden dazu gedrängt, ihre Niederlage einzugestehen und zu widerrufen.«

Sogar posthum wollte er noch recht behalten, wie man an seinem Bericht über die erste mißglückte Begegnung mit Mary sieht. Er findet sich in den *Memoirs of the Author of »The Rights of Woman«*, mit denen er ihr ein biographisches Denkmal errichten wollte, nachdem sie nach nur sechsmonatiger Ehe im Kindbett gestorben war. Man hört aus dieser Schrift Godwins schmerzliches, eifersüchtiges Bedauern über eine verpaßte Gelegenheit heraus. Alles hätte anders kommen können, sie hätten einander viel länger haben und miteinander glücklich sein können, macht er deutlich, wenn – ja wenn Mary damals nicht unter dem Einfluß eines anderen Mannes gestanden hätte, der sie mit seinen Irrlehren vom richtigen Weg abgebracht, wie die Schlange Eva mit dem Geist der Verneinung angesteckt, ihrem wahren, besseren Selbst entfremdet und schließlich sogar nach Frankreich getrieben habe.

Dieser andere war der in London lebende, aus der Schweiz stammende Maler Heinrich Füssli, der sich in seiner Wahlheimat Henry Fuseli nannte, weil die Engländer sich mit der Aussprache seines Namens schwertaten. Doch wäre Mary ohne ihn *the Author of the Rights of Woman* geworden?

»Aus einigen Formulierungen, dem angriffslustigen Ton und etlichen direkten Bezügen wird ganz deutlich, daß diese Schrift aus Diskussionen mit Füssli und anderen Mitgliedern des Johnson-Kreises hervorging«, schreibt der Kunsthistoriker Peter Tomory, der gesehen hat, wie produktiv die Freundschaft zwischen Füssli und Mary gewesen ist. Und zwar für beide.

Self-made Woman

Füssli gehört seit langem zum engsten Zirkel von Joseph Johnson, der den Schweizer an sich gezogen hatte, als dieser 1765, im Alter von vierundzwanzig Jahren, zum erstenmal nach England kam. Damals hatte Füssli noch schriftstellerische Ambitionen (Johnson veröffentlichte von ihm eine panegyrische und, wie sich zeigte, unverkäufliche Schrift über Rousseau), entschloß sich dann aber, Maler zu werden. Nach mehrjährigem Studienaufenthalt in Italien siedelte er 1781 endgültig nach London über und nahm die Beziehung zu Johnson wieder auf, der seine neue Laufbahn als Verleger (von Übersetzungen Füsslis), Förderer und Freund begleitete. Den Durchbruch brachte sein Gemälde *Der Nachtmahr*. Die Bilder, die er, in Konkurrenz mit Kollegen, zum großen Projekt einer Shakespeare-Galerie beisteuerte, bestätigten seinen Rang. »Außer Füsslis ›Sommernachts‹- und ›Macbeth‹-Alpträumen entstand nur hold-prüder, kostümverpackter Erinnerungskitsch.« In der *Analytical Review*, einem Rezensionsorgan, das der schottische Publizist John Christie für Johnson herausgab, durfte Füssli seine Werke selbst besprechen. Und als er (am 30. Juni 1788) mit Ende 40 sein Lieblingsmodell, die junge hübsche blonde Sophia Rawlins, heiratete, war Johnson Trauzeuge.

Mary Wollstonecraft war noch ziemlich neu in seiner Menagerie. 1786 hatte er ihre erste literarische Arbeit, ein Traktat über die Erziehung von Mädchen, zum Druck angenommen, doch ihre nähere Bekanntschaft beginnt im Sommer 1787, als sie mit neuen Projekten zu ihm kommt, moralischen Geschichten für Kinder und einem schon ziemlich weit gediehenen autobiographischen Roman, in dem sie versuchte, sich zu analysieren und aus ihrer Kindheit heraus zu verstehen. »Mary, die Heldin dieser Geschichte, war die Tochter von Edward, der Eliza heiratete ...« Die Namen ihrer Eltern.

Mary Wollstonecraft war das zweite Kind und das erste Mädchen von sieben Kindern (vier Jungen, drei Mädchen). Ihr Vater, der den väterlichen Beruf eines Seidenwebers gelernt hatte, war ein Haustyrann, ein Choleriker und Alkoholiker, der seine Frau im Suff schlug. Nach sozialem Aufstieg strebend, versuchte er durch verschiedene Unternehmungen und Spekulationen sein Glück zu machen, zwang seine Familie zu immer neuen Ortswechseln – aus der Nähe von London nach Yorkshire, nach London, nach Wales, wieder in die Londoner Gegend – und brachte das ererbte Vermögen durch. Die Mutter war in den Augen Marys der Inbegriff einer schwachen Frau, gesundheitlich anfällig, indolent, antriebslos, oberflächlich, ohne Wärme, ohne Liebe für ihre Töchter. Nur die Söhne zählten. Der älteste, Edward, wurde als Kronprinz verhätschelt, Mary kaum beachtet und sich selbst überlassen. Eine existentielle Kränkung, die ihre Widerstands- und Willenskraft mobilisierte. Schon früh erkannte sie, daß sie selbst etwas aus sich machen mußte, wenn etwas aus ihr werden sollte. »In jeder Hinsicht vernachlässigt und sich selbst überlassen, betrachtete sie alles, was sich ihr zur Untersuchung anbot, und lernte zu denken.«

Auf sich zurückgeworfen, beugte sie sich fasziniert über das eigene Bild.

»Ihr Verstand war stark und klar, wenn er nicht von ihren Gefühlen bewölkt war, aber sie war zu sehr Stimmungen unterworfen und die Sklavin von Mitgefühl.« Heftig wie der Vater, äußerst feinfühlig, empfindlich, leidenschaftlich, bald himmelhoch jauchzend, bald zu Tode betrübt, schwärmerisch religiös. »Wenn sie ihren Vater oder ihre Mutter hätte lieben können, wenn diese ihre Zuneigung erwidert hätten, dann hätte sie vielleicht nicht so bald eine neue Welt für sich gesucht.« – »Sie glaubte, daß nur ein unendliches Wesen die menschliche Seele füllen konnte und daß, wenn andere Gegenstände als Glücksmittel gesucht wurden, Enttäuschung ins Unglück führen mußte. Aber wie oft hat sie diese Überzeugung unter dem Einfluß einer heftigen Neigung vergessen!«

Die große Liebe ihrer Jugend war eine Freundin, Fanny Blood, die, schon an Tuberkulose erkrankt, einen in Portugal ansässigen Kaufmann heiratete. Sie hatte auf Besserung im milderen Klima des Südens gehofft, doch ihr Zustand verschlechterte sich rapide. Mary war so beunruhigt, daß sie sich im November 1785 trotz der ungünstigen Jahreszeit, zur Zeit der Herbststürme, nach Lissabon einschiffte, um Fanny bei der Geburt des ersten Kindes beizustehen. Doch Mutter und Kind starben nicht lange nach ihrer Ankunft.

Als Mary im August 1787 bei Johnson vorsprach, war sie achtundzwanzig Jahre alt. Hinter ihr lagen drei gescheiterte Versuche, sich in den wenigen Berufen, die man bei Frauen der Mittelschicht notfalls noch akzeptierte, eine unabhängige Existenz zu schaffen. Um dem häuslichen Elend zu entfliehen, hatte sie mit neunzehn im Modekurort Bath eine kärglich bezahlte Stelle als Gesellschafterin einer wohlhabenden Witwe angenommen und das Leben und Treiben der *upper class* aus der Nähe beobachten können. Immerhin achtzehn Monate hielt sie es bei ihrer launischen Herrin aus, kehrte aber dann nach Hause zurück, um ihre Mutter während ihrer letzten langen (zweijährigen) Krankheit zu pflegen.

Wieder zwei Jahre später, 1784, gründete sie mit finanzieller Unterstützung einer Gönnerin eine Mädchenschule in Newington Green im Londoner Norden, an der ihre beiden jüngeren Schwestern Eliza(beth) und Everina, vor ihrer Heirat auch noch die Freundin Fanny, mit unterrichteten. Doch die Schule konnte sich nicht halten. Es blieben Schulden.

Mary fand schließlich eine neue, ansehnliche Stelle als Erzieherin bei Lord und Lady Kingsborough in Irland. Es fiel ihr schwer, sich in ihre Dienstbotenrolle zu schicken. Ihre Schülerin hing an ihr bald mehr als an der eigenen Mutter, was die natürlich eifersüchtig machte. Die hübsche, verwöhnte Frau sah auch nicht gern, daß einige ihrer Verehrer (sogar ihr Mann?) Gefallen an Mary fanden. Nach einem Jahr mußte sie gehen.

Johnson wird ihr Retter. Er ermutigt sie dazu, das Schreiben zu ihrem Beruf zu machen, läßt sie erst einmal bei sich wohnen, findet für sie eine kleine Wohnung in der Nachbarschaft, leiht ihr Geld, nimmt sie in seinen engsten Freundeskreis auf, beschäftigt sie als Mitarbeiterin der *Analytical Review*, was ihr ein bescheidenes Einkommen sichert, und druckt ihre Bücher. Erziehung – Erziehung des Mädchengeschlechts – bleibt ihre Herzenssache. In den *Original Stories from Real Life* erteilt sie in Gestalt einer Gouvernante namens Mrs. Mason der vorwitzigen Mary und der gefallsüchtigen Caroline Lebenslektionen. Sie erscheinen mit Illustrationen von William Blake, deren subversiven Charakter damals offenbar niemand bemerkt hat.

Für *The Female Reader*, eine Anthologie *for the Improvement of Young Women*, schöpft sie vor allem aus der Bibel, Shakespeare und Milton und bekannten pädagogischen Schriftstellern wie Madame de Genlis. Auch ein Gedicht über die Schrecken der Bastille findet sich darin. Kühn übersetzt sie pädagogische Werke aus Sprachen, die sie sich selbst erst aneignen muß, aus dem Französischen, Holländischen und Deutschen. Das *Moralische Elementarbuch* des sächsischen (Schnepfenthaler) Reformpädagogen Christian Gotthilf Salzmann wird als *Elements of Morality* in England ein Bestseller.

Ihr interessantestes, wichtigstes Buch aus dieser Zeit ist der schon erwähnte Liebes- und Selberbildungsroman. Sie nannte ihn *Mary. A Fiction*. Man lernt sie ziemlich gut daraus kennen. Als (fünf Jahre nach dem *dinner* mit Paine) ihre Beziehung zu Godwin begann, gab sie ihm *Mary* zu lesen.

»Das Wesen des unabhängigen Geistes liegt nicht darin, was er denkt, sondern wie er denkt.« Marys Persönlichkeit macht sich in allem, was sie schrieb, geltend, und wenn möglich drückte sie ihren Produktionen den Stempel ihres Namens auf. Maria heißt die Heldin ihres zweiten, Fragment gebliebenen Romans. Mary heißt eines der beiden Mädchen, die in den *Original Stories* erzogen werden. Bei der Übertragung von Salzmanns *Moralischem Elementarbuch* macht sie aus der deutschen Luise eine Mary.

Was auf den ersten Blick egozentrisch wirkt, war ein literarisches und emanzipatorisches Programm. »Das Private macht sich zur Öffentlichkeit. Philosophisch gesagt: Der Einzelne, er allein, ist das Allgemeine.« Mary ist zugleich Eigenname der Verfasserin und der christliche, englische Frauenname schlechthin. Nur wer den Mut habe, ein Original zu sein, wer seine künstlerischen Werke ganz aus sich selbst schöpfe, könne ihnen Wahrheit und Leben einhauchen und damit von allgemeinem Interesse sein, erklärt Mary im Vorwort zu *Mary*. »Diese wenigen Auserwählten wollen für sich selbst sprechen und kein Echo sein – nicht einmal der süßesten Töne – oder der Reflektor der erhabensten Strahlen. In einer kunstlosen, geradlinigen Geschichte wird eine Frau gezeigt, die über Denkkraft verfügt. Man hat die Meinung vertreten, daß die weiblichen Organe für diese anstrengende Tätigkeit zu schwach seien.«

Sagestus und Sagesta

»Auf der einfachsten Ebene bedeutet Freiheit, deine Aufmerksamkeit auf das lenken zu können, wohin du sie lenken willst, und nicht durch eine Obsession fremdgesteuert zu sein«, hat der englische Schriftsteller Edward St. Aubyn in einem Interview gesagt. So schwer es Mary Wollstonecraft fiel, ihre Stimmungen und Leidenschaften der Vernunft zu unterwerfen, über ihre materiellen »Gelüste und Begehrlichkeiten« hatte sie eine solche Macht, »daß sie diese ohne große Mühe vollständig beherrschte« und »fast vergaß, daß sie einen Körper hatte, wenn ihr Geist oder Herz von etwas erfüllt war«. Sie war von äußerster Sparsamkeit und lebte asketisch und vegetarisch, gewissermaßen grün. Dem Rousseauschen Schlachtruf »Zurück zur Natur!« folgend, nach einem reinen Leben strebend, verweigerte sie sich der Mode und besaß nur das Notwendigste an Hausrat. »Als [der französische Minister] Prinz Talleyrand in diesem Land war und sie besuchte, tranken sie beides, den Tee und den wenigen Wein, den sie zu sich nahmen, aus Teetassen«, berichtet Füsslis Biograph John Knowles naserümpfend. »Ihre gewöhnliche Kleidung war ein Gewand aus grobem Tuch, wie es jetzt die Milchfrauen tragen, schwarze Strickstrümpfe und ein Biberhut*. Ihre Haare fielen glatt auf die Schultern herab.«

Mary glaubte, was sie lebte, aber sie machte auch aus der Not eine Tugend. Mit ihren geringen Einkünften unterstützte sie auch noch ihre Geschwister. Nur der ältere Bruder Edward (Ned), der Anwalt geworden war, brauchte keine Hilfe, hatte aber keine Lust, sich um seine weniger tüchtigen oder erfolgreichen Familienangehörigen zu kümmern. Mary nahm die Verantwortung auf sich, was sie überforderte und schließlich das Verhältnis zwischen den Schwestern vergiftete.

Die Sorgen wuchsen ihr oft über den Kopf. Daß es ihr trotzdem besser ging als je zuvor, verdankte sie Joseph Johnson, der immer ein offenes Ohr für sie hatte und ihre wechselnden Stimmungen, ihre Verzweiflungs- und Zornesausbrüche ertrug wie ein wahrer Philosoph. Nachdem sie wieder einmal ausgerastet war, schrieb sie ihm reuevoll: »Sie sind mein einziger Freund – der einzige Mensch, dem ich mich nahe fühle – Ich hatte nie einen Vater oder einen Bruder – seit dem Beginn unserer Bekanntschaft sind Sie mir beides gewesen – und doch bin ich sehr gereizt gewesen – wenn ich an diese Vorkommnisse von schlechter Laune und Übereiltheit denke, erscheinen sie mir wie Verbrechen.«

Als Frau hat Mary Johnson nicht interessiert (die Frauen schei-

---

* ein hoher schwarzer Filzhut, der Vorläufer des Zylinders, den damals Frauen und Männer trugen.

nen ihn generell nicht interessiert zu haben), er hing an ihr mit Bewunderung und liebevoller Sorge. Er wußte, daß sie des Schutzes bedürftig war. Auf Mary Wollstonecraft paßt das altmodische Wort Feuereifer, das man oft etwas herablassend Kindern zuschreibt, weil die Fähigkeit zur totalen Hingabe an eine Sache uns im späteren Leben meist verlorengeht. Ihr nicht. Sie war von allem, was sie gerade fühlte und dachte, immer ganz erfüllt und überzeugt und hatte den Drang, ihre Umwelt daran teilhaben zu lassen. Emotionalität, Spontaneität und Offenheit machten sie verletzlich und leicht angreifbar (was dann auch die Nachwelt erbarmungslos ausgenutzt hat). »Es war ihr unmöglich, sich zu verstellen, wenn sie eintrat, war sofort deutlich, wie sie gestimmt war, und der Verlauf des Gesprächs vorhersehbar. Wenn Sorgen sie quälten, was sehr oft der Fall war, befreite sie sich davon, indem sie ihr Herz ausschüttete, und kehrte in der Regel beruhigt, oft in Hochstimmung, nach Hause zurück. F. war häufig bei uns.«

In dem letzten bis zum Namenskürzel diskreten Sätzchen steckt ein Roman, eine komplizierte, skandalträchtige Beziehungsgeschichte, die Johnson besser kannte als jeder andere und leider nicht erzählt hat. Von den drei revolutionären Liebesbeziehungen, die mit Mary Wollstonecrafts Schaffen aufs engste verflochten sind, hat die zu Füssli bei ihren Biographen am wenigsten Interesse, Beachtung und Sympathie gefunden.

Das hat mit der Überlieferung zu tun. Sieht man von einigen wahrscheinlich auf Mary gemünzten Invektiven Füsslis über Mannweiber und intellektuelle Frauen ab, haben beide über ihr Verhältnis weitgehend Stillschweigen bewahrt. Ihr Briefwechsel ist nicht erhalten. So haben sich ihre Biographen von jeher hauptsächlich auf die parteiischen Berichte von William Godwin und John Knowles stützen müssen, der Marys Briefe an Füssli noch benutzen konnte. Bei aller Unterschiedlichkeit sind sie sich darin einig, daß sie Marys Passion für Füssli mißbilligten. Godwin hielt sie für eine Verirrung, Knowles nahm moralisch Anstoß.

23 Der Nachtmahr. Ölgemälde von
Johann Heinrich Füssli, 1790/91

Das hat aber auch mit Füsslis Person und seiner Kunst zu tun. »Der Beifall, welchen Füsslis Gemälde in England erhalten, bezeichnet mehr als alles die Überspannung des dortigen Kunstgeschmacks«, schrieb Georg Forster 1789 eifersüchtig, in einem Aufsatz mit dem irreführenden Titel *Geschichte der Kunst in England.* »Dieser junge Schweizer brachte nebst der Kenntnis akademischer Modelle sein malerisches Kraftgenie mit sich übers Meer; seiner Phantasie ward es wohl unter wilden Traumgestalten und Bildern des Ungewöhnlichen. Diese Stimmung, die von reifer Urteilskraft gezügelt, zu kühner Größe gediehen wäre, verführte ihn nur gar zu bald zu allen Ausschweifungen der Manier. Außer dem *Lear,* dem Füsslis Talente nicht recht angemessen waren, fand er in Shakespears *Traum einer Sommernacht,* im *Hamlet* und *Macbeth* die Befriedigung seines Hanges zum Übernatürlichen, und zugleich das unfehlbare Mittel, die Bewunderung des Publikums zu fesseln.« Und dann rügt er Füssli, weil dieser unzulässigerweise die Grenzen zwischen Malerei und Dichtung nicht beachte.

Das ist nach dem Lessingschen Lehrbuch geurteilt und ungefähr so, als würde man einem abstrakten Künstler vorwerfen, daß er nicht gegenständlich arbeitet. Das Neue, Bahnbrechende an Füsslis Kunst war ja gerade, daß er die zeitgenössische Historienmalerei aus ihrer Stagnation befreite und ihr das Reich des Unsichtbaren eroberte, so wie auf andere Weise sein geschätzter Kollege William Blake. Woran Forster wohl eigentlich Anstoß nahm, war der Tabubruch der »Ausschweifungen«, also die skandalöse Offenheit, mit der Füssli sexuellen Phantasien, Begierden, Trieben, Obsessionen und Ängsten Gestalt gab, besonders suggestiv in seinem bekanntesten Bild. Wer denkt bei seinem Namen nicht gleich an den *Nachtmahr*? Eine Frau bewußtlos vom Bett zum Boden sinkend, auf ihrer Brust ein häßlicher Dämon, ein Pferd als Zuschauer der Szene ...

Im nächtlichen Theater seiner Bilder schläft die Vernunft. Die Geschlechter stehen einander fremd und feindlich gegenüber. Die Männer stilisiert zu heldischen Muskelpaketen, die Frauen willenlose Opfer oder grausame Herrinnen, *femmes fatales*, Hexen, kalte, leere, heitere Zierpuppen mit bizarren, hochaufgetürmten Frisuren.

Man kann in Füssli, der ein Jahrhundert vor Freud seine Dämonen sichtbar machte, einen Visionär und Befreier sehen, aber auch einen nicht ungefährlichen Triebtäter *in effigie*. Öffnete er eine Büchse der Pandora? Appellierte er zynisch an die Sensationslust, die niedrigen Instinkte des Publikums, wie Forster meinte? Dieser Vorwurf begegnet uns auch heute noch. In Barry Maitlands Krimi *No Trace* gibt es einen Künstler, der das Verschwinden seiner kleinen Tochter Tracey in einer von Füsslis *Nachtmahr* inspirierten Installation kommerziell ausbeutet. »Das ist krank«, kommentiert ein Polizist. »Hunderte von Beamten schlagen sich die Nacht um die Ohren und mühen sich ab, Tracey zu finden, und ihr Vater trinkt Champagner und beutet diese ganze scheußliche Sache aus, um damit Geld zu machen.«

Füssli war ein sehr kleiner, unruhiger Mann mit einem faszinierend häßlichen, von durchdringenden Maleraugen beherrschten Gesicht. Magier? Löwe? Reptil? »Genialischer Kopf voll Energie

24 *Johann Heinrich Füssli.*
Ölgemälde von John Opie, 1794.

und talentvoll«, urteilte sein Jugendfreund, der Theologe Johann Kaspar Lavater, der seine Zeitgenossen lehrte, den Charakter eines Menschen aus seiner Physiognomie zu lesen. Bei Füssli
war alles Ausdruck. »Wenn jemals ›ein Körper dachte‹, dann der
seinige. Jeder Muskel und jede Sehne bei der Bewegung eines
Fingers, dem Strecken eines Armes, das Zurückwerfen des Kop-
fes, das Heben der Augenbrauen, war Instinkt mit Geist und Gefühl.«

Wie viele kleine Männer blies er sich mächtig auf, dabei war
er im Grunde ein scheuer Mensch. Seine Eitelkeit war legendär –
»Ich hasse dieses Reptil Eitelkeit, das seine Schleimspur über
die edlen Eigenschaften Ihres Herzens legt«, soll Mary ihn ge-
tadelt haben. In Gesellschaften duldete er keine anderen Götter
neben sich – »wenn man seine Unfehlbarkeit bezweifelte, war
er merklich verärgert« – und monopolisierte das Gespräch, was
man ihm in der Regel gern verzieh, weil er so unterhaltsam war
und durch Wissen, Phantasie und scharfzüngigen Witz glänz-

te. Er sprach hastig und heftig, ohne Punkt und Komma, mit einem harten schweizerdeutschen Akzent, ging schnell in die Luft, war ebenso schnell wieder besänftigt und nahm kein Blatt vor den Mund. Fluchen war seine Lust und Leidenschaft, den Teufel führte er beständig und vielsprachig im Mund, *devil, diable, diabolo*. Ein »ausgezeichneter Hasser, haßte er einen Langweiler, was witzige und talentvolle Männer meistens tun, und er haßte einen brillanten Mann, weil er keinen neben dem eigenen Thron ertragen konnte.« So subversiv seine Bilder waren, in seinen Urteilen über Kunst und Literatur war er konventionell und zurückgeblieben, wie Godwin meinte. Unter den Lebenden fand fast niemand Gnade vor seinen Augen, und von den Toten ließ er nur wenige gelten, die er als seine Götter verehrte.

Homer, in dem er jeden Morgen las, während er sich frisieren ließ, »bedeutete ihm das Wesen und den Inbegriff aller menschlichen Vollkommenheit, und Milton, Shakespeare und Richardson standen für ihn in erster Reihe. Als einziger Rivale Homers, wenn dieser überhaupt einen Rivalen haben kann, galt ihm Jean-Jacques Rousseau. Beherrscht von Rousseaus Verherrlichung des Naturzustandes und dessen Verurteilung aller Zivilisation, blickte er auf unsere ganze Literatur, insoweit sie den Fortschritt propagiert, fast mit Verachtung und Gleichgültigkeit herab. Eine seiner Lieblingsbehauptungen war die vom göttlichen Ursprung der Genialität. Diese kommt seiner Meinung nach direkt aus den Händen des Schöpfers aller Dinge, und die ersten Versuche des echten Genius seien immer derart, daß sie durch den ausdauerndsten Fleiß nicht verbessert werden könnten. Wenn man noch hinzufügt, daß Füssli es verstand, seine Meinung scharf und witzig auszudrücken, und daß er in jeder neuen und modernen Sache einen Gegenstand seiner ätzenden Kritik sah, so darf man glauben, daß Mary aus seiner Schule mit mehr Neigung zum Zynismus hervorging, als ihr vorher eigen war.«

Ein *enfant terrible* im wahrsten Sinne des Wortes. Ein Schüler nannte ihn eine »groteske Mischung von Literatur, Kunst, Skeptizismus, Taktlosigkeit, Gottlosigkeit und Freundlichkeit. Schwache Geister zerstörte er. Sie verwechselten seinen Witz mit Verstand, sein Fluchen mit Männlichkeit, seine Treulosigkeit mit Geistesstärke, aber er verstand sich in der Kunst, junge Gemüter mit hohen, großartigen Visionen zu erfüllen.«

Wie einnehmend, hilfsbereit und inspirierend er als Lehrer sein konnte, hat eine Frau namens Margaret Patrickson nach Füsslis Tod dankbar geschildert. Sie kam mit neunzehn als Malschülerin zu ihm, wurde von ihm in jeder Weise gefördert und ging sieben oder acht Jahre lang bei ihm ein und aus. »Er gewährte mir zu allen Zeiten Zugang zu seinem Atelier – (die Pförtner hielten niemals mehr Förmlichkeit für nötig als ›Mr. Füssli ist in seinem Atelier, Miss‹). Ich war von Natur aus nicht schüchtern, aber ihm gegenüber verlor ich meine ehrfurchtsvolle Scheu nie. Bis zu meinem letzten Besuch kam ich nie ohne ein fast schmerzhaftes Herzklopfen zu ihm, aber der Reiz seiner Unterhaltung und seine Freundlichkeit waren so groß, daß meine Besuche sich oft auf mehrere Stunden ausdehnten.« Mit niemandem sonst habe sie sich so frei unterhalten können wie mit ihm und nie habe sie Gespräche so genossen, schreibt sie. Nie auch habe Füssli sich über gelehrte Frauen lustig gemacht oder Verachtung über Unwissenheit erkennen lassen. Wenn sie mit ihm nicht übereinstimmte, habe sie das auch sagen können. Allerdings sei sie meist seiner Meinung gewesen.

Mary ging es wie Miss Patrickson. Sie war fasziniert von Füssli – und er von ihr. »Er fand bei ihr eine größere Empfänglichkeit für den Eindruck, den die Malerei ausüben will, als sie ihm noch jemals bei anderen Menschen begegnet war. Die Unterhaltung der beiden bewegte sich auch zumeist um die Malerei und solche Gegenstände, die mit ihr in engem Zusammenhang stehen, und sie fanden diese Themen unerschöpflich.«

Ein weites Feld! »Ich fange immer etwas aus dem reichen Strom seiner Beredsamkeit, das es wert ist, in meiner Erinnerung als Schatz gehütet zu werden und meinen Geist zu beschäftigen«, sagte sie. Füssli öffnete ihr neue Welten, führte sie in die physiognomischen Lehren Lavaters ein, begeisterte sie für seine Lieblingsautoren, erzählte ihr seine bewegte Lebensgeschichte. Auf Wunsch seines Vaters hatte er erst Theologie studiert und war Pfarrer geworden, hatte die ihm vorgezeichnete Bahn aber dann verlassen und sich in Rom zum Maler ausgebildet. Sein Beispiel zeigte ihr, wie weit man es aus eigener Kraft bringen konnte. »Wenn sie sich mit ihm unterhielt, entfalteten sich alle ihre Seelenkräfte; ihr ausdrucksvolles Gesicht wurde von Geist belebt, und die anmutigsten, natürlichen Gesten verliehen ihrer Unterhaltung Energie.«

In Marys literarischen Arbeiten aus dieser Zeit stoßen wir überall auf Füsslis Spuren, aber auch auf die Phantasien, die sie um ihre Beziehung wob – unter seiner Mitwirkung. In einem Romanfragment – Arbeitstitel *The Cave of Fancy** – begegnen wir ihm in der Prospero-Gestalt eines Magiers und Insel-Einsiedlers mit dem sprechenden Namen Sagestus [von *sage:* der Weise] und ihr in Gestalt seiner Ziehtochter und Schülerin Sagesta, der einzigen Überlebenden eines Schiffbruchs, die der Sturm an Land gespült hat.

In ihrem Roman *Mary* läßt sie ihn sogar unter seinem wahren Vornamen auftreten. Die Titelheldin ist siebzehn Jahre alt, als sie von ihrem Vater an einen jungen Mann verheiratet wird, den sie kaum kennt. Der Vollzug der Ehe wird für ein Jahr verschoben, weil ihr Angetrauter sofort nach der Zeremonie für ein Jahr ins Ausland reisen muß. Sie selbst begleitet ihre schwindsüchtige Freundin auf eine Erholungsreise nach Portugal, doch die stirbt bald nach der Ankunft. Da hat die fiktionale Mary schon einen neuen Gegenstand für ihr liebebedürftiges Herz gefunden, einen Mann, der sich ebenfalls aus gesundheitlichen Gründen im Süden aufhält. Henry ist sehr viel älter als sie, gebildet, geistreich, künstlerisch hoch begabt – ein Virtuose auf der Geige –, war früher Geistlicher, hat ein ziemlich häßliches Gesicht *with the strong lines of genius* und ein bewegtes Leben mit vielen Frauen-

---

* eine Metapher für den menschlichen Schädel.

geschichten hinter sich: *Woman – lovely woman! thou hast charmed me!* Als dieser faszinierende Mann ihr seine »väterliche« Freundschaft anträgt, ist sie überwältigt und gibt sich ihren Gefühlen für ihn hin. »Sie fragte sich nie, was für eine Art von Neigung sie für ihn hatte oder wohin sie zielte; sie wußte auch nicht, daß Liebe und Freundschaft sehr unterschiedlich sind; sie dachte voller Entzücken, daß es einen Menschen in der Welt gab, der sie gern hatte – und für diesen Menschen empfand sie Bewunderung – und Freundschaft. Er hatte sie sein *dear girl* genannt; diese Worte hatte er vielleicht eher zufällig geäußert, aber sie nahm sie begierig auf. Sie sein Kind, was für Vorstellungen löste das in ihr aus! Wenn sie einen Vater, einen solchen Vater gehabt hätte! – Sie konnte bei den Gedanken, die sich ihr aufdrängten, nicht verweilen. Sie war sich selbst entglitten, und unbemerkt ergriff Leidenschaft von ihr Besitz.«

Entschlossen, ihr Eheversprechen zu halten, reißt sie sich von ihm los, kann sich aber von ihrer quälenden Leidenschaft nicht befreien. Sein naher Tod bringt sie zu letzten erschütternden Begegnungen an sein Krankenlager. Nachdem Henry in ihren Armen gestorben ist, siecht sie an der Seite des ungeliebten Ehemanns dahin, was ihr eine grimmige Genugtuung bereitet. »In Momenten einsamer Traurigkeit durchfuhr sie manchmal ein Freudenstrahl – sie dachte, daß sie einer Welt zueilte, in der man weder heiratete noch verheiratet wurde.«

Mary Wollstonecraft war entschlossen, etwas Besseres zu finden als den Tod. Aber sie wußte, wie gefährdet sie war. Zumal der wirkliche Henry höchst lebendig war und gerade dabei, zu heiraten, als sie ihn in ihrem Roman vorsichtshalber umbrachte. Auch das war ein Grund für ihre Abneigung gegen die Ehe.

Freiheitsmütze

Sie waren ein seltsames Paar, die hochgewachsene Frau, *whose eyes were full of unsatisfied intelligence and unsatisfied, beseeching* *affection** und der zwergenhaft kleine Maler mit dem Kopf eines Magiers.

Füsslis Freund und Biograph John Knowles behauptet, Füssli habe Mary eigentlich gar nicht besonders gemocht. In seiner Version der Geschichte wirft sie sich, gegen Anstand und Sitte verstoßend, dem verheirateten Maler an den Hals. Dabei habe der von intellektuellen Frauen prinzipiell wenig gehalten und sich über Marys Zudringlichkeit und ihren Lebensstil mokiert. Eine philosophische Schlampe mit strähnigen Haaren habe er sie spöttisch genannt. Das klingt glaubhaft – Frisuren von bizarrer Künstlichkeit waren eine Obsession Füsslis –, zeigt aber nur, daß er – eitel wie er war – seine Gefühle für sie Dritten gegenüber verleugnete.

Knowles räumt denn auch unwillig ein, Mary habe »einige Ansprüche an Schönheit und Anmut gehabt«. Allan Cunningham, der sie in seiner Lebensbeschreibung ebenfalls als aggressiv Werbende darstellte, gab zu, daß Füssli ihre Gefühle erwiderte und ermutigte. »Statt diese lächerlichen Avancen zurückzuweisen, wie sie es verdient hätten, sah er sich in seiner Phantasie erfüllt vom reinen Geist platonischer Liebe – nahm die schmachtende Miene eines sentimentalen Hirten an – zeigte künstliche Hingerissenheit und belebte in seiner Phantasie die Feuer seiner Jugend.« ›*Dear enthusiastic creature*‹, *whispered Henry, ›how you steal into my soul.*‹**

Wenn es schon Mary nicht gelang, sich einzureden, daß in ihrer Beziehung zu Füssli nur der »reine Geist platonischer Liebe« herrsche, so ist es äußerst unwahrscheinlich, daß Füssli daran glaubte. Er mag aus taktischen Gründen auf diese Fiktion eingegangen sein, sie aber gleichzeitig unterminiert haben. Mit der Zeit überzeugte er Mary davon, daß die Betonung körperlicher

---

* deren Augen voll unbefriedigter Intelligenz und unbefriedigter, flehender Zuneigung waren (so George Eliot über ihre Heldin Maggie Tulliver in *The Mill on the Floss*).
** ›Liebes, enthusiastisches Geschöpf‹, flüsterte Henry, ›wie du dich in meine Seele stiehlst.‹

Reize sich mit Intellektualität durchaus vertrug und ein gehobener Lebensstil nicht per se unmoralisch war. »Eine Änderung ihrer Umgangsformen, ihrer Kleidung, ihrer Wohnung waren die Folge; denn sie schenkte ihrer Person nun mehr als gewöhnliche Beachtung, kleidete sich modisch und führte relativ elegante Möbel in die geräumige Wohnung ein, die sie zu diesem Zweck gemietet hatte.«

Die neue Wohnung lag ganz in der Nähe von Füsslis Studio, wo Mary nun beständig ein und aus ging: Mr. Füssli ist in seinem Atelier, Miss Wollstonecraft! Sie wurde fordernder, konnte immer weniger verstehen und ertragen, daß Füssli mit einer hübschen, aber geistig anspruchslosen Person zusammenlebte, wo sie ihm doch viel mehr zu bieten hatte. Sophia sah mit wachsender Eifersucht zu. »Eines Tages, als sie besonders aufgebracht schien, sagte ihr sarkastischer Ehemann: ›Sophia, mein Schatz, warum fluchst Du nicht? Du weißt gar nicht, wie Dich das erleichtern würde!‹« Er scheint seine Rolle als Hahn im Korb genossen und beide Frauen aneinander verraten zu haben.

Wie hatte es überhaupt soweit kommen können?

»Offenbar senkte sich die Freiheitsmütze sowohl auf den Kopf wie auf das Herz der Dame, die sich so aufführte, als ob die neue Ordnung der Dinge die alten moralischen Verpflichtungen gelockert hätte und als ob die Heirat eine der überholten Zeremonien war, deren man sich auf immer entledigt hatte.«

Knowles und Cunningham waren davon überzeugt, daß es die Revolution war, die Füssli gewissermaßen zu Marys Beute werden ließ und auf ihre schiefe Bahn brachte. Das stimmt sicher nicht, wohl aber, daß sich ihre Beziehung dadurch intensivierte und veränderte.

»Die Augen von ganz Europa waren in dieser Zeit auf die Ereignisse in Frankreich gerichtet. Der Geist der Freiheit, der den Schweizern angeboren ist, brach nun aus Füssli heraus, und wie sein Freund und Landsmann Lavater glaubte er, daß sich der Menschheit erstmals in der Weltgeschichte die Gelegenheit bot, ihre Freiheiten durchzusetzen und zu sichern. Die gleichen Gefühle lebten im Busen von Mrs. Wollstonecraft; und sie wurden am Leben erhalten und gesteigert durch ihre tägliche Beschäftigung, die darin bestand, aus dem Französischen die politischen Pamphlete des Tages zu übersetzen, die zu dieser Zeit reißend Absatz fanden.

Die Übereinstimmung von Empfindungen und Gefühlen bei Themen, die die Gedanken und die Gespräche von Menschen aus allen gesellschaftlichen Schichten bestimmten, führte natürlicherweise zu einer größeren Vertrautheit zwischen Füssli und Mrs. Wollstonecraft, deren Konsequenzen die Dame nicht voraussehen konnte; denn sie ahnte nicht, daß die Neigung, die sich daraus entwickelte, dazu führen sollte, daß sie das Land verlassen und so zu einer Augenzeugin des Systems gallischer Freiheit werden würde, für dessen Aufrechterhaltung sie sich einsetzte; ein System, das von Philosophen stammte und von Mördern und Wahnsinnigen zerstört wurde.«

Vom desillusionierten, zynischen Beobachter des Weltgeschehens wurde Füssli wieder zu dem politisch engagierten Zeitgenossen, der er in seiner Jugend gewesen war. Mary fand sich in ihrem Element. Bei Johnsons Tischgesellschaften gab es nur noch ein Thema, ein Ziel. Alle wollten dazu beitragen, den Ideen der Revolution auch in England zum Sieg zu verhelfen. Einer der Wortführer war Thomas Christie, der Herausgeber der *Analytical Review*. Ende 1791 stieß mit dem amerikanischen Schriftsteller, Geschäftsmann und Landspekulanten Joel Barlow ein weiterer eloquenter Revolutionsfreund zum Johnson-Kreis. Mary freundete sich mit Barlows Frau Ruth an, Johnson erklärte sich bereit, Barlows neues Buch zu verlegen. Sein *Advice to the Privileged Orders, in the Several States of Europa, Resulting from the Necessity and Propriety of a General Revolution in the Principle of Government* erschien im Februar 1792, um die gleiche Zeit wie Marys *Vindication of the Rights of Woman*, mit der sie die Revolution zu ihrer eigenen Sache und der ihres Geschlechts machte. Um dorthin zu finden, hatte sie einen Weg über die Sache der ganzen Menschheit nehmen müssen.

Verteidigung von Dr. Price

Unser Herr und seine Apostel haben so viel Wert darauf gelegt, daß wir alle Menschen lieben, sogar unsere Feinde, daß die Religion, die sie predigten, zur Unterscheidung von anderen Religionen die Religion des Wohlwollens genannt werden kann. Nichts kann den Menschenrechten näher sein, und würde sie richtig verstanden und praktiziert werden, würde jeder Mensch jeden anderen Menschen als seinen Bruder betrachten.

Richard Price, Eine Rede über die Liebe zu unserem Vaterland

Newington Green heißt ein Anger, eine Grünfläche im Londoner Norden, die sich zwischen Islington und Hackney erstreckt, und dessen nähere Umgebung. Hier wohnten vor allem Dissenter. Die kleine helle Kirche an der Nordseite des *Green* – 1708 erbaut – ist das älteste nonkonformistische Gotteshaus Englands und eng mit dem Wirken des Moralphilosophen und Geistlichen Dr. Richard Price verbunden, der 1758 die Gemeinde übernahm. Er veröffentlichte nicht nur Predigten, sondern auch Schriften zur Bevölkerungs- und Finanzpolitik – unter anderem äußerte er sich zum schon damals aktuellen Thema Staatsverschuldung –, berühmt aber machte ihn ein Pamphlet, das 1776 bei Johnson erschien, gleich in den ersten Tagen mehr als 60 000-mal verkauft wurde und seinen Namen eng mit dem Freiheitskampf der Amerikaner verknüpfte: *Observations on the Nature of Civil Liberty, the Principles of Government and the Justice and Policy of the War with America.* Sein Haus, ein altehrwürdiger Ziegelbau am *Green* (es steht noch), wurde zum Pilgerort von reformwilligen Politikern und Intellektuellen, seine Predigten fanden großen Zulauf. John Adams, einer der Gründungsväter der amerikanischen Republik, der im Mai 1785 als Botschafter nach London kam, pflegte sonntags mit seiner Frau Abigail zum Gottesdienst in das Kirchlein nach Hackney zu reiten. Ich bin ziemlich sicher, daß sie dort manchmal eine hochgewachsene, schlicht gekleidete Frau trafen, die ihnen Dr. Price als Leiterin einer Mädchenschule vorstellte.

Zwar gehörte Mary zur anglikanischen Staatskirche, aber während ihrer Zeit in *Newington Green* besuchte sie die Predigten von Dr. Price und lernte ihn auch persönlich gut kennen. Er war es, der ihr Interesse für Politik erweckte und sie mit seiner Freiheits-Religion infizierte.

4. November 1789. Wie gewöhnlich ist die *Society for Commemorating the Revolution in England* zusammengekommen, um den Jahrestag, es ist der 101., der *Glorious Revolution* zu begehen, die einen König (James) durch einen anderen (William) ersetzte und seine Macht zugunsten des Parlaments schwächte. Bei dem großen Jubiläum im Jahr zuvor hatte Andrew Kippis, der Mentor von Helen Maria Williams, die Festrede gehalten, nun also steht Price auf der Kanzel, um eine Rede *on the Love of our Country* zu halten. Die Ereignisse in Frankreich haben dieser unter normalen Umständen wenig beachteten Veranstaltung Aktualität und Brisanz verliehen. Man weiß, wo Price steht. Was wird er sagen? Wie weit wird er gehen?

Er ist sechsundsechzig Jahre alt, ein hinfälliger, von Krankheit gezeichneter Mann, aber ebendas erlaubte ihm nun, in der Rolle des Moses aufzutreten, der das Gelobte Land vor sich liegen sieht. (Man kann sich an die Predigt erinnert fühlen, die Martin Luther King einen Tag vor seiner Ermordung hielt – *And I have seen the Promised Land.*) Seine fulminante Rede, in der er Christen – aus Liebe zu ihrem Land! – darauf verpflichtet, an der Schaffung eines Gemeinwesens mitzuwirken, in dem Wahrheit, Tugend und Freiheit herrschen, schwingt sich am Ende in visionäre Höhen auf.

»Laßt euch ermutigen, Freunde der Freiheit und ihr, die ihr sie in euren Schriften verteidigt habt! Die Zeit ist günstig. Eure Bemühungen sind nicht vergeblich gewesen. Sehet, wie Königreiche, die ihr ermahnt habt, aus dem Schlaf erwachen, ihre Fesseln zerbrechen und Gerechtigkeit von ihren Unterdrückern fordern! Sehet nur, wie das Licht, das ihr durch die Befreiung Amerikas entzündet habt, nach Frankreich reflektiert und dort zu einer lodernen Flamme angefacht wurde, die den Despotismus in Asche legte, und Europa wärmt und illuminiert! Zittert, ihr Tyrannen in aller Welt! Seid gewarnt, ihr Unterstützer sklavischer Regierungen und Hierarchien! Ihr könnt die Welt nicht länger in Dunkelheit halten. Kämpft nicht länger gegen Licht und Freiheit! Gebt der Menschheit ihre Rechte zurück und laßt zu, daß Mißbräuche abgestellt werden, bevor sie und ihr gemeinsam vernichtet werdet!«

Empört über diese Schwärmereien und den kaum verdeckten Aufruf zur Revolution kündigte Edmund Burke Widerspruch an, aber es dauerte dann noch ein Jahr bis zum Erscheinen seiner *Reflections on the Revolution in France*, die wiederum eine Flut von Gegendarstellungen auslösten.

Auch Mary warf ihm den Fehdehandschuh hin. Ihre *Vindication of the Rights of Men* ist als *Letter* an den *Right Honourable Edmund Burke* adressiert. Für eine Frau war dieser öffentliche Angriff auf einen prominenten Parlamentarier ein unerhört mutiger Schritt, der Mary nicht leichtgefallen war. »Da ich die Rechte der Menschheit verehre, werde ich es wagen, für sie einzutreten. Das höhnische Lachen *(horse laugh)*, das Sie angeschlagen haben, hat mich nicht eingeschüchtert«, spricht sie sich in der Einleitung Mut zu. Ob sie ihre Attacke gewagt hätte, wäre es nicht darum gegangen, ihrem verehrten Lehrer einen Liebesdienst zu erweisen?

Dabei hat sie ihre Parteilichkeit nicht blind gemacht. Price habe sich in seinem Eifer wohl tatsächlich weiter treiben lassen, als durch die Vernunft zu rechtfertigen sei, räumt sie ein. Aber hätte es nicht die »Ehrfurcht vor den grauen Haaren der Tugend« geboten, einen alten, verdienten Mann »am Rande des Grabes« und seine menschenfreundlichen Träumereien mit Schonung zu behandeln, fragt sie und setzt Price ein liebevolles Erinnerungsdenkmal. Sie sehe ihn vor sich, wie er auf der Kanzel steht, »mit gefalteten Händen und fromm niedergeschlagenem Blick, und mit der einfachen Kraft wahrer Frömmigkeit betet; oder auch in aufrechter Haltung, wenn er seinen Zuhörern die Würde der Tugend einprägte und ihnen die Lehren ans Herz legte, die sein eigenes Leben schmückten; Wohlwollen belebte alle seine Züge, und seine Stimme war ein getreuer Spiegel seiner Überzeugungen. Der Prediger, der nur klar sein wollte, wurde beredt, und die Achtung, die er hervorrief, schien nur die Achtung für die personifizierte Tugend und gereifte Weisheit zu sein«.

Marys Schrift ist schwungvoll, aber im Ton und in der Sache vielfach noch unsicher. Man spürt, daß sie sich bei den persönlichen Attacken, die sie gegen Burke richtet, nicht wohl fühlt. Zu merken ist aber auch, daß sie sein Standesdünkel bis aufs Blut reizte und ihr es mit dem Engagement für die arme, hart arbeitende Unterschicht heiliger Ernst war.

Nehmen wir etwa die von ihr zitierte Stelle, in der Burke beschreibt, wie die königliche Familie unter dem Johlen der Marktweiber von Versailles nach Paris geführt wird: »Währenddessen wurden die königlichen Gefangenen langsam vorwärts bewegt, unter gräßlichem Gekreische und schrillem Geschrei und rasenden Tänzen und schändlichen Unverschämtheiten und all den unaussprechlichen Abscheulichkeiten der höllischen Furien in Gestalt der gemeinsten Weiber.« Mary zu Burke: »Wahrscheinlich meinen Sie Frauen, die ihren Lebensunterhalt durch den Verkauf von Gemüse oder Fisch bestreiten und niemals die Vorteile einer Erziehung genossen haben.« Immer wieder gelingen ihr prägnante Formulierungen: »Sicheres Eigentum! Das ist in wenigen Worten die Definition der englischen Freiheit.« Und natürlich ist deutlich, wogegen sie polemisiert, gegen Burkes Verklärung der historisch sanktionierten Klassengesellschaft.

Aber um ihr Pamphlet wirklich verstehen zu können, muß man es gründlich studieren. Schon für ihre Zeitgenossen kann es nicht leicht gewesen sein, ihren Gedankengängen zu folgen. Sie hätten bei der Lektüre natürlich Burkes *Reflections* zur Hand haben müssen, außerdem die Revolutionspredigt von Price; sie hätten einiges wissen müssen über die englische Geschichte und Verfassung, die Regierung, das Parlament, den Zustand der Gesellschaft, das Lebenswerk von Price, Burkes politische Biographie. Und über die kunstphilosophische Abhandlung *Philo-sophical Inquiry into the Origins of our Ideas of the Sublime and Beautiful*, die er in jungen Jahren verfaßt hatte.

Das Schöne sei wie die Frauen, in die Männer sich verlieben, also klein, zart, von delikater Gesundheit, schwach, hilfsbedürftig – je hilfsbedürftiger, desto besser –, behauptete er darin. Männliche Tugenden wie Stärke, Gerechtigkeit und Weisheit rufen Bewunderung oder gar Schrecken hervor, aber keine Liebe. »Wir unterwerfen uns dem, was wir bewundern, aber wir lieben, was sich uns unterwirft.« Eine in Schmeichelei verpackte geistige Entmündigung der Hälfte der Menschheit also, die leider nicht originell war. Der Widerspruch, den Mary dagegen einlegte, ist in der *Vindication of the Rights of Men* ein sperriger Exkurs. Ein gutes Jahr später wurde daraus ein eigenes Buch.

Totalrevolution

Milton goes on, meldet Füssli am 29. Mai 1792 einem Freund, dem in Liverpool lebenden Anwalt und Schriftsteller William Roscoe. Gerade hat der Stecher Sharpe ihm das Gemälde *Satan, Tod und Sünde* (auch *Satan und Tod, von der Sünde getrennt)* zurückgeschickt, das er als Vorlage zwei Monate im Hause gehabt hatte. Für den Transport des monumentalen Bildes (ca. drei Meter breit und vier Meter hoch) hatte Thomas Paine eigens einen Aufrollmechanismus konstruiert. Er sei ein ebenso guter Mechaniker wie Demogorgon, kommentierte der Maler wortspielend, Demagoge und Gorgo zum Bürgerschreck verbindend, und kündigte an, daß auch die *Eva* fertig sei und zum Stecher gehen könne.

* * *

Vor der *Glorious Revolution* hatte es in England durch Cromwell eine weit radikalere Umwälzung gegeben, deren Andenken

*25 Die Erschaffung der Eva. Ölgemälde
von Johann Heinrich Füssli, 1793.*

nicht gefeiert wurde. Sie spaltete die politische Klasse in Partei-
en, »rechte« konservative Tories und »linke« liberale Whigs, und
ersetzte die Vorstellung vom Gottesgnadentum der Herrscher
durch die Forderung nach ihrer Legitimation durch Volksvertre-
ter. Zum erstenmal in der Geschichte wurde ein König (Charles)
vor Gericht gestellt und exekutiert, England für einige Jahre zur
Republik, die zur Militärdiktatur entartete, die in eine Restauration umschlug, der die konstitutionelle Monarchie folgte ...

Stürmische Zeiten. Nur die letzte Wende hat John Milton
nicht mehr miterlebt (er starb 1674), der seine Karriere als Dichter und kämpferischer Publizist begann. Ein Anhänger Crom-
wells, diente er in dessen Staatsrat als Geheimschreiber und ver-
teidigte die Hinrichtung des Königs. Nach der Restauration wurden seine Schriften verbrannt, er selbst entging der Verhaftung
und dem Tod nur knapp. Verarmt und völlig erblindet, hat er
sein großes Bibelepos, eine tiefsinnige Meditation über Herr-

schaft und Freiheit, Schreibern diktieren müssen. Die Wahl des Stoffes, der das Schicksal der Menschheit an die Beziehung eines Paares bindet, erwies sich als genialer Griff. Was für ein Resonanzraum!

* * *

> *Of Mans First Disobedience, and the Fruit*
> *Of that forbidden Tree, whose mortal taste*
> *Brought Death into the World, and all our woe,*
> *With loss of EDEN, till one greater Man*
> *Restore us, and regain the blissful Seat,*
> *Sing Heav'nly Muse …«*[*]

Ungehorsam ist das Schlüsselwort von *Paradise Lost*, das mit dem von Luzifer angeführten Aufstand der abtrünnigen Engel gegen die absolute Herrschaft Gottes beginnt. Er scheitert, aber Luzifer gibt nicht auf. Wenn Gewalt nicht hilft, dann vielleicht List, meint er und macht sich auf zum Paradies, wo Adam in wolkenlosem Glück mit seiner Gefährtin zusammenlebt. Es kommt, wie es kommen muß, oder vielmehr, wie es Gott als Möglichkeit vorgesehen hatte, als er den Menschen Willensfreiheit schenkte. Die Satans-Schlange verführt Eva, Eva verführt Adam. Ihre keusche Sinnenfreude verwandelt sich in sündige Lust. Sie werden aus dem Paradies vertrieben, das hinter ihnen in Flammen aufgeht.

»Sie schaueten rückwärts, und sahen, daß die ganze östliche Seite des Paradieses, ihres unlängst so glücklichen Aufenthalts, von dem Brande des flammenden Schwertes überströmt, und die Pforte mit drohenden Angesichtern und feurigen Waffen dicht besetzet war. Sie ließen etliche natürliche Tränen fallen, aber wuschen sie bald wieder ab. Die ganze Welt stund ihnen

---

[*] Singe, himmlische Muse, von dem ersten Ungehorsam des Menschen, und von der verbotenen Frucht, die mit dem Verlust Edens das Elend und den Tod in die Welt gebracht hat, welche allda herrschen sollten, bis daß ein größerer Mensch uns zu Hülfe käme, und den glückseligen Sitz für uns wieder eroberte.

offen, sie konnten nach ihrem Gefallen einen Aufenthalt erwählen, und die Vorsehung war ihre Begleiterin. Sie gaben einander die Hand, und nahmen ihren einsamen Weg langsam und mit irrenden Schritten durch die Landschaft Eden.«

Eine unvergeßliche Szene – und eine Strafe, die einem Happy-End zum Verwechseln ähnlich ist. »Immer wenn ich Miltons Beschreibung des Paradieses lese – das Glück, das er so poetisch beschreibt –, empfinde ich so etwas wie wohlwollende Zufriedenheit – und doch kann ich nicht umhin, sie, ich meine das erste Paar, so anzusehen, als wären sie mir unterlegen, weil sie Glück in einer Welt wie dieser finden konnten«, schrieb Mary.

Füssli bewunderte und liebte Miltons Epos. Nahegebracht hatte es ihm der deutsche (Schweizer) Übersetzer, sein Lehrer Johann Jacob Bodmer, den das Werk ein Leben lang beschäftigte. Schon früher hatte Füssli Szenen daraus gestaltet, nun rückte es durch die Revolution ins Zentrum seines Interesses. Zunächst wollte er zu einer neuen Ausgabe von *Paradise Lost* Illustrationen beisteuern.

Als sich dieser Plan dann zerschlug, wurde daraus das ehrgeizige, auf über vierzig großformatige Bilder angelegte Projekt einer Milton-Galerie, nach dem Muster der Shakespeare-Galerie, nur daß Füssli es im Alleingang bewältigen wollte. Ein Jahrzehnt hat er sich intensiv damit beschäftigt. Vollenden konnte er es nicht, finanziell war die Sache ein Verlustgeschäft. In den Jahren nach 1789 aber war Füssli noch Feuer und Flamme.

Die faszinierendste Figur in Miltons Epos ist der Rebell, der gefallene Engel Luzifer, der als überlebensgroße Figur von dunkler Pracht imaginiert wird. *Fantasy* pur! »Wie ein Turm überragt er das Heer seiner Anhänger. Sein Leib ist von herrlichem Wuchs, seine Flügel tragen ihn hoch über den feurigen See, sein Schild gleicht dem Mond, sein Speer der höchsten norwegischen Fichte, die je einem Admiralitätsschiff als Mast gedient haben mag. Seine Stimme läßt die unendlichen Tiefen der Hölle erzittern. Daß tiefe Wetterspuren sein Gesicht durchfurcht haben, daß sich die Sorge auf seinen bleich gewordenen Wangen malt, daß aus seinen kummergesättigten Augen Tränen verwundeten Stolzes quellen, macht diesen heroischen Rebellen nur anziehender. Heldische Energie, überschattet von Tragik – dieser Grundcharakter des Miltonschen Satans hat von jeher die Leser in seinen Bann gezogen.«

Auch bei Füssli spielte er die Haupt- und Heldenrolle. »Schon ein flüchtiger Überblick auf das Verzeichnis der Gemälde zum ›Verlorenen Paradies‹ offenbart das der Gestalt SATANS verliehene Übergewicht. Satan und seine Abkömmlinge, Sünde und Tod, beherrschen insgeheim 14 von insgesamt 30 Gemälden.« Mary Wollstonecraft an William Roscoe: »Unser Freund Füssli kommt mit einer selbst für ihn ungewöhnlichen Energie voran – wie Milton scheint er in der Hölle ganz zu Hause zu sein – sein Teufel wird der Held der poetischen Bilderreihe sein – denn *entre nous*, ich zweifle daran, daß er eine Eva schaffen wird, die mir in irgendeiner der Situationen, die er ausgewählt hat, gefallen wird, es sei denn nach dem Fall.«

Mit dem ersten Auftreten von Adam und Eva macht Milton seinen Lesern unmißverständlich klar, wie Gott das Verhältnis der Geschlechter geordnet hat. Die beiden waren einander »nicht völlig gleich«, schreibt er, »sondern wie ihre Bildung einigermaßen unterschieden, also er zum Nachsinnen und zur Dapferkeit gestaltet, sie zur Sanftmut, und süßen, reizenden Hulde; er allein für Gott, sie für Gott in ihm. Seine schöne breite Stirne, und seine erhabene Augen zeugeten von seiner vollen Macht und Herrschaft, und sein hyazinthenes Haar hing von seinem geteilten Scheitel in männlichen Locken hinunter, doch nicht unter die Schultern. Sie trug ihre güldenen Zöpfe ohne Aufsatz und los, wie einen Schleier, der bis auf die dünnen Hüften herunterfiel, in stolze Ringlein geschlungen, wie der Weinstock seine zinkigten Gabeln krauset, zu einem deutlichen Beweise ihrer Untertänigkeit, die von ihm mit einem sanften Liebkosen gefodert, und, wenn sie erhalten worden, auf das beste aufgenommen; mit einem züchtigen Sträuben, sittsamen Stolz, und sanftwiderstrebenden Verzögern, das die Liebe aufwecket, erhalten werden mußte.«

Diese Ungleichheit ist der Hebel, bei dem die Schlange ansetzt. In einem ersten Verführungsschritt erweckt sie Eva zum Bewußtsein ihrer selbst, hemmungslose Schmeicheleien und das Locken mit der Macht des Wissens besiegeln ihren Fall. Auf dem Weg zurück zu Adam denkt sie über ihr weiteres Vorgehen nach. Soll sie mit Adam teilen und ihm von ihrer Veränderung erzählen? »Oder lieber nicht? Soll ich nicht vielmehr den Vorteil, den mir die Wissenschaft gibt, für mich alleine behalten? Damit ich auf diese Weise ersetze, was dem weiblichen Geschlechte fehlet, ihn desto mehr mit Liebe gegen mir entzünde, und mich ihm gleicher mache, oder ihm gar zuweilen überlegen werde: Wer wollte dieses nicht verlangen? Denn wie ist der frei, der geringer ist?«

Mit List und dem Einsatz ihrer körperlichen Reize, den Waffen einer Frau eben, verführt sie den armen Adam. Der Dichter zeigt sich unangenehm berührt von ihrer Verschlagenheit. Von Luzifers dunkler Größe keine Spur!

Eva war die Betrogene. Ihre Hoffnung, Adam gleicher zu werden, hatte sich nicht erfüllt. Aber die Kränkung über die Zurücksetzung steckt den Evastöchtern seitdem als Stachel im Fleisch. »Denn wie ist der frei, der geringer ist?«

* * *

Remember the Ladies, hatte Abigail Adams am 30. März 1776 ihren Mann gemahnt, der in Philadelphia mit seinen Kollegen die Unabhängigkeitserklärung von England vorbereitete. Amerika werde ja jetzt ein neues Gesetzbuch brauchen, und sie wünsche sich sehnlichst, daß er und seine Mitstreiter sich den Frauen gegenüber großzügiger und wohlwollender zeigen würden, als ihre Vorfahren. »Denkt an die Frauen! Gebt ihren Männern nicht unbegrenzte Macht. Denkt daran, alle Männer wären Tyrannen, wenn sie könnten*!« Was ihr Gesetzbuch angehe, könne er nur

---

* *All men would be tyrants if they could.* (Daniel Defoe)

lachen, schrieb John zurück. Zwar habe man ihnen schon gesagt, »daß ihr Kampf überall die Bande der Herrschaft gelockert habe – daß Kinder und Lehrlinge ungehorsam seien – daß auf Schulen und Universitäten Unruhe herrsche – daß Indianer ihre Schutzherren beleidigten und Neger zunehmend unverschämt zu ihren Herren seien. Aber Dein Brief war die erste Andeutung, daß ein weit größerer und mächtigerer Stamm als alle übrigen unzufrieden geworden sei. Du kannst Dich darauf verlassen, daß es uns nicht einfällt, unser männliches System außer Kraft zu setzen.«

Auch die Väter der neuen französischen Verfassung hatten nicht im Traum daran gedacht. Wieder waren die Frauen die Betrogenen.

Mary legte Protest ein. *A Vindication of the Rights of Woman!* Ihre Streitschrift wurde ein internationaler Erfolg und machte sie mit einem Schlag berühmt. Abigail Adams las das Buch mit Zustimmung und Bewunderung. Als John sie spöttisch als *disciple* von Wollstonecraft bezeichnete, verbesserte sie das *disciple* zum bescheideneren *pupil*. Eine Anspielung auf die Lehrerin von *Newington Green*?

Noch im gleichen Jahr erschien eine französische Übersetzung. Ein Exemplar der *Vindication* hatte Mary an Christian Gotthilf Salzmann nach Schnepfenthal geschickt, den Verfasser des *Moralischen Elementarbuchs*, das sie übersetzt hatte. Sie hoffte, daß er nun im Gegenzug für die Einbürgerung ihres Buchs in Deutschland sorgen würde. Salzmann erklärte sich auch wirklich dazu bereit und beauftragte einen seiner Lehrer, Georg Friedrich Christian Weißenborn, mit der Übersetzung, wahrscheinlich ohne sich das Werk genauer angesehen zu haben. Als er es tat, bekam er einen gehörigen Schreck. Daran konnte man sich die Finger verbrennen. Immerhin hielt er an der Veröffentlichung fest, fügte aber ein Vorwort und Anmerkungen hinzu, in denen er sich von Marys politischen Forderungen distanzierte und der Monarchie in Staat und Familie das Wort redete.

Der Rezensent, der »Maria Wollstonecrafts« *Rettung der Rech-*

te des Weibes 1793 in der Jenaer *Allgemeinen Literatur-Zeitung* besprach, hat sich dadurch nicht beirren lassen.

»Unserm alles verbesserndem, und alles umstürzenden Zeitalter war es vorbehalten, auch noch eine Totalrevolution in der Verfassung des weiblichen Geschlechts, nicht etwa von einem launigen Satirenschreiber, sondern von einem ernsthaften, und noch dazu weiblichen Dogmatisten als eine zum Wohl der Menschheit unentbehrliche Maßregel predigen zu hören, die Prinzipien der G l e i c h h e i t sogar zur Ausrottung der Geschlechtsunterschiede angewandt, die F r e i h e i t sogar mit dem ehelichen Bande in Widerspruch gesetzt und das G e f ü h l, diesen uralten Regenten der weiblichen Welt, durch die a l l g e m e i n e Ve r n u n f t vom Throne gestoßen zu sehen.«

Tatsächlich war die *Vindication* ein explosives Werk, das an dem Fundament der religiös oder philosophisch sanktionierten gesellschaftlichen Ordnung rüttelte, nämlich der Übereinkunft, daß die Ungleichheit der Geschlechter von Gott gesetzt (von der Natur gewollt) sei. Das Gegenteil ist der Fall, sagt Mary. Es wäre ein Sakrileg, sich einen Gott vorzustellen, der die Hälfte der von ihm geschaffenen Geschöpfe zwar mit Vernunft begabt, ihnen aber dann verboten hat, sich durch die Nutzung ihrer Fähigkeiten zu höherer Vollkommenheit zu bilden. Die sprichwörtlichen weiblichen Schwächen, überhaupt alle Fehler und Gebrechen, die man den Frauen zuschreibe, seien nicht der Grund, sondern die Folge der Unmündigkeit, in der man sie von jeher gehalten habe.

»Die Männer beklagen sich – und das mit Recht – über die Torheiten und Launen unseres Geschlechts, wenn sie nicht gar unsrer unbändigen Leidenschaften und unsrer entehrenden Laster mit Bitterkeit spotten. Da seht – würde meine Antwort sein, die natürliche Folge der Unwissenheit! Man sagt ja den Mädchen von Kindheit auf – und das Beispiel ihrer Mütter prägt ihnen diese Lehre noch tiefer ein – daß ein Fünkchen Kenntnis menschlicher Schwäche, was mit seinem rechten Namen Schlauheit heißt, eine gewisse Sanftmütigkeit und Geschmeidigkeit, die so oft für Gehorsam gilt, und die ängstliche Beobachtung einer kindlichen Art von Anstand schon hinreichend für sie sei, um sich des Schutzes der Männer zu versichern. Sind sie gar noch schön dazu; nun, dann können sie vollends alles andre, wenigstens auf die nächsten zwanzig Jahre ihres Lebens, ganz entbehren.

Dies ist das Bild, das uns schon Milton von unsrer ersten schwachen Mutter Eva entworfen hat. Indessen muß ich frei bekennen, daß ich da, wo er uns sagt, die Weiber wären für Sanftheit und süße, gefällige Anmut geschaffen, durchaus nicht im Stande bin, den Sinn seiner Worte aufzufassen, wenn ich nicht annehme, daß er damit, auf gut Mahometanisch, uns die Seele habe absprechen und zu verstehen geben wollen, wir wären zu weiter nichts bestimmt, als durch süße, gefällige Anmut und lenksame, blinde Unterwürfigkeit jedesmal die Sinne des Mannes zu befriedigen, sobald sein Geist, des höhern Schwungs der Denkkraft müde, den Flügel sinken läßt und ruhen will.

Von Kindern gebe ich gern zu, daß sie in ihrer Unschuld bleiben müssen. Sobald man aber diesen Ausdruck von Männern oder Weibern braucht, so ist er nur ein höflicheres Wort, das die Sprache der feinen Welt für Schwäche setzt. Gibt man einmal zu, daß auch die Weiber von der Vorsehung bestimmt wurden, zu menschlicher Tugend sich zu erheben, und durch Ausbildung ihres Verstandes jene Festigkeit des Charakters zu erringen, die die unerschütterlichste Grundlage unsrer Hoffnungen für die Zukunft ist; so muß man ihnen auch verstatten, nach der eigentlichen Quelle des Lichts zu schauen, und man darf sie nicht zwingen, ihren Lauf nach dem Schimmer eines bloßen Trabanten zu richten. Milton freilich, ich gestehe es, mochte hierüber ganz anders denken: es ist nur das unwiderstehliche Recht der Schönheit, vor dem Er sich beugt. Gleichwohl würde es schwer sein, zwei Stellen von ihm, die ich hierher setzen will, mit einander zu vereinigen. Doch in solche Widersprüche lassen sich oft auch große Männer durch ihre Sinne führen!

›Zu Ihm spricht Eva, göttlich schön geschmückt:
Mein Herr und mein Gebieter! Du befiehlst;
Ich folge schweigend Dir: so will es Gott,
Der Dir Gesetz ist, wie Du mir: nicht mehr
Als dieses wissen, ist des Weibes Ruhm
Und beste Wissenschaft –‹

Das sind denn freilich Vorstellungen, von denen ich auch wohl hier und da Gebrauch machte, wenn ich Kinder zu behandeln hatte.

Dagegen scheint eben dieser Dichter in andern Versen wieder mit mir einverstanden zu sein, wo er Adam mit seinem Schöpfer auf folgende Art rechten läßt:

›Soll ich nicht hier Dein Stellvertreter sein?
Und steht nicht jene Zunft weit unter mir?
Sie ungleich mir – wo wär' ein Band für uns?
Wo Harmonie und inniger Genuss?
Nein, gegenseitig muß die Freundschaft sein,
In gleichem Maß' empfangen und erteilt.
Ist eine Saite stark gespannt und schlaff
Die andre, stimmt sich nie ein reiner Ton.
Nach Gleichheit strebt mein Blick, sie sucht mein Herz –
Ich ring' nach ihr, die mitgenießen kann
Die Geistesfreuden all –‹«

* * *

Die Widersprüche großer Männer, die sich einerseits nach gleichen Gefährtinnen sehnten, die zum Mitgenuß von Geistesfreuden *(rational delights)* fähig waren, andererseits aber auch ihr Herr und Gott sein wollten, Mary konnte ein Lied davon singen! Ihre *Vindication* ist aufs innigste verbunden mit ihrer Beziehung zu Füssli, ist gewissermaßen ihr Milton-Projekt. Sie wollte sich damit von ihm emanzipieren und um ihn kämpfen. Vor allem aber hätte sie ihn so gerne von ihrem neuen revolutionären Modell einer Partnerschaft überzeugt. Mit dem Gestus kühler Sachlichkeit schreibt die fast Dreiunddreißigjährige: *The French, who*

26 *Mrs. Füssli mit ihrem Arbeitskorb. Zeichnung*
von Johann Heinrich Füssli, 1790/92.

admit more of mind into their notions of beauty, give the prefe-
rence to women of thirty*.

Sinnliche Liebe hält sie für weit überschätzt, da vergänglich,
die Ehe oft für nichts anderes als legale Prostitution. Dafür singt
sie das hohe Lied der Freundschaft mit ihren wertvollen *rational
delights*, die den meisten Frauen auf ewig verschlossen bleibe.
Mit ihren Geschlechtsgenossinnen geht sie hart ins Gericht. Bisher ließen sich die Frauen grob in zwei Kategorien einteilen, in
die unnützen feinen Damen, »die ihre Launen pflegen und von
Empfindsamkeit überfließen«, und die zu Fleiß und Wirtschaft-
lichkeit erzogenen Frauen. Sie hatte Füsslis Sophia vor Augen.

»Sie sind oft freundliche, gute Geschöpfe und besitzen nicht
selten einen sehr geübten Mutterwitz mit Weltklugheit verbunden, wodurch sie mehrenteils weit nützlichere Glieder der Gesellschaft, als jene feinen, empfindsamen Damen werden, ob

---

* Die Franzosen, für die Schönheit auch etwas mit Geist zu tun hat, geben Weibern von dreißig den Vorzug.

*27 Die Debütantin. Zeichnung von
Johann Heinrich Füssli, 1807.*

man gleich weder Größe der Seele, noch Geschmack bei ihnen
suchen darf. Die geistige Welt ist für sie ein verschlossnes Buch;
nehmt sie aus dem Kreise ihrer Familie oder Nachbarn heraus,
und sie stehen stille: denn Literatur können sie unmöglich un-
terhaltend finden, weil ihre Seele nie aus dieser reichen Quelle
von Vergnügen kosten mochte, vielmehr sie jederzeit verachtete.
Die Gesinnungen und der Geschmack, den sie an gebildetern
Mädchen, selbst an solchen, die ihnen Zufall und Familienver-
bindungen wert gemacht haben, bemerken, sind ihnen lächerlich; an andern, die nur ihre Bekannten sind, halten sie das alles
bloß für Ziererei.

Ein vernünftiger Mann kann eine solche Frau allein ihres Geschlechts wegen lieben und sie bloß darum achten, weil sie eine

treue Hausmagd ist. Seiner eignen Ruhe wegen läßt er sie nach ihrem Belieben das Gesinde ausschimpfen, und am Sonntage in den allerschönsten Kleidern nach der Kirche gehen.«

Wie nahm Füssli diese Passage auf? Wie all die anderen Stellen der *Vindication*, die an seine Adresse gerichtet waren? Man kann sich sein sardonisches Lächeln vorstellen, wenn er las, wie Mary – ausgerechnet Mary! – leidenschaftlich der Vernunft huldigte und die taghelle Utopie eines Gemeinwesens beschwor, das ganz im Zeichen dieser Göttin stehen würde.

Peter Tomory hat in seiner Monographie Füsslis darauf hingewiesen, daß der Maler ihr in Bildern antwortete. Erst seit der Freundschaft mit Mary seien Frauen zu einem beherrschenden, beständigen Thema seiner Bilder geworden. Daß er Sophia demonstrativ mit typisch weiblichen Attributen und Beschäftigungen gemalt habe, sei als *vindication* seiner Ehefrau gegen Marys Kritik zu verstehen. Abgesehen davon habe der Künstler ihren Ansichten zugestimmt. Seine Zeichnung einer *Frau auf dem Sofa* zum Beispiel könnte leicht die »›schwache Modedame‹ aus Mrs. Wollstonecrafts Bekanntschaft sein, die einen gewählten Geschmack und einen winzigen Appetit für den Gipfel menschlicher Vollkommenheit hielt«.

Neck or Nothing

»Seit einiger Zeit haben Mr. und Mrs. Füssli, Mr. Johnson und ich über einen Sommerausflug nach Paris gesprochen; das ist nun beschlossen, und wir planen, in etwa sechs Wochen zu reisen«, schreibt Mary am 20. Juni 1792 an ihre Schwester Everina. Sommerausflug?

Im besten Fall war es unklug, zu einer Zeit nach Frankreich zu fahren, da in ihrer Heimat Revolutionsfreunde zunehmend Verfolgungen ausgesetzt waren und Strohpuppen von Thomas Paine verbrannt wurden. In jedem Fall war es gefährlich. Paris war ein Pulverfaß, und wer immer es sich leisten konnte, verließ die

Stadt. Doch selbst die zweite Revolution des Sturms auf die Tuilerien konnte sie nicht von ihrem Plan abbringen.

Vermutlich um den 8. September machten sich Mary, die Füsslis und Johnson tatsächlich auf den Weg, kehrten aber in Dover um. Unterwegs hatten sie die Schreckensmeldungen von den Gefängnis-Massakern in Paris erreicht. Am 10. September füllte die Londoner *Times* eine ganze Nummer mit Augenzeugenberichten über die Greueltaten der neuen Barbaren. Nichts hat die Revolution so in Mißkredit gebracht wie die bestialische Ermordung der zarten, hübschen Fürstin von Lamballe, der engsten Vertrauten der Königin.

»Als der Mob zum Gefängnis *La Force* vordrang, wo die meisten Angehörigen des Hofstaats eingesperrt waren, fiel die Prinzessin von LAMBALLE auf ihre Knie, um einen Aufschub ihres Schicksals um 24 Stunden zu erflehen. Das wurde ihr zunächst gewährt, bis ein zweiter Mob, der blutdürstiger war als der erste, gewaltsam in ihre Räume eindrang und sie enthauptete. Die Umstände, die ihren Tod begleiteten, waren derart, daß sie die Menschheit schaudern lassen, und sie zu beschreiben verbietet uns der Anstand: Vor ihrem Tod fügte der Mob ihr jede Beleidigung zu. Ihre Schenkel wurden zerschnitten, ihre Eingeweide und ihr Herz aus dem Leibe gerissen, und zwei Tage lang wurde ihr zerfleischter Körper durch die Straßen gezogen. Sind das die ›Rechte des Menschen‹? Ist das die FREIHEIT der menschlichen Natur? Die wildesten vierbeinigen Tyrannen, die die unerforschte Wüste Afrikas durchstreifen, stehen in puncto Zärtlichkeit weit über diesen zweibeinigen Pariser Tieren.«

Füssli hat genug von der Revolution. Für ihn ist die Reise nach Paris gestorben. Mary hält daran fest. Einige ihrer politischen Freunde, denen der Boden in England zu heiß geworden ist, leben inzwischen dort, und eine Unterkunft – bei der in Paris verheirateten Tochter einer Bekannten – hat sie auch schon gefunden.

»Ich habe nicht länger vor, mit einer vernünftigen Begierde zu kämpfen, und ich verspreche Ihnen, ich werde diesmal nicht in

Dover haltmachen, denn da ich allein fahre, heißt es *neck or nothing* – alles oder nichts«, schreibt sie am 12. November an William Roscoe. Er solle sich nicht der oberflächlichen Herde derer anschließen, »die unveränderliche Prinzipien deswegen für abscheuenswert hält, weil einige der Werkzeuge der Revolution zu scharf waren. Kinder jeden Alters richten Schaden an, wenn sie mit scharfen Werkzeugen herumspielen. Es ist beklagenswert, daß die Wogen der öffentlichen Meinung bisher nur durch starken Wind, nämlich die Böen der Leidenschaften, vorwärts getrieben werden können; aber wenn Nationen durch ihre Regierungen erzogen werden, macht es keinen Sinn, viel Vernunft zu erwarten, bevor das System der Erziehung besser wird.

Unserm Freund Johnson geht es gut – man sagt mir, daß die Welt (um ein großes Wort zu benutzen) mich mit ihm verheiratet hat, während wir fort waren, aber Sie werden erraten haben, daß ich immer noch eine Jungfer im Wartestand (*spinster in the wings*) bin. Eventuell könnte ich in Paris vorübergehend einen Ehemann nehmen und mich wieder scheiden lassen, wenn mein abtrünniges Herz Sehnsucht danach haben sollte, behaglich mit seinen alten Freunden im Nest zu sitzen.«

Später sagte Mary einer Freundin, sie sei nach Frankreich gegangen, um im allgemeinen Glück ihr privates Unglück vergessen zu können – *I went to France to lose in public happiness the sense of private misery.*

Hinter ihr lag ein schlimmes Jahr. Die Blaupause dazu finden wir in *Mary. A Fiction.* Ihre Beziehung zu Füssli war zur Qual geworden, raubte ihr den Schlaf und die Gesundheit und entzweite sie mit sich selbst. Sie, die gerade erst öffentlich gegen die Ehe polemisiert und die Geistesfreuden der Freundschaft gepriesen hatte, konnte sich damit nicht zufriedengeben. »Die Unterhaltung mit Füssli gewährte ihr zwar auch weiterhin großen Genuß und sie hatte diesen Genuß oft, aber ihre lebhafte Phantasie zauberte ihr unablässig Bilder eines vollkommeneren Glückes vor, das ihr wäre beschieden gewesen, wenn das Schicksal ein innigeres Band zwischen ihr und Füssli gestattet hätte. Sie fühlte sich für das Eheglück und all die süße Zärtlichkeit geschaffen, die feinfühlige Menschen immer als das teuerste Band betrachtet haben, das innerhalb der menschlichen Gesellschaft bestehen kann. Geselliges Zusammensein und allgemeine Gespräche konnten sie darum nicht dauernd befriedigen. Sie fühlte sich vereinsamt wie so viele Mädchen und grämte sich bei dem Gedanken, daß ihre besten Jahre in dieser traurigen Einsamkeit dahingehen sollten. Solche Betrachtungen machten ihr die freundschaftlichen Beziehungen zu Füssli, die ihr erst so wertvoll waren, zu einer Quelle unablässiger Schmerzen. Darum beschloß sie, die Kette zu zerbrechen, welche diese Beziehung ihrem Geist auferlegt hatte, und ein anderes Klima und eine neue Umgebung aufzusuchen.«

So erzählt es Godwin. Ein Befreiungsschlag? John Knowles berichtet von einer schimpflichen Flucht.

»Zuletzt scheint Mrs. Wollstonecrafts Zustand desperat geworden zu sein, denn sie hatte die Kühnheit, zu Mrs. Füssli zu gehen und ihr zu sagen, daß sie in ihre Familie aufgenommen werden wolle; und fügte hinzu, ›da ich über Verstellung erhaben bin, gehört es sich zu sagen, daß dieser Vorschlag aus der ehrlichen Zuneigung erwächst, die ich für Ihren Gatten hege, denn ich kann nicht leben ohne die Zufriedenheit, ihn täglich zu sehen und mit ihm zu sprechen.‹ Dieses offene Bekenntnis öffnete mit einem Schlag die Augen von Mrs. Füssli, die, alarmiert durch diese Erklärung, ihr Ansinnen nicht nur zurückwies, sondern ihr auch sofort das Haus verbot.

Nun gab es für Mrs. Wollstonecraft keine Rettung mehr als die Flucht vor dem Gegenstand ihrer Begierde; ihr Entschluß war sofort getroffen; sie schrieb einen Brief an Füssli, in dem sie seine Vergebung dafür erbat, ›daß sie sein ruhiges Leben gestört habe‹, und verließ am 8. Dezember 1792 London mit dem Ziel Frankreich.«

Wenn Mary Sophia tatsächlich mit dem Vorschlag einer *ménage à trois* gekommen sein sollte, dann sicher nicht ohne Füsslis Wissen und Willen.

Ein undatierter Brief Marys an Joseph Johnson legt die Vermutung nahe, daß der Maler sie mit seinen Wünschen, seiner Leidenschaft bedrängte. War sie schon entschlossen, London zu verlassen, als sie ihn schrieb? Weshalb klagt sie sich darin der Unbeständigkeit an?

»Ich bin nur mehr ein Tier, und instinktive Gefühle bringen nur zu oft die Ratschläge der Vernunft zum Schweigen. Ich bin sehr, sehr krank gewesen. Der Himmel weiß, daß das mehr als bloße Einbildung war – nach einigen schlaflosen, angreifenden Nächten phantasierte ich – Am letzten Donnerstag bildete ich mir ein – versetzte mich seine Narrheit in Verzweiflung und ich, unfähig ihm zu helfen, litt Todesqualen. Meine Nerven waren in einem äußerst schmerzhaften Zustand der Erregung – ich litt mehr, als ich ausdrücken kann. Ich bin eine seltsame Mischung von Schwäche und Entschlossenheit! Doch wenn ich leiden muß, dann will ich mich bemühen, schweigend zu leiden. Es gibt sicher einen großen Defekt in meiner Psyche – mein unbeständiges Herz schafft sich sein Unglück selbst – Warum ich so geschaffen bin, kann ich nicht sagen, und bis ich imstande bin, mir von meiner Existenz insgesamt eine Vorstellung zu bilden, muß ich zufrieden sein, zu weinen und zu tanzen wie ein Kind – nach einem Spielzeug zu verlangen, und dessen müde zu sein, sobald ich es bekommen kann.

Wir müssen alle eine Narrenkappe tragen, aber leider, meine hat ihre Glocken verloren und ist so schwer geworden, daß ich es unerträglich finde.«

Blutige Hände

Mitten im Winter bricht Mary zu ihrer Reise auf. Das Geld dafür haben ihr Johnson und ihre Schwestern geliehen. Sie hat vor, sechs bis acht Wochen zu bleiben und in dieser Zeit Material für ein neues Buch, eine Geschichte der Revolution, zu sammeln. Aller Übermut ist inzwischen verflogen. Sie fahre eigentlich nur deswegen, weil sie die Überfahrt gebucht und bezahlt habe, schreibt sie ihrer Schwester Everina beklommen. Die Höhle des Löwen! Jeder weiß, daß es nur noch Tage oder Wochen dauern kann, bis Frankreich auch mit England im Krieg liegt. Dann ist sie in Feindesland. Das bloße Gerücht einer konterrevolutionären Intervention der Alliierten hatte die September-Massaker ausgelöst.

Niemand heißt Mary bei ihrer Ankunft in der Rue Meslée 22 (heute Rue Meslay) willkommen. Ihre Gastgeber, Madame und Monsieur Filliettaz, halten sich auf dem Lande auf und werden erst für Anfang des neuen Jahres erwartet. Den Dienstboten kann sie sich kaum verständlich machen. »Du wirst Dir leicht vorstellen können, wie ungeschickt ich mich benommen habe, ich war unfähig auch nur ein Wort herauszubringen, und wie gelähmt von den fremden Lauten, die um mich herumschwirrten.« Sie fühlte sich verloren in dem großen Haus mit seinen sechs Stockwerken, und seine nähere Umgebung war auch nicht anheimelnd. Gleich um die Ecke lag der Boulevard du Temple (auch Boulevard du Crime genannt), sozusagen die Reeperbahn von Paris, wo der Schausteller Philippe Guillaume Curtius und seine Gehilfin Marie Grosholtz, die spätere Madame Tussaud, ihren populären *Salon de Cire* betrieben. Ganz in der Nähe lag auch der namensgebende Temple, eine mittelalterliche, düstere Festung, einst der Sitz der Johanniter und Malteser, nun das Gefängnis für den König und seine Familie.

Unglücklich und krank – von einer schweren Erkältung, die sie sich unterwegs geholt hatte, war ein quälender Husten zurückgeblieben –, stürzt sich Mary in die Arbeit. »Ich will die Sprache so schnell wie möglich lernen – weil ich mich immerfort bemühe zu verstehen, was ich höre, gehe ich nie ohne Kopfschmerzen zu Bett – und ich bin ganz ermattet von der Anstrengung, mir ein gerechtes Urteil über die öffentlichen Angelegenheiten zu bilden – übermorgen erwarte ich, den König vor Gericht zu sehen – und ich habe Angst, mir die Folgen dessen vorzustellen.

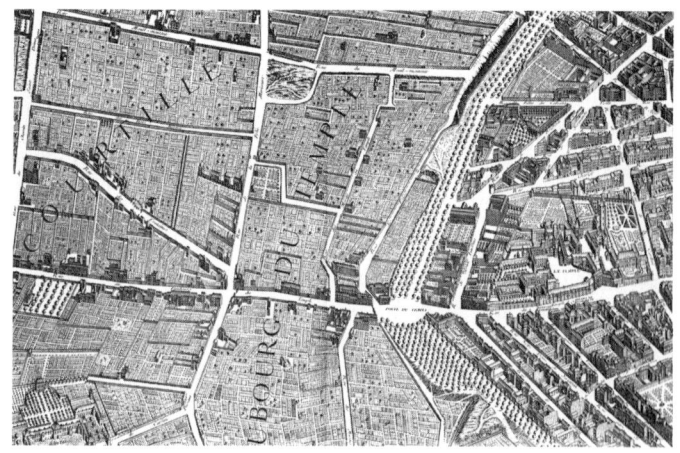

28 *Der Temple-Bezirk.*

Zwei Tage später, am 26. Dezember, war sie Augenzeugin, als man Ludwig XVI. vor seine Richter führte.

Mary an Joseph Johnson:

»Heute morgen gegen neun Uhr kam der König an meinem Fenster vorbei. Er bewegte sich lautlos vorwärts (abgesehen von einigen Trommelschlägen dann und wann, die die Stille noch fürchterlicher erscheinen ließen), durch leere Straßen, umgeben von Nationalgarden, die sich um die Kutsche drängten und ihren Namen zu verdienen schienen. Die Bewohner hingen an den Fenstern, aber die Flügel waren alle geschlossen, man vernahm nicht eine Stimme, und ich sah nichts, was einer beleidigenden Geste geglichen hätte. – Zum erstenmal, seitdem ich nach Frankreich gekommen war, verneigte ich mich vor der Majestät des Volkes und war voller Hochachtung für den Anstand seines Benehmens, der mit meinen eigenen Empfindungen vollkommen übereinstimmte. Ich kann kaum sagen weshalb, aber eine Verbindung von Ideen machte, daß aus meinen Augen unwillkürlich Tränen flossen, als ich sah, wie Louis würdevoller als ich von ihm erwartet hätte in der einfachen Mietskutsche saß, und seinem Tod entgegenging, während so viele seines Geschlechts

Triumphe feierten. Meine Phantasie stellte mir Louis XIV vor Augen, wie er nach einem seiner ruhmvollsten Siege mit Pomp und Prunk in die Hauptstadt einzog, nur um mir dann zu zeigen, wie der Sonnenglanz des Reichtums von der Düsternis des Elends überschattet wird. Seitdem bin ich allein gewesen, und obwohl mein Gemüt ruhig ist, kann ich die Bilder nicht loswerden, die ich den ganzen Tag vor mir gesehen habe. – Nein, lächeln Sie nicht; denn ein- oder zweimal sah ich, wenn ich aufblickte, Augen, die mich durch die gegenüberliegende Glastüre anstarrten, und blutige Hände schüttelten mich. Ich kann nicht einmal das entfernte Geräusch eines Schrittes hören. – Meine Räume sind weit weg von denen der Bediensteten, die einzigen Personen, die mit mir in einem riesigen Haus schlafen, in dem sich eine Flügeltüre nach der anderen öffnet – ich wollte, ich hätte wenigstens die Katze bei mir behalten! – Ich möchte etwas Lebendiges sehen; der Tod hat in so vielen erschreckenden Gestalten von meiner Phantasie Besitz ergriffen. – Ich gehe zu Bett – und zum erstenmal in meinem Leben kann ich die Kerze nicht löschen.«

Am Ausgang des Prozesses scheint Mary nicht gezweifelt zu haben. Thomas Paine sprach sich in einer mutigen prophetischen Rede gegen das Todesurteil aus, aber es half nichts. Am 21. Januar 1793 um zwanzig nach zehn wurde Ludwig auf der Place de la Révolution, der heutigen Place de la Concorde, guillotiniert. Zuschauer, die in der Nähe standen, rannten nach vorne, um Papier oder Taschentücher in das königliche Blut zu tauchen. Die Leiche wurde sofort zum Friedhof Madeleine geschafft und in einem besonders tiefen Grab verscharrt, in das man doppelt soviel Ätzkalk gab wie sonst üblich. Ein Reliquienkult und -handel mit königlichen Knochen sollte unbedingt verhindert werden. Einer Überlieferung nach soll es Marie Grosholtz aber zuvor noch gelungen sein, den Kopf des Königs in Wachs abzunehmen. Man kann ihn heute in der Schreckenskammer von Madame Tussaud's Londoner Wachsfigurenkabinett sehen.

Eroberungen

Jeden Tag hatte sie neue Theorien darüber, wie man das Leben
leben sollte, und jeden Tag stieß sie gegen den Felsen der Vorurteile der anderen Menschen. Und jeden Tag – denn sie war
keine Pedantin, keine kühle Theoretikerin – wurde in ihr etwas
geboren, das die Theorien über den Haufen warf und sie dazu
zwang, neue zu bilden.«
                    Virginia Woolf über Mary Wollstonecraft

Am 1. Februar 1793 erklärt Frankreich England und den Nie-
derlanden den Krieg. Die Engländer besetzen Toulon und ver-
hängen eine Seeblockade. Der normale Postverkehr funktioniert
nicht mehr, Postsäcke werden ins Meer versenkt, Briefe abgefangen und geöffnet, man muß jetzt aufpassen mit dem, was man
schreibt. Wenn Mary nicht riskieren will, für unabsehbare Zeit
in Frankreich festzusitzen, abgeschnitten von der Heimat, muß
sie jetzt abreisen, so wie sie es ohnehin geplant hat, nach sechs-
wöchigem Aufenthalt.

Aber sie bleibt. Die politische Lage ist verzweifelt, der Alltag
schwierig, die in der Straßenmitte liegenden Rinnsteine schwellen bei Regen zu schmutzigen Bächen an, und es regnet dauernd.
»Ich ruiniere mich fast mit Mietdroschken«, klagt Mary.

Sie bleibt. Das Angebot eines *gentleman*, der nach London zu-
rückreist und ihr einen Platz in seiner Kutsche anbietet, lehnt
sie ab. An Ruth Barlow, die auf der anderen Seite des Kanals in
London sitzt und unschlüssig ist, ob sie eine Reise nach Paris
und zu ihrem Mann jetzt noch riskieren soll, schreibt sie: »Ich
wußte gar nicht recht, wie ich ihm nein sagen sollte.« Aber eine
Rückkehr zu diesem Zeitpunkt wäre töricht gewesen, erklärt
sie. Der Philosoph Condorcet, der in einem Komitee zur Neu-
regelung des Schulwesens sitzt, hat ihr den ehrenvollen Auftrag
erteilt, einen Lehrplan für den Unterricht von Mädchen zu entwerfen. Außerdem will sie weiter an ihrem Französisch arbeiten. Die Sprache, um deren Beherrschung sie seit ihrer Ankunft
kämpft, entzieht sich ihr immer noch, auch deswegen, weil sie

partout keine Fehler machen will. »Ich wäre nicht damit zufrieden, so zu sprechen wie viele Engländer, die einfach so dahinreden, ohne rot zu werden, und die beständige Aufmerksamkeit auf Worte erschöpft mich, besonders, da ich eine törichte Schüchternheit nicht los werden kann, die mir den Mund verschließt, wenn ich versuche mich verständlich zu machen; und außerdem ist es auch noch so, daß all die schönen französischen Redewendungen, die zum Gebrauch bereitliegen, wie weggeblasen sind, wenn mein Herz schwer ist oder meine Gedanken sich nach England davongemacht haben und Menschen umschweben, die ich liebe. Neulich sagte ein Herr, dem ich oft *oui*, *oui*, antwortete, während meine Gedanken ganz woanders waren, daß ich in Frankreich eine schlechte Angewohnheit angenommen hätte, denn es könne mir passieren, daß ich, *par habitude*, ja sagen würde, wenn ich es gar nicht beabsichtige.«

Ihren Hauptbleibegrund versteckt Mary in einer beiläufigen Bemerkung. »Man überschüttet mich hier mit Zuvorkommenheit und Höflichkeit, und mir ist sogar mehr als Höflichkeit begegnet.«

Dabei beurteilt sie die Zukunft der Revolution (in einem an Johnson gerichteten und auf den 15. Februar 1793 datierten *Letter on the Present Character of the French Nation*) inzwischen ausgesprochen skeptisch. »Namen, nicht Prinzipien« würden ausgetauscht. »Immer noch sieht man den gleichen Amtsstolz, das gleiche Machtstreben, nur noch schlimmer. Denn jeder Held oder Philosoph – alle werden mit diesen neuen Titeln geadelt –, der Geschmack an seiner neuen Würde gefunden hat, fürchtet, wieder in die Bedeutungslosigkeit zurückzusinken, und strebt danach, Heu zu machen, solange die Sonne scheint; und jeder kleine städtische Offizier, der das Idol oder vielmehr der Tyrann des Tages geworden ist, stolziert herum wie ein Hahn auf dem Mist.«

Auch ihre Vorurteile gegen die Franzosen – durch Lektüre wohlbegründete Vorurteile, wie sie betont – hat sie bestätigt gefunden. Sie sind das zivilisierteste Volk der Erde mit den besten

Manieren, und das sinnlichste, vergnügungssüchtigste, prinzi-
pienloseste, leichtlebigste, stellt sie streng fest – aber das ist auch
gut so! Man reibt sich verwundert die Augen: Gerade noch hat
Mary mahnend den Zeigefinger gegen die ausgelassene Festge-
sellschaft erhoben – und jetzt prostet sie uns mit einem Glas
Champagner zu.

»Die ganze Lebensweise hier ist dazu angetan, das Volk frivol und, um ihr Lieblingsattribut zu borgen, liebenswürdig zu
machen. Jede Gelegenheit nutzend, schlürfen sie das perlende
Vergnügen vom Becherrand und überlassen denjenigen, die es
wagen, tiefer zu trinken, die Übersättigung auf seinem Grund.
Auf allen Seiten trippeln sie daher, beflügelt von ihrem *élan vital*
und offensichtlich so sorglos, daß ich, wenn ich auf den *boulevards* spazierengehe, oft denke, daß sie allein das Wort Muße
in seiner vollsten Bedeutung kennen; und sie vertändeln die Zeit
mit höchst zufriedener Miene. Ich weiß nicht, wie ich mir sie
weiser wünschen könnte, ohne daß es auf Kosten ihrer Heiterkeit geht. Sie spielen vor mir wie Stäubchen im Sonnenstrahl,
sich am vergänglichen Licht erfreuend, während ein Engländer,
der nach beständigerem Glück strebt, bei der Analyse seiner Freuden die flüchtigen Genüsse des Augenblicks versäumt. Es ist
wahr, ihr höchstes Vergnügen entspringt der Eitelkeit, aber es ist
nicht die Eitelkeit, die drückt, im Gegenteil, sie macht die schwere Bürde des Lebens leichter.«

Eine neue Leichtigkeit des Seins! »Diejenigen, die für sich und
ohne engere Freundschaften oder warme Zuneigung leben wollen, sollten in Paris leben, denn die Leute haben die angenehmste Art, sich die Zeit zu vertreiben – und ihre Urbanität wie
ihr Mobiliar ist *très commode*«, schreibt Mary am 20. Januar
an Eliza und fügt geheimnisvoll an: »Und doch ist mir sogar
echte Zuneigung in Paris begegnet.«

Anfang Januar waren ihre Gastgeber nach Paris zurückgekehrt – »Ich mag Monsieur Fiellettaz – er hat sehr sanfte Umgangsformen«. Sie war nicht mehr allein in dem großen Haus
in der Rue Meslée, sondern so oft in Gesellschaft, daß es ihr

manchmal zuviel wurde. Die meisten Abende verbrachte sie bei Thomas Christie und seiner Familie, wo bald auch Georg Forster ein und aus ging. Öfter war sie auch in der Rue Helvétius bei Helen Maria Williams, die sie bisher nur aus deren Büchern gekannt und gleich nach ihrer Ankunft aufgesucht hatte. »Sie war sehr zuvorkommend zu mir, und ich werde sie oft besuchen, weil sie mir ziemlich gut gefällt und ich neue Bekanntschaften in ihrem Haus machen kann. Ihr Benehmen ist affektiert, aber die einfache Güte ihres Herzens bricht dauernd durch den Lack, so daß man eher geneigt ist, jedenfalls bin ich es, sie zu lieben als zu bewundern. – Die Schriftstellerei ist für weibliche Schultern ein schweres Gewicht, besonders im Sonnenschein des Wohlstands.«

Oder sie war in der Rue de la Chaussée-d'Antin im luxuriösen Stadtpalast des Bankiers Johann Caspar Schweizer und seiner Frau Magdalena – *my favourite* nannte Mary sie. Die Bekanntschaft hatte Füssli gestiftet, der einst für sie geschwärmt hatte.

Ein Biograph charakterisiert Magdalena als »reizendes, sorgloses, originelles Wesen, phantastisch und gutmütig, in ihrer Jugend etwas moquant«. Sie liebte die Kunst, kleidete sich apart in griechische Gewänder, glaubte an Magnetismus und hatte ein mitleidiges Herz. Nach dem Sturm auf die Tuilerien und den September-Massakern war die real existierende Revolution für sie erledigt. »Das merkwürdigste ist, wie seit den Mordtagen die Menschen sich verbösert haben«, schrieb sie einem Züricher Freund. »Jedes Kind lacht, hüpft und freut sich, Totenköpf zu sehen oder selbst im Triumph in der Stadt herumzutragen.«

Der kosmopolitische Geist der Menschheitsverbrüderung ist nur noch ein schüchternes Flämmchen, nun herrschen Nationalismus und militanter Patriotismus. Paris ist ein Dorado für Spitzel, Spione, Agenten, Doppelagenten, für Konspirationen, Verschwörungen, Denunziationen. Die Emigranten rücken zusammen. Treffen sich zu Ausflügen, zum Essen, zu Theaterbesuchen. Versuchen, sich über die täglichen Schreckensmeldungen hinweg-

29 *Magdalena Schweizer-Hess.*
Zeichnung von Johann Heinrich Füssli, 1778/79.

zutrösten, bangen um Freunde und Verwandte. Weil jeder Tag
der letzte sein kann, haschen sie lebenshungrig nach den »vergänglichen Freuden des Augenblicks«.

Dem Traum von einem freien und gleichen Umgang der Geschlechter ist Mary nie wieder so nahe gekommen wie in ihren
ersten Pariser Monaten. Der moralischen Zensur ihrer Landsleute entronnen, fand sie sich unter Menschen, die sie bewunderten, ihre Bekanntschaft suchten, sie mit Komplimenten und
Aufmerksamkeiten überschütteten, um sie warben. Der schlesi-
sche Graf Schlabrendorf, der 1790 nach Paris gekommen war,
nannte sie später »das edelste, sittigste, sinnvollste weibliche Wesen, daß ich kennen gelernt habe« (und er hat viele Frauen gekannt und geliebt). »Mary war, ohne blendende Schönheit zu
sein, eine anmutsvolle Grazie. Ihr seelenvolles Gesicht war mehr,
als nur schöne Regelmäßigkeit. Es lag Zauber bei ihr in Blick,
Stimme und Bewegung.«

Wie Schlabrendorf und Georg Forster ging es vielen. Sie hatten sich die Verfasserin der *Vindication* als herbes Mannweib

327

vorgestellt und waren nun angenehm überrascht, einer attrakti-ven, sehr weiblichen Frau zu begegnen, liebenswürdig gerade in ihrer Sprachlosigkeit.

»Sie spricht fast garnicht Französisch und drückt sich mit der größten Mühe in dieser Sprache aus«, schreibt Wilhelm von Wolzogen am 2. Februar 1793 in sein Tagebuch. Der junge Diplo-mat, den der Herzog von Württemberg inoffiziell nach Paris ge-schickt hat, war Mary gerade zum erstenmal bei Bernardin de Saint-Pierre begegnet. »Es ist sonderbar«, sagt Wolzogen galant zu ihr, »daß, während Sie die Rechte Ihres Geschlechts verteidi-gen, Sie in diesem Land des schönsten Rechts, zu sprechen, be-raubt sind.«

Ein paar Tage später trifft er Mary wieder, wahrscheinlich bei Schweizers, mit denen er seit einem früheren Parisaufenthalt gut befreundet ist.

»Mademoiselle Wollstonekraft, von der schon oben geredet worden, eine Person, deren Schicksale sonderbar gewesen sein müssen, die aber ohngeachtet dessen eine reine Seele und einen vortrefflich organisierten Kopf besitzt, schrieb, da sie nichts als Englisch redet, einige Ideen nieder; es war die Rede von den Lei-denschaften. Man sagte ihr darauf, daß das, was sie darüber ge-sagt hätte, vortrefflich wäre, daß man aber immer daraus ihr Geschlecht erkennen könne. ›Ich vergesse‹, gab sie unschulds-voll zur Antwort, ›ich vergesse mein Geschlecht, wenn ich in Ge-sellschaft von Männern bin, und nur dann erinnere ich mich daran, wenn ich bei dem Mann bin, den ich liebe.‹«

Vielleicht war Wilhelm von Wolzogen in Mary verliebt. Sicher ist, daß er sich gern mit ihr unterhielt, so wie er überhaupt das Gespräch mit gescheiten Frauen liebte. (Er hat dann die kluge Caroline von Beulwitz geheiratet, die die Nachwelt vor allem als Schillers Schwägerin kennt.) Auch Mary fand offenbar Gefallen an den Unterhaltungen mit ihm, wie Magdalena Schweizer eifer-süchtig beobachtete.

»Ich liebte Marie Wollstonecraft, Autorin der Rechte der Frau-en. Sie hatte bezaubernde Momente. Ich hätte sie mit Beständigkeit lieben wollen, aber sie stieß durch ihre Intoleranz alle Frauen zurück, die sich ihr nicht unterordnen wollten. Mit ihren Dienstboten, mit Subalternen und allen Unglücklichen war sie sanft wie ein Engel. Sie wäre von einer außerordentlichen Sensibilität gewesen, ohne ihre allzu starke Sinnlichkeit, die zu oft die Überhand gewann. Ich verbrachte einen Abend mit ihr auf dem Land. Die Farbnuancen am Himmel waren von einer hinreißenden und poetischen Schönheit. Marie fand sich neben dem Baron von Wolzogen unter einem Baum, der von den Strahlen der sinkenden Sonne vergoldet wurde. Ich saß ihnen gegenüber und war so hingerissen, daß ich zu ihr sagte: kommen Sie Marie, kommen sie, Liebhaberin der Natur, um dieses wunderbare Schauspiel zu betrachten, diesen Wechsel der verschiedensten Farbtöne! Aber wie groß war mein Erstaunen, als ich sah, daß Marie ganz gleichgültig blieb und ihre Augen nicht von demjenigen wandte, von dem sie in diesem Augenblick gefangen war. Ich gestehe, daß ihr erotisches Delirium mich so unangenehm berührte, daß meine Begeisterung erlosch.«

Sehr wahrscheinlich war auch Georg Forster bei diesem Ausflug dabei und wie Magdalena ein eifersüchtiger Zuschauer des »erotischen Deliriums«, das vielleicht nur ein angeregtes Gespräch gewesen sein mag. Gegenliebe hat er bei Mary nicht gefunden, aber sie wird sicher über die Bekanntschaft mit einem der beiden berühmten Forsters erfreut gewesen sein, deren Reiseberichte sie kannte und schätzte. In ihrer *Vindication* hatte sie Johann Reinhold als Kronzeugen gegen die Vielweiberei zitiert.

»Er bemerkt, daß unter Tieren verschiedenen Geschlechts immer dasjenige von beiden Geschöpfen, welches das kraftvollste und feurigste ist, bei der Fortpflanzung den Vorzug behauptet, und des jungen Tiers Geschlecht entscheidet, und setzt hinzu: ›Wenn man dies auf die Bewohner von Afrika anwendet, so ist klar, daß dort die Männer, an Polygamie gewöhnt, durch den Gebrauch so vieler Weiber geschwächt werden, und daher nicht so munter und kraftvoll bleiben können. Die Weiber sind hier von einem hitzigern Temperamente, nicht bloß deswegen, weil sie an und für sich schon reizbarere Nerven, eine empfindlichere Organisation und eine lebhaftere Phantasie besitzen, sondern auch aus dem Grunde, weil einer jeden derselben bei dieser Art von Ehe, in welcher sie leben, ein so großer Teil von physischer Liebe entgehen muß, welcher ihr ganz allein zukommen würde, wenn jeder Mann nur Eine Frau hätte; und so werden denn, aus den oben angeführten Gründen, in der Regel mehr Mädchen geboren.‹«

Ein Amerikaner in Paris

Gilbert Imlay, neununddreißig Jahre alt, gebürtig aus New Jersey.

Er hat im amerikanischen Unabhängigkeitskrieg auf seiten der Aufständischen gekämpft. Die Regimentslisten weisen ihn als Leutnant aus, er selbst allerdings unterzeichnet stets als *Captain*. Nachdem er den Militärdienst 1778 verlassen hat, beginnt seine Jagd nach dem Glück, das er auf krummen Wegen erhaschen will, als Schmuggler, Schwarzhändler, Wechselbetrüger. Haftbefehlen, die gegen ihn erlassen werden, entzieht er sich durch Flucht. Etwas später spüren ihn seine Biographen im kaum erschlossenen Ohio-Tal auf, wo er in undurchsichtige betrügerische Landspekulationen verwickelt ist, zeitweise in enger Verbindung mit Daniel Boone, dem James Fenimore Cooper später in seinen »Lederstrumpf«-Romanen ein romantisch verklärtes Denkmal setzte. Er verkauft Grundstücke, die ihm gar nicht gehören, und steigt in den Handel mit Sklaven ein. Betrüger und Hochstapler sind liebenswürdige Verbrecher. Weil er überall den besten Eindruck macht und das Vertrauen einflußreicher, vermögender Männer gewinnt, geht das bemerkenswert lange gut. Schließlich aber wird ihm der Boden doch zu heiß. Er setzt sich nach Europa ab. 1791 taucht er in London auf – als Schriftsteller. Seine Fähigkeit, »sich bei prominenten Persönlichkeiten aus Wirtschaft und Gesellschaft beliebt zu machen und wie ein

Chamäleon die Lokalfarbe seiner neuen Umgebung anzunehmen«, zeigt sich erneut.

Die *Topographical Description of the Western Territory of North
America*, die um die gleiche Zeit wie Mary Wollstonecrafts *Vindication* erscheint, schildert Kentucky – dessen Erschließung
durch weiße Siedler während des amerikanischen Unabhän-
gigkeitskrieges begann – als real existierendes Utopia, reich an
Naturschönheiten und Ressourcen, ein Land unbegrenzter Mög-
lichkeiten, der Freiheit, der Unschuld, des Glücks. Leser und
Kritiker sind fasziniert.

Auch in Johnsons *Analytical Review* erscheint eine längere Be-
sprechung, übrigens unmittelbar vor einer kurzen Anzeige von
Helen Maria Williams' zweiten *Letters from France*. Man weiß
nicht, wer sie schrieb. Janet Todd, die Marys (mutmaßliche) Kri-
tiken im siebenten Band ihrer Wollstonecraft-Werkausgabe gesammelt hat, glaubt offenbar (in beiden Fällen) nicht an ihre
Verfasserschaft. Doch zumindest in ihrer Eigenschaft als Redakteurin der *Analytical Review* könnte Mary daran mitgewirkt haben. Es ist schon auffällig, wie begeistert der anonyme Rezensent
die männlichen Tugenden des Verfassers der *Topographical Description* preist!

»Mr. Imlay, der Verfasser des vorliegenden Werkes, hat den
größten Teil seines Lebens im Inneren Amerikas verbracht, seine
Kenntnis der dortigen gesellschaftlichen Verhältnisse steht also
außer Frage. Seine Empfindungen sind kühn und kräftig, seine
Verachtung der europäischen Verfeinerung tritt überall in seinem Werk hervor, und seine Ansichten sind die eines Mannes,
der an eine einfache Lebensweise gewöhnt ist, und zeigen jenen
männlichen Geist, der von jeher den Stolz, ja den Charakter eines Republikaners ausgemacht hat. Er beginnt seinen ersten
Brief mit dem Versprechen, das einfache, vernünftige und glückliche Leben der Amerikaner in den *back settlements* den ver-
feinerten, unnatürlichen Gewohnheiten der Europäer entgegen-
zustellen, die seiner Ansicht nach von den schlechten Gesetzen
herrühren, die auf ihrem Kontinent herrschen, und von dem

schädlichen System, Religion mit Politik zu vermengen, was zu allgemeiner Verderbnis geführt hat.«

Amerika gegen Europa? Wie Imlays Biograph Wil Verhoeven gezeigt hat, lag das geschmähte alte Europa für Imlay auch in Amerika selbst. »Die Cumberland- und Allegheny-Plateaus werden uns weniger als physische denn als moralische Wasserscheide vorgeführt, die die ›angenehme Gegend‹ pastoraler Unschuld von ›Vorurteil‹, ›Despotismus‹ und ›schäbiger Sophisterei‹ trennte, die nach Ansicht des Verfassers in Virginia dominierten.« Mit seinem Buch warb Imlay also für eine neue jakobinische Republik auf amerikanischem Boden, für einen Re-Import der aus Amerika nach Frankreich exportierten Revolution, zunächst in einem von Virginia abgespaltenen Kentucky, dann in einer erneuerten amerikanischen Föderation. Zur Realisierung dieses Planes hoffte er auf französische Unterstützung.

Wo und wie Imlay die Zeit nach der Veröffentlichung seines Werkes verbrachte, wissen wir nicht. In London? In Paris? Seine Biographen, die in aufopferungsvoller Archivarbeit erstaunlich viel über ihn herausgefunden haben, bleiben uns die Antwort darauf schuldig. Gut ein Jahr später, im Februar und März 1793, finden wir ihn jedenfalls wieder in literarischen Geschäften in London. Kentucky war im Juni 1792 als 15. Bundesstaat der amerikanischen Föderation beigetreten, was eine zweite, überarbeitete Auflage der *Topographical Description* erforderlich machte. Außerdem bereitet er die Drucklegung eines neuen Werkes vor. Am Donnerstag, dem 12. März, kündigte es der Londoner *Morning Chronicle* unter der Rubrik »Neue Romane« an: »Heute erscheint in drei Bänden DIE EMIGRANTEN oder GESCHICHTE einer AUSWANDERER-FAMILIE, eine nach wirklichen Charakteren gezeichnete Darstellung englischer Sitten. Geschrieben in Amerika von G. Imlay.«

Bald danach begegnen wir Imlay in Paris als Gast von Thomas Christie und als Geschäftspartner seines Landsmanns Joel Barlow, der sehr gute Beziehungen zur Politik hat und Imlay als Experten in ehrgeizige Pläne der französischen Regierung involviert. Nachdem sich Frankreich auch mit Spanien im Krieg befindet, denkt man daran, Truppen nach Amerika zu schicken und Spanisch-Louisiana zurückzuerobern. Imlay spricht sich in zwei Denkschriften entschieden dafür aus. Ein solches Unternehmen werde politisch und finanziell von größtem Vorteil sein und wenig kosten. Die amerikanischen Siedler am Mississippi und Ohio würden dieses Unternehmen tatkräftig unterstützen. Am Horizont sieht er schon das erträumte jakobinisch-amerikanische Imperium. Nach dem Sturz der Girondisten wurden diese Pläne samt Imlays *Mémoires* dann ad acta gelegt.

Am 19. April schreibt Joel Barlow an Ruth in London: »Unter uns – Du darfst zu ihr oder Johnson oder irgend jemandem sonst nichts darüber sagen – Ich glaube, daß Mary einen Liebsten hat und daß sie am Ende mit ihm als seine Frau nach Amerika gehen wird, er ist aus Kentucky und ein sehr vernünftiger Mann.«

Um diese Zeit lassen Marys Biographen, angefangen mit Godwin, denn auch meistens ihre Beziehung zu Imlay beginnen. Aber es gibt Fragezeichen. Da sind Marys geheimnisvolle Anspielungen vom Januar und Februar – sie habe in Frankreich mehr als nur Aufmerksamkeit und Höflichkeit gefunden –, die für einen früheren Kontakt sprechen könnten. Da ist ihr aus dem Nachlaß veröffentlichtes Romanfragment *The Wrongs of Woman*, in dem sie ihre Beziehungen zu Imlay, Godwin und Füssli zu ungleichen Teilen verarbeitet hat. Bevor Maria, die unglücklich verheiratete Romanheldin, die persönliche Bekanntschaft eines Mannes namens Henri Darnford macht (unter Umständen, von denen später noch einmal die Rede sein wird), hat sie sich durch die Lektüre von Büchern aus seinem Besitz schon in ihn verliebt.

»Die kleine Sammlung bestand aus Drydens Fabeln, Miltons *Verlorenem Paradies* und einigen modernen Werken. Es war eine Schatzgrube. Einige Randbemerkungen zu Drydens Fabeln erregten ihre Aufmerksamkeit. Sie waren mit Entschiedenheit und Geschmack geschrieben. Und in einem der modernen Pamphlete fand sie das vergessene Fragment einer Abhandlung, das verschiedene Beobachtungen über den gegenwärtigen Zustand der Gesellschaft und der Regierung enthielt einschließlich eines Vergleichs der Politik in Europa und Amerika. Wo diese Bemerkungen auf den versklavten Zustand der arbeitenden Mehrheit anspielten, sprach aus ihnen eine großzügige Wärme, die ganz mit Marias Denkweise übereinstimmte.

Maria las diese Bemerkungen immer wieder, und die Phantasie, die trügerische Phantasie, begann, nach diesen schattenhaften Umrissen einen Charakter zu entwerfen, der dem ihren seelenverwandt war.«

Durch den Briefwechsel, der nun beginnt, steigern sich die beiden immer mehr in ein leidenschaftliches Verlangen hinein. Bei der ersten Begegnung aber »flossen ihre Herzen nicht über«, und auch danach dauert es noch eine Weile, bis sie sich in Liebe finden. »Sie erlebten einen solchen Himmel, daß das Paradies um sie herum blühte oder sie sich durch einen mächtigen Zauber in Armidas Garten versetzt fühlten.«

Und da ist Imlays Briefroman *The Emigrants*, der wie die *Topographical Description* für die Auswanderung ins Ohio-Tal wirbt, diesmal aber in fiktionaler Form. Im Zentrum der Handlung um eine Auswandererfamilie steht die Liebesgeschichte zwischen der schönen (englischen) Caroline und dem tapferen (amerikanischen) Captain Arlington, die am Ende, nachdem der Captain die Geliebte aus indianischer Gefangenschaft gerettet hat, glücklich vereint in einer utopischen Gemeinschaft an den Ufern des Ohio leben, die den paradiesischen Namen Bellefont trägt. Thematischer Schwerpunkt und Auswanderungsgrund ist das Unrecht, das die Frauen in England alltäglich erleiden müssen, insbesondere aber die Barbarei des englischen Eherechtes, das verheiratete Frauen praktisch zum Besitz ihres Mannes machte – nicht einmal über das Geld, das sie in die Ehe eingebracht hatten, durften sie verfügen – und sie gewissermaßen zu lebenslanger Sklaverei verurteilte. Scheidung war so gut wie unmöglich. Dazu brauchte es schwerwiegende Gründe wie Inzest, Bigamie und Sodomie, sehr viel Geld und einen Parlamentsbeschluß. »In den letzten 200 Jahren war sie nur vier Frauen gelungen.«

Wenn eine Frau es einfach nicht mehr aushielt und ihrem Mann davonlief und er auf Verfolgung verzichtete, war gesellschaftliche Ächtung der Preis für ihre Freiheit. »Meine Lage ist unerträglich, denn weil ich mich gezwungen sah, das Bett eines Mannes zu verlassen, der mir Abscheu einflößt, muß ich dauernd die gröbsten Beleidigungen ertragen«, klagt eines dieser mißhandelten Geschöpfe, Carolines Schwester Eliza.

Eliza, wie Marys Schwester, der diese 1784 zur Flucht aus ihrer Ehe verholfen hatte. Wahrscheinlich litt Eliza an einer Schwangerschaftspsychose, jedenfalls steigerte sie sich nach der Geburt ihres ersten Kindes, einer Tochter, in eine so heftige Abneigung gegen ihren Mann hinein, daß Mary um ihr Leben fürchtete und offenbar keinen anderen Ausweg für sie sah. Eine verhängnisvolle Rettungsaktion. Das zurückgelassene Kind starb kurz nach seinem ersten Geburtstag. Eliza vertauschte die Befreiung aus der Knechtschaft der Ehe mit einem Leben in erniedrigender Abhängigkeit als Gouvernante. Sie wurde von Schuldgefühlen gequält. Die Hoffnung auf Familienglück mußte sie begraben. In England hatte sie keine Zukunft.

Anders als die Eliza in den *Emigrants*. »Stelle Dich unter den Schutz von Mr. Ilray, wirf Deine Ketten ab und fliehe ins Land der Freiheit und der Liebe«, fordert Caroline sie auf, und das tut Eliza denn auch. Zum glücklichen Ende verlobt sie sich mit ebendiesem Mr. Ilray. Sie werden zu Caroline und Captain Arlington nach Bellefont ziehen.

Ich halte es für durchaus möglich, daß Imlay durch Mary von Elizas Ehedrama erfahren und die Geschichte in sein Buch eingearbeitet hat. Mitautorin der *Emigrants*, wie vermutet worden ist, war sie sicher nicht. Das Buch ist einfach zu schlecht und unverkennbar aus männlicher Perspektive geschrieben. Der Autor und sein Held gefallen sich in der klassischen Rolle des ritterlichen Beschützers und Anwalts des schönen, aber schwachen Geschlechts.

Wenn der Schöpfer in seiner Weisheit beschlossen habe, daß es einen Unterschied zwischen den Geschlechtern geben solle, wie gütig und großzügig sei die Vorsehung bei der Gestaltung der Frau gewesen, »geschaffen mit all der Schönheit, mit all der Sanftheit, mit all der Zärtlichkeit und mit all der Stärke der Empfindung und Lebhaftigkeit des Geistes, die nötig ist, um unsere Umgangsformen zu glätten und uns im Schoß von Kultiviertheit und Liebe all unsere Kränkungen und Ärgernisse vergessen zu machen. Diese Zärtlichkeit gibt ihnen das Recht auf unseren Schutz und größte Fürsorge. Ist es gerecht, daß ein Mann eine geistreiche Frau ungestraft beleidigen kann? Ist es entschuldbar, daß ein Mann jeden Tag auf den Gefühlen zarter Frauen herumtrampeln kann? Welche Entschuldigung läßt sich für ein System finden, das Millionen von ihnen verurteilt, unter der Tyrannei der betrunkenen oder viehischen Launen von Männern zu leiden, oder sie zu einem Leben als Prostituierte zwingt, das ihnen sowohl Schande als auch gesundheitlichen Schaden bringt?« Was die Ehe angeht, so Imlay weiter, messen die Gesetze mit zweierlei Maß. Wenn Männer fremdgehen, zieht sie niemand zur Rechenschaft; verheiratete Frauen dagegen werden für außereheliche Beziehungen gesellschaftlich geächtet und, wenn diese Folgen haben, ins Elend gestürzt. »Man muß sich nur die zahlreichen Beispiele dieser Art ansehen, die britischen Gerichten zur Schande gereichen, und die Vorstellung muß einen schockieren, daß die aufgeklärteste Nation der Welt die unmenschlichste, barbarische Tyrannei über diese hilflosen Wesen ausübt, denen wir schon allein für unsere Existenz Dankbarkeit schulden und deren Schwäche unsere großzügigste Unterstützung verdient.«

Hilflose Wesen! Die unsympathischste Figur in den *Emigrants* ist Carolines und Elizas Schwester Mary, die eben n i c h t hilflos ist, ihre Gesprächspartner rüde unterbricht und ihre zynische (oder pragmatische?) Weltsicht dezidiert ausspricht, wie ihre Namensschwester »in einem Ton, der erkennen läßt, daß sie sich im Recht fühlt«.

Mary Wollstonecraft hätte gewarnt sein müssen – und sie war es, wußte aber, wie wenig das nutzte. »Liebe ist in einem hohen Maße eine launische Leidenschaft und regiert kraft ihrer eigenen Autorität, ohne Rekurs auf die Vernunft«, schreibt sie in der *Vindication*. Sie wußte auch, welche Männer gefährlich waren. »Frauen werden durch ungezwungene Umgangsformen erobert; ein Mann mit dem Auftreten eines Gentleman wird ihnen selten mißfallen, und ihre durstigen Ohren trinken gierig die einschmeichelnden Nichtigkeiten der Höflichkeit, während sie sich von den unverständlichen Lauten des Zauberers Vernunft abwenden.« ... »Männer, die Witz und Phantasie haben, sind oft Lebemänner; und Phantasie ist die Nahrung der Liebe. Die Hälfte des weiblichen Geschlechts würde sich in dem unreifen, kindlichen Zustand, in dem es sich zur Zeit befindet, nach einem Lovelace* verzehren, einem Mann so witzig, so charmant und so männlich – und verdienen sie Tadel, wenn sie so handeln, wie man es ihnen eingeimpft hat? Sie wünschen sich einen Liebhaber und Beschützer; und sehen schon, wie er vor ihnen kniet – Tapferkeit, die sich der Schönheit unterwirft!«

Imlay war der Lovelace Marys. Sie hat sich durch den revolutionären Anstrich seiner Ritterlichkeit nur zu gern täuschen lassen. Er war der Held aus dem Weste(r)n, umweht von Abenteuer und Freiheit, groß und schlaksig, mit »ungezähmtem Aussehen« und »kühnem Blick«, sicher und ungezwungen, zärtlich und leidenschaftlich. Von seiner kriminellen Vergangenheit hat Mary sicher nie etwas erfahren. Er wird seine Lebensgeschichte zur Odyssee eines idealistischen Sinn- und Glückssuchers umgedichtet haben, ähnlich, wie sie der Engländer Darnford Maria in *The Wrongs of Woman* erzählt. Als junger Mann sei er gedankenlos und verschwenderisch gewesen, beichtet er Maria, »doch indem er seine Fehler beschrieb, erschienen sie nur als der großzügige Leichtsinn eines edlen Gemüts«. Er sei mit großen Erwartungen ins Land der Freiheit gezogen, doch die Enttäuschung

---

* der Verführer aus Richardsons Roman *Clarissa*.

über das real existierende Amerika mit seinem Puritanismus,
seiner Prüderie, Kulturlosigkeit und dem alles beherrschenden
Gewinnstreben habe ihn dann nach Europa zurückgetrieben.

Wo Gilbert Imlay, der vor seinen Gläubigern geflohene Betrüger, für die Auswanderung in ein revolutionär erneuertes Amerika warb. Ich glaube, daß er und Mary ihre Liebesgeschichte
nach dem Drehbuch der *Emigrants* spielten, ironisch und ernsthaft zugleich. Ich Captain Arlington – Du Caroline. Weil Imlay
Lovelace spielte, merkte sie nicht, daß er Lovelace war.

»Als ich eintrat, erhob er sich, bot mir einen Stuhl an und

fragte mich nach meinem Befinden. ›Da Sie unpäßlich waren‹, sagte er, ›wird die Hitze sehr wahrscheinlich einen Rückfall verursachen‹. In diesem Moment fing ich einen Blick von ihm auf, der die lebhafteste Zärtlichkeit ausdrückte. Eine Träne des Mitgefühls hing in seinen langen Wimpern. Und als ich mich hingesetzt hatte, drückte er sanft meine Hand. Es war zuviel für mich, meine ganze Seele schien gegen den Despotismus der Selbstbeherrschung zu rebellieren, und es war mir nicht möglich, meine Gefühle zu verbergen.«

Imlay wickelte Mary mit seinen Phantasien ein. Komm mit mir ins Land der Liebe und Freiheit! Sie machten Pläne für eine gemeinsame Zukunft in Bellefont, der Muster-Kolonie, dem Ideal eines *Commonwealth* im kleinen, wo sie eine Familie gründen und ein zugleich natürliches und kultiviertes Leben führen würden. Imlay hatte schon alles genau bedacht und vermessen, zweihundertsechsundfünfzig Quadratmeilen, aufgeteilt in zweihundertsechsundfünfzig Grundstücke (er selbst besitze schon eins, versicherte er); dazu öffentliche Gebäude, eine Kirche, ein Rathaus. (Wahlberechtigt sollten nur Männer sein.) Freunde und Verwandte sollten zu ihnen stoßen, Joel und Ruth Barlow, Marys Bruder Charles, die Schwestern Everina und Eliza ...

Während sie so schwärmten, verwandelte sich Paris immer mehr in ein Gefängnis. Nie war man vor Kontrollen und Durchsuchungen sicher. Außen an den Häusern waren die Namen der Bewohner angeschlagen. Um die Stadt verlassen zu können, brauchte man einen Paß, und der war schwer zu bekommen. Die Lage für feindliche Ausländer spitzte sich zu.

Ans Herz geflochten

Unter der sichtbaren Strenge der republikanischen Sitten, unter den Schrecken und den Tragödien des Schafotts sind das Weib und die Liebe die Könige von 1793.

Jules Michelet

Im Juni, nach der Verhaftung der Girondisten, verläßt Mary Paris und geht nach Neuilly, heute ein teures Prominentenviertel von Paris, damals ein Dorf außerhalb der Stadt. Monsieur Filliettaz, ihr Pariser Hauswirt, hat ihr sein Gartenhäuschen überlassen, mitsamt dem alten Gärtner, der es bewohnt und nun »für sie auch die meisten Dienste einer Magd verrichtete, ja sogar manchmal mit ihr um die Ehre kämpfte, ihr Bett machen zu dürfen. Er hegte eine große Verehrung für seine Mieterin und setzte ihr, wenn sie allein war, gerne Trauben der feinsten Sorte vor, die sie aber, sobald sie Besuch hatte, nur mit der größten Anstrengung von ihm erlangen konnte.«

Sie hatte oft Besuch.

Gewöhnlich erwartet Mary Imlay an der Barrière de Neuilly, der größten und wichtigsten der über fünfzig Zollschranken an der Stadtmauer von Paris. Sie erkennt ihn schon von weitem, an dem leichten Hinken, das ihm von einer Kriegsverletzung geblieben ist. Zwischen dem Zollhaus und Neuilly lag der Bois de Boulogne, beliebter Ausflugsort der Pariser, Versteck für Verbrecher, Verfolgte, Liebende. Für Mary war er der Garten der Zauberin Armida, ein Ort weltvergessener Liebeslust, die sie verwandelte. William Godwin hat dafür ein unvergeßliches Bild gefunden.

»Mit dem Wechsel ihres Schicksals schien sich auch in ihrem Charakter ein vollkommener Umschwung zu vollziehen. Ihre Sorgen, der Druck, der vorher auf ihrem Geist gelastet hatte, waren vergessen, und jugendliche Frische und Lebhaftigkeit kehrten wieder. Sie war wie eine Schlange zwischen Felsenspalten, die ihre Haut abwirft und wieder erscheint glatt, glänzend und beweglich wie in ihrem glücklichsten Alter.

31 Paris, Champs-Élysées mit der Barrière de Neuilly.
Stich, um 1800.

Sie war heiter und voll Vertrauen, Güte und Liebe. Ihre Augen bekamen neuen Glanz und ihre Wangen neue Farbe und Lieblichkeit, ihre Stimme nahm einen frohen Klang an, und ihr ganzes Wesen strömte über von Güte. Jeder, der sie damals kannte, muß sich ihres Lächelns von bezaubernder Schönheit erinnern, das von Tag zu Tag mehr ihr Angesicht erhellte und das ihr Herz und Seele aller gewann, die ihr begegneten.

Mary vertraute sich einem Mann an, von dessen Ehre und Grundsätzen sie die höchste Vorstellung hatte. Sie hegte eine innige Zuneigung, der Beschränkung aufzuerlegen sie nicht notwendig fand. Und ein Herz wie das ihre war nicht dazu gemacht, um halbe Liebe zu nähren. Ihr Vertrauen war vollkommen, ihre Zärtlichkeit schrankenlos. Zum erstenmal in ihrem Leben ließ sie dem Strom ihrer Gefühle freien Lauf.«

* * *

»Montag, nach Mitternacht.
Ich gehorche meinem Herzen, das mich dazu treibt, Dir, mein Liebster, noch eine gute Nacht zu wünschen, bevor ich mich zur Ruhe begebe. Du kannst Dir kaum vorstellen, mit welcher

Freude ich an den Tag denke, an dem wir fast schon damit beginnen, zusammenzuleben; und Du würdest lächeln, wenn Du hörtest, wie viele Pläne ich im Kopf habe, nun, da ich zuversichtlich bin, daß mein Herz an Deiner Brust Frieden gefunden hat. – Liebe und hege mich mit der achtungsvollen Zärtlichkeit, die ich nur bei Dir gefunden habe, und Dein, ganz Dein liebes Mädchen wird versuchen, die rasche Lebhaftigkeit zu zügeln, die Dir manchmal Schmerz bereitet hat – Ja, ich will gut sein, damit ich verdiene, glücklich zu sein; und solange Du mich liebst, kann ich nicht wieder in den elenden Zustand zurückfallen, der mir das Leben zu einer fast unerträglichen Bürde werden ließ.

Aber gute Nacht – Gott schütze Dich! Sterne sagt, daß das ebensogut ist wie ein Kuß, aber glühend vor Dankbarkeit gegen den Himmel und Zuneigung *(affection)* für Dich würde ich Dir den Kuß lieber noch dazugeben. Ich liebe das Wort *affection*, weil es etwas Dauerndes* bedeutet; und wir werden uns bald treffen und ausprobieren, ob wir Verstand genug haben, unsere Herzen warm zu halten

Mary

Ich werde morgen früh kurz nach zehn Uhr an der Schranke sein.«

* * *

Von Neuilly aus war Mary einige Male in Paris gewesen, um Freunde zu besuchen. Bei einem dieser Besuche war sie unmittelbar nach einer Massenhinrichtung am Richtplatz vorbeigekommen, »wo sich das frische Blut noch von der Guillotine auf das Pflaster ergoß. Das Entsetzen, das sie bei diesem Anblick erfaßte, hatte sich damals in entrüsteten Ausrufen Luft gemacht, so daß ein kluger Zeuge dieses Auftritts sie vor der Gefahr warnte, in die sie sich stürzte, und ihr anriet, schnell vorüberzugehen und ihre Gefühle zu verbergen.«

Im September mußte Mary ihr ländliches Refugium verlassen und in die Stadt zurückkehren. Nachdem die französische

---

* lat. *affigere*: etw. an etw. anheften, befestigen.

342

Regierung die Verhaftung aller feindlichen Ausländer verfügt hatte, nahm Imlay sie unter seinen Schutz und ließ sie bei der amerikanischen Botschaft als seine Ehefrau registrieren. »Nun betrachtete sie sich als sein Weib.« In Saint Germain-des-Prés nahmen sie eine gemeinsame Wohnung. Ihre Liebe wohnte nun Tür an Tür mit dem Tod.

Viele von Marys Freunden und Bekannten saßen im Gefängnis, viele verloren ihr Leben.

Einer Freundin sagte sie, »daß es keine Worte gebe, um die Gefühle zu beschreiben, die die Szenen, deren Zeuge sie in Frankreich wurde, in ihr hervorriefen – es war eine Art unaufhörlichen Schreckens. Sie war allein, als Imlay hereinkam und sagte: ›Du hast wahrscheinlich schon das Neueste von heute gehört?‹ ›Was ist es? Hat man Brissot hingerichtet?‹ ›Nicht nur Brissot, sondern die e i n u n d z w a n z i g‹. Sofort sah sie die Gesichter einiger Bekannter vor sich, die ihr in jüngster Zeit lieb geworden waren und sank ohnmächtig zu Boden.«

Magdalena Schweizer, die verwöhnte Gesellschaftsdame, riskiert ihr Leben für die Rettung Gefangener und übt das gefaßte Sterben. »Nächtlicher Weile begibt sie sich auf den Grèveplatz und zählt die Stufen der Guillotine, um nicht zu wanken, wenn die Reihe an sie kommt.«

»Vergessen Sie nicht, Mr. Stone zu fragen, was aus Mr. Schlaberndorf geworden ist«, hatte Mary noch von Neuilly aus Ruth Barlow gebeten, die inzwischen in Paris war. Der Graf war zu dieser Zeit mit Jane Christie liiert, die sich auch für Georg Forster interessiert hatte, und stand kurz vor der gemeinsamen Flucht in die Schweiz, als er am 6. September verhaftet wurde. Aufgrund des Erlasses gegen die Ausländer »und weil weder bekannt ist, mit welchen Mitteln er seinen Lebensunterhalt bestreitet, noch warum er sich in Paris aufhält«. Jane konnte nach England entkommen, wo sie jahrelang auf ihn gewartet hat. Vergeblich, obwohl der Graf mit dem Leben davonkam. Es heißt, daß man ihn einfach vergessen hatte. Als er nach siebzehnmonatiger Gefangenschaft entlassen wurde, zog er wieder in sein Pariser Hotelzimmer und lebte wie zuvor, »amtlos Staatsmann, heimatfremd Bürger, begütert arm«. Wie zuvor gab er sein Geld für wohltätige Zwecke weg, die Frauen liebten ihn, die Männer suchten das Gespräch mit ihm und schrieben hinterher auf, was er gesagt hatte.

Mary hat Schlabrendorf im Gefängnis besucht. »Sie fesselte mich immer mehr. Erst als sie Paris verlassen hatte, ward ich mir bewußt, daß ich sie liebte. Ihr unglückliches Verhältnis mit Imlay verhinderte eine genauere Verbindung mit ihr.«

Und weg bist Du

Während ihrer etwa dreijährigen Beziehung sind Mary Wollstonecraft und Gilbert Imlay meist voneinander getrennt gewesen. Auch in den Zeiten, da sie eine Wohnung teilten, war er ständig unterwegs. Die Briefe, die sie ihm in dieser Zeit schrieb – seine sind verloren –, hat Godwin nach ihrem Tod als »wahren Roman« herausgegeben. Ohne »Marys Leiden« als weibliches Gegenstück zu »Werthers Leiden« wäre Imlay vergessen, so wie Lotte ohne Werther vergessen wäre.

Ihre Liebe schmeichelte seiner Eitelkeit. Er sonnte sich in dem Bild, das sie von ihm hatte, und versuchte so zu sein, wie sie ihn glaubte. Betrüger setzen alles daran, die Lüge als Wahrheit erscheinen zu lassen. Aber er hielt Mary nicht aus. »Ihre Intelligenz brachte ihn zur Verzweiflung«, analysiert Virginia Woolf, die sich in einem großen Essay unverkennbar mit Mary identifiziert hat. »Immer wenn er sie sah, verfiel er ihrem Zauber, aber dann quälten ihn ihre Schnelligkeit, ihr Scharfsinn, ihr kompromißloser Idealismus. Sie konnte sogar seine Geschäfte führen. Bei ihr fand er keinen Frieden – er mußte wieder weg. Und dann folgten ihm ihre Briefe, die ihn mit ihrer Aufrichtigkeit und Einsicht quälten. Sie waren so deutlich, sie plädierten so leidenschaftlich dafür, daß er ihr die Wahrheit sagte; sie zeigten eine solche Verachtung für Seife und Alaun und Reichtum und Bequemlichkeit; sie wiederholten so aufrichtig, wie er argwöhnte, daß er es nur aussprechen mußte, und ›Du wirst nie wieder von mir hören‹, daß er es nicht ertragen konnte. Er hatte seine Angel nach Köderfischen ausgeworfen und einen Delphin angehakt, und diese Kreatur hetzte ihn durchs Wasser, bis er schwindlig war und nur noch entkommen wollte.«

Allerdings glaube ich, daß es einer bequemeren Frau auch nicht, vielleicht noch weniger, gelungen wäre, Imlay für längere Zeit an sich zu binden. Mary und er spielten gewissermaßen in zwei verschiedenen Filmen. In seinem hatte sie nur eine Nebenrolle.

Durch die kriegsbedingten Handelsblockaden der feindlichen Nationen gab es inzwischen in Frankreich empfindliche Versorgungsengpässe. Deshalb hatte das Land seine Häfen für den Handel mit neutralen Nationen geöffnet. Imlay war in dieses riskante und gewinnbringende Geschäft – Waffen, Getreide, Waren des täglichen Bedarfs gegen französische Luxusgüter – eingestiegen, zusammen mit Joel Barlow und anderen Partnern. Als *logistic manager* hatte er sich um die ordnungsgemäße Ladung und Löschung der Transporte zu kümmern und mit dem Zollamt und den Kapitänen zu verhandeln. Dazu mußte er vor Ort sein, in Le Havre de Grâce, das seit Anfang November 1793 Le Havre de Marat hieß. Wenn Mary sich deswegen beschwerte, vertröstete er sie auf die Zukunft in Bellefont. Um den amerikanischen Traum verwirklichen zu können, brauchten sie Geld, und das wollte er jetzt möglichst schnell verdienen.

Sie wartete also, auf Imlays seltene Besuche und auf seine Briefe. Sie selbst schrieb ihm jeden Tag. Sie brauchte ihn jetzt mehr denn je. Im November wußte sie sicher, daß sie ein Kind von ihm erwartete.

Freitagmorgen, September oder Oktober 1793. »Wie geht es Dir? – Ich bin Dir in diesem trostlosen Wetter auf der Straße gefolgt, denn wenn ich von denen, die ich liebe, getrennt bin, ist meine Phantasie so lebhaft, als ob meine Sinne niemals ihre Gegenwart genossen hätten – ich wollte schon Zärtlichkeiten sagen – und warum eigentlich nicht? Ich habe herausgefunden, daß ich in einer Hinsicht mehr Gefühlsstärke habe als Du, weil ich viel länger als Du am gleichen Objekt Nahrung für die Liebe finden kann – der Weg zu meinen Sinnen führt durch mein Herz, aber verzeih mir, ich denke, daß es zu Deinem manchmal eine Abkürzung gibt.

Bei neunundneunzig von hundert Männern ist nur ein ausreichender Schuß von Vernarrtheit nötig, um eine Frau *piquante* erscheinen zu lassen, ein sanfteres Wort für begehrenswert; und über diese gelegentlichen Aufwallungen hinaus suchen wenige von ihnen Genuß darin, daß sie eine Leidenschaft in ihrem Herzen nähren.

Ich weiß nicht, wie ich auf diese Überlegungen verfallen bin, außer daß ein Gedanke sie hervorgebracht hat – daß diese beständigen Trennungen nötig waren, um Deine Zuneigung anzufeuern. – Seit kurzem trennen wir uns dauernd – *crack!* – *crack!* – und weg bist Du. Dieser Witz ist von der Blässe des Gedankens angekränkelt, denn obwohl ich ganz heiter war, als ich anfing zu schreiben, haben einige melancholische Tränen den Weg in meine Augen gefunden, die dort noch verweilen, während im Herzen ein Aufglimmen von Zärtlichkeit flüstert, daß Du eines der besten Geschöpfe dieser Welt bist. – Verzeih also diese Grillen einer, die nicht nur ›fast verrückt vor Sorge‹, sondern auch ›unglücklich in der Liebe‹ war, und ertrage mich noch ein wenig länger!«

Sonntagnacht, November (?) 1793.
»Ich habe gerade Deinen Brief erhalten und das Gefühl, daß ich nicht ruhig zu Bett gehen kann, ohne Dir einige Worte geantwortet zu haben – Dir nur zu sagen, daß ich ruhig und heiter und liebend bin.

Seitdem Du neulich meine Disposition zum In-Ohnmacht-Fallen bemerkt hast, habe ich öfter ein leichtes Ziehen verspürt, was mich vermuten läßt, daß ich ein Wesen in mir nähre, das bald meine Fürsorge erfahren wird. – Dieser Gedanke hat in mir nicht nur überströmende Zärtlichkeit für Dich ausgelöst, sondern mir auch sehr deutlich gemacht, daß ich Ruhe finden und Bewegung haben muß, damit ich nicht ein Wesen vernichte, an dem wir gemeinsam Anteil nehmen werden, Du weißt schon. Gestern – lach nicht! –, als ich merkte, daß ich mich beim zu schnellen Heben eines Holzklotzes verletzt hatte, setzte ich mich ganz verzweifelt hin, bis ich das Ziehen wieder spürte.

Bist Du sehr beschäftigt?

Sei dem wie es sei, schreib mir, mein liebstes Lieb, und befiehl mir, geduldig zu sein – freundlich! –, und die freundlichen Worte werden mir die Zeit wieder vertreiben, so süß, wie sie es diese Nacht getan haben. – Sag mir auch immer wieder, daß Dein Glück (und Du verdienst, glücklich zu sein) eng mit meinem verknüpft ist, und ich will versuchen, die Dünste früherer Unzufriedenheit zu vertreiben, sobald sie aufsteigen – sie haben so oft den Sonnenschein, den Du in meinem Gemüt zu verbreiten suchtest, mit Wolken überzogen. Gott schütze Dich! Paß auf Dich auf, und erinnere Dich mit Zärtlichkeit an Deine Dich liebende

Mary«

Freitagmorgen, Dezember (?) 1793.

»Erinnerungen lassen jetzt mein Herz zu Dir springen; aber nicht zu Deinem Geldverdiener-Gesicht, obwohl mir eine Anstrengung nicht ernstlich mißfallen kann, die meine Achtung für Dich vermehrt oder vielmehr, die ich von Deinem Charakter hätte erwarten sollen. – Nein, ich habe Dein ehrliches Gesicht vor mir – in Zärtlichkeit gelöst, ein wenig, ein klein wenig verletzt durch meine Launen, und Deine liebeglänzenden Augen. – Deine Lippen fühlen sich dann weicher als weich an – und ich ruhe mit meiner Wange an Deiner und vergesse die ganze Welt. – Ich habe bei diesem Bild den Farbton der Liebe nicht vergessen – den rosigen Glanz; und diese Vorstellung hat ihn jetzt, glaube ich, über meine eigenen Wangen gebreitet, denn ich fühle, wie sie brennen, während eine süße Träne in meinen Augen zittert – sie würde ganz Dir gehören, wenn nicht ein Gefühl der Dankbarkeit gegen den Vater der Natur, der mich das Glück so lebendig empfinden läßt, der geteilten Empfindung mehr Wärme geben würde – ich muß einen Moment Pause machen.

Muß ich Dir sagen, daß ich ruhig bin, nachdem ich das geschrieben habe? – Ich weiß nicht weshalb, aber ich habe in Deiner Abwesenheit mehr Vertrauen in Deine Zuneigung als in Deiner Gegenwart; nein, ich denke, daß Du mich lieben mußt – laß es mich aufrichtigen Herzens aussprechen –, weil ich glaube, daß ich Deine Zärtlichkeit verdiene, weil ich wahrhaftig bin und eine Kraft der Empfindung habe, die Du wahrnehmen und genießen kannst.«

»Du scheinst Dich in Havre niedergelassen zu haben«, schrieb sie Ende Dezember. »Vergebung, mein Herr, wann gedenken Sie, nach Hause zurückzukehren? Oder, um es verständnisvoller auszudrücken: Wann werden es die Geschäfte gestatten? Sei nicht zu begierig darauf, Geld zu machen – denn nichts, was des Besitzes wert ist, kann käuflich erworben werden.«

»Ich hasse den Handel«, klagte sie Anfang Januar in einem verzweifelten und hellsichtigen Brief. »Du wirst sagen, daß es solcher Anstrengungen bedarf, aber ich bin ihrer müde. Der Zustand der öffentlichen und privaten Angelegenheiten quält mich. ›Friede‹ und Milde, die sich vor ein paar Tagen anzukündigen schienen, verschwinden wieder. ›Ich bin in schlimme Zeiten gefallen‹*, wie Milton sagte, denn ich glaube wirklich, daß Europa mindestens ein halbes Jahrhundert lang in Aufruhr sein wird. Leben ist nur eine Geduldsarbeit, es rollt einen großen Stein immer wieder neu auf einen Hügel, denn bevor man einen ruhigen Ort finden und sich einbilden kann, eine Bleibe gefunden zu haben, kommt er wieder herunter, und die ganze Arbeit fängt

* *Paradise Lost*, VII, 35f.

von vorne an. Wollte ich versuchen, noch mehr zu schreiben, würde ich in dieser Weise fortfahren. Mein Kopf schmerzt, und mein Herz ist schwer. Die Welt erscheint wie ein ungejäteter Garten, wo ›üppige und gemeine‹* Dinge am besten gedeihen. Wenn Du nicht bald zurückkommst – oder wenigstens davon redest –, werde ich Deine Hausschuhe aus dem Fenster werfen und verschwunden sein – niemand weiß wohin.«

Nicht so einfach für eine unverheiratete Frau, die schwanger war und der man das inzwischen auch ansah.

»Als ich merkte, daß man mich musterte, sagte ich den guten Frauen, den zwei - - -s, daß ich ein Kind erwarte – sollen sie mich ruhig anstarren, und – und –, egal, was kümmert es mich, wenn es die ganze Welt weiß – nur würde ich gern - - -s rohe Witze vermeiden.

Wenn man bedenkt, welche Sorgen und Ängste eine Frau wegen eines Kindes haben muß, noch bevor es zur Welt kommt, so scheint mir, daß es ihr durch ein n a t ü r l i c h e s R e c h t angehört. Wenn Männer in die Welt eintauchen, scheinen sie alle Empfindungen zu verlieren, bis auf diejenigen, die man braucht, um sein Leben zu erhalten oder Leben hervorzubringen! – Sind das die Privilegien der Vernunft? Bei der gefiederten Rasse ist es so, daß der Gefährte bei der Henne bleibt, um sie aufzuheitern, während sie ihre Jungen warm hält; aber ein Mann muß sich nur dazu herablassen, ein Kind zu zeugen, um es für sich beanspruchen zu können. – Männer sind Tyrannen!

Du wirst mir jetzt vielleicht sagen, daß Du Dich mit einigen guten Kumpels in London vergnügen würdest, wenn ich nicht wäre. Mir würden gelegentliche gesellschaftliche Kontakte nicht genügen – ich würde ein so herzloses Leben nicht für erstrebenswert halten.«

Am nächsten Morgen fügte sie noch ein paar Sätze an.

»Ich war letzte Nacht sehr niedergeschlagen und willens, mit Deinem heiteren Naturell zu rechten, das Dir die Trennung leicht

---

* *Hamlet* I, 2

erscheinen läßt. – Und warum sollte ich drum herum reden? Ich war verletzt, weil Du sie nicht einmal für erwähnenswert hieltest. – Ich will nicht wie eine Göttin geliebt werden; aber ich will, daß Du mich brauchst. Gott schütze Dich!«

Schließlich hielt Mary es nicht länger aus.

Dienstagmorgen, 21. Januar 1794.

»Ich ergreife diese Gelegenheit, um Dir mitzuteilen, daß ich am Donnerstag aufbreche, und hoffe, Dir bald (auf Deinen Lippen) sagen zu können, wie glücklich ich bin, Dich zu sehen. Ich habe gerade meinen Paß erhalten und sollte deshalb ohne Schwierigkeiten nach Havre kommen, um Dir am nächsten Freitag in meiner neuen Wohnung gute Nacht zu sagen – wo ich Dich und die Liebe treffen werde, die mich in den Schlaf lächeln sollen, trotz der Sorgen, denn ich habe seit unserer Trennung wenig Ruhe gefunden.

Du hast Dich mit Deiner Zärtlichkeit und Person kunstvoller an mein Herz geflochten, als ich es für möglich hielt. – Laß mich dem Gedanken nachgeben, daß ich einige Ranken zum Anhaften an die Ulme ausgeworfen habe, von der ich gestützt werden will. – Das ist für mich eine ganz neue Sprache! – Aber weil ich weiß, daß ich keine Schmarotzerpflanze bin, will ich die Liebesbeweise annehmen, auf die jeder Pulsschlag antwortet, wenn ich daran denke, mit Dir wieder in einem Haus zusammen zu sein. – Gott schütze Dich!

Ganz Deine Mary«.

Das große Haus, in dem Imlay für sie eine Wohnung gefunden hatte, gehörte einem Geschäftsfreund, dem Seifenfabrikanten John Wheatcroft. Es lag in der Rue de Corderie, Section des Sans-Culottes, nahe am Hafen.

Gleich nach ihrer Ankunft am 25. Januar ließen sie und Imlay sich vorschriftsmäßig bei der Meldebehörde registrieren. Mary zeichnete als *Marie Imlay – Citoyenne des Etats Unis*. Als Heimatadresse gab sie Virginia an.

Umarmungen des Todes

An den Weihnachtstagen 1793 war Mary bei Helen Maria Williams zu Besuch gewesen. Vielleicht waren sie und ihre Mutter die Damen, die die Schwangere neugierig angestarrt hatten, und war John Hurford Stone der Mann, dessen rohe Witze Mary fürchtete? »*Rights of Woman* schreibt ein ungeheuer dickes Buch«, berichtete er Anfang Januar seinem Bruder. Es werde vermutlich langweilig und ungenau werden.

Das Werk mit dem umständlichen Titel *An Historical and Moral View of the Origin and Progress of the French Revolution and the Effect It Has Produced in Europe*, das 1794 bei Johnson erschien, ist tatsächlich ziemlich voluminös, obwohl die Erzählung nur bis Ende 1789 reicht. (Zwei oder drei weitere Bände sollten folgen, von denen ein beträchtlicher Teil schon fertig sei, wie es im Vorwort heißt, aber erhalten hat sich davon nichts.) Als historische Darstellung war es schon bei Erscheinen überholt, zumal es auf einer allzu schmalen Quellenbasis gründet. Dafür ist es gedankenreich, meinungsstark und sehr mutig. Mary riskierte damit ihr Leben. Dem Rat von Helen Maria Williams, das Manuskript zu verbrennen, ist sie nicht gefolgt. Langweilig? Ein prominenter Leser fand ausgesprochen anregend, was sie schrieb. Zum Beispiel das:

»Früher verachteten Könige und große Männer die Gerechtigkeit und traten sie mit Füßen; aber in unseren Zeiten, wo die Vernunft bis zu einem gewissen Grade die Regierungen lenkt, halten die Menschen es für nötig, ihre Handlungen durch moralische Motive aufzupolieren, obwohl sie möglicherweise gar nicht darin gründen. Und sogar der Jargon der Empfindsamkeit, der jetzt allgemein geworden ist, zeigt, wohin die Eitelkeit, das wahre Thermometer der Epochen, ausschlägt. – Eine affektierte Menschlichkeit ist die Prätention des Tages; und die Menschen geben fast immer vor, die Tugend oder Eigenschaft zu besitzen, die gerade *en vogue* ist.«

»Diesen Jargon haben Sie sich zu eigen gemacht«, warf John

32 *John Adams. Ölgemälde von*
Mather Brown, 1785.

Adams ihr vor, der es liebte, mit Büchern zu diskutieren. Er hat
sein Exemplar von Marys Revolutionsgeschichte zweimal intensiv durchgearbeitet und mit zahlreichen Bemerkungen versehen,
zuerst 1797, als er nach George Washington der zweite Präsident
der Vereinigten Staaten von Amerika geworden war.

»Dieser Erguß ist voller Sinn und Unsinn.«

»Die Meinungen auf dieser Seite sind die einer schwachen
Frau!«

»Wunderbar! Gott gebe es!«

»Die Schneide dieser Sätze ist zu scharf, um stark zu sein!«

»Armselige Beredsamkeit!«

»Ist das bewiesen?«

»Das habe ich in Frankreich nie gehört!«

»Obwohl sie gefällig schreibt, zeigt sie auf jeder Seite, daß sie
nichts bis auf den Grund durchschaut. Sie hat keine Ahnung
von ihrem Gegenstand. Aber in dieser Unwissenheit wird sie
von den größten Männern ihrer Zeit erreicht und sogar über-
troffen.«

Zusammenfassend aber urteilte er: »Das ist eine Dame von männlichem, meisterhaftem Verstand. Ihr Stil ist kräftig und klar, obwohl manchmal zu wortreich. Mit etwas Erfahrung in öffentlichen Angelegenheiten und einschlägiger Lektüre und dem daraus resultierenden Nachdenken hätte sie eine Geschichte ohne die Mängel und Flecken produziert, die in den Randbemerkungen vielleicht mit etwas zu viel Strenge und zu wenig Galanterie aufgezeigt werden.«

Aber auch ohne ihre Schilderung eines Ganges durch das verlassene Versailles.

»Wie still Versailles nun ist! – Der einsame Besucher, der das prächtige Treppenhaus hochsteigt, macht an jedem Absatz halt, während das Auge die Leere durchwandert, beinahe in der Erwartung, daß die Bilder seiner Phantasie lebendig werden. – Der Zug der Ludwige wandelt wie die Nachkommenschaft der Banquos in feierlicher Traurigkeit vorbei, auf die Nichtigkeit von Pracht und Herrlichkeit verweisend, und zerrinnt wieder auf der kalten Leinwand, die die riesigen nackten Wände bedeckt – Düsternis verschattet die gigantischen Figuren, die in die Umarmungen des Todes zu sinken scheinen. Wachsam betritt der einsame Wanderer die endlosen Zimmerfluchten, und sein Schatten, der von überall her in den langen glitzernden Spiegeln reflektiert wird, schwächt die Nerven, ohne das Herz zu schrecken.

Das bedrückte Herz sucht draußen im Garten Erleichterung; aber sogar dort gleiten die gleichen Bilder die breiten, vernachlässigten Wege entlang – alles ist entsetzlich still, und wenn ein kleines Rinnsal durch das Moos nach unten kriecht, wo es früher herabstürzte, lockt dieser Versuch, mit der Natur zu wetteifern, nur ein müdes Lächeln hervor. Weinend – ach Frankreich! ich weine unwillkürlich über die Spuren deiner einstigen Unterdrückung, die mit einem eisernen Zaun den Menschen vom Menschen trennte, alle verbildete und viele ganz elend machte; ich zittere vor Angst, einem unglücklichen Geschöpf zu begegnen, das auf der Flucht vor dem Despotismus ausschweifender Freiheit das Schnappen der Guillotine auf seinen Fersen hört, nur weil es einst adelig war oder denjenigen Asyl gewährte, deren einziges Verbrechen ihr Name war – die Bastille, der Tempel des Despotismus fiel nieder – aber der Depotismus ist in seinen Ruinen nicht mit begraben worden! – Unglückliches Land! – Wann werden Deine Kinder aufhören, Deine Brust zu zerfleischen? Wann wird ein Wandel der öffentlichen Meinung einen Wandel der Moral erzeugen und Dich wahrhaft frei machen?«

»Liebenswürdige, melancholische Fragen«, kommentiert John Adams.

Der Schrecken steckt nicht nur dieser Passage sozusagen in den Gliedern. Wie konnte es geschehen, daß die Französische Revolution nur wenige Jahre nach ihren begeisternden Anfängen in Anarchie und Terror mündete? Das ist die Frage, die Mary umtreibt und auf die sie Antworten sucht, im stillen Neuilly, im aufgeregten Paris und schließlich in Le Havre. Erklärungen findet sie in der menschlichen Natur, der Mentalität der Franzosen und im Despotismus ihrer Herrscher. Es sei nur zu natürlich, daß ein versklavtes Volk es seinen Unterdrückern mit gleicher Münze heimzahle: »Die Reichen haben jahrhundertelang die Armen tyrannisiert und sie gelehrt, wie man handelt, wenn man die Macht hat. Nun bekommen sie die Folgen zu spüren.«

Sie untersucht, die Ereignisse nachzeichnend, wann und wo entscheidende Fehler gemacht wurden. Was hätte anders laufen können, anders laufen müssen? »Wenn man den Fortgang der Revolution betrachtet, drängt sich einem die melancholische Überlegung auf, daß fast jedes der sich überstürzenden Ereignisse die Folge von Sturheit und Kleingeisterei der politischen Akteure war, während sie römische Großherzigkeit vortäuschten.« Die Mängelliste ist lang. Hier wurde halbherzig, hier mutlos, hier kurzsichtig gehandelt; den grundlegenden Fehler aber sieht Mary darin, daß die Nationalversammlung bei der Gesetzgebung zuviel auf einmal wollte, deshalb das, was möglich gewesen wäre, nicht erreichte und das Land in Anarchie stürzte: »Die Erneuerung von Frankreich sollte zur Erneuerung des ganzen Erdballs führen. Das politische System der Franzosen sollte als Modell für die freien Staaten des Universums dienen!«

Es wäre besser gewesen, wenn man sich Amerika zum Vorbild genommen hätte, urteilte sie. »Das ist der Unterschied zwischen Menschen, die aus praktischer Erfahrung handeln, und Menschen, die völlig von Theorien beherrscht werden oder prinzipienlos sind. Die meisten der vereinigten Staaten von Amerika haben ihre Verfassung binnen eines Monats gebildet. Sicher gab es zwischen diesen Staaten, damals britische Kolonien, und dem Frankreich nach dem 14. Juli sehr große Unterschiede; aber beide Länder waren ohne Regierung, Amerika durch den Feind im Herzen seines Reiches und Frankreich durch einen Angriff von außen bedroht. Die maßgebenden Männer in Amerika aber wußten, daß es nötig war, eine Regierung zu haben, und erkannten offenbar, daß Änderungen später leicht möglich sein würden.«

John Adams: »Danke Miss für Ihr Wohlwollen gegen Amerika, Sie haben nicht ganz recht, aber das macht nichts.«

Mit ihrer Revolutionsgeschichte wollte Mary eine neue Disziplin begründen helfen, eine zugleich auf moralischen Grundsätzen und praktischen Erfahrungen gründende Politische Wissenschaft, die dazu beitragen sollte, Fehlentwicklungen wie die in Frankreich künftig zu verhindern. Sie wünschte sich (mehr) Menschen, die ihr Handeln von Prinzipien, nicht von Interessen, Emotionen und Passionen bestimmen lassen. Vernunft, gerade als neue Göttin der Franzosen inthronisiert, war ihr Zauberwort, das Rettungsmittel, das schließlich dafür sorgen mußte, daß doch noch alles gut ausgehen und aus dem Chaos von Anarchie und Gewalt eine Regierung aufsteigen würde, die besser war als alle bisherigen. Das große Projekt der Aufklärung – die Erziehung des Menschengeschlechts – konnte nicht scheitern, auch wenn es jetzt schwerfiel, das zu glauben. »Aber die Dinge brauchen Zeit, um sich einzupendeln.«

Der Realpolitiker John Adams konnte über soviel Naivität nur den Kopf schütteln. »Die Verbesserung des menschlichen Charakters, die Vervollkommnung der menschlichen Fähigkeiten sind das göttliche Ziel, das ihr Enthusiasmus in verklärender Vision erblickt. Ach, was für ein luftiges, bodenloses Märchen!«

Einerseits zu luftig, andererseits zu sinnlich. Adams hat gewußt, daß Marys Revolutionsgeschichte zur Zeit ihrer Liaison mit Imlay geschrieben wurde, aber er hat es auch aus ihren Sätzen herausgehört. Mit dem Schrecken sind auch Lust und Leidenschaft in ihn eingegangen.

Undelicate. A Lady is the writer, kommentiert er einen gewagten Vergleich Marys, in dem ein auf dem Höhepunkt der Lust hingeraffter Wüstling vorkommt. »Solche deftigen Formulierungen hätten von einer Dame vermieden werden müssen«, rügt er. »Ms. Wollstonecraft liebt solche Worte zu sehr«, bemerkt er zu einem Satz über die Königin Marie Antoinette (»sie verband auf die verführerischste Weise einschmeichelnde üppige Sanftheit und Liebenswürdigkeit mit hoheitsvollem Auftreten«).

Und fast schon resigniert: »Der Kopf dieser Frau ist immerfort mit Liebe beschäftigt.«

Wie recht er damit hatte! Gegen Ende führte sie ihre Leser zur Barrière de Neuilly, wo sie so oft auf den Geliebten gewartet hatte.

»Der Eingang von Paris bei den Tuillerien ist gewiß großartig. Die Straßen sind so breit, wie man es von einer großen, eleganten Stadt wünscht, und harmonieren mit den schönen Gebäuden dieses noblen Platzes, die die Blicke des Reisenden anziehen. Die hohen Bäume auf beiden Straßenseiten bilden reizvolle Alleen, wo die Pariser mit der ihnen eigenen Heiterkeit spazierengehen oder sich zum Verweilen niederlassen – diese Alleen scheinen gleichermaßen für Gesundheit wie Vergnügen gemacht. Auch die Schranken selbst sind stattliche Gebäude von imponierender Größe, die dem Ankommenden eine malerische Ansicht der Stadt bieten.

Aber ebendiese Schranken, erbaut von Calonne, der Paris in

ein neues Athen verwandeln wollte, geben auch Anlaß zu den melancholischsten Gedanken. Sie wurden zuerst vom Despotismus errichtet, um die Zahlung einer drückenden Steuer zu sichern, und seitdem haben sie fatalerweise dazu beigetragen, die Gesetzlosigkeit noch schlimmer zu machen, indem sie unschuldigen Opfern von Zorn oder Irrtum die Möglichkeit zur Flucht abschnitten.

Und doch ruht das Auge des Kenners mit Wohlgefallen auf ihren Gebäuden und Dekorationen: Proportion und Harmonie befriedigen das Auge, während Ornamente eine einfache, verspielte Eleganz darüber verbreiten. Auch der Himmel lächelt dazu und verströmt Wohlgeruch; und während die Menschen die angenehmen Boulevards entlangpromenieren, scheint das milde Klima auf einen Schlag die Lebensgeister zu erwecken. Eine Fülle von Blumen spendet uns in verschwenderischer Pracht ihren süßen Duft und verleiht der märchenhaften Szenerie Frische. Natur und Kunst wirken glücklich zusammen, um den Sinnen zu schmeicheln und das gefühlvolle Herz zu rühren.«

Die glücklichen Stunden im Zaubergarten des Bois de Boulogne, vorbei.

Sei Mann! Sei Weib!

Artikel X der *Erklärung der Rechte der Frau und Bürgerin:* »Die Frau hat das Recht, das Schafott zu besteigen, gleichermaßen muß ihr das Recht zugestanden werden, eine Rednerbühne zu besteigen«. Olympe de Gouges, die das 1791 geschrieben hatte, wurde am 3. November 1793 hingerichtet. Der Konvent verbot alle revolutionären Frauenvereine und schickte die Frauen zurück ins Haus, wo sie seiner Meinung nach von Natur aus hingehörten.

»Seit wann ist es Frauen gestattet, ihrem Geschlecht abzuschwören und sich zu Männern zu machen?« fragte Pierre Gaspard – neuerdings Anaxagoras – Chaumette, der Präsident der Pariser Kommune. »Seit wann ist es Brauch, daß sie die fromme Sorge des Haushaltes, die Wiege ihrer Kinder verlassen, um auf die öffentlichen Plätze zu kommen, von der Tribüne herab Reden zu halten, in die Reihe der Truppen zu treten, mit einem Wort, Aufgaben zu übernehmen, welche die Natur allein dem Mann zugeteilt hat? Die Natur hat zum Mann gesagt: Sei Mann! Die Wettrennen, die Jagd, der Ackerbau, die Politik und die Anstrengungen aller Art sind dein Vorrecht. Sie hat zum Weib gesagt: Sei Weib! Die Sorge für deine Kinder, die Aufgaben des Haushalts, die süße Unruhe der Mutterschaft, das sind deine Arbeiten! Unkluge Frauen, warum wollt ihr Männer werden? Ist die Menschheit nicht genug geteilt? Was braucht ihr mehr? Im Namen der Natur, bleibt, was ihr seid; und statt uns um die Gefahren eines so stürmischen Lebens zu beneiden, begnügt euch damit, sie uns im Schoße unserer Familien vergessen zu machen, indem ihr unsere Augen auf dem entzückenden Schauspiel unserer durch eure zärtliche Fürsorge glücklichen Kinder ruhen laßt.«

Von der Natur haben sie damals alle lernen wollen, auch Mary. Sie hatte die Frauen nicht auf dem Rednerpult gesehen, sondern erst einmal als Erzieherinnen ihrer Kinder. Nun wurde sie selbst Mutter, in einem Alter, da die meisten Frauen damals schon mehrere Kinder geboren – und verloren hatten. Mit jeder Geburt riskierten sie ihr Leben, deshalb war dieses Ereignis mit tausend Ängsten, abergläubischen Vorstellungen und schützenden Bräuchen verbunden. Das Wochenbett zur Erholung von den Strapazen des Gebärens dauerte bei Frauen der höheren Klassen tatsächlich mehrere Wochen, was Mary für eine unnötige Verzärtelung hielt. Schließlich war Kinderkriegen keine Krankheit, sondern ein ganz natürlicher Vorgang. Und selbstverständlich würde sie ihr Kind stillen.

Am 14. Mai 1794, zweieinhalb Wochen nach ihrem 35. Geburtstag, schenkte sie einem Töchterchen das Leben. Noch am gleichen Nachmittag wurde es den Behörden gemeldet.

»Am 25. *Floréal* im Jahre II der einen und unteilbaren Französischen Republik ist uns, Charles François Renardet, Beamter des ersten Arrondissements besagter Gemeinde, im Saal des Rathauses von Havre-Marat, ein weibliches Kind präsentiert worden, das nach einer Erklärung des Bürgers Jean Wheatcroft, Sohn, Seifenfabrikant, an diesem Tag um zwei Uhr nachmittags in seinem Haus *Rue de Corderie, Section Sans-Culottes* geboren wurde und aus der gültigen Ehe des Bürgers Guilbert Imlay, amerikanischer Geschäftsmann, anwesend, mit der Bürgerin Marie Wolstonecraft, seiner Ehefrau, hervorgegangen ist, welches Kind durch besagten Wheatcroft Sohn und dessen Ehefrau Michelle Dorothée den Namen Françoise erhalten hat.« Françoise, die Französin, genannt Fanny, nach Marys geliebter Jugendfreundin.

Am Tag danach war Mary wieder auf den Beinen, und nach einer Woche fühlte sie sich schon wieder ziemlich gesund und wohl, nur die »Milchflut« machte ihr Beschwerden. Die Schmerzen waren viel heftiger gewesen als erwartet, aber nichts hätte natürlicher oder leichter sein können als ihre Entbindung. »Ich erwähne diese Einzelheiten nicht nur, weil ich weiß, daß Sie sich darüber freuen werden, sondern um zu beweisen, daß dieser Kampf der Natur durch die Unwissenheit und Übertreibung der Frauen viel grausamer gerät als nötig. Meine Pflegerin ist zwanzig Jahre in diesem Beruf, und sie sagt mir, daß sie noch nie eine Frau erlebt habe, der es so gut gehe – und sie fügte als typische Französin hinzu, daß ich der Republik Kinder machen solle, da ich so wenig Aufhebens von der Sache machen würde. Zunächst allerdings war sie davon überzeugt, daß ich mich und das Kind umbringen würde, aber da wir leben, und zwar erstaunlich gut, fängt sie an zu glauben, daß der liebe Gott für die sorgt, die nicht für sich selbst sorgen. Es macht mir große Freude, Mutter zu sein – und die unablässige Zärtlichkeit meines überaus liebevollen Gefährten läßt mich dieses neue Band als Segen betrachten.«

Der Brief war an Ruth Barlow gerichtet, die auf der Rückreise nach Amerika in Altona Zwischenstation gemacht hatte. Da das

Schiff, das ihn befördern sollte, verspätet in Le Havre eintraf, fügte Mary noch eine Nachschrift an. Es sei ihr nie besser gegangen, als jetzt am zehnten Tag nach der Geburt. Schon am achten habe sie einen kleinen Spaziergang gemacht und den angeblich so gefährlichen neunten gut überstanden. »Mein kleines Mädchen saugt so kraftvoll *(manfully)*, daß ihr unverschämter Vater damit rechnet, daß sie den zweiten Teil der *Rechte der Frau* schreiben wird.«

Imlay war in eine Situation geraten, in die er nie hatte kommen wollen. Er war Familienvater mit allen dazugehörigen Sorgen und Unbequemlichkeiten – Windeln, Kindergeschrei, wenig Schlaf, kein Sex. Marys »neues Band« war für ihn eine Fessel. Damit ihre Auswanderungspläne möglichst schnell Wirklichkeit werden konnten, unterstützte sie Imlay jetzt bei seinen Geschäften und vertrat ihn, wenn er unterwegs war. Tatsächlich konnte er Hilfe brauchen. »Ein größeres, riskantes Handelsprojekt forderte all seine Zeit und Energie und sorgte dafür, daß er viel außer Hauses war. Dieses Unternehmen sollte bald außer Kontrolle geraten und Macht über ihr Leben gewinnen.«

Es begann mit dem Kauf eines Schiffes, das Waren in neutralen Ländern aufnehmen und dann durch die englische Blockade nach Havre-Marat bringen sollte. Am 18. Juni erwarb Imlay im Auftrag seiner Geschäftspartner und des Pariser *Comité des Subsistances* den französischen Dreimaster *La Liberté*, den er unter dem neuen Namen »Maria Margareta« als norwegisches Schiff mit dem Heimathafen Kristiansand registrieren ließ. Als Besitzer wurde ein norwegischer Seemann namens Peder Ellefsen eingetragen. Er war es auch, der die kostbare Ladung in mehreren Lieferungen von Paris nach Le Havre brachte und im Haus von Mr. Wheatcraft, also bei den Imlays, erst einmal lagerte. Sie bestand aus Silber – Silbergeräte und Silberbarren – aus ehemaligem Kirchen- und Adelsbesitz. Nach den Schiffspapieren freilich hatte die »Maria Margareta« nur Ballast geladen. Um sie auf die Reise schicken zu können, fehlte Imlay noch die Genehmigung der zuständigen Behörde, und die ließ auf sich warten.

Am 7. *Prairial* (26. Mai) wird dekretiert, daß im Krieg gegen England künftig keine Gefangene mehr gemacht werden dürfen.

Am 10. *Prairial* (29. Mai) wird die Göttin der Vernunft wieder aus den Kirchen vertrieben und die Rechristianisierung verschämt mit einem neuen Kult auf den Weg gebracht, der dem »Höchsten Wesen« geweiht ist.

»Darfst lieber Gott, nun wieder sein,
So wills der Schach der Franken.
Laß flugs durch ein paar Engelein
Dich schön bei ihm bedanken«,

spottet der Elsässer Pädagoge und Schriftsteller Gottlieb Konrad Pfeffel.

Am 22. *Prairial* (10. Juni) verabschiedet der Wohlfahrtsausschuß ein neues Gesetz gegen die Feinde des Vaterlandes. Wer wegen unpatriotischer, zersetzender Äußerungen oder der Verbreitung falscher Gerüchte vor das Revolutionsgericht gebracht wird, darf weder Zeugen noch einen Anwalt zu seiner Verteidigung aufbieten; das Gericht hat nur die Wahl zwischen Freispruch und Todesurteil. Aufschub wird nicht gewährt. Robespierre muß dem öffentlichen Ankläger nur einen Namen nennen, und am nächsten Tag ist der Betreffende ein toter Mann.

Die wirtschaftliche Lage bleibt desolat. Lebensmittel sind knapp, teuer und von schlechter Qualität. Imlay ist krank und schlecht gelaunt, weil das Silberschiff immer noch im Hafen liegt. »Es geht mir sehr gut, und mein kleines Mädchen ist nicht nur ungewöhnlich gesund, sondern so klug wie ein fünf oder sechs Monate altes Kind, was ich eher meiner guten, das heißt natürlichen Art, es zu stillen, zuschreiben möchte, als irgendwelchen angeborenen außerordentlichen Fähigkeiten«, schreibt Mary am 8. Juli an Ruth Barlow. »Sie hat noch nichts anderes als meine Milch gekostet, wovon ich seit der Geburt reichlich habe, aber da ich in ein oder zwei Monaten anfangen will, ihr das Essen beizubringen, bitte ich Sie, mir wenn möglich mehr von diesen feinen Keksen zu schicken, denn das Brot, das hier normalerweise hergestellt wird, ist schlechter als je zuvor, und vom guten bekomme ich nichts mehr.

Mr. Imlay ist seit einigen Wochen unwohl, und seit ein paar Tagen leidet er ernsthaft an Fieber. Er ist von den ständigen Enttäuschungen angegriffen – Schiffe bleiben aus, und die Regierung legt dem Handel dauernd neue Hindernisse in den Weg. Ich kann nicht anders, ich muß seine Unruhe teilen, weil es mir wichtiger erscheint, Verpflichtungen zu erfüllen, als ein Vermögen zu machen. Vom Stand der Dinge hier und dem Dekret gegen die Engländer will ich gar nicht reden – die Franzosen werden auf der ganzen Linie siegen – aber mein Gott, wie viele Opfer fallen durch das Schwert und die Guillotine! – Das Blut gefriert mir in den Adern, und der Gedanke an eine Revolution, die soviel Blut und bittere Tränen kostet, macht mich ganz krank.«

Dann bekommt Fanny auch noch die Pocken. Mary, die den Provinzärzten nicht traut, behandelt sie selbst, mit einer Therapie, die ihr durch die Vernunft geboten scheint. Ein Reinigungsritual. Jeden Tag badet sie das Kind in warmem Wasser, und es kommt tatsächlich durch.

Mitte August konnte die »Maria Margareta« endlich absegeln. Bald danach fuhr Mary mit Fanny nach Paris zurück. »Der Wagen, in welchem sie reiste, fiel zwischen Havre und Paris nicht weniger als viermal um.« Imlay war schon vorher in dringenden Geschäften nach London abgereist, hatte Mary aber versprochen, »daß seine Abwesenheit von kurzer Dauer sein würde. In zwei Monaten wollte er wieder in Paris sein. In Wirklichkeit war dieser Abschied das Vorspiel zu einer Trennung für immer.«

Inzwischen liefen beunruhigende Gerüchte über die »Maria Margareta« um. Das Schiff sei gesunken, das Silber verschwunden. Das mit dem Schiff stimmte nicht, wie sich etwas später herausstellte, das mit dem Silber schon. Kapitän Ellefsen bestritt, daß es überhaupt eine Silberladung gegeben hatte. Imlay wird wahrscheinlich versucht haben, von London aus legale Schritte gegen ihn einzuleiten.

»Es muß ihm klar gewesen sein, daß die ›Maria Margareta‹ rechtlich gesehen seit ihrer Abreise aus Le Havre in rauhen Wassern gesegelt war«, schreibt sein Biograph Wil Verhoeven. »Da er das Schiff und seine Ladung ›neutralisiert‹ hatte, war Frankreich für den Fall nicht zuständig. Nach englischem Recht hatten wahrscheinlich beide Parteien gegen das Gesetz verstoßen. Da Norwegen zu dieser Zeit zu Dänemark gehörte, lag Imlays einzige Chance auf Entschädigung in der Anrufung dänischer Gerichte.«

Tatsächlich wurde in Kopenhagen eine Kommission eingesetzt, die den Fall untersuchte und (im Februar 1795) die Verhaftung von Ellefsen anordnete. Auf Druck seiner einflußreichen Familie wurde er allerdings bald wieder freigelassen.

Novelle

Helden stellt man sich wie Archibald Hamilton Rowan vor: von imponierender Gestalt, tapfer, ritterlich, romantisch, rebellisch und mit einem abenteuerlichen Lebenslauf. 1757 geboren, aus einer alten anglo-irischen Familie stammend, begann er sein Studium am Queen's College Cambridge, wurde aber der Universität verwiesen, weil er versucht hatte, seinen Tutor in den Fluß Cam zu werfen. Auch an der Dissenter-Akademie in Warrington, die er um die Zeit besuchte, als Vater Forster dort unterrichtete, hatte er Probleme mit den Autoritäten. Nach Abschluß seiner Studien unternahm er ausgedehnte Reisen in Europa, Nordafrika und Amerika, diente dem Gouverneur von South Carolina als Privatsekretär und war eine Zeitlang Offizier in der portugiesischen Armee. 1781 ging er eine Liebesheirat mit der mittellosen Sarah Dawson ein. Bald danach ließ er sich mit seiner Familie im irischen County Kildare nieder und wurde zu einem engagierten Kämpfer für die Unabhängigkeit Irlands. Aufsehen aber erregte er zunächst als Anwalt eines jungen Mädchens, der vierzehnjährigen Mary Neal, die in ein Bordell in Dublin gelockt und dort von einem gewissen Lord Carhampton vergewaltigt worden war. Er schrieb ein Pamphlet gegen den Lord und seine Helfershelfer und trat ihnen auch in Person gegenüber. Sie saßen beim Essen in einem noblen Club, als er in Begleitung seines riesigen Neufundländers den Speisesaal betrat und drohend die *shillelagh*** gegen sie schwang.

Wegen eines Pamphlets, das Propaganda für die *United Irishman* machte, wurde Rowan zu zwei Jahren Haft verurteilt. Anfang 1794 trat er seine Strafe im Newgate-Gefängnis in Dublin an, wo es ihm ziemlich gutging. Das Essen wurde ihm von zu Hause in seine Räume gebracht, und er durfte jederzeit Besuch von Familie und Freunden empfangen. Etwa zwei Monate hatte er abgesessen, als Reverend William Jackson in Begleitung eines Freundes zu ihm kam, um mit ihm Pläne für eine irische Revolution gegen die Engländer zu besprechen. Etliche seiner Mitverschworenen betrieben dieses Projekt von Frankreich aus, unter ihnen auch Helen Maria Williams' Freund John Hurford Stone.

Durch einen Spitzel erfuhr die Regierung davon. Jackson wurde unter der Anklage des Hochverrats verhaftet. Rowan wußte, daß er fliehen mußte, um dem gleichen Schicksal zu entgehen. Mit einer hohen Bestechungssumme überredete er einen Wärter dazu, ihn in seine Wohnung zu begleiten, wo er angeblich Papiere zu unterzeichnen hatte und alles für die Flucht vorbereitet war. An einem aus Bettüchern gefertigten Seil ließ er sich aus dem Schlafzimmerfenster hinab, unten wartete ein Pferd, und an der Küste fand er ein Schiff, das ihn nach Frankreich brachte. Gleich nach der Landung wurde er als mutmaßlicher britischer Spion verhaftet, nach Paris gebracht und von Robespierre persönlich verhört, der ihn für unschuldig befand und seine Freilassung verfügte.

Rowan blieb vorläufig in Paris, wo er das Ende der jakobinischen Schreckensherrschaft miterlebte. »Zwei Tage nach der Exe-

---

* Eine Shillelagh ist ein hölzerner Stock bzw. Knüppel, normalerweise aus einem knotigen Stück Schwarzdorn, mit einem Wurzelknoten als Knauf.

kution Robespierres wurde die gesamte Kommune von Paris, bestehend aus etwa 60 Personen, in weniger als anderthalb Stunden auf dem Platz der Revolution guillotiniert, und obwohl ich etwa hundert Schritte vom Ort der Hinrichtung entfernt stand, strömte das Blut der Opfer bis unter meine Füße«, schreibt er in seinen Erinnerungen. »Robespierre habe ich nicht zur Guillotine gehen sehen, aber man hat mir berichtet, daß die Menge sogar mit ihren Regenschirmen in den Wagen hineinschlug, in dem er transportiert wurde.«

Ganz vorbei war es mit den Jakobinern damit immer noch nicht, aber das Fest, das sie am 21. September inszenierten, konnte einem schon damals gespenstisch vorkommen. An diesem Tag nämlich wurde Mirabeau, der 1791, dreieinalb Jahre zuvor, als erster Nationalheld ins neugeschaffene Pantheon der Revolutionäre aufgenommen worden war, wieder herausgeworfen, »depantheonisiert«. Er galt inzwischen als Hochverräter. Während man seinen Sarg durch einen Seiteneingang wegschaffte, wurde der von Jean-Paul Marat feierlich in die Ruhmeshalle eingeführt. »Wie Jesus war Marat von brennender Liebe zum Volk erfüllt«, sagte ein Redner. »Wie Jesus haßte er Könige, Adlige, Priester, die Reichen, die Schurken, und wie Jesus kämpfte er beständig gegen diese Schädlinge der Gesellschaft.«

Wieder war Archibald Hamilton Rowan unter den Zuschauern, dem die neue Bekanntschaft, die er bei dieser Gelegenheit machte, weit interessanter schien als das Fest, »wovon es in diesem Land überreichlich gab«. »Mr. B., der mit mir da war, gesellte sich zu einer Dame, die Englisch sprach und der ein Dienstmädchen folgte, die ein kleines Kind auf dem Arm trug, das der Dame gehörte, wie ich herausfand. Ihre Umgangsformen waren gewinnend und ihre Unterhaltung geistreich, aber nicht unweiblich. B. flüsterte mir zu, daß sie die Autorin der *Rights of Woman* war. Ich war erstaunt. ›Was?‹ sagte ich mir, ›das ist Mrs. Mary Wollstonecraft, die mit einem Kind an den Fersen so ganz ohne Umstände herumstolziert, als wäre es eine Uhr, die sie gerade beim Juwelier gekauft hat? Soviel zu den Rechten der Frauen‹, dachte ich. Aber nach weiterem Fragen erfuhr ich, daß sie, sehr zu ihrem Glück, kurz vor dem Dekret, das die Inhaftierung aller britischen Untertanen verfügte, einen Amerikaner geheiratet hatte, der sich zu der Zeit in diesem Land befand. Meine Bekanntschaft, die bisher nur aus Männern bestanden hatte, war nun auf die angenehmste Weise vermehrt worden, und wann immer ich sie besuchte, bekam ich eine Tasse Tee und eine Stunde vernünftiger Unterhaltung.« Meist ging es um Herzensangelegenheiten.

Beide waren getrennt von den Menschen, die sie liebten. Mary schilderte ihm Imlay in leuchtenden Farben, Rowan schwärmte ihr von seiner Sarah vor. Er hatte seit seiner Flucht nichts von ihr gehört und fürchtete, daß sie ihn nicht mehr liebte, weil er sie vernachlässigt hatte. Oft sprachen sie »über Männer und Frauen und ihre wechselseitigen Pflichten«, und Marys Ansichten machten ihm bittere Stunden, wie er Sarah schrieb, nachdem er schon wieder liebevolle Briefe von ihr erhalten hatte. »Ohne es zu wissen und zu wollen, hat sie mir so manches Herzweh bereitet, weil sie darauf bestand, daß es auf der Welt keinen Grund dafür geben könne, daß ein Mann und eine Frau auch nur einen Moment weiter zusammenlebten, wenn die gegenseitige Liebe und Achtung entschwunden sei.« Womöglich dachte Sarah auch so? Mary versuchte ihn zu beruhigen. »Wenn ich ihr Dich richtig geschildert hätte, dann hätte ich, wie sie glaube, keinen Grund, mir Sorgen zu machen, denn wenn eine Person, die wir geliebt haben, abwesend sei, dann würden alle ihre Fehler viel geringer erscheinen und ihre Vorzüge viel größer.«

Am Tag nach der Pantheonisierung Marats schrieb Mary an Imlay zwei Briefe, die sie auf den »bewährten« Postweg gab, und dann noch einen dritten, den ein Bekannter ihm direkt überbringen würde. Entschuldigend schrieb sie, sie wisse, wie enttäuscht sie selbst wäre, jemanden zu treffen, der ihn getroffen habe und keinen Brief für sie habe, selbst wenn es nur ein kurzer sei – und außerdem:

»Du möchtest ja wieder und wieder hören, daß unser kleiner Herkules ganz wiederhergestellt ist. Außer mich zu sehen gibt es drei andere Dinge, die sie liebt – in einer Kutsche fahren, auf eine scharlachrote Uniform schauen und laute Musik hören – gestern, beim Fest, konnte sie die beiden letzteren genießen.

Du wirst sagen, das ist banal – soll ich über Alaun oder Seife reden? In Deinen gegenwärtigen Betätigungen ist nichts Malerisches; meine Phantasie wandert lieber mit Dir zurück zur *barrier*, oder ich sehe Dich kommen, zu mir und meinem Korb mit Trauben. – Mit welchem Vergnügen erinnere ich mich an Deine Blicke und Worte, wenn ich am Fenster saß und auf das wogende Korn schaute.

Glauben Sie mir, mein weiser Herr, Sie haben nicht genügend Respekt vor der Phantasie – ich könnte Ihnen im Nu beweisen, daß sie die Mutter des Gefühls ist, daß sie das ist, was unsere Natur auszeichnet, und das einzige, was die Leidenschaften veredelt – Tiere haben etwas Verstand und die gleichen, wenn nicht schärfere Sinne wie wir, aber in ihren Handlungen zeigt sich keine Spur von Phantasie oder von deren Sprößling Geschmack. Sinnentrieb, Leidenschaften und Vernunftgründe bringen die Menschen zusammen; aber die Phantasie ist das wahre Feuer, vom Himmel gestohlen, um dieser kalten Kreatur aus Lehm Leben und all die zarten Neigungen einzuhauchen, die uns in Entzückung versetzen und unsere Herzen füreinander öffnen, statt ihnen Muße zur Berechnung von gesellschaftlichen Vorteilen zu lassen.

Wenn Du diese Überlegungen romantisch nennst, eine Formulierung, die an dieser Stelle gleichbedeutend mit unsinnig wäre, müßte ich antworten, daß Du durch den Handel und die vulgären Genüsse des Lebens vertiert bist – bring mir Dein *barrier-face* zurück, oder Du wirst meinem *barrier-girl* nichts zu sagen haben; und ich werde von Dir forteilen, um die Erinnerungen zu hegen und zu pflegen, die mir für immer teuer sein werden,

for I am yours truly Mary«.

Immer das gleiche Lied, Tag für Tag, Woche für Woche, Monat für Monat.

Die Journalisten durften wieder frei schreiben. »Seitdem die Freiheit, zu sprechen und zu schreiben, völlig wiederhergestellt ist, erfährt man nicht nur von den Greueln des Vendée-Krieges, sondern auch von vielen anderen Grausamkeiten, die in allen Gegenden des Reichs unter Robespierres Herrschaft verübt wurden.« Als ob die Wahrheit nicht schon schlimm genug gewesen wäre, wurden maßlose Übertreibungen und Verleumdungen in die Welt gesetzt. Der tugendhafte Lebenswandel Robespierres zum Beispiel? Pure Heuchelei! »Im Konvent hat ein Abgeordneter erklärt, daß Robespierre tatsächlich einige Geliebte unterhielt. Sollte das zutreffen, vermute ich, daß sie eher seiner Eitelkeit als seinen Sinnen schmeichelten.«

Die Theater brachten keine Revolutionsspektakel mehr, sondern Klassiker wie Moliéres *Tartuffe*. »Die Pariser fangen jetzt an, wieder das muntere Wesen anzunehmen, das sie, und die ganze französische Nation, ehemals so vorzüglich auszeichnete«, meldete die *Vossische Zeitung* Anfang Dezember. »Man wagt es auch nachgerade, sich reinlich zu kleiden, ohne daß man befürchten darf, von einem plumpen Menschen mit Holzschuhen bespritzt zu werden. Die Frauenzimmer finden wieder Geschmack am Putze, und besorgen nicht mehr, durch Toilette und Reinlichkeit Anlaß zum Verdacht zu geben. Talente und Künste werden wieder geschätzt.« Opferbälle – *bals à victimes* – sind *en vogue.* »Elegant gekleidet tanzt man zu Ehren der Toten, um den linken Arm trägt man schwarzen Krepp.«

Die Franzosen leiden unter dem kältesten Winter seit Menschengedenken. Die Pariser trifft es besonders hart. Wolfsrudel streifen um die Stadt. Anfang April »strömen die Hungernden aus den Vorstädten zu den Tuilerien, belagern den Konvent und verlangen neben Brot die Verfassung des Jahres 1793«.

Mary wartet auf Imlay, der sie von Woche zu Woche vertröstet und dann doch ausbleibt. Es geht nicht anders, erklärt er, er muß noch etwas in London bleiben, die Sache mit dem Silberschiff, und dann gibt es andere Projekte und Spekulationen, schließlich arbeitet er ja für ihre gemeinsame Zukunft. Er schreibt ihr: »Unser Zusammensein hat Vorrang vor allen anderen Überlegungen.« Ihren Traum von Bellefont, vom Haus auf dem Land, hat er aufgegeben. In der Wildnis versauern? Inzwischen will er höher hinaus. Mary muß nur noch etwas Geduld haben, dann werden sie herrlich und in Freuden leben können. Er hat ihren Schwestern als Schwager in spe einen höflichen Brief geschrieben. Und er hat ihren Bruder James getroffen, der ihn gutaussehend und sympathisch findet.

Mary wollte, sie mußte glauben, daß er sie noch liebte, und vielleicht glaubte er das auch selber, jedenfalls manchmal. Doch seine Worte und seine Handlungen paßten nicht zusammen. Mary saß in der Falle eines Doublebind. Auf das Sicherheitsnetz gegenseitiger Verpflichtung, die Legalisierung ihrer Beziehung, hatte sie im Namen der Freiheit verzichtet.

»Warum hing sie so hartnäckig an dieser verhängnisvollen und unseligen Leidenschaft?« fragte Godwin und antwortete: »Weil es das Wesen der Liebe ist, sich nach Fortdauer zu sehnen.« Die romantische Definition einer lebensgefährlichen Krankheit.

Mary schreibt Briefe. Fanny sehe Imlay ähnlich, das heißt seinem liebenswürdigen Selbst, nicht seinem Geschäftsgesicht. Die Behauptung, daß Mann und Frau eine Einheit seien, die sie früher weit von sich gewiesen hat, scheint ihr nun plausibel. Sie hofft auf die völlige Entmachtung der Jakobiner. Madame Schweizer ist bei ihr zu Besuch, liest gerade die deutsche Übersetzung von Imlays *Topographical Description*, läßt dem Verfasser ausrichten, daß sie ihn für das, was er über (gegen) die Sklaverei sagt, liebe. Sie selbst hat einige Unannehmlichkeiten gehabt, mit denen sie ihn nicht belasten will. Fanny kostet sie viel Zeit und Kraft, aber sie findet sich für ihre Mühen reichlich belohnt, das Kind wächst ihr immer mehr ans Herz. »Wenn ich ohne sie ausgehe, tanzt ihre kleine Gestalt fortwährend vor meinen Augen.« Sie liest Imlays liebevolle Briefe wieder. Er ist ein wunderbarer Mensch. »In Zeiten der Trennung wäre es fast blasphemisch, auf den wirklichen oder eingebildeten Charakterschwächen zu verweilen.« Sie hofft inständig, daß er nach seiner Rückkehr nicht mehr so vollständig in Geschäften aufgehen werde wie in den letzten drei oder vier Monaten. Sie findet es angenehm, wenn Fanny an ihrer Brust saugt, aber noch glücklicher ist sie, wenn das Kind sie anlächelt oder gar vor Freude laut lacht, wenn es sie nach einer kurzen Trennung wiedersieht. Sie leidet darunter, daß sie finanziell von Imlay abhängig ist und sich mit Geldwünschen an einen seiner Pariser Geschäftspartner wenden muß, den sie nicht ausstehen kann. Sie lernt Claude Josephe Rouget de Lisle kennen, den Verfasser der *Marseillaise*, und ist halb verliebt in ihn, wie sie scherzt – »ein gutaussehender Mann, mit einem etwas zu breiten Gesicht, und er spielt sehr süß auf der Geige«.

Weihnachten erwartet sie Imlay ganz sicher, aber er bleibt wieder aus. Sie macht sich große Sorgen. Es hat Stürme gegeben, womöglich ist das Schiff gekentert? »Komm zu mir, mein liebster Freund, Gatte, Vater meines Kindes!« Fanny zahnt, sie liebt das Kind mehr, als sie es je für möglich gehalten hätte, es ist ihr einziger Trost. Daß die Geschäfte nicht gut laufen, tut ihr leid, sie glaubt allerdings, daß er sich zu stark von seinem Pariser Kompagnon beeinflussen läßt und in zu viele Unternehmungen verstrickt ist. Er hat nicht einmal mehr Zeit, ihr einen richtigen Brief zu schreiben. »Paß auf! Du scheinst in einen Strudel von Projekten und Plänen verstrickt, die Dich in einen Schlund ziehen, der, wenn er nicht Dein Glück verschlingt, unweigerlich meins zerstören wird.« Wenn er wieder bei ihr ist, werden sie vernünftig über alles reden müssen. Die Zukunft muß endlich beginnen. »Es erscheint mir absurd, ein Leben mit den Vorbereitungen für ein Leben zu verschwenden.«

Sie schreibt: *How I hate this crooked business.* Denkt sie an das Silberschiff? Der Handel, das ist ihr großer Rivale, gegen den sie verzweifelt und aussichtslos kämpft. Sie überlegt, wie sie sich und Fanny finanziell von Imlay unabhängig machen kann. »Du kennst meine Meinung. Ich habe immer gesagt, daß zwei Menschen, die zusammenleben wollen, nicht zu lange getrennt sein sollten. Wenn bestimmte Dinge Dir wichtiger sind als ich, dann suche sie zu erreichen – sag nur ein Wort, und Du wirst nie mehr von mir hören.« Bei der herrschenden Teuerung ist sie in akuter Geldnot. »Ich will mich nicht über unbedeutende Unannehmlichkeiten beklagen – doch ich will nur bemerken, daß ich, da ich Dich jede Woche erwarten mußte, keine Vorkehrungen treffen konnte, um mich mit dem Lebensnotwendigen zu versorgen. Weil ich kein Holz habe, habe ich die heftigste Erkältung bekommen, die ich je hatte, und mein Kopf ist so zerstört von dem ständigen Husten, daß ich das Schreiben dauernd unterbrechen muß, um mich zu sammeln.«

Sie gibt Imlay verloren. Sie muß ihrer Qual ein Ende machen.

»Du sprichst von ›sicheren Aussichten und zukünftigem Wohlstand‹ – nicht für mich, denn meine Hoffnungen sind tot. Die Aufregungen des vergangenen Winters haben damit Schluß gemacht; nicht nur mein Herz ist gebrochen, auch meine Gesundheit ist zerstört«, schreibt sie ihm am 10. Februar in einem Fast-Abschiedsbrief. »Als Du Dich zuerst auf diese Projekte eingelassen hast, erwartetest Du einen Gewinn von tausend Pfund. Damit hätte man sich eine Farm in Amerika verschaffen können, die Unabhängigkeit bedeutet hätte. Jetzt fällt Dir auf, daß Du Dich selbst nicht kanntest und daß eine gewisse Stellung im Leben Dir notwendiger ist, als Du Dir vorgestellt hast – notwendiger als ein unverdorbenes Herz. Ein oder zwei Jahre magst Du Dich mit dem zerstreuen, was Du Vergnügungen nennst, Essen, Trinken und Frauen, aber in der Einsamkeit des abnehmenden Lebens wirst Du Dich mit Bedauern an mich erinnern – ich war dabei, ›mit Reue‹ zu schreiben, aber ich habe meiner Feder Einhalt geboten.

Wenn ich lese [in *The Emigrants*], was Du in bezug auf das Verlassen von Frauen geschrieben hast, habe ich mich oft gefragt, wie Theorie und Praxis so verschieden sein können, bis ich mich daran erinnerte, daß Empfindungen der Leidenschaft und Entschlüsse der Vernunft zwei ganz verschiedene Dinge sind.

Dies ist eine solche Zeit der Barbarei und des Unglücks gewesen, daß ich nicht darüber klagen sollte, daran auch meinen Anteil zu haben. In einem Moment wünschte ich, ich hätte niemals von den Grausamkeiten gehört, die hier verübt wurden, und im nächsten beneide ich die Mütter, die mit ihren Kindern getötet worden sind. Ich habe doch gewiß im Leben genug gelitten, um nicht zu einer Neigung verflucht zu werden, die meine Lebenskraft vernichtet. Du wirst mich für verrückt halten: Ich wünschte, ich wäre es, damit ich mein Unglück vergessen könnte – so daß mein Kopf oder mein Herz ruhig wären –.«

Dieser Brief scheint Imlay so beunruhigt zu haben, daß er ihr einen Rettungsring zuwarf. Ihre Ängste schob er auf Erschöpfung. Sie mache sich unnötige Sorgen. Einzig die Geschäfte hätten ihn von ihr ferngehalten. Er selbst könne auf keinen Fall aus London weg, aber sie solle doch mit Fanny zu ihm reisen: »Komm nur an irgendeinem Hafen an, und ich werde zu meinen lieben Mädchen eilen, mit einem Herzen, das ganz ihnen gehört.«

Mary hatte Angst vor der Rückkehr nach England. »Warum ist es so nötig, daß ich zurückkehre? – Hier würde mein Mädchen freier aufwachsen«, klagte sie und bereitete die Abreise vor. In Le Havre – der Namenszusatz Marat war nach dessen schneller Depantheonisierung im Februar 1795 wieder gestrichen worden – mußte sie vorher noch ihre alte Wohnung ausräumen. Außerdem wollte sie Fanny abstillen. Ihr Zusammensein mit Imlay sollte durch keine Störungen getrübt werden.

Ende März oder Anfang April verabschiedete sie sich von Archibald Hamilton Rowan, der ebenfalls kurz vor der Abreise stand. Sein Ziel war Amerika, wohin ihm seine Familie von England aus baldmöglichst folgen sollte. Weil alle amerikanischen Schiffe, die aus Frankreich kamen, streng von den Engländern kontrolliert wurden, wollte er von Le Havre aus unter falschem Namen und mit falschen Papieren – als amerikanischer Geschäftsmann Mr. Thomson – reisen. Für die Wartezeit bis zur Abfahrt des Schiffes bot Mary ihm Logis in ihrer leer geräumten Wohnung an. Er gab ihr einen Brief für Sarah mit, und eine Uhr für seinen ältesten Sohn, die auf der einen Seite die Stunden anzeigte und auf der anderen das Datum.

Mary hatte gehofft, Rowan noch einmal in Le Havre treffen zu können, aber daraus wurde nichts. Mr. Thomson war unterwegs aufgehalten worden. Aus Sicherheitsgründen hatte er beschlossen, von Paris bis Rouen die Seine abwärts mit einem Boot zu fahren, das er aus der Hinterlassenschaft des Herzogs von Orléans ersteigert hatte. Am 17. April startete er mit Hund, Gepäck und allen erforderlichen Pässen und Papieren. Er war noch nicht weiter als bis zur Port-Royal-Brücke gelangt, als ein angetrunkener Sansculotte ihn entdeckte, schrie »ein Abgeordneter, der sich mit dem Gold der Nation davonmacht«, die Flinte auf ihn richtete, ihm am Ufer bis zum nächsten Landeplatz folgte und dort in seinem Eifer das Boot fast versenkt hätte. Rowan verlangte, zur Wache an der Zollschranke von Passy geführt zu werden. Inzwischen hatten sich etwa hundert Menschen um ihn versammelt, die drohend *à la lanterne* brüllten. Ein Offizier prüfte die Papiere und fand sie *en règle*, aber die Menge bestand weiter darauf, daß er »das Gold der Nation« stehlen wolle. Rowan forderte den Offizier auf, sein Gepäck zu untersuchen, der das ablehnte, weil das nicht in seine Zuständigkeit falle. Schließlich schlug jemand vor, den Gefangenen zum Bürgermeister von Passy zu bringen, was auch geschah, vorneweg der eifrige Sansculotte, der Rowan nicht losließ, hinter ihnen die aufgeregte Menge. Nach eingehender Prüfung der Papiere fand auch der Bürgermeister alles *en règle*. Den Verfolgern sagte er, sie sollten dem Gefangenen erlauben, die Reise fortzusetzen, rühmte aber zugleich ihren Eifer und ihre Wachsamkeit.

Zu seiner grenzenlosen Verwunderung fand Rowan sein Boot genauso vor, wie er es verlassen hatte. Einige Flaschen Wein, ein kleiner silberner Becher, ein Gehstock mit goldenem Knauf, sein

Gepäck, alles war noch da. Die Menge, die ihn ohne viel Federlesens an die Laterne geknüpft hätte, hatte nichts von seinem Eigentum angerührt. Eine Frau riet ihm, möglichst schnell abzulegen, weil die Bürger unzufrieden über seine Freilassung seien und ihn am Weiterreisen hindern wollten. Das tat er denn auch, nur um wenig später ein zweites Mal aufgehalten, zum Bürgermeister von Passy geschleppt und wieder freigelassen zu werden.

Das war genug. Rowan nahm den Landweg nach Le Havre. Als er dort ankam, war Mary schon abgereist. Sie ließ zwei Briefe für ihn zurück. Den ersten, kurzen hatte sie in Eile geschrieben, unmittelbar bevor ihr Schiff nach England ablegte. Für den zweiten hatte sie dann mehr Zeit. »Der ungeschickte Lotse ließ uns auf Grund laufen – so sind wir nun in einem leeren Haus, und da Herz und Phantasie auf dem Sprung sind, können Sie sich vorstellen, daß der langsame Gang der Zeit sehr schwer erträglich ist. – Ich zähle sozusagen das Ticken der Uhr – nur, daß es hier keine Uhr mehr gibt. In den letzten Tagen habe ich alles geordnet, nun ist alles fertig, und wir können fort. Wenn Sie noch hereinschauen würden, wäre ich glücklich, denn trotz meiner Ungeduld, einen Freund wiederzusehen, der all meine Zärtlichkeit verdient, habe ich noch einen Winkel im Herzen, wo ich Ihnen einen Platz einräumen will, wenn Sie nichts dagegen haben. – Es würde mich aufrichtig freuen, Sie irgendwann in der Zukunft wiederzusehen und Ihre Frau kennenzulernen. – Bitte passen Sie auf sich auf und lassen Sie nach Ihrer Ankunft von sich hören. Sie werden ein nicht sonderlich bequemes Haus vorfinden, aber ich habe in einem Wandschrank ein paar Vorräte zurückgelassen, und das Mädchen, das uns in der Küche geholfen hat und sehr gut bezahlt wurde, hat versprochen, alles für Sie zu tun.

Ich mag *Adieu* weder sagen noch schreiben.

Yours sincerely Mary Imlay.«

In London wurde für Mary bald Gewißheit, was sie längst ge-ahnt hatte. Imlay war ihr untreu. Er hatte ein Verhältnis mit einer Schauspielerin und war nicht willens, daran etwas zu än-dern.

»Man kann sich kaum eine Zeit ärgerer Pein und Kränkung vorstellen, als Mary sie nun in den nächsten sieben Wochen, vom sechzehnten April bis sechsten Juni, in dem möblierten Haus, das Imlay für sie gemietet hatte, durchleben mußte. Einer schwachen fast entschwundenen Hoffnung folgend war sie nach England, einem Lande, das ihr damals ›Widerwillen bis zum Entsetzen‹ einflößte, zurückgekehrt. Sie war dazu ermutigt wor-den durch den Eifer und die Ungeduld, mit denen Imlay ihre Ankunft zu erwarten schien. Sobald sie ihn aber wiedersah, fand sie ihre schlimmsten Befürchtungen bestätigt.

Wie hatte sie sich die überströmende Freude des Wiederse-hens nach langer, banger Trennung und Sorge ausgemalt! Tau-send zärtliche Bilder drängten sich vor ihre Phantasie. Umsonst mag man in solcher Lage versuchen, durch Mäßigung und Be-sinnung die Erregung des liebenden Herzens zu zügeln. Aber die Hoffnung, die sie genährt hatte, war bald vernichtet. Imlay empfing sie kalt und verlegen. Auseinandersetzungen (›Verstän-digungen‹ wurden sie genannt) folgten, grausame ›Verständigun-gen‹, die nur geeignet waren, die Qual eines Herzens zu erhöhen, das ohnedies schon im Gram versunken war. So wenig Aufklä-rung sie auch brachten, so zeigten sie doch das eine deutlich, daß die Mißhelligkeiten nicht wieder gut zu machen waren.

Unter dem Eindruck dieser Vorgänge war Mary außerstan-de, ihre Fassung zu bewahren. ›Liebe! Süße trügerische Liebe!‹ ruft sie später im Gespräch mit einer Freundin aus. ›Die strenge Vernunft forderte Entsagung, aber wie sollten nicht alle ver-nünftigen Erwägungen verfliegen, wenn man endlich erst wahre Freuden kennengelernt hat?‹ Das Leben wurde ihr zu einer uner-träglichen Bürde.

Wenn Imlay abwesend war, konnte sie ruhig von der Aussicht auf Trennung und wiedergewonnene Unabhängigkeit sprechen, aber in einem Hause mit ihm konnte sie nicht umhin, es immer wieder zu versuchen, das alte herzliche Verhältnis aufs neue herzustellen, und die so oftmalige Wiederholung solcher vergeblicher Versuche trug immer aufs neue Nahrung zu dem Feuer, das sie verzehrte. Endlich faßte sie in Verzweiflung den Entschluß zu sterben.«

Mary nahm Laudanum. »Stein der Unsterblichkeit« hatte Paracelsus diese Opiumtinktur stolz genannt, überzeugt, mit ihr ein Allheilmittel gemischt zu haben. In ganz Europa war die Wunderdroge als Schmerz-, Beruhigungs- und Schlafmittel überaus beliebt, und sie half auch gegen das Leben. »Sie schluckte das Laudanum; ihre Seele war ruhig – der Sturm hatte sich gelegt – und nichts blieb, als ein starkes Verlangen, sich selbst zu vergessen – vor dem Schmerz zu flüchten, den sie litt, allem Denken zu entfliehen – dieser Hölle der Enttäuschung.« Marys Selbstmordversuch mißlang wie der ihrer Romanheldin Maria. Einer Ohnmacht folgt »heftigstes Erbrechen«, und dann ist es der reuige Gedanke an ihr Töchterchen, der Maria nach heftigem Ringen sagen läßt: »Ich will leben – für mein Kind!«

Mary wollte vor allem für Imlay leben, immer noch. Ihr versuchter Suizid hat ihn wohl so geschockt, daß er ihr neue Hoffnungen machte. Zuvor aber sollte sie für ihn (für ihre gemeinsame Zukunft) eine Reise nach Norwegen unternehmen, über deren Notwendigkeit sie schon öfter miteinander gesprochen hatten. Vor Ort konnte man dem verschwundenen Silberschatz vielleicht doch noch auf die Spur kommen. Die Ablenkung würde ihr guttun, und ihm würde sie damit einen großen Dienst erweisen, da er selbst wegen anderer geschäftlicher Verpflichtungen keine Zeit hatte, die Reise zu unternehmen. Danach wollte er sich dann mit Mary treffen, nicht in England, sondern auf dem Kontinent. Wahrscheinlich in Hamburg, möglicherweise aber auch in Basel, Mary träumte schon lange von einem Aufenthalt in der Schweiz. Ein ingeniöser Plan, der Marys Leben wieder Sinn geben, Imlay von ihr erst einmal befreien und, am wichtigsten, seinen finanziellen Interessen dienen würde. Wie schwach sie war – und wie stark, sich auf ein solches Unternehmen einzulassen.

»Hiermit bevollmächtige ich, Gilbert Imlay, Bürger der Vereinigten Staaten von Amerika, zur Zeit wohnhaft in London, Mary Imlay, meine beste Freundin und meine Frau, mich in allen meinen Geschäften zu vertreten, die ich bisher in die Hände von Mr. Elias Backman, Geschäftsmann in Göteborg, oder von den Herren Ryberg & Co in Kopenhagen gelegt hatte. Ich wünsche, daß in diesen Angelegenheiten so verfahren wird, wie es ihr am klügsten und vorteilhaftesten erscheint.«

Um den 7. Juni 1795 brach Mary in das nordenglische Hafenstädtchen Hull auf, mit Fanny, die gerade ein Jahr geworden war, und ihrem heiteren Kindermädchen Marguerite Fournée. Pamina und Papagena auf Reisen!

Die Abfahrt des kleinen Frachtschiffes verzögert sich immer wieder. Endlich, am 21. Juni, sticht es in See, kann aber dann wegen widriger Winde nicht wie vorgesehen in Arendal an der norwegischen Küste landen, wo die Familie von Kapitän Ellefsen zu Hause war und das verschwundene Silber vermutet wurde. Statt dessen verschlägt es sie an die gegenüberliegende schwedische Seite. Ein Ruderboot bringt sie an Land, etwa 30 Kilometer von Göteborg entfernt, wo sie am Nachmittag des 27. Juni eintreffen.

»Ich habe nur einen Augenblick, bevor die Post abgeht, um Dir mitzuteilen, daß wir hier angekommen sind. Was ich auf dem Schiff gelitten habe, darüber will ich mich jetzt nicht weiter auslassen – und auch nicht erwähnen, wie froh ich war, als ich der felsigen Küste ansichtig wurde. – Heute morgen aber, als ich zu der Kutsche ging, die uns hierherbringen sollte, fiel ich ohne vorherige Warnung besinnungslos zu Boden – und wie ich mit dem Leben davonkam, weiß ich kaum zu sagen. 20 Meilen Fahrt im Regen nach dem Unfall haben mich ganz derangiert – und hier konnte ich kein Feuer bekommen, um mich zu wärmen, und überhaupt nichts Warmes zu essen; die Wirtshäuser sind

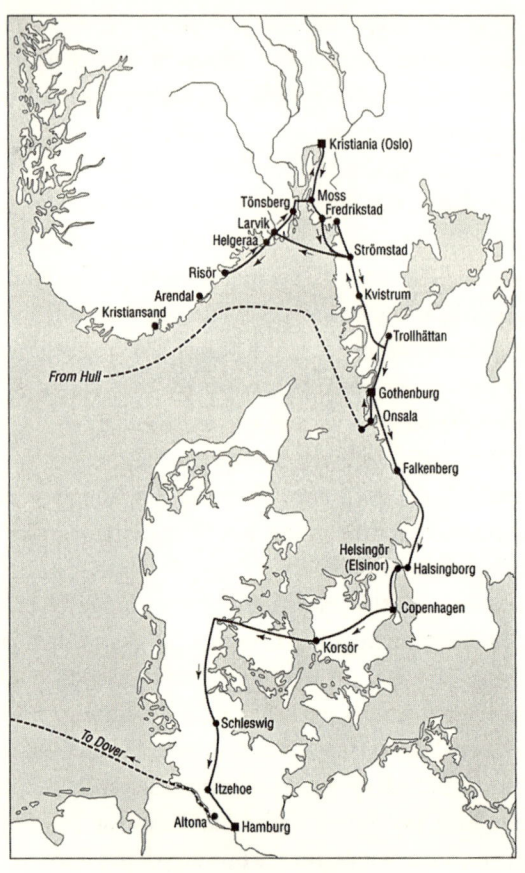

33 *Karte von Mary Wollstonecrafts*
skandinavischer Reise.

richtige Ställe – Ich muß trotzdem schlafen gehen. Laß mich um
Gottes willen von Dir sofort hören, mein Freund! Mir geht es
nicht gut, aber wie Du siehst, kann ich nicht sterben.«

In Göteborg führt sie Gespräche mit Imlays bisherigem Agenten Backman, der sie aus dem Wirtshaus-Stall erlöst, gastlich in
seinem Haus aufnimmt und ihr Unterstützung zusagt. Als sie
nach etwa einer Woche zur Weiterfahrt nach Norden aufbricht,
läßt sie Fanny in Marguerites Obhut bei ihm zurück. Die Reise-

therapie beginnt Wirkung zu zeigen. »Ich bin ziemlich lebhaft, trotz meines Kummers, was besser ist als die stumpfe Erstarrung, die im letzten Jahr alle meine Kräfte gefrieren ließ.« Die Bewegung an der reinen Luft tut ihr wohl. Sie fühlt sich gesünder, schläft gut, und ihre Wangen färben sich rosig. »Sag mir nicht, daß Du ohne uns glücklicher bist – willst Du nicht zu uns in die Schweiz kommen? Ach, warum liebst Du uns nicht mit mehr Empfindung?«

Während sie in Strömstad auf das Schiff wartet, das sie nach Larvik bringen soll, schreibt sie schon wieder. Sie leidet Qualen, weil sie immer noch keinen Brief von Imlay hat. »Aber ich werde mich nicht beklagen – Es gibt Unglücksfälle, die so groß sind, daß man seinen Kummer nur noch durch Schweigen ausdrücken kann. – Glaub mir, es gibt so etwas wie ein gebrochenes Herz. Und doch, wenn mir noch irgend etwas gefallen könnte – wenn mich nicht die Enttäuschung vom Leben abgeschnitten hätte, dann könnten dieses romantische Land und diese schönen Abende einen Reiz für mich haben.«

Fast einen Monat bleibt sie in Tønsberg (nördlich von Larvik), führt Gespräche, offenbar mit dem Ziel, eine außergerichtliche Einigung zu erreichen, und macht einen Abstecher nach Risør, wo sie mit Peder Ellefsen zusammentrifft. Er lehnt es ab, Imlay für die verschwundene Ladung zu entschädigen, woraufhin Mary beschließt, Fanny in Göteborg abzuholen und nach Kopenhagen weiterzureisen, um ihre Ansprüche an höchster Stelle geltend zu machen. Sie ist so gesund wie lange nicht mehr, »Beschäftigung und Bewegung haben mir sehr geholfen«. Ruhig ist sie nicht, obwohl sie glückliche Momente gehabt hat, wenn sie durch den Wald wanderte und auf den Felsen rastete. Fünf Briefe Imlays sind ihr nachgeschickt worden. Einer davon ist in einem Ton geschrieben, den sie zwar verdient haben mag, aber nicht von ihm erwartet hätte. »Ich hasse mich selbst, weil ich Dich so lange mit meiner Liebe belästigt habe.«

Am Abend des 25. August ist sie wieder in Göteborg. »Ich war überaus glücklich, mein Baby wieder an mich drücken zu können«, schreibt sie in einem unglücklichen Brief. Imlay hat ihr Vorwürfe gemacht. »Du sagst mir, daß meine Briefe Dich quälen. Ich will nicht beschreiben, welche Wirkung Deine auf mich haben«, gibt sie zurück. Sie muß der Sache ein Ende machen. »Sei frei! – ich will Dich nicht quälen, wenn ich Dir nicht gefallen kann. Ich kann für mein Kind sorgen. Du mußt mir nicht dauernd sagen, daß unser Schicksal unzertrennlich ist, d a ß D u v e r s u c h e n w i l l s t, Zärtlichkeit für mich zu bewahren. Tu Dir keine Gewalt an.« Sie wolle von ihm keine finanzielle Unterstützung. wenn er sie nicht mehr liebt. »Adieu – ich bin aufgewühlt – mein Körper wird von Krämpfen geschüttelt – meine Lippen zittern wie von Kälte geschüttelt, obwohl Feuer durch meine Adern zu kreisen scheint.«

Sie ist schon wieder am Ende ihrer frisch gewonnenen Kräfte. Des Reisens müde, hat sie kein Zuhause, zu dem sie zurückkehren könnte. »Ich bin ausgestoßen. Warum bin ich so verlassen? Ich habe mich auf einen Speer gestützt, der mir das Herz durchbohrt hat.« Was sie nicht dazu bringt, ihre Pflichten als Imlays Sachwalterin zu vernachlässigen. In Kopenhagen setzt sie sich noch einmal energisch für ihn ein. Erst 2003 ist ein Brief an den dänischen Premierminister Graf Bernstorff bekannt geworden, der Imlays und ihre Version des Falles schildert.

»Erlauben Sie mir zunächst, mich Ihnen mit meinem eigenen Namen Mary Wollstonecraft vorzustellen, und ich denke, es ist mir in einem fremden Land, ohne das Gebot der Bescheidenheit zu verletzen, erlaubt, zu versichern, daß mein Ruf als moralpädagogische Schriftstellerin so fest gegründet ist, daß niemand argwöhnen könnte, daß ich mich dazu herablassen würde, die Wahrheit durch irreführende Angaben zu verletzen.

Mr. Imlay, mein Gatte, konnte dringender Geschäfte wegen England jetzt nicht verlassen, um dem Gesetz gemäß Peter Ellefsen anzuklagen, der ihn und seinen Partner eines beträchtlichen Vermögens betrügerisch beraubt hat. Deshalb habe ich mich entschieden, ihn in dieser Sache zu vertreten, mit deren Umständen ich völlig vertraut bin.

Nehmen Sie sich bitte einen Moment Zeit, um den folgenden Bericht sorgfältig durchzulesen.«

Und dann erzählt sie die Saga vom Silberschiff von Anfang an. Sie versichert, daß Kapitän Ellefsen den Empfang der kostbaren Ladung eigenhändig quittiert habe. »Ich habe ihm seine letzten Befehle gegeben, da Imlay am Tag zuvor nach Paris aufgebrochen war.« Er habe das Silber gestohlen, als das Schiff die norwegische Küste erreichte. Die Quittung habe er an sich gebracht und vernichtet. Obwohl es dafür Zeugen gebe, sei er dafür nicht zur Rechenschaft gezogen worden.

»Als ich in Risør ankam, suchte Ellefsen mich auf und war in seinem Benehmen äußerst verbindlich. Er wünschte, daß die Sache nie passiert wäre, obwohl er mir versicherte, daß ich niemals fähig sein würde, ausreichend Beweise für seine Verurteilung beizubringen. Er verbreitete sich über die Kosten, die das für uns bedeuten würde, appellierte an meine Menschlichkeit und beteuerte, daß er das Geld jetzt nicht zurückzahlen könne. Da ich willens war, die Angelegenheit gütlich zu regeln, sagte ich ihm, er solle seine vermögenden Verwandten fragen, welche Summe sie vorstrecken könnten, und am Abend mit der Antwort wieder zu mir zu kommen; ich würde mich dann um einen Kompromiß bemühen. – Er kam und war fast unverschämt. Er war von seinen Anwälten, der Pest dieses Landes, dazu aufgehetzt worden. Ihr Plan ist es offensichtlich, uns durch Verschleppung des Verfahrens zu zermürben.«

Abschließend bat sie Bernstorff, dessen Liebe zur Gerechtigkeit bekannt sei, sich für ihre/für Imlays Belange einzusetzen.

Völlig aufgeklärt ist der Fall bis heute nicht. War Ellefsen wirklich der Dieb? War der Diebstahl vielleicht zwischen ihm und Imlay verabredet gewesen? War Imlay ein betrogener Betrüger? Welche Rolle spielten Imlays Partner? Merkwürdigerweise soll Imlay etwas später auf einen Schlag in den Besitz einer Geldsumme gekommen sein, die etwa einem Drittel des Silberwertes entspricht. War Imlays Geschäftsfreund Joel Barlow involviert? Nahm er das Silber an sich, als die »Maria Margareta«

auf dem Weg nach Norwegen in Hamburg vor Anker lag? Diese Theorie hat Marys Biographin Lyndall Gordon aufgestellt. Wenn von seiten Imlays und seines Partners Betrug im Spiel war, wußte Mary davon? »Wie ich diese krummen Geschäfte hasse«, hatte sie Imlay geschrieben. Verrät es ein schlechtes Gewissen, daß sie im Brief an Bernstorff demonstrativ auf ihre bekannte Wahrheitsliebe verweist?

Frei

An einem trüben Oktobertag nimmt Mary ein Boot und läßt sich die Themse aufwärts rudern. Sie hat eigentlich vor, bei der Battersea Bridge in Chelsea auszusteigen, doch dort ist es ihr zu belebt, und so fährt sie noch ein Stück weiter. Es ist Nacht, als sie bei der Putney Bridge ankommt. Mittlerweile regnet es heftig. Etwa eine halbe Stunde läuft sie im Regen hin und her, bis ihre Kleider völlig durchweicht sind. Dann springt sie vom Brückenkopf aus ins Wasser, sinkt aber nicht unter, obwohl sie sich bemüht, »die Kleider fest an sich zu pressen«, und verliert das Bewußtsein.

Mary hatte in Hamburg lange auf Imlay gewartet. Er kam nicht, dafür ein Brief, der ihre Forderung nach einer Entscheidung – wollte er nun mit ihr zusammenleben oder nicht? – beleidigend und überflüssig nannte, »da sie doch selbst darüber zu entscheiden habe«. Nicht einmal in Dover holte er sie ab, was sie sich sehr gewünscht hatte und nach allem, was sie für ihn getan hatte, auch erwarten konnte. »Mary war wie der Ritter, der aus Liebe zu seiner Dame eine Reihe von schweren Prüfungen besteht – nur daß in diesem Szenario eine Frau für den Helden der Romanze stand – und für ein solches Phänomen gab es keine Belohnung.«

Zwar hatte Imlay ihr in London eine Wohnung gemietet, »vernachlässigte sie aber derart, daß sie trotz seiner Beschwichtigungsversuche die Wahrheit erkennen mußte«. Mary fand schnell her-

aus, daß er inzwischen mit seiner neuen Geliebten zusammenlebte. »Die Todesqual ihres Herzens machte sie unerschrocken
und gab ihr eine Art verzweiflungsvoller Ruhe. Sie beschloß,
sich in die Themse zu werfen.«

Auch dieser zweite Selbstmordversuch mißlang. Ihr Sprung
ins Wasser war beobachtet worden, ein Boot fischte sie ein paar
hundert Meter weiter auf und brachte sie in die *Duke's Head
Tavern* in Fulham, wo sie schnell wiederbelebt werden konnte.
Imlay schickte einen Arzt, und »auf seinen Wunsch« suchte
und fand sie eine Zuflucht bei Thomas Christie, mit dessen Frau
sie sich gut verstand. Etwa vierzehn Tage später meldete die Londoner *Times* die Rettung einer »elegant gekleideten Lady«, die
erklärt habe, daß der Grund dieses Aktes der Verzweiflung »das
brutale Verhalten ihres Ehemannes« gewesen sei.

Godwin berichtet, Imlay habe Mary versichert, »daß sein ge-
genwärtiges Liebesverhältnis ein zufälliges und bloß sinnliches
sei, und daß es nur an ihr liege, wieder mit ihm zu leben«. Das
habe sie zu einem »ungewöhnlichen Entschluß« gebracht.

»Sie sagte ungefähr das folgende zu Imlay:

›Wenn wir wirklich wieder miteinander leben sollen, so muß
es gleich sein. Wir vereinigen uns jetzt oder wir trennen uns
für immer. Du sagst, daß du das Verhältnis, das du eingegangen
bist, nicht plötzlich abbrechen kannst. Es wäre aber meines Mutes und meines Charakters unwürdig, durch ungewisse Zeit auf
die Lösung dieses Verhältnisses zu warten. Es muß zu einer Entscheidung kommen. Darum erkläre ich mich bereit, mit dir und
der Frau zu leben, zu der du dich gesellt hast. Ich halte es für
wichtig, daß du dich daran gewöhnst, für dein Kind als Vater
zu fühlen. Weist du aber diesen Vorschlag zurück, dann ist es
zwischen uns für immer aus. Dann bist du frei. Wir werden
dann weder Briefe wechseln, noch sonst irgendwelche Berüh-
rungen. Dann will ich für immer frei sein‹.«

Imlay sei tatsächlich zunächst auf diesen sonderbaren und un-
verständigen Vorschlag eingegangen und habe sogar mit ihr zusammen ein Haus besichtigt, das sie mieten wollte. Dann aber

habe er einen Rückzieher gemacht und sei mit seiner Geliebten für ein Vierteljahr nach Paris verschwunden. Als sie ihn nach seiner Rückkehr treffen wollte, weigerte er sich mit harschen Worten, sie wiederzusehen. »So sehr aber auch eine solche Antwort Mary empörte, so bedeutete sie doch immer noch nicht den endgültigen Abschluß der Sache.«

Etwa zwei Wochen später »traf es sich, daß Mary eines Abends zu Christies kam, als sich Imlay eben im Empfangszimmer befand. Dort hatte sich eine größere Gesellschaft zusammengefunden. Mrs. Christie, die Marys Stimme hörte, eilte ihr entgegen, um sie von seiner Anwesenheit zu verständigen und ein Eintreten zu verhindern.« Aber wie Godwin aus eigener Erfahrung wußte: »Mary liebte es nicht, sich Vorschriften machen zu lassen. Wie sie mir später gesagt hat, hielt sie es mit ihrer Würde für unverträglich, wie beschämt zurückzuweichen vor einem Manne, durch den sie sich beleidigt wußte. Festen Schrittes trat sie mit ihrem Kinde, das sie bei sich hatte, ein, näherte sich Imlay und setzte das Kind, das nun fast zwei Jahre zählte, auf die Knie seines Vaters. Dieser zog sich mit Mary in ein anderes Zimmer zurück und versprach ihr, sie am nächsten Tag aufzusuchen. Während des Zusammenseins sprach er sehr freundlich zu ihr und war bemüht, ihre Verzweiflung zu besänftigen. Getrennt von ihr konnte er sich so betragen, daß sie es als gefühllos empfand, in ihrer Anwesenheit aber verschwand ihm immer wieder alle Härte.

Mary war in der Verfassung, um gierig nach jedem Hoffnungsschimmer zu haschen, und die Liebenswürdigkeit seines Betragens empfand sie wie einen Sonnenstrahl, der vergangenes Glück neu zu erwecken schien. Einen Augenblick lang überließ sie sich trügerischen Illusionen, und selbst nachdem der Rausch verflogen war, verweilte sie noch mit schmerzvollem Blick auf dem aus Luft geformten und körperlosen Bilde einer neuerlichen Versöhnung. Auf seinen dringenden Wunsch behielt sie den Namen Imlay bei, den er ihr kurz vorher noch streitig gemacht hatte.«

Während eines längeren Aufenthaltes bei Freunden auf dem Land fand Mary endlich die Kraft, sich von ihm zu lösen. Am Ende ihres nach vielen letzten Briefen nun wirklich letzten Briefs nahm sie mit versöhnlichen Worten Abschied von ihrer großen Liebe. »Es ist seltsam, daß trotz allem, was Du tust, mich so etwas wie Überzeugung zwingt zu glauben, daß Du nicht bist, was Du zu sein scheinst. Ich scheide von Dir in Frieden.«

Skandinavische Reise

»Reisebeschreibungen oder Memoiren verfassen ist schon immer eine angenehme Beschäftigung gewesen, denn Eitelkeit oder ein gefühlvolles Herz machen sie jederzeit interessant. Beim Schreiben dieser flüchtig hingeworfenen Briefe fand ich es unvermeidlich, beständig die erste Person – der kleine Held jedes Geschichtchens – zu sein. Ich suchte diesen Fehler, wenn es einer ist, zu umgehen, denn sie waren zum Druck bestimmt; in dem Maße aber, wie ich meine Gedanken ordnete, wurden meine Briefe steif und affektiert. Ich beschloß daher, meinen Bemerkungen und Reflexionen freien Lauf zu lassen, da ich erkannte, daß ich nur eine richtige Beschreibung von dem, was ich sah, geben könnte, wenn ich die Wirkung, die verschiedene Gegenstände auf meinen Geist und meine Gefühle gemacht hatten, wiedergab, während der Eindruck noch frisch war.«

Es ist staunens- und bewundernswert, wie Mary Wollstonecraft es immer wieder fertigbrachte, Energien zu einem Neuanfang zu mobilisieren. Anfang Oktober 1795 war sie bewußtlos aus der Themse gezogen worden. Nur drei Monate später, im Januar 1796, veröffentlichte sie bei Johnson ein Buch über die skandinavische Reise, die diesem Akt der Verzweiflung vorausgegangen war: *Letters Written During a Short Residence in Sweden, Norway, and Denmark.* Begonnen hatte sie mit dem Schreiben schon unterwegs und die Arbeit nach ihrer Rettung wieder aufgenommen.

Die skandinavische Reise hatte ihr nach ihrem ersten Suizidversuch zunächst wieder neuen Lebensmut gegeben und sie dann an die Schwelle des Todes zurückgeführt. Nun fand sie durch die Beschreibung der Reise, die diese Gefühlskurve nachzeichnet, wieder zurück ins Leben.

Im achten Reisebrief treffen wir Mary in dem kleinen Küstenstädtchen Tønsberg, ehemals Residenz der norwegischen Könige, dessen schöne Umgebung sie entzückt und beglückt. »Hier bin ich oft umhergestreift, als Gebieterin der Einöde, wo selten ein menschliches Geschöpf mir begegnete. Zuweilen habe ich mich auch unter dem Obdach eines Felsens auf weiches Moos gebettet, lullte das Gemurmel der See zwischen den Kieseln mich in den Schlaf – unbesorgt, daß irgendein roher Satyr sich nähern möge, meine Ruhe zu stören. Balsamisch war der Schlummer und lieblich die kühlen Lüfte, die mich erquickten, wenn ich erwachte, um mit neugierigem Blick die weißen Segel zu verfolgen, wie sie um die Klippen herumfuhren oder unter den Tannen Schutz zu suchen schienen, mit denen die kleinen reizenden Inseln bedeckt sind, die den furchterregenden Ozean so sehr verschönern. Die Fischer warfen ruhig ihre Netze aus, während die Seegänse über der ungekräuselten Tiefe umherflatterten. Alles schien im Einklang mit der allgemeinen Ruhe. Mit welchem unaussprechlichem Vergnügen schaute ich da umher – und schaute wieder, fast atemlos – meine ganze Seele ward Teil der Landschaft.«

Täglich spaziert sie zu einer Quelle, trinkt deren Wasser und wird zusehends gesünder und kräftiger. Dazu trägt auch die »Entdeckung eines neuen Vergnügens bei«.

»Ich wollte mir meine Nähe bei der See zunutze machen und baden; aber in der Nähe der Stadt war es nicht möglich, weil keine Anstalt dazu da war. Eine junge Frau erbot sich, mich über das Wasser zwischen die Felsen zu rudern. Da sie aber schwanger war, bestand ich darauf, eines der Ruder selbst zu nehmen und so rudern zu lernen. Es war nicht schwer, und ich kenne keine angenehmere Bewegung. Bald hatte ich ausgelernt, und mein Gedankengang folgte nun gleichsam dem Takt der Ruder, oder ich ließ das Boot durch den Strom forttreiben, während ich mich einer angenehmen Vergessenheit überließ, oder trügerischen Hoffnungen! – Ach, und wie trügerisch! Und doch, ist man ohne Hoffnung, was erhält einen am Leben, wenn nicht die Angst vor der Vernichtung – das einzige, wovor ich mich fürchte. Ich kann die Vorstellung nicht ertragen, nicht mehr zu sein, mich zu verlieren, auch wenn das Dasein oft nur ein schmerzhaftes Bewußtsein von Elend ist. Nein, es scheint mir unmöglich, daß es mich nicht mehr geben soll oder daß dieser tätige, ruhelose Geist, der für Freud und Leid gleichermaßen empfänglich ist, nichts als belebter Staub sein soll – bereit, davonzufliegen in dem Moment, in dem die Feder zerspringt oder der Funke verlischt, der ihn zusammenhielt.

Gewiß wohnt etwas in diesem Herzen, das unvergänglich ist – und das Leben ist mehr als ein Traum.«

Wenn man weiß, daß sich die Verfasserin erst kürzlich von einem Ruderboot ins Jenseits bringen lassen wollte, wird man in dieser Stelle das Herz ihres Überlebens-Werkes sehen.

Die Reisebriefe waren Marys erste Veröffentlichung seit der *Vindication* vor vier Jahren und wieder eine, mit der sie das Publikum in Erstaunen versetzte. In einem kurzen, wie nebenbei hingeworfenen Vorwort betont sie den subjektiven, spontanen und unsystematischen Charakter ihres Berichts, bevor sie ihre Leser mit auf ein kleines Handelsschiff nimmt, das in schwerer See vor der schwedischen Küste kreuzt ...

Der Beginn einer bemerkenswerten literarischen Reise, die von den beiden großen erschütternden Erfahrungen ihrer letzten Jahre geprägt ist: der Liebe zu Imlay und zur Revolution. »Welch ein stilles und friedliches Bild«, ruft die Erzählerin aus, die bald nach der Landung auf einen Felsen gestiegen ist und die Ansicht gerade deshalb genießt, weil sie alles andere als spektakulär ist. »Sie war dürftig, doch schienen einzelne Flecken von herrlichstem Grün, mit lieblich duftenden wilden Blumen übersät, den Ziegen und einigen vereinzelten Kühen die köstlichste

Weide zu versprechen. Mit Entzücken sah ich um mich her und fühlte mehr von jenem spontan aus dem Herzen quellenden Vergnügen, welches unsere Erwartungen von Glückseligkeit glaubwürdig macht, so wie ich es lange, lange nicht gefühlt hatte. Ich vergaß die Greuel, deren Zeugin ich in Frankreich gewesen und die mir die Natur in ein trübes Dunkel gehüllt hatten, und indem ich mich dem – ach! nur zu oft durch die Tränen enttäuschter Liebe gedämpften – Enthusiasmus meines Charakters aufs neue überließ, flog die Sorge davon, während schlichtes Mitgefühl mein Herz erfüllte.«

Diese doppelte Bindung an die Menschheitsgeschichte und einen geliebten Menschen gibt dem Buch Tiefe, Wärme und leidgeprüfte Reife und läßt es zu einem romantischen Manifest werden. Stammte es wirklich von der Frau, die ihre Leser mit scharfzüngigen Attacken gegen die Ordnung der Gesellschaft und die Tyrannei der Männer schockiert hatte? Zwar bekennt sie sich immer noch klar und kompromißlos zu den Prinzipien der Revolution, aber sie hat eingesehen, daß der Weg zu ihrer Realisierung über Reformen erfolgen muß. Immer noch hält sie die Männer für Despoten, aber wie anders klingt das nun! Sie, die die Liebe für überschätzt gehalten und Unabhängigkeit gepredigt hatte, verkündete sie nun als Religion.

»So manches Mal waren Sie, lieber Freund, erstaunt über die außerordentliche Liebesfähigkeit meines Wesens. Doch das ist das Fieber meiner Seele. Es ist nicht die Lebhaftigkeit der Jugend, der Blüte des Daseins. Jahrelang war ich bemüht, diese ungestüme Flut zu bändigen, versuchte meine Gefühle in einen geordneten Lauf zu bringen.

Es war ein Schwimmen gegen den Strom.

Ich muß lieben und verehren können mit aller Leidenschaft, oder ich versinke in Traurigkeit.«

»Der liebe Freund«, das ist natürlich Imlay, aber es ist ein fiktiver Imlay, der Mann, den sie wünschte und glaubte. Der Vergleich mit Forster drängt sich auf. Er schrieb seine Briefe an Therese in etwa so, wie er sie dann drucken ließ; alles Persönliche freilich, seine Liebeserklärungen, Vorwürfe und Klagen, strich er heraus. Dagegen unterscheiden sich Marys literarische Reisebriefe fundamental von den obsessiv auf Klage und Anklage fixierten Briefen, die sie Imlay tatsächlich geschrieben hat. Sie sind reich an Welt, an Beschreibungen, Beobachtungen, Reflexionen, Stimmungen und Gefühlen – an Stellen zum Anstreichen.

Die Bemerkungen über die Lage der weiblichen Dienstboten in Schweden. »Die niedrigsten, ja selbst die mühsamsten Dienste werden diesen armen Arbeitstieren überlassen. Viele Beispiele dafür habe ich selber gesehen. Im Winter, so sagte man mir, tragen sie das Leinenzeug an den Fluß hinab, um es in dem klaren Wasser zu waschen, und obgleich ihnen die vom Eise zerschnittenen Hände bluten, so würden doch die Männer, ihre Mitknechte, niemals ihre Manneswürde erniedrigen, indem sie ihnen auch nur einen Kübel zur Erleichterung ihrer Last abnähmen.«

Ihre Gedanken zum Thema Reisen. »Reisende, die verlangen, daß jede Nation ihrer eigenen gleichen soll, täten besser daran, zu Hause zu bleiben. So ist es zum Beispiel absurd, ein Volk zu tadeln, weil es nicht den Grad von persönlicher Reinlichkeit und Eleganz der Sitten hat, die nur in dem Maße, wie die Gesellschaft allgemeinen Schliff bekommt, eine Verfeinerung des Geschmacks hervorbringt und allenthalben hervorbringen wird.«

Ihre Skepsis, was nationale Stereotypen angeht. »Alle sind sie darauf versessen, Nationalcharaktere zu schildern; selten aber sind diese Charaktere getroffen, weil sie die natürlichen Verschiedenheiten von erworbenen nicht zu unterscheiden wissen.«

Die Begegnung mit fremden Kreaturen.

»Zuweilen, wenn die See stille war, vertrieb ich mir die Zeit damit, die unzähligen jungen Seesterne, die dicht an der Oberfläche schwimmen, zu necken. Ich hatte sie noch nie vorher beobachtet; denn sie haben keine harte Schale wie die, die ich an der Seeküste gesehen habe. Sie sehen aus wie verdicktes Wasser, mit einem weißen Rande; und vier purpurfarbene Kreise von verschiedenen Formen waren in der Mitte über einer unglaublichen Menge von Fibern oder weißen Linien. Wenn ich sie berührte, so drehte oder schloß sich die wolkige Substanz; erst auf der einen, dann auf der anderen Seite, sehr anmutig. Nahm ich aber einen von ihnen in der Schaufel, mit welcher ich das Wasser aus dem Boot schöpfte, heraus, so hatte er nur das Aussehen von farblosem Gallert.«

Die Gedanken zur tragischen Liebesgeschichte von Mathilda, der Frau des verrückten dänischen Königs Christian, und dessen Leibarzt Struensee, der sie in Kopenhagen begegnete. In nuce steckt darin der Roman vom *Besuch des Leibarztes*, den Per Olof Enquist in unseren Tagen geschrieben hat.

»Arme Mathilda! Seit meiner Ankunft hier hast du mich verfolgt. Ich bin jetzt völlig überzeugt, daß sie das Opfer der von ihr gestürzten Partei wurde, die gewiß ihre Herzensverbindung übersehen oder begünstigt hätte, wäre ihr Liebhaber nicht, aus dem Bestreben, Gutes zu stiften, gegen einige herrschende Mißstände vorgegangen, ehe das Volk zu deren Veränderung reif war und Mut genug hatte, ihn im Kampf für seine Sache zu unterstützen. Wirklich hatte man die Gemüter so sehr gegen sie zu erbittern gewußt, daß ich noch jetzt, nach so vielen Jahren, den Vorwurf der Sittenlosigkeit gegen sie hörte, nicht nur wegen ihrer Bemühungen, mehr Feinheit und Geschmack in die öffentlichen Belustigungen zu bringen, sondern selbst wegen ihrer mildtätigen Handlungen, da sie, unter anderen Stiftungen, auch ein Findlingshaus errichtete. Durch ihren Widerwillen gegen manche Gebräuche, die für Tugend gelten, wiewohl sie nichts mehr als die Einhaltung leerer Formen sind, oft auf Kosten der Wahrheit, verfiel sie in einen bei den Reformatoren sehr häufigen Irrtum, daß sie unverzüglich das durchzusetzen suchte, was nur durch die Zeit bewerkstelligt werden kann.«

Und dann all die zärtlichen, sanften, schwermütigen Sätze, die sie an den Geliebten richtete. »Unschuldig und leichtgläubig wie ein Kind, warum ist mir dann nicht dieselbe glückliche Unbeschwertheit vergönnt?«

Mit nachtwandlerischer Sicherheit gelingt Mary der Balanceakt einer öffentlichen Privatheit. Indiskret wird sie nie. Zugleich enthüllend und verhüllend, verstrickt sie den Leser in ein Beziehungsdrama, ohne ihm etwas über seine näheren Umstände zu verraten. Wer ist der Mann, an den die Briefe gerichtet sind? Ein Liebhaber? Ein Ehemann? Sicher der Vater des mitreisenden kleinen Mädchens. Weshalb ist die Erzählerin überhaupt unterwegs, ohne männlichen Schutz? Sie läßt durchblicken, daß sie für ihren Liebsten unterwegs ist, immer wieder mit der Welt des Handels in Berührung kommt und dabei höchst unerfreuliche Erfahrungen macht. Über die Jagd nach dem Silberschatz kein Wort.

Erzählend verwandelt Mary ihre Geschäftsreise in einen romantischen Feldzug, immer wieder spielt sie die Poesie des fühlenden Herzens gegen die seelenverkümmernde Prosa des Gelderwerbstriebs aus. Die menschheitsbeglückenden Ideale der Revolution sind zur fieberhaften Jagd nach dem Glück verkommen, aus den Trümmern des *Ancien régime* ist ein neuer Despotismus der Kapitalisten und Spekulanten erwachsen. »Die Tyrannei des Reichtums ist noch drückender und erniedrigender als die des Ranges«, schreibt sie, und: »Menschenfreundlich ist das Schwert, wenn man seine Verwüstungen mit denen vergleicht, die die Kaufleute und die Heuschreckenschwärme unter den Menschen anrichten, die sich von der Pest nähren, welche sie umher verbreiten. Diese Leute, gleich den Eigentümern der Sklavenschiffe, riechen an ihrem Gelde nie das Blut, wodurch es erworben worden, sondern schlafen ganz ruhig in ihren Betten, indem sie solche Beschäftigungen einen rechtmäßigen Beruf nennen!«

Der Mann, den sie liebt, gehörte zu diesen Leuten. »Ehrlicher zu sein, als die Gesetze es erfordern, wird von den meisten Menschen für ein überverdienstliches Werk gehalten, und wie sich am besten durch das Gitter des Gesetzes schlüpfen lasse, ist schon immer interessant gewesen für schlaue Wagehälse, die auf dem schnellsten Wege reich werden wollten. Spitzbüberei ohne persönliche Gefahr ist eine Kunst, die der Staatsmann und der Falschspieler zu großer Vollkommenheit gebracht haben, und kleinere Spitzbuben sind eifrig dabei, in ihre Fußstapfen zu treten.«

Ihre Kritik fand natürlicherweise vor allem Nahrung in den Handelsstädten, die sie unterwegs besuchte – je größer, desto schlimmer. Hamburg, die letzte Station ihrer Reise, wo Mary tagelang vergeblich auf Imlay wartete und, wie Lyndall Gordon vermutet, vielleicht entdeckte, daß sein Geschäftsfreund Joel Barlow ihn im großen Stil betrogen hatte, Hamburg also inspirierte sie zu einer Philippika gegen die Spekulanten, die heute so aktuell ist wie damals, im Jahre 1795.

»Hier hat so mancher unermeßliche Reichtümer durch die Prozente, die die Kommissionen abwerfen, erworben. Auf dem Papier sind es nur zweieinhalb, aber durch die geheimen Manöver des Handels werden sie bis zu acht oder zehn wenigstens hinaufgetrieben. Große Kapitalisten sind daher während des Krieges wie Pilze aufgeschossen. Wirklich scheinen diese Leute etwas von Pilzen zu haben; und die insolente Pöbelhaftigkeit, die ein plötzlicher Zufluß von Reichtum gewöhnlich bei gemeinen Seelen hervorbringt, zeigt sich hier sehr auffallend.«

Und dann wäscht sie Imlay vor der Öffentlichkeit den Kopf.

»Doch sicher meinen Sie, ich wäre verbittert oder würde vielleicht persönlich. Oh, ich flüstere es Ihnen zu: Sie selber haben sich auf merkwürdige Art verändert, seit Sie sich intensiver mit dem Handel beschäftigen, mehr als Sie sich dessen bewußt sind. Nie lassen Sie sich Zeit zum Nachdenken, halten Ihren Geist oder vielmehr Ihre Leidenschaften in beständiger Unruhe. Die Natur hat Ihnen Talente mitgegeben, die jedoch im Schlummer liegen oder die in unwürdigem Tun vergeudet werden. Sie werden sich aufrichten und den schmutzigen Staub abschütteln, der Sie einhüllt – es sei denn, mein Verstand sowohl als auch mein Herz trügen mich ganz ungeheuerlich – nur sagen Sie mir, wann?«

Ihre Gegenwelt war die freie Natur, die wilde, klare, herzerhebende nordische Landschaft, die sie für sich und ihr Lesepublikum entdeckte. »Nichts in der Tat gleicht der Schönheit eines Sommerabends oder einer Sommernacht im Norden!« Warum ist noch kein Regisseur auf die Idee gekommen, Marys Reisegeschichte zu verfilmen?

Zu einem weltflüchtigen »Zurück zur Natur« aber hat sie sich nicht verleiten lassen. »Mich entzücken die romantischen Ansichten, die ich hier täglich genieße, belebt von reiner Luft. Jedoch langweilt nichts unsere Gefühle so schnell wie unbemerkte Einfalt. Ich bin daher fast der Überzeugung, daß ich nicht zufrieden leben könnte, fern von Ländern, in denen die Menschen in ihrer Erkenntnis so viel weitergekommen sind, und sei es auch auf eine noch unvollkommene Weise und nicht zufriedenstellend für einen regen Geist. Gerade überkommt mich das Verlangen zu erfahren, was in England und Frankreich vor sich geht. Meine Gedanken fliehen fort aus dieser Wildnis in die eleganteren Sphären der Welt, bis ich wieder an all ihre Übel und Torheiten denken muß und mich dann in die Wälder zurückziehe. Doch immer tut es mir not, wieder aufzutauchen, damit ich die Weisheit und Tugend, die mich erhebt, nicht aus den Augen verliere.« Das war ihr Abschied vom amerikanischen Traum.

Chez moi, chez elle

Die skandinavischen Reisebriefe sind nicht Marys wichtigstes Buch, aber ihr schönstes. Es gewann ihr die Herzen vieler Leser – und einen Ehemann. »Sie hat mich verliebt in ein kaltes Klima und das nördliche Mondlicht gemacht«, schrieb der Dichter Robert Southey. Ihr Freund Archibald Hamilton Rowan sorgte für die Veröffentlichung in Amerika, und es gab Übersetzungen ins Holländische, Schwedische, Portugiesische und, gleich zweimal, ins Deutsche. Die erste deutsche Übersetzung – die erste des Werkes überhaupt – erschien 1796 in »Hamburg und Altona«* – ohne Marys Kritik an den vom Ungeist der Spekulation verdorbenen Hamburger Bürgern.

»Diese Briefe scheinen durch die vor 4 Jahren erschienene

* Briefe geschrieben während eines kurzen Aufenthaltes in Schweden, Norwegen und Dänemark ... Aus dem Englischen übersetzt. Hamburg und Altona 1796.

deutsche Übersetzung derselben bei weitem nicht nach Verdienst bekannt geworden zu sein, woran vermutlich der geringe Wert dieser Übersetzung, in welcher nur zu oft die ganz eigentümliche Schönheit der originellen Verfasserin entstellt, und die feinsten Züge ihres lebendigen Pinsels verwischt sind, schuld ist«, schrieb der zweite Übersetzer. Deswegen habe er sich entschlossen, eine neue und mehr *con amore* ausgearbeitete Nachbildung zu liefern, und rechne dabei auf den Dank des bessern Teils des Publikums, »der hier nicht so sehr eine Reisebeschreibung, als ein Tagebuch, als freundschaftliche Herzensergießungen, als Beiträge zu der Lebensgeschichte einer schönen Seele gelesen haben wird«. Sie erschien unter dem Titel *Natur- und Sittengemälde aus Schweden, Norwegen und Dänemark, in Briefen von Ms. Marie Wollstonecraft an Hn. Imlay.* Der Verfasser hat Godwins *Denkschrift auf Maria Wollstonecraft** also gekannt, die den Namen ihres Geliebten nennt.

Am 8. Januar 1796, gut vier Jahre nach dem ersten verunglückten Treffen bei Johnson, begegneten sich »der Philosoph und die Feministin« bei der Schriftstellerin Mary Hays wieder. Die Gastgeberin, die beide verehrte, wußte, daß Godwin nicht gut auf Mary zu sprechen war, und hielt es für nötig, ihn vorbeugend von ihrer Anwesenheit zu unterrichten. »Ich will mir das Vergnügen machen, Sie am Freitag zu besuchen und freue mich auf die Begegnung mit Mrs. Wollstonecraft, über die ich meines Wissens nie ein böses Wort gesagt habe, während es ihr oft gefallen hat, mich herabzusetzen«, antwortete er in stillem Triumph. Was das Urteil der Welt angeht, war es nämlich umgekehrt.

Godwin sprach von Mrs. Wollstonecraft, nicht von Mrs. Imlay, wie Mary sich zu dieser Zeit noch nannte. Es hatte sich herumgesprochen, daß sie nicht rechtskräftig mit Imlay verheiratet war. Mary Hays war dabei, als sich einige »liebenswürdige, vernünftige und angesehene Damen« darüber verständigten, daß man mit ihr nicht mehr gesellschaftlich verkehren könne.

* Eine deutsche Übersetzung Weißenborns erschien 1799.

Eine prekäre Lage! Manche Männer sahen in Mary Freiwild. Überliefert ist der Brief eines reichen »Verehrers« aus Johnsons Bekanntschaft – über seine Identität gibt es nur Spekulationen –, der sich Anfang Januar 1796 durch einen Heiratsantrag ihre körperliche Liebe erkaufen wollte. Er wußte, daß sie in finanziellen Nöten und immer noch – wieder – auf die Unterstützung ihres Verleger-Freundes angewiesen war. Unverblümt schwärmt er von einer Frau, »die bei Tag ein Kind der Vernunft« ist, »bei Nacht aber das ausgelassene, leidenschaftliche Kind der Liebe«. Eine, in deren Armen er alle Freuden der Liebe genießen wollte, »diese warmen balsamischen Küsse, und dieses sanfte und doch begierige und ekstatische Bestürmen und Sichhingeben, das nur Menschen kennen, die ganz Seele atmen. Ja, Du bist dieses Wesen«.

Godwin war eine geistige und moralische Autorität. Sein Buch *An Enquiry Concerning Political Justice* von 1793, das scharf mit den gesellschaftlichen Institutionen ins Gericht geht, gewaltsamen Veränderungen aber eine Absage erteilt, machte ihn zur »Kultfigur« der linken Intelligenz (und zum Begründer des politischen Anarchismus). Es heißt, es sei nur deshalb nicht verboten worden, weil die Regierung glaubte, einem teuren philosophischen Werk werde keine große Verbreitung beschieden sein, was sich als Irrtum erwies.

1794 läßt er einen Roman folgen, in dem er seine Kritik an dem englischen Un-Rechtssystem in einen Psychokrimi eingewoben hat. *Caleb Williams* wurde ein immer wiederaufgelegter internationaler Bestseller und auch in einer Bühnenfassung erfolgreich. Meta Liebeskind (und geschiedene Forkel) hat ihn 1795 ins Deutsche übersetzt.

Auch praktisch trat Godwin für die Gerechtigkeit ein, die er predigte. Zwölf Männer, die sich für politische Reformen stark gemacht hatten, waren des Hochverrats beschuldigt worden, unter ihnen Godwins bester Freund Thomas Holcroft. Durch einen glänzend argumentierenden Zeitungsartikel entkräftete er die Anklage schon vor dem Prozeß und rettete den Angeklagten damit wohl das Leben.

Der »kühne Weltumsegler im Reich der Ideen, der politische und soziale Umstürzler und Umwerter von Theorien«, wie Helene Simon William Godwin in einem klugen Buch genannt hat, führt ein äußerst diziplliniertes Leben nach der Uhr. Von seinen Einkünften hat er sich ein kleines Haus kaufen könne, lebt aber im übrigen so bescheiden wie zuvor. Morgens kommt eine ältere Frau, die ihm den Haushalt führt und einen Hammelbraten in den Ofen schiebt, bevor sie geht. Er steht zwischen sieben und acht Uhr auf. Vor dem Frühstück liest er einen Klassiker. Von neun bis zwölf schreibt er, nicht leicht, er ist ein langsamer, gewissenhafter Arbeiter, der manchmal gar nichts oder nur ein paar Zeilen aufs Papier bringt. Den Rest des Tages verbringt er mit Lesen, Spazierengehen, in Gesellschaft, im Theater. Von 1788 bis zu seinem Tod 1830, 34 Jahre lang, notiert er jeden Abend knapp Lese- und Arbeitspensum, außerdem die Namen der Freunde und Bekannten, mit denen er zusammen war, selten auch einmal ein besonderes Ereignis.

Er ist mit einigen gescheiten, attraktiven Frauen gut befreundet, der gefeierten Schauspielerin Mrs. Siddons, der Schriftstellerin Elisabeth Inchbald und der reizenden Amelia Alderson, eine eheliche »Kohabitation« aber scheut er wie der Teufel das Weihwasser. Eine Junggesellenphilosophie! »Die Wohngemeinschaft gefährde die Erweiterung der Erkenntnis, die Unabhängigkeit des Denkens und die Festigkeit des Handelns. Auch sei es Torheit, die Möglichkeit dauernder Übereinstimmung zweier Menschen in Ansichten und Gewohnheiten anzunehmen. Die Verpflichtung des Zusammenlebens bedeute deshalb ein unvermeidliches Maß an Widerwärtigkeiten, Zänkereien und Unglück: ›Niemand ist immer heiter und gütig, und es ist immer besser, daß jeder seine Ärgernisse mit sich abmacht. Sie tun dann weniger Schaden, und die Gereiztheit wird nicht gesteigert durch den Widerstreit verschiedener Stimmungen und die Einflüsterungen verwundeten Stolzes. Versuche ich die Fehler eines Fremden zu verbessern, so geschieht es immer höflich und freundlich. Ich denke nicht daran, ihn durch Grobheiten oder Beleidigungen zu überzeugen. Aber etwas hiervon ist bei ständigem Zusammenleben unvermeidlich.‹«

Das ist zwar alles nicht falsch, aber doch auch vorgeschoben. Zugrunde lag Godwins Berührungsangst die quälende Überzeugung körperlicher Minderwertigkeit und Schwäche, wie ich vermute. Klein, schmächtig und gewissermaßen kopflastig, war er schon äußerlich der Prototyp eines Intellektuellen. In seiner Kindheit und Jugend wird er durch rohe Kameraden wahrscheinlich viel zu leiden gehabt haben. Seinen ganzen Haß auf den Typus des geistverachtenden, herkulisch gebauten *bully* hat er in *Caleb Williams* auf die Figur des *Squire* Mr. Tyrrell abgeladen, der über einen kleineren und schwächeren Nachbarn verächtlich sagt: *A puny bit of a thing! In the devil's name, madam, do you think he would write poetry if he could do any thing better?**

In seiner Philosophie, die radikal auf Geist und Vernunft ge-

---

* Ein kümmerliches Geschöpf! In Teufels Namen, Madame, glauben Sie, er würde Gedichte schreiben, wenn er etwas anderes besser könnte?

stellt ist, suchte Godwin seine Schwäche in Stärke zu verwandeln. »Es bedarf nur der Vervollkommnung der Denkfähigkeit, um den Menschen glücklich zu machen.« Helene Simon hat treffend von der »Vermoralisierung aller Körperlichkeit« gesprochen.

* * *

Ein paar Tage nachdem Godwin und Mary einander bei Mrs. Hays getroffen haben, sehen sie einander in einer Gesellschaft bei Christies wieder. Wenig später beginnt er mit der Lektüre ihres skandinavischen Reisebuches, das »so unwiderstehlich zum Herzen spricht, wie vielleicht kein anderes, das jemals die Presse verlassen hat«, wie er in seinen Erinnerungen an Mary schreibt. »Von der Härte und Rauheit, die sich gelegentlich in ihrer *Verteidigung [der Rechte der Frau]* geltend macht, ist hier keine Spur zu finden. Wenn je ein Buch geeignet war, einen Mann in die Autorin desselben verliebt zu machen, so scheint es mir dieses zu sein.« Am 25. Januar kommt er bis Seite 78 von *M. Wolstencraft's Travels*, am 27. bis Seite 197, am 28. bis Seite 232, nach einer kleinen Pause liest er es am 3. Februar zu Ende: *Wolstencraft, p. 264 fin.* Am 13. Februar, einem Samstag, will er Mary einen Besuch machen, aber sie ist bei Freunden auf dem Land.

Nachdem sie im April in seiner Nachbarschaft eine möblierte Wohnung bezogen hat – sie plante zu dieser Zeit noch Reisen in die Schweiz und nach Italien –, macht sie ihm einen Gegenbesuch. *4. Wolstencraft calls.*

»Von diesem Tage an wuchs unsere Freundschaft stetig, wenn auch fast unmerklich. Wir faßten eine Vorliebe füreinander, wie sie mir immer als die zarteste Form der Liebe galt. Sie wuchs auf beiden Seiten in gleichem Maße. Es wäre dem genauesten Beobachter unmöglich gewesen festzustellen, wer von uns dem anderen vorangegangen sei. So wenig als ich das Vorrecht in Anspruch nahm, das alteingewurzelte Gewohnheit dem einen Geschlecht verleiht, überschritt sie die Grenze, die das Zartgefühl dem anderen auferlegt. Keiner von beiden Teilen hätte können als der handelnde oder der abwartende bezeichnet werden, keiner als der Netzauswerfer oder als der ins Netz Gegangene. Als es endlich zur Aussprache kam, gab es für beide Teile nichts mehr auszusprechen.«

So wie sie einander einst im Gespräch verfehlt hatten, fanden sie nun im Gespräch zueinander. Sie liebten es, miteinander zu reden, sie redeten sich in ihre Liebe hinein. Und wenn sie nicht redeten, dann schrieben sie sich. Aus der kurzen gemeinsamen Zeit von etwa siebzehn Monaten, die ihnen vergönnt war, sind um die hundertsechzig Briefe und Billets überliefert. Einfach hatten sie es nicht miteinander. Sie waren beide nicht mehr ganz jung und anpassungsfähig, sie waren eigenwillige, meinungsstarke Menschen mit sehr unterschiedlichen Temperamenten. Mary, noch wund von dem langen quälenden Kampf um Imlay, war mißtrauisch, äußerst verletzlich, Godwin in Liebesdingen unerfahren.

Nach Marys erstem Besuch drei weitere Begegnungen im April, sechs im Mai, mindestens zwölf im Juni. Godwin kürzt Marys Namen inzwischen zu *Wt.* ab. Im Juli ist er für ein paar Wochen auf Reisen, während sie umzieht. Mittlerweile hat sie ihre Reisepläne ad acta gelegt und sich nun doch entschlossen, in England zu bleiben, »vielleicht ohne sich darüber noch klar zu sein, wodurch dieser Umschwung in ihren Plänen bewirkt worden sei. Sie fand es nun an der Zeit, ihre Möbel, die sie bei einem Trödler in Aufbewahrung gehabt, nun wieder in Benutzung zu nehmen.«

William Godwin an

»Mrs. Imlay

No. 16, 17 or 18

Corner of Skinner's Street

Judd Place, Somers Town

London

or No. 1, Cumming

Street, Pentonville

Chapel.

Um mich hiermit einer Schuld, einer Verpflichtung, was soll ich sagen, zu entledigen, ergreife ich die Feder.

O nein, ruft Mary, etwas pikiert, es ist also nichts als eine Pflicht?

Nun, ich nehme alle meine Götter, um zu bezeugen – wissen Sie, wie viele es sind? – aber ich rufe sie alle auf und flehe sie an – daß Ihre Gesellschaft mich unendlich entzückt, daß ich Ihre Phantasie liebe, Ihren zarten Epikurismus, Ihre boshaften Seitenblicke, kurz, alles, was das bezaubernde *tout ensemble* der berühmten Mary ausmacht. Aber schreiben!

Ach, ich habe leider kein Talent dazu, denn ich habe keinen Gegenstand. Soll ich einen Liebesbrief schreiben? Möge Luzifer mit mir davonfliegen, wenn ich das tue! Nein, wenn ich in Liebe mache, soll es mit dem vielsagenden Klang meiner Stimme sein, mit hinsterbenden Betonungen, mit sprechenden Blicken (durch die Gläser meiner Brille), mit all der Zauberkraft dieser unwiderstehlichen, universalen Leidenschaft. Fluch dem mechanischen, eisigen Medium von Feder und Papier! Wenn ich in Liebe mache, soll es in einem Sturm sein, so wie Jupiter Semele liebte und sie sofort in Asche verwandelte. Erschrecken Sie diese Drohungen nicht?

Nun denn, worüber soll ich schreiben. Soll ich Ihnen eine Eloge auf Ihre Schönheit, Ihre Gaben und Ihre Tugenden schikken? O, das ist ein altes Thema, und wenn ich damit anfangen wollte, würde ich statt eines Blattes Papier tausende brauchen.

Soll ich der Bürgerin Wollstonecraft ein Glückwunschschreiben zu den Siegen von Buonaparte schreiben? Soll ich, um ihre Herzmuscheln genießen zu können, einmal mehr vor ihr den heiligen Hieronymus, die heilige Cäcilie und andere unermeßlich wertvolle Schätze Revue passieren lassen, die dieser wilde Freibeuter den italienischen Städten geraubt hat?

Erfinden Sie mir ein Thema bei meiner Rückkehr, und das nächste Mal, wenn ich aufs Land reise, werde ich Ihnen so einen Brief schreiben.

Lassen Sie Margaret ein paar Zeilen in meinen Briefkasten

stecken, um dem Hausmeister oder Gefängniswärter mitzuteilen, daß ich in sieben Tagen um sieben Uhr morgens ankommen werde, um nicht mehr abzureisen.

Soviel hiermit von

Ihrem Verehrer

W Godwin.«

* * *

Die zeitweilige Trennung bleibt »nicht ohne Wirkung auf beide Teile«, und dieser zärtliche, geistreiche Brief wird dazu beigetragen haben. »Räumliche Trennung vermag der Liebe eine feine ätherische Zartheit zu geben, die ohne sie kaum zu erlangen ist. Es ist, wie wenn die Geister der Liebenden ohne Medium miteinander verkehren würden und ohne Hindernis des irdischen Gerüstes.«

Nach seiner Rückkehr treffen sie einander fast jeden Tag.

»Als wir uns wiedersahen, geschah es mit erhöhter Freude, und ich darf wohl hinzufügen, mit entschiedener Vorliebe eines jeden Teiles für den anderen. Trotzdem dauerte es noch drei Wochen lang, bis das Geständnis, das auf beider Zunge schwebte, über die Lippen kam, aber es gab, wie ich schon gesagt habe, kein Hangen und Bangen und kein Warten auf das entscheidende Wort. Unsere Freundschaft ging über in Liebe.«

Chez moi, schreibt Godwin am 15. August in sein Tagebuch, ebenso am folgenden Tag. *Chez elle* ist er am 18. und am 20. August. Am 21. notiert er: *chez moi, toute.* Dazwischen lag die erste große Krise ihrer Beziehung.

Sein Verlangen nach Mary war so stark geworden, daß er es kaum noch aushielt. Sie zögerte, hielt ihn lange hin. Doch als sie am 16. August *chez lui* war, bot sie ihm an, die Nacht bei ihm zu verbringen. Er fühle sich nicht wohl, er habe Fieber, sagte er – und ließ sie gehen. Er hatte nichts verstanden.

Mary an Godwin, am Mittwoch, dem 17. August, morgens:

»Gestern habe ich die schmerzlichste Nacht seit langem gehabt. Ich fühle, daß ich mich darüber nicht deutlich ausdrücken kann, laß mich also kurz erklären, wie ich empfinde, nun da ich allein bin. Und doch, da ich so lange Zeit um meine Seelenruhe gekämpft habe, habe ich Angst, Gefühle bis zu ihrem Ursprung zu verfolgen, die an Todesqualen grenzen.

Genügt es nicht, wenn ich Dir sage, daß ich mit mir ganz zerfallen bin? Gekränkt und erniedrigt, weiß ich kaum, warum – und obwohl ich doch falschen Anstand verachte, fürchte ich fast, daß ich den wahren aus den Augen verloren habe. Wenn mich ein Wunsch letzte Nacht nach Frankreich oder Italien gebracht haben könnte, hätte ich meine Fanny genommen und wäre in einem Augenblick weggewesen, obwohl ich überzeugt bin, daß ich es bin und nicht der Ort, der der Veränderung bedarf. Meine Phantasie verleitet mich ewig zu frischem Unglück, und ich merke, daß ich bis zum Ende des Kapitels ein Kind bleiben werde. Du sprichst von Rosen, die üppig auf jedem Lebensweg wachsen – ich hasche nach ihnen, begegne aber nur den Dornen.

Ich will nicht ungerecht sein – ich kann nur sagen, daß es mir scheint, als habest Du nicht weise gehandelt, und als seist Du von Deinen Gefühlen so erfüllt gewesen, so wenig ich sie verstehe, daß Du meine vergessen hast – oder daß Du meinen Charakter nicht verstehst. Heute bin ich mit Fieber dran – es geht mir nicht gut – ich bin verletzt. Aber ich will Dich nicht verletzen. Betrachte das, was vorgefallen ist, als ein Fieber Deiner Imagination; als eine der schwachen irdischen Erschütterungen, denen Du ausgesetzt bist – und ich – werde wieder ein Einsamer Spaziergänger* werden. Adieu! Ich war dabei, hinzuzufügen Gott segne Dich!«

Godwin an Mary, am Vormittag des gleichen Tages:

»Wie soll ich Dir antworten? In einem Punkt stimmen wir überein: Ich spreche mit Dir in diesem Moment lieber schriftlich als auf andere Weise. Ich wäre beschämt, wenn ich Dir gegenüberstünde.

---

* Anspielung auf Rousseaus *Les rêveries du Promeneur Solitaire*.

Du weißt nicht, wie ehrlich ich bin. Ich schwöre Dir, daß ich Dir nichts als die strenge und buchstäbliche Wahrheit sagte, als ich Dir schilderte, wie Du meine Phantasie am Sonnabend entzündet hast. 36 Stunden lang konnte ich an nichts anderes denken. Ich sehnte mich unbeschreiblich danach, Dich in in meinen Armen zu haben. Warum bin ich nicht zu Dir gekommen? Ich bin ein Tor. Ich fürchtete immer noch, daß ich mich täuschen könnte, was Deine Gefühle angeht, und daß ich mich mit unbegründeten Vermutungen nähren würde. Ich beschloß, darauf zu warten, daß sich die Sache von selbst lösen würde. Ich war mir nicht bewußt, daß die Glut meiner Imagination sich erschöpfen könnte. Doch das ist, wie ich annehme, kein ungewöhnlicher Fall.

Wie jeder Mensch kann ich nur von dem sprechen, was ich weiß. Aber das kann ich kühn versichern, daß nichts, was ich in Dir gesehen habe, auch nur im geringsten zur Meinung berechtigen würde, daß Du, den falschen Anstand verachtend, den wahren aus den Augen verloren hättest. Ich sehe in Dir nichts als was ich achte und bewundere.

Ich kenne die Intensität Deiner Empfindungen, und es gibt vielleicht nichts auf der Welt, was mich mehr schmerzen würde, als Dein Unglück zu vermehren.

Hasse mich nicht. Ich verdiene es wirklich nicht. Laß mich nicht fallen. Werde nicht wieder ein Einsamer Wanderer. Laß mir Gerechtigkeit widerfahren, und dann wirst Du an mir zwar viel finden, was töricht und tadelnswert ist, aber eine Frau von Deiner Intelligenz wird mich doch mit besonderer Vorliebe betrachten.

Nach eingehender Prüfung finde ich in Dir einen Fehler, und nur einen. Du empfindest natürlich, und Du hast die Aufrichtigkeit, das zu bekennen. Daran tust Du gut, dessen bin ich sicher. Aber laß nicht zu, daß Deine Empfindungen Dich tyrannisieren. Schätze jede Sache nach ihrem wahren Wert. Es ist das beste, daß wir Freunde in jedem Sinn des Wortes sein sollten, aber bis dahin laß uns Freunde sein.

Erlaube, daß ich Dich sehe. Lassen wir allem übrigen seinen natürlichen Lauf. Meine Phantasie ist nicht tot, nehme ich an, obwohl sie schlummert. Aber sei dem, wie es sei, ich will Dich nicht mehr quälen. Ich will Dein Freund sein, der Freund Deines Geistes, der Bewunderer Deiner Vorzüge. Alles sonst überlasse ich der Zukunft, froh, wenn vollkommen glücklich, abwartend und still in dieser Hinsicht, solange das nicht so ist.

Sei glücklich. Entschließe Dich, glücklich zu sein. Du verdienst es. Alles, was das verhindert, ist Schwäche und Wahn; und eine Frau wie Du kann, muß, soll das abschütteln. Rufe mit Festigkeit die Energien auf, über die Du, wie ich sicher glaube, in einem so ausgezeichneten Maße verfügst.

Schick mir ein Wort, daß ich Dich in ein oder zwei Tagen sehen kann. Merkst Du nicht, wie schmerzhaft heftig meine eigenen Gefühle sind, während ich Dich mahne, ein Philosoph zu sein? Ich brauche etwas, das mich beruhigt, obwohl ich das nicht von Dir verlangen kann.«

Mary an Godwin um 2 Uhr mittags:

»Mir gefällt Dein letzter – darf ich sagen Liebes-Brief? – besser als der erste – und kann ich Dir davon einen besseren Beweis geben, als Dir zu sagen, daß er mich beruhigt hat – den ganzen Morgen über war mein Gemüt in schmerzlicher Unruhe, gepeinigt von alten Ängsten, die sich mit neuer Kraft noch vorne zu drängen schienen, um die gegenwärtigen Seelenqualen zu verschärfen – nun gut – es ist fast vorbei – ich meine all meine unvernünftigen Ängste – und ein ganzes Gefolge von Quälgeistern, die Du in die Flucht geschlagen hast – ich kann Dir ihre häßlichen Gestalten kaum so schnell beschreiben, als sie verschwinden – und laß sie gehen, wir werden sie nicht zurückholen, indem wir von ihnen sprechen. Du kannst mich sehen, wann Du willst.

Du sagst, Du brauchst etwas, das Dich beruhigt – wird es Dir helfen, wenn ich Dir die Wahrheit sage? Ich kann Dich nicht hassen – und ich meine auch nicht, daß Du das verdienst. Mehr noch, ich kann Dir meine Freundschaft nicht entziehen und will versuchen, Deine zu verdienen, damit Notwendigkeit Dich an mich bindet ...

Jetzt sei ein guter Junge und lächele über mich, ich esse um halb fünf – Du solltest kommen und mir Appetit zum Essen geben, da Du ihn mir für das Frühstück raubtest.

Mary«

Godwin an Mary, am gleichen Nachmittag:

»Ich habe um ein Uhr einen Brief für Dich abgegeben. Erst zwei Stunden später wachte ich plötzlich auf und bemerkte meinen Irrtum. Ich war auf die Vorstellung von heimlicher Lust fixiert gewesen und vollkommen dumm und ohne Verstand in bezug auf Deinen Plan, bei mir zu bleiben – es ist unmöglich, daß er den Toten nicht zum Leben erweckt haben würde.

Vielleicht wirst Du mir nicht glauben, daß ich derartig begriffsstutzig war. Es scheint tatsächlich unglaublich. Ich denke aber, Du wirst mir zugeben, daß es kein Zeichen von Gleichgültigkeit ist, wenn die Gedanken eines Mannes so hartnäckig von einer Vorstellung besetzt sind, daß es selbst dann nicht gelingen würde, ihn zu einer anderen zu bringen, wenn man ihm mit einer Trompete ins Ohr blasen würde.

Mir bleibt nur, mich für mein absurdes Verhalten zu entschuldigen, was ich mit Haß gegen mich selbst tue. Da der Fehler nun entdeckt ist, mußt Du entscheiden, ob es zu spät ist, ihn wiedergutzumachen. Was mich angeht, bin ich nicht so anmaßend, auch nur mit einem Wort Deine Vergebung zu erflehen.«

Vier Tage – Nächte – später dann endlich *toute*.

Mary an Godwin, am 22. August:

»Ich fühle mich manchmal quälend demütig – Schreib mir, nur eine Zeile, um mir zu versichern, daß Du hin und wieder mit Zuneigung an mich gedacht hast – seitdem wir uns getrennt haben –«

Godwin an Mary, am gleichen Tag:

»Demütig! Um Himmels willen, sei stolz, sei arrogant! Du bist – aber ich kann Dir nicht sagen, was Du bist. Ich habe noch nicht herausgefunden, was Dich an die Schwäche unserer Natur bindet. Ich werde es aufstöbern.«

September, Oktober, November, Dezember: *Chez moi, chez elle, chez moi, chez elle, chez moi, bonne. Bonne* in Godwins Tagebuch, das ist ein Gefühlsausbruch. Mary gab Godwin, was Imlay ihr gegeben hatte. Sie wurde seine Lehrmeisterin in der Liebe, sie heilte ihn, versöhnte ihn mit seinem Körper, machte ihn ganz. *Adorable maîtresse!* »Jetzt erst erfuhr ich vollkommenes Glück. Wenn ich nach meiner eigenen Erfahrung urteilen soll, so kann ich sagen, daß die Natur für alles Unglück und Elend, das sie so reichlich und unablässig über ihre Söhne ausschüttet, sie durch diese eine Gabe entschädigt hat, die Seligkeit und die unaussprechliche Lust, die mit der Zuneigung zweier Menschen verschiedenen Geschlechts verbunden sind«, schwärmte er Jahre danach – in seiner Art. »Das Glück, das wir genossen, war maßvoll und würdig, und eben seine Nüchternheit diente dazu, die Lust zu steigern.« Das klingt, als hätten sie sich an Wasser berauscht – Godwin war eben nicht Imlay –, aber berauscht waren sie, und ihre Liebe wuchs, je vertrauter sie miteinander wurden, je mehr Mary Godwin vertraute, dessen rücksichtsvolle Zärtlichkeit Balsam auf ihre Wunden war. »Ich bin froh, daß Du mich zwingst, Dich immer mehr zu lieben, trotz meiner Angst, daß mir jeder das Herz durchbohrt, auf den ich den gewaltigen Vorrat meiner Zuneigung ablagere.«

»Ich hätte heute gern mit Dir gegessen, nachdem ich Deine Essays ausgelesen hatte, so daß meine Augen und Lippen – ich meine weniger meine Stimme – Dir hätten sagen können, daß sie Dich in meiner A c h t u n g haben wachsen lassen«, schrieb sie Anfang Oktober. »Was für ein kaltes Wort! Ich würde Liebe sagen, wenn Du mir versprichst, nicht über die Angemessenheit dieses Wortes zu streiten, wenn ich eine wachsende Zuneigung ausdrücken will, die auf einer näheren Bekanntschaft mit Deinem Herzen und Deinem Verstand gründet.

Ich werde alle meine liebevollen Gefühle mit einem Korken verschließen – doch es kann sein, daß die feine flüchtige Essenz davonfliegen wird, wenn ich spazieren gehe – Du weißt nicht, wieviel Zärtlichkeit für Dich in einem wollüstigen Seufzer entkommen könnte, wenn die Luft, was oft vorkommt, die Empfindungen in eine angenehme Bewegung versetzen sollte, die sich um mein Herz gerankt haben, als ich diesen Morgen las – und mich ab und zu daran erinnerte, daß der Autor m i c h l i e b t e. In dem Wort wollüstig steckt oft eine Bedeutung, die ich ihm nicht geben will. Ich würde einen dieser Augenblicke beschreiben, wenn die Sinne von der wachsenden Zärtlichkeit des Herzens feingestimmt werden und die einwilligende Vernunft dazu verlockt, ganz im gegenwärtigen Augenblick zu leben, ohne an Gegenwart oder Zukunft zu denken – Es ist nicht der Taumel der Leidenschaft – Es ist eine sublime Ruhe. In Deinen Armen habe ich sie empfunden – psst – Laß das Licht es nicht sehen, ich hätte fast hören gesagt – Diese Bekennntnisse sollten nur geäußert werden – Du weißt wo, wenn die Vorhänge heruntergelassen sind und die ganze Welt ausgeschlossen ist.«

Die Brieflein, die im Herbst 1796 zwischen den beiden hin- und herflogen, sind zwischen den Nächten geschrieben. In ungeduldiger Vorfreude, enttäuscht, frustriert, wenn sie nicht zusammenkamen – er fühlte sich nicht wohl, sie war unpäßlich, Fanny hatte Windpocken. Und durchwärmt von ihren Umarmungen. Als Godwin in seinen Erinnerungen an Mary ihre wunderbare Metamorphose durch Imlay beschrieb – »ihre Augen bekamen neuen Glanz und ihre Wangen neue Farbe und Lieblichkeit« –, schilderte er, was er selbst erlebt hatte – und ohne Imlay nicht erlebt hätte.

»Laß mich Dir sagen, daß Du heute morgen nicht nur in meinem Herzen bist, sondern in meinen Adern. Ich wende Dir etwas beschämt den Rücken zu, aber Du verfolgst mich, und ein Blick, ein Wort, eine Berührung durchschauert meinen ganzen Körper – ja, genau dann, wenn ich mich bemühe, an etwas anderes, nicht an einen anderen zu denken. Hinfort mit Dir, Eindringling! Obwohl ich ›lieber‹ hinzufügen muß – was ein Rückruf ist.

Wenn Herz und Vernunft zusammenklingen, kann man wollüstigen Gefühlen nicht entkommen, stelle ich fest, was man als Frau auch tun mag – vermag ein Philosoph mehr?«

»Wenn die Seligkeit der letzten Nacht die gleiche Wirkung auf Deine Gesundheit gehabt hat wie auf mein Aussehen, hast Du keinen Grund, darüber zu klagen, daß aus Deinen Vorsätzen nichts geworden ist: denn ich habe selten so viel lebendiges Feuer durch meine Züge laufen sehen wie an diesem Morgen, als Erinnerungen – sehr liebe Erinnerungen, mich vor Vergnügen erröten ließen, als ich meine Haare ordnete.«

* * *

Zwischen den Nächten lagen die Tage, an denen sie vor der Welt fremd miteinander tun mußten. »Zunächst heirateten wir nicht«, schreibt Godwin, um damit deutlich zu machen, daß sie ihre Beziehung aus Überzeugung nicht gesellschaftlich sanktionierten. Beide fanden, daß keine der »geltenden Gewohnheiten« so lächerlich und dem natürlichen Gefühl so entgegengesetzt sei »als diejenige, die zwingt, dem Überströmen des Herzens Einhalt zu gebieten bis nach dem Ablauf einer Zeremonie, und die fordert, daß gerade dann, wenn Dinge sich abspielen, die überall, wo man Zartgefühl und Illusion kennt, als ausschließlich private behandelt werden müßten, in die Trompete gestoßen und der Augenblick verkündet werde, in welchem der Vorgang seinen Höhepunkt erreicht«. Beide hatten aber auch noch andere Gründe, vor diesem Schritt zurückzuschrecken. Mary würde damit vor der Öffentlichkeit bekennen, daß sie mit Imlay nie verheiratet gewesen und Fanny ein uneheliches Kind war. Sie haßte die Vorstellung, der »Gegenstand vulgären Geredes« zu werden. Godwin wollte als erklärter Ehegegner seinen Grundsätzen treu bleiben und fürchtete den Spott seiner Freunde.

Sie hielten ihre Beziehung geheim. Sie traten nicht als Paar auf, auch nicht bei gemeinsamen Bekannten, pflegten eigene Freundschaften, auch mit dem anderen Geschlecht. Der Maler John Opie, der dann Amelia Alderson heiratete, interessierte sich nicht nur platonisch für Mary, Godwin war oft und gern mit Mrs. Inchbald zusammen. Wenn er ins Theater ging, saß *Mrs. Perfection* neben ihm, wie Mary sie eifersüchtig nannte. Ihr fiel das Versteckspielen schwer. »Ach ich Arme! Was soll ich heute machen, ich sehe die undankbare Aufgabe vor mir, meine Zuneigung zu unterdrücken – und ich ströme von den freundlichsten Gefühlen über.« Sie wünschte so sehr, daß er sich öffentlich zu ihr bekannte – »in der Neigung, die man für jemanden verspürt, ist etwas Magisches – daß Du mir in Gesellschaft Deine Hände um meine Arme gelegt hast, hat mich mehr gefreut, als es die Bewunderung der ganzen Welt getan hätte«. Immerhin ließ er zu, daß ihr Dienstmädchen für ihn wusch. »Ich bin nicht sicher, ob es mir nicht Freude gemacht hat, auf diese Weise die Rolle einer Ehefrau zu spielen, obwohl Du sie wenig achtest.«

Wie lange hätte sie, hätten sie dieses Doppelleben durchhalten können – wollen? Ende Dezember wußten sie, daß die Natur für sie entschieden hatte. Mary war schwanger. Sie und Godwin hatten versucht, eine Empfängnis zu verhüten, aber das System, das sie anwendeten, war dazu untauglich.

»Kondome (die Boswell ›Rüstung‹ nannte und Casanova ›Englische Mäntel‹), die aus Schafsdärmen gefertigt und mit rosa Bändern befestigt wurden, waren in London praktisch unerschwinglich. Nur Adlige konnten sie sich leisten und nutzen diese Rüstung weniger für Empfängnisverhütung als zum Schutz vor Geschlechtskrankheiten. Godwin hielt sich an das, was er das *chance-medley system* nannte, das auf Enthaltsamkeit während der, wie man glaubte, drei fruchtbaren Tage nach der Menstruation basierte und auf häufigem Geschlechtsverkehr zu anderen Zeiten, denn die Meinung war sehr weit verbreitet, daß das bei Prostituierten das Risiko einer Schwangerschaft verminderte. Ein Code in Godwins Tagebuch (ein Gedankenstrich für sexuellen Kontakt, ein Gedankenstrich gefolgt von einem Punkt für vollen Geschlechtsverkehr) zeigt, wie gewissenhaft er und Mary sich an dieses System hielten. Unglücklicherweise aber war es falsch. Godwin hätte besser daran getan, einen Rabbiner zu konsultieren, statt sich an die im England des 18. Jahrhunderts herrschende allgemeine Meinung zu halten. Denn die jüdische Praxis, die auf biblische Zeiten zurückgeht, beruht auf der genauen Beobachtung, daß Frauen etwa in der Mitte ihres Zyklus am fruchtbarsten sind. Ohne es zu wissen, folgten Godwin und Mary Wollstonecraft einem Zeugungsprogramm. Das Unvermeidliche geschah.«

Mary versank in eine tiefe Depression. Ein zweites Kind, das war gar nicht auszudenken, gesellschaftlich und finanziell eine Katastrophe. Sie arbeitete an einem Roman und schrieb ab und zu wieder Rezensionen für die *Analytical Review,* aber die brachten nicht genug ein, um sich und die Ihren durchzubringen (Fanny, Marguerite, ein Dienstmädchen, das Mary hieß wie sie). Imlay hatte zwar hoch und heilig versprochen, für Fanny regelmäßig Unterhalt zu zahlen, aber auch dieses Versprechen gebrochen. Sie hatte Schulden machen müssen. Wie sollte sie die je zurückzahlen? Nie war sie abhängiger von fremder Hilfe gewesen als jetzt, da sie in einer Beziehung lebte, die programmatisch auf Unabhängigkeit basierte. »Ich bin auf alles vorbereitet. Ich kann die Konsequenzen meiner Handlungen auf mich nehmen und will niemanden in meine Schwierigkeiten involvieren«, schrieb sie am 31. Dezember 1796 an Godwin. Eine traurige Jahreswende, ein trüber, kalter Winter! Ihr war dauernd schlecht – »das unelegante Übel, daß noch kein Romanautor als eine der Folgen von Herzensnöten zu erwähnen den Mut fand«. »Es schneit, so unablässig, daß ich nicht weiß, ob ich meine Verabredung heute abend einhalten kann. Was sagst Du? Aber Du hast keine *petticoats,* die im Schnee schleifen. Arme Frauen – wie sind sie von Plagen überhäuft – von innen und von außen.«

Godwin sah ein, daß er über seinen Schatten springen und heiraten mußte. »Sie wollte es vermeiden und vielleicht mit Recht, sich aus der Gesellschaft vieler wertvoller und ausgezeichneter Menschen, welche in diesen Dingen an alten Gewohnheiten hängen, auszuschließen. Es würde mir auch entschieden widerstrebt haben, sie solchen Unannehmlichkeiten auszusetzen, und nachdem es sich durch sieben Monate im intimen Umgang erwiesen hatte, daß unsere Lebensgewohnheiten harmonierten, so schien es, daß keiner von uns viel dabei wagen würde, wenn wir uns den Konsequenzen des Gesetzes unterwarfen, das für England die Beziehungen der Gatten regelt.«

Er lieh sich von einem wohlhabenden Freund Geld, um ihre Schulden zu bezahlen, was sie widerwillig zuließ. Am 29. März ließen sie sich in der St. Pancras Old Church trauen. Nach *Panc.*, wie es in seinem Tagebuch lakonisch heißt, gingen sie beide in ihre Wohnungen, und er machte und empfing noch einige Besuche. Ein paar Tage später bezogen sie ein gemeinsames Haus im Grünen, das zu einer neuen großen Wohnanlage gehörte. Außerdem mietete sich Godwin (»zu große Vertrautheit ist der Tod eines glücklichen Miteinander«) noch ein Arbeitszimmer auswärts, die letzte Enklave des so lange verteidigten Junggesellendaseins.

Die Nachricht von dieser Verbindung erregte ziemliches Aufsehen. Manche erkannten ihren epochalen Charakter wie Füssli, der einen Freund fragte, ob er schon gehört habe, daß die *assertrix of female rights* dem *balancier of political justice* ihre Hand gegeben habe. Manche fanden sie skandalös. Wie Mary vorausgesehen hatte, machte gerade der Schritt in die Bürgerlichkeit ihre bisherigen unordentlichen Verhältnisse amtlich. Sie verlor einige Bekannte, und Godwin war natürlich mitbetroffen. Daß seine besten Freundinnen – Mrs. Siddons und Mrs. Inchbald alias *Mrs. Perfection* – den Umgang mit ihr verweigerten, hat ihn sehr gekränkt.

Mary, Maria, Mary

»Sie war sechsundzwanzig Jahre alt, doch war sie von Natur aus so gesund, daß die Zeit ihrem Gesicht nur den Stempel ihres Charakters hatte aufprägen können. Ständiges Nachdenken und die Erfahrung liebender Gefühle hatten etwas vom schelmischen Reiz der Unschuld verscheucht und unmerklich jene Unregelmäßigkeit der Züge hervorgebracht, die der Kampf der Vernunft, die heftigen Empfindungen des Herzens zu deuten und zu beherrschen, gewöhnlich hinterläßt. Gram und Sorge hatten die leuchtenden Farben der Jugend gemildert, jedoch nicht gelöscht, und die Nachdenklichkeit beeinträchtigte die weibliche Sanftheit ihrer Züge keineswegs; im Gegenteil, so stark war der Ausdruck der Empfindsamkeit, der häufig darüberhuschte, daß sie dann, wie ein großer Teil ihres Geschlechts, nur zum Fühlen geboren schien; und die Beweglichkeit ihrer wohlgeformten, sogar üppigen Gestalt vermittelte mehr den Eindruck eines starken Gemüts als eines kräftigen Körpers.«

Das ist Maria, die Heldin des Romans, an dem Mary arbeitete. Ein Spiegelbild mit kleinen Retuschen, die der Fiktion und ihrer Eitelkeit geschuldet sind. Godwin machte dieses Projekt auch zu seiner Sache, das wohl auch deshalb unvollendet blieb und von ihm als Fragment veröffentlicht wurde.

Wie sie seine Lehrmeisterin in der Liebe gewesen war, so wollte er ihr das richtige Schreiben beibringen. Anders als Füssli glaubte er nicht an Originalgenies. »Es gibt so etwas wie Talent in der Welt, aber ich habe den starken Verdacht, daß es so etwas wie Inspiration nicht gibt«, schrieb er einem Bekannten. »Jedermann ist oberflächlich, bevor er tief ist.« Er war ein sorgfältiger Arbeiter, der lange an seinen Sätzen feilte. Marys impulsive, oft in fliegender Eile geschriebenen, unregelmäßigen Texte waren in seinen Augen Wildwuchs, den es zu beschneiden galt. Als sie ihm Anfang September 1796 ein Manuskript zu lesen gab – wahrscheinlich die ersten Kapitel des Romans –, kritisierte er sie mit vernichtender Schärfe.

»Ich habe mich den ganzen Morgen vergeblich bemüht, meine Niedergeschlagenheit zu bekämpfen, die einige Deiner gestrigen Bemerkungen erzeugten; ich will versuchen, ob ich sie abschütteln kann, indem ich die Art der Empfindungen beschreibe, die Du in mir erregt hast.

Ich beziehe mich auf das, was Du über meine Art zu schreiben gesagt hast – daß sie einen fundamentalen Makel habe – einen Wurm in der Knospe etc. Was ist zu tun? Ich muß entweder Deine Meinung mißachten, sie für ungerecht erklären oder verzweifelt meine Feder zu Boden werfen, und das würde bedeuten, daß ich meine Existenz aufgebe, denn als ich fünfzehn war, habe ich beschlossen, niemals um eines Vorteils willen zu heiraten oder ein Leben in Abhängigkeit zu ertragen. Kurz, ich muß darauf vertrauen, daß ich mit meinem Schreiben etwas Gutes bewirke und genug Geld verdiene, oder für immer einschlafen. Ich werde mich nicht damit zufriedengeben, nur Leib und Seele zusammenzuhalten. Ich bin sicher, daß Johnson durch das, was ich bisher für ihn geschrieben habe, Gewinn gemacht hat. Und da ich will, daß Du mein Herz und meinen Kopf genauso siehst, wie sie mir selbst erscheinen, ohne einen Schleier gespielter Bescheidenheit darüber zu ziehen, obwohl dieser ganze Brief auf peinliche Weise von mangelndem Selbstbewußtsein zeugt, kann ich nicht umhin zu denken, daß in meinen Schriften etwas ist, das von größerem Wert ist als in den Produktionen einiger Leute, denen Du warme Lobeshymnen spendest – ich meine mehr Geist – nenne es wie Du willst – mehr Beobachtung eigener Gefühle – mehr von den Schöpfungen meiner Phantasie – dem Ausdruck meiner Gefühle und Leidenschaften – als in den kalten Produktionen des Verstandes mit Materialien, die ihm die Sinne und die Phantasie anderer Schriftsteller zur Verfügung gestellt haben.

Ich bin ungeduldiger und unzufriedener mit mir, als Du Dir vorstellen kannst, wenn ich Dir sage, daß ich kaum eine Zeile geschrieben habe, die mir selbst gefällt (und sehr wenig, was die Menge angeht), seitdem Du mein Manuskript gesehen hast.«

Trotz Marys inspirierter Verteidigung ihrer Originalschöpfungen gegen die Sekundärliteratur anderer Schriftsteller hat sie sich doch Godwins Autorität unterworfen und hat sich von ihm lähmen lassen – so wie Füssli sie beflügelt hat. Sie zeigte ihm, was sie schrieb, besprach es mit ihm, korrigierte und arbeitete es nach seinen Wünschen um. »Auch die unerfahrenste Autorin hätte keinen größeren Eifer an den Tag legen können, Nutzen aus den kritischen Meinungen und Vorschlägen zu ziehen«, lobte er. Ob das Buch dadurch besser geworden ist? Godwin selbst scheint daran gezweifelt zu haben. Das kann man sowohl aus seinem Vorwort zu den *Wrongs of Woman* herauslesen – es hätte ein guter Roman werden können, schreibt er sinngemäß – als auch aus den *Memoirs*, in denen er Mary seinen Gestaltungswillen als Kuckucksei unterschob.

»Ich werde mich hier nicht damit aufhalten, den Charakter dieses Werkes zu beschreiben, das, soweit es vollendet wurde, veröffentlicht ist. Ich will nur bemerken, daß Mary, die sich, wie ja nicht anders möglich, ihres Talents bewußt war, doch sehr darauf gespannt schien, ob dieses Werk diejenige Wirkung ausüben würde, die sie durch dasselbe anstrebte. Sie war sich der Schwierigkeit der Aufgabe, einen wirklich guten Roman zu schreiben, wohl bewußt und spannte darum alle Kräfte an, um diese Schwierigkeit zu besiegen.

Alle ihre anderen Werke hat sie in einer Hast geschrieben, die ihren Fähigkeiten nicht Zeit ließ, sich voll zu entfalten. Dieses aber ist langsam und mit reiflicher Überlegung verfaßt worden. Sie begann es in verschiedenen Formen, die sie nacheinander wieder verwarf, wenn die Arbeit auch schon erheblich fortgeschritten war. Manche Teile veränderte sie wieder und wieder, um schließlich die erste Form beizubehalten. Sie fühlte sich unwiderstehlicher dazu hingezogen, das bereits Geschriebene zu prüfen und wieder zu prüfen als in der Abfassung der noch fehlenden Teile fortzufahren.«

Marys eigenes Vorwort macht das Dilemma deutlich, in das sie Godwins Ehrgeiz – ein wirklich guter Roman! – geführt hatte. Sie hätte viele Szenen dramatischer gestalten können, schreibt sie, ihr zentrales Anliegen aber sei es gewesen, »das besondere Elend und die Unterdrückung der Frauen darzustellen, wie sie aus den einseitigen Gesetzen und Sitten der Gesellschaft erwachsen.« So habe sie beim Abfassen der Geschichte ihrer Einbildungskraft Zügel angelegt; »sie sollte eher als ein typisches denn als ein individuelles Frauenschicksal erscheinen.« Während sie in ihrem ersten Roman *Mary* die allgemeine Gültigkeit ihrer besonderen Erfahrungen wie selbstverständlich gesetzt hatte, sollte nun das Allgemeine das Besondere unterwerfen.

Doch Mary war zum Glück unheilbar subjektiv. Was von den *Wrongs of Woman* im Gedächtnis bleibt, ist nicht die Titel-Botschaft. Es ist die Liebesgeschichte zwischen ihrer Heldin Maria und dem romantischen Weltenbummler Henri Darnford, die mit einer Reflexion über die Macht der Phantasie verwoben ist. Sie beginnt in Bedlam, in einer Irrenanstalt, in die er durch Ränke geldgieriger Verwandter, sie durch Intrigen ihres Ehemanns geraten ist. Schon bevor sie ihn persönlich kennenlernt, ist sie in ihr Wunschbild von ihm verliebt, mit dem sie Briefe wechselt.

»Wenn sie an Darnford schrieb, war Maria von der traurigen Wirklichkeit abgelenkt und konnte die grausigen Geräusche in ihrer Nähe überhören, die zuvor unablässig ihre fiebernde Phantasie gefangengenommen hatten. Es erschien ihr selbstsüchtig, über ihre eigenen Leiden nachzugrübeln, inmitten von bedauernswerten Wesen, die nicht nur alles verloren hatten, was das Leben lebenswert macht, sondern sogar ihr Ich selbst. Daher beschäftigte sich ihre Einbildungskraft damit, in melancholischem Ernst die Irrwege des Elends, auf denen so viele der armen Kerle in dieses düstere Asyl geraten sein mußten, zur großen Quelle menschlicher Verderbnis zurückzuführen. Oft wurde sie um Mitternacht von Schreien dämonischer Wut oder gräßlicher Verzweiflung geweckt, ausgestoßen in so wüsten Lauten der Qual, daß sie vom Fehlen jeglicher Vernunft sprachen und Schreckensbilder in Marias Seele erzeugten, die weit furchtbarer waren als alles, was böse Träume je darin heraufbeschworen hatten. Es war der Aufruhr der Leidenschaften, den mitzuerleben sie verurteilt war. Die Vernunft nahm Maria an diesen Unglücklichen nur wahr als gelegentlich aufzuckenden Strahl, wie das flackernde Licht einer verlöschenden Kerze oder wie den Blitz, der die Wolken eines zürnenden Himmels teilt, nur um die Schrecken zu enthüllen, die die Dunkelheit verbarg.«

Als sie und Darnford dann einander kennengelernt und sich ihre Liebe gestanden haben –

»Einbildungskraft! Wer kann deine Macht beschreiben? Oder die flüchtigen Farben der Hoffnung, die du hervorzauberst, wiedergeben? Eine traurige Düsternis hatte Marias Horizont verdunkelt – jetzt brach die Sonne durch, ein Regenbogen leuchtete, und alle Aussichten schienen bezaubernd. Der Schrecken herrschte noch immer in den dunklen Zellen, und Argwohn lauerte in den Gängen. Die Schreie der Besessenen ließen die Herzensfreunde aufhorchen und staunen, daß sie sich so glücklich fühlten mitten in einer Grabstätte der lebend Toten. Sie tadelten sich sogar für ihre scheinbare Unempfindlichkeit; aber auf der ganzen Welt gab es keine glücklicheren Wesen.«

»Der Schrecken herrschte noch immer in den dunklen Zellen, und Argwohn lauerte in den Gängen« – das ist (nach Bedlam verschoben) Marys und Imlays Liebesort, das klaustrophobische Paris zur Zeit der *terreur*.

Ein Happy-End war nicht vorgesehen. »Der Liebhaber untreu – Schwangerschaft – Fehlgeburt – Selbstmord«, skizzierte Mary den Fortgang der Handlung. Die glücklichen Täuschungen der Phantasie wirken nur für eine Zeit.

* * *

Hätte Marys Liebe zu Godwin die Wirklichkeitsprobe bestanden, hätte ihre Beziehung Bestand gehabt? Wenn ja, dann vielleicht, weil die Phantasie an ihr weniger Anteil hatte als an ihren großen Passionen zu Füssli und Imlay. Wenn nicht, dann aus dem gleichen Grund.

Manchmal gerieten sie heftig aneinander, aber Godwin fand allmählich Geschmack an seiner neuen Rolle als Ehemann. Er ging liebevoll mit Fanny um und freute sich auf seinen Sohn. Er und Mary waren aus irgendeinem Grund sicher, daß es ein Sohn werden würde, der den Namen seines Vaters tragen sollte. Als er im Juni eine längere Reise unternahm, flocht er in seine ersten Briefe liebevoll besorgte Sätze ein: *Take care of yourself,*

*my love, & take care of William.** Ihr gehe es gut, schrieb sie ihm
zurück, bis auf den Aufruhr, den Master Williams Freude über
sein Gedenken in ihr produziert habe. »Man verwöhnt Männer
durch Offenheit, wie ich glaube, aber ich muß Dir doch sagen,
daß ich Dich mehr liebe, als ich es vermutlich tat, als ich versprach, Dich für immer zu lieben – und ich will etwas hinzufügen, was Deinem Wohlwollen, wenn nicht Deinem Herzen Befriedigung verschaffen wird – daß ich alles in allem glücklich
genannt werden darf. Du bist ein zärtliches, herzliches Wesen,
und ich fühle, wie es meinen Körper durchfährt, Lust gebend
und versprechend.« Als seine Briefe dann flüchtiger wurden und
er später zurückkam, als sie erwartet hatte, machte sie ihm heftige Vorwürfe.

Die Wehen begannen am 30. August um fünf Uhr morgens.
Godwin war auch an diesem Tag zum Arbeiten außer Haus gegangen. Im Verlauf des Vormittags schrieb sie ihm drei Nachrichten über ihr Befinden. »Gegen zwei Uhr nachmittags begab
sie sich in ihr Schlafzimmer, das sie nicht wieder verlassen sollte.
Das Kind wurde zwanzig Minuten nach elf geboren.« Kein Master
William, sondern ein Mädchen, das natürlich Mary heißen sollte.
»Aus Anstandsgründen, die am allerwenigsten dort entscheidend
sein sollten, wo es sich um die Abwendung einer Gefahr handelt« (so Godwin tadelnd), hatte Mary auf »weiblicher Geburts-
hilfe« bestanden. »Sie fand es passender, es einer Hebamme zu
überlassen, den Verlauf eines natürlichen Prozesses zu über-
wachen, der selten eines kunstgerechten Eingreifens bedürfe.«
In diesem Fall aber gab es Komplikationen. Als die Plazenta
zweieinhalb Stunden nach der Geburt noch nicht ausgestoßen
worden war, holte Godwin einen Arzt, der versuchte, sie heraus-
zuwühlen, eine entsetzlich schmerzhafte und blutige Prozedur,
die Mary das Leben kostete. Es wäre besser gewesen, dem natürlichen Prozeß auch weiterhin seinen Lauf zu lassen und abzu-
warten. So aber kam es zu einer Sepsis. Am Samstag, dem 1. Sep-

* Paß auf Dich auf, Liebste, und paß auf Master William auf.

tember, bekam Mary heftiges Fieber mit Schüttelfrost, und ihr Zustand verschlechterte sich von Tag zu Tag. In seiner Verzweiflung hatte Godwin seinen Hausarzt und Freund Dr. Fordyce hinzugezogen (was dessen Kollegen so verärgerte, daß er wegblieb). Am 3. September verbot er Mary das Stillen, »so daß wir junge Hündchen bestellen mußten, um die Milch abzusaugen. Das gab Mary Anlaß, um mit mir und den anderen, die sie pflegten, zu scherzen.« Sie erduldete alles mit »Gleichmut, Geduld und Zärtlichkeit.« Am Freitag den 8. September hieß es, »daß die einzige Möglichkeit, sie durch alle ihre Leiden hindurchzubringen, darin liege, daß man sie genügend mit Wein stärke. Das war nun meine Aufgabe. Ich begann damit um vier Uhr nachmittags. Aber für mich, der ich ganz unbekannt war, mit Krankheitserscheinungen und mit der Natur des menschlichen Organismus, war es eine fürchterliche Aufgabe, auf solche Weise mit einem Leben zu spielen, das mir das teuerste in der Welt war. Ich wußte nicht, was zu viel und was zu wenig war. Ich meinte, es sei notwendig, das Begonnene unter allen Umständen fortzusetzen. Das dauerte durch drei Stunden. Dann war ich so töricht, das Dienstmädchen, das eben das Zimmer verließ, zu fragen, wie es über den Zustand seiner Herrin denke. Sie antwortete, daß diese ihrer Meinung nach raschestens ihrem Ende entgegengehe.«

»Unsinnig« nennt Godwin diese zutreffende Auskunft, die ihn »vollständig aus der Fassung« brachte. Er holte Mr. Carlisle, einen weiteren Arzt, zur Hilfe, der nun beständig bei der Kranken blieb. Vier Personen teilten sich in ihre Pflege, zwei befreundete Damen, Marys Marguerite und Godwin selbst. Einige Freunde »verbrachten fast die ganze letzte Woche im Hause, um auf jeden Wink bereit zu sein, meine Aufträge in allen Teilen der Hauptstadt schnellstens zu besorgen ...«

»Um sechs Uhr morgens am Sonntag, den zehnten September, holte mich Mr. Carlisle, so wie ich ihn darum gebeten, aus dem Bett, in das ich mich um ein Uhr begeben hatte, denn ich wollte nicht plötzlich erfahren, daß sie nicht mehr sei.«

Sept. 10.
Sunday. 20 minutes before 8. – —————————————————————————

Poor Mary, sagte Füssli, als er von ihrem Tod erfuhr.

Fünf Tage später wurde sie auf dem Friedhof der St.-Pancras-Kirche bestattet. Auf den Grabstein, den einige ihrer Freunde stifteten, wurde die folgende Inschrift gemeißelt:

MARY WOLLSTONECRAFT GODWIN
Author of
A VINDICATION
OF THE RIGHTS OF WOMAN
Born 27 April, 1759,
Died 10 September, 1797.

Lektionen

Aus Marys hinterlassenen Papieren veröffentlichte Godwin unter anderem ein schmales Manuskript, das mit *Lessons* (Lektionen) überschrieben ist und aus vierzehn kurzen Kapiteln besteht: »Das erste Buch von mehreren dieser Art, die ich für mein unglückliches Mädchen hatte schreiben wollen«.

Es ist originell und poetisch, ein philosophisch-pädagogisches Elementarwerk, das die Entwicklung des geistigen und moralischen Bewußtseins aus eigener Anschauung schildert. Mary begleitet ihr Töchterchen auf seinen ersten Schritten ins Leben, lehrt es sprechen, lenkt und erzieht es, Schritt für Schritt, nach Maßgabe seines Fassungsvermögens. Der Leser ist bei diesen Lebenslektionen dabei, als Zuschauer kleiner Filme gewissermaßen, deren Bilder zärtlich von Erinnerung und Sehnsucht durchwoben sind. Der große englische Biograph Richard Holmes hat darauf aufmerksam gemacht, wie selten und kostbar solche Einblicke sind. »Das ganz gewöhnliche Alltagsleben, familiäre Intimität ist das, was der Biograph – anders als der Verfasser eines

Romans – nicht mit seinen Figuren teilen oder wiedererschaffen kann.«

Mary geht mit Fanny spazieren, zeigt auf die Dinge und gibt ihnen Namen, zuerst den Mitgeschöpfen. Hund, Katze, Kuh, Pferd. Mann, Junge, Mädchen, Kind (das bist Du). Sie führt sein Händchen und läßt es fühlen: Kopf, Haar, Gesicht, Nase, Mund, Kinn.

Komm, sagt Mary und macht Fanny vor, wie man sich in der Welt bewegen kann. Mach es mir nach: Gehe – Renne – Springe – Tanze. Sprich, Singe, Weine, Lache. Zeit und Raum. Tag und Nacht, Sonne und Mond. Fundamente des Miteinander. Geben, Nehmen, Behalten. Zählt ihr an den Fingern vor: Eins. Zwei. Drei . . .

Einfache Wortverbindungen, mit denen man schon kleine Dramen des Alltags erzählen kann. Wasch Deine Hände. Schmutzige Hände. Warum weinst Du? Ein sauberer Mund. Gib mir die Hand. Ich habe Dich lieb. Küß mich. Braves Mädchen.

Die Sätze werden länger, sie verbinden sich zu Geschichten, Familiengeschichten. Ein Brüderchen William ist angekommen.

»Hast Du das Baby gesehen? Armes kleines Ding. Schau es an! Wie hilflos er ist. Vor vier Jahren warst Du so schwach wie dieser kleine Junge.

Schau mal, er kann seinen Kopf nicht hochhalten. Er muß auf seinem Rücken liegen. Wenn seine Mama ihn nicht auf die rechte oder linke Seite dreht, wird er bald anfangen zu schreien. Er schreit, um ihr zu sagen, daß er nicht mehr auf dem Rücken liegen will.

Vielleicht hat er Hunger. Was sollen wir ihm zu essen geben? Armer Junge, er kann noch nicht essen. Schau in seinen Mund, er hat keine Zähne. Was hast Du gemacht, als Du ein Baby warst wie er? Das kannst Du nicht sagen. Möchtest Du es wissen? Schau mal die Hündin mit ihrem hübschen Jungen an. Du hast Dir nicht so gut helfen können wie das Hundchen. Du hast nur Deinen Mund aufmachen können, wenn Du auf meinen Knien lagst so wie jetzt William. Deshalb habe ich Dich an meine Brust gelegt, und Du hast so genuckelt wie das Hundejunge jetzt, denn es war genug Milch für Dich da.«

Der Vater kommt ins Bild.

»Du hast sieben Monate lang keine Zähne gehabt und immer genuckelt. Aber als Du einen Zahn bekommen hattest, hast Du angefangen, an einer Brotkruste zu kauen. Es hat nicht lange gedauert, bis ein anderer Zahn plopp gemacht hat. Mit zehn Monaten hattest Du vier hübsche weiße Zähne, Du hast mich immer gebissen. Arme Mama! Ich habe nicht geweint, weil ich kein Kind bin, aber Du hast mir sehr weh getan. Deshalb sagte ich zu Papa, es ist Zeit, daß das kleine Mädchen essen lernt. Sie ist nicht unartig, aber sie tut mir weh. Ich habe ihr eine Kruste Brot gegeben, und ich muß Milch für sie kaufen.

Dann warst Du auf dem Teppich, denn Du konntest nicht gut laufen. Wenn Du es also eilig hattest, dann bist Du immer schnell, schnell, schnell auf Deinen Händen und Füßen gerannt, wie ein Hund.

Du bist schnell zu Papa gerannt und hast Deine Arme um sein Bein gelegt, denn Deine Hände waren dazu noch nicht groß genug, Du schautest zu ihm hoch und lachtest. Was hat dieses Lachen bedeutet, als Du noch nicht sprechen konntest? Du kannst es erraten, wenn Du daran denkst, was Du jetzt zu Papa sagst – es hieß spiel mit mir, Papa! – spiel mit mir!

Papa hat gelächelt, und Du hast gewußt, daß sein Lächeln immer ja heißt. Deshalb hast Du einen Ball geholt und Papa hat ihn über den Fußboden geworfen – roll, roll, roll –, und Du bist hinterhergerannt – und noch einmal und noch einmal. Wie vergnügt Du gewesen bist! Schau William an, er lächelt, aber Du konntest laut lachen – Ha, ha, ha! – Papa hat lauter gelacht, als das kleine Mädchen und hat den Ball schneller gerollt.

Dann legte er den Ball auf einen Stuhl, und Du mußtest an dessen Rückseite fassen und Dich daran aufrichten, um ihn zu erreichen. Schließlich hast Du die Arme zu weit ausgestreckt, und dann bist Du umgefallen, aber nicht auf Dein Gesicht, weil Du die Hände vorgestreckt hattest. Du hast Dich nicht sehr verletzt; aber Deine Handflächen schmerzten, und Du fingst an, wie ein kleines Kind zu weinen.

Als ich vor einiger Zeit eine Erkältung hatte, hatte ich solche Schmerzen im Kopf, daß ich ihn kaum aufrecht halten konnte. Papa hat die Tür sehr sanft geöffnet, weil er mich liebt. Du hast mich auch lieb, aber Du hast ein Geräusch gemacht. Du konntest noch nicht wissen, daß es meinen Kopf schlimmer macht, bis Papa es Dir gesagt hat.

Du sagst, daß Du nicht weißt, wie man denkt. Doch, ein bißchen schon. Neulich war Papa müde, er war den ganzen Morgen unterwegs gewesen. Nach dem Mittagessen ist er auf dem Sofa eingeschlafen. Ich habe Dich nicht gebeten ruhig zu sein; aber Du hast an das gedacht, was Papa zu Dir sagte, als mein Kopf weh tat, und das hat Dich denken gemacht, daß Du kein Geräusch machen sollst, wenn Papa sich ausruht. Du bist zu mir gekommen und hast ganz leise gesagt, bitte gib mir den Ball, ich will gehen und im Garten spielen, bis Papa aufwacht.

Du bist hinausgegangen, aber dann hast Du wieder nachgedacht und bist auf Zehenspitzen zurückgekommen – psst – psst! Bitte, Mama, ruf mich, wenn Papa aufwacht, ich hab Angst die Tür zu öffnen, das könnte ihn stören.

Du bist weggegangen – schsch – schsch – – und hast die Tür so leise zugemacht, wie ich es selbst getan haben würde.«

Epilog

»Die Hälfte der Fabeln, die man in den üblichen Büchern findet, enden unglücklich oder auf eine abrupte, unbefriedigende Weise. Kinder mögen das nicht. Wenn eine Geschichte fertig ist, die sie interessiert hat, ist ihre erste Frage an den Vorleser immer Was wurde aus dem armen Hund, dem Fuchs oder dem Wolf?«

William Godwin, Alte und Neue Fabeln,
für Kinder eingerichtet (Vorwort)

1

Nach dem Tod seiner Frau zog Godwin in ihr Arbeitszimmer ein. Das Porträt, das John Opie von ihr gemalt hatte, hing über dem Kamin, als »Inspiration, Trost und Herausforderung«. Er engagierte eine Amme für das Töchterchen, an dessen Überleben niemand glaubte, und adoptierte die dreijährige Fanny. Eine Freundin seiner Schwester erklärte sich bereit, den Haushalt zu führen und an den Kindern Mutterstelle zu vertreten.

Die nächsten Monate verbrachte er mit Mary. Er las ihre Bücher wieder, sah ihre Papiere durch – Manuskripte und Briefe –, sprach und korrespondierte mit Verwandten, Freunden und Bekannten, um mehr über sie zu erfahren. Anfang 1798 veröffentlichte er aus ihrem Nachlaß *Posthumous Works of the Author of the Rights of Woman* in vier Bänden, darunter auch als wahren Roman die Briefe an Imlay, und eine Biographie Marys, die *Memoirs of the Author of ›The Rights of Woman‹*. Er formte sie zu einem Bildungs- und Liebesroman in aufsteigender Linie, der über die Stationen Füssli *(a fusty old pedant of a painter**, spottete er in einem Brief) und Imlay *(an imprudent and unprincipled débauché)*** in der Beziehung zu ihm seine Vollendung fand. »Mary und ich hatten die Eigenschaften unserer Geschlechter wohl in einem mehr als gewöhnlichen Grade«, schrieb er im letzten Kapitel, in dem er den Unterschied zwischen ihrer und sei-

---

* ein verstaubter alter Pedant von einem Maler.
** ein unvorsichtiger und prinzipienloser Lüstling.

ner »geistigen Beschaffenheit« herausarbeitete. »Ich hatte mich vorwiegend in logischen und metaphysischen Unterscheidungen versucht, während ihr der Sinn für das Malerische verliehen war. Eine der richtunggebenden Leidenschaften meines Lebens war das eifrige Streben, mich vor Täuschung zu bewahren. Dieses ließ mich den Gegenstand meiner Betrachtung von allen Seiten sehen und die Frage, die mich interessierte, ohne Ende prüfen und wieder prüfen.«

Was ihm fehlte, nämlich intuive Empfänglichkeit für künstlerische und geistige Phänomene, das besaß Mary in höherem Maße als sonst irgend jemand, den er kannte. »Die Stärke ihrer Begabung lag in der Intuition. Durch diese fand sie oft das Richtige selbst auf solchen Gebieten, die sonst nur der Spekulation zugänglich zu sein scheinen. Obwohl sie im engsten Sinn des Wortes wenig überlegte, fällte sie doch in überraschender Weise die richtigen Entscheidungen.

In einem derartig festen und bestimmten Urteil liegt eine gewisse Zauberkraft. Wenn es gerecht entscheidet, so erweckt es ein Mitschwingen in jedem unbefangenen Geist. In diesem Sinne wurde auch mein Schwanken und mein Skeptizismus durch ihre Kühnheit überwunden. Indem aus einem anderen Geiste eine aufrichtige Überzeugung in den meinen überströmte, entstand in diesem eine Meinung von gleicher Festigkeit.

Aber dieser Leitstern war mir nur für sehr kurze Zeit verliehen und ist nun für immer erloschen.«

In seinem historischen Roman *St. Leon* von 1799 hat er Mary ein verklärendes Denkmal gesetzt.

* * *

Daß jemand seiner Zeit voraus gewesen sei, wird allzu oft behauptet. Für Godwins freimütige und bei aller Liebe und Bewunderung auch kritische Biographie Marys, die Schwächen und Stärken unlösbar aneinanderbindet und weder ihre Affären noch ihre Suizidversuche verschweigt, aber stimmt es. Sie war beispiellos, unerhört und erfüllte das Publikum mit »entsetzter

Faszination«. »Haben Sie Mr. Godwins Leben seiner verbliche-
nen Lady gelesen?« fragte Mrs. Piozzi Mrs. Pennington. »Das
ist eine Moral, die der neuen Leuchten der philosophischen Religion würdig ist: Sie müssen es bitte lesen.« Der Verleger, Marys
alter Freund Joseph Johnson, hatte erfolglos versucht, ihn zu
Änderungen und Streichungen von Passagen zu überreden, in
denen noch lebende Personen erwähnt werden – Füssli zum Beispiel, den Godwin fast jede Woche bei ihm traf.

Die Heftigkeit, mit der Rezensenten und Leser auf ihn und
Mary einprügelten, hat er nicht vorausgesehen. »Fast ohne Ausnahme waren sie feindlich, verachtend und strotzten vor Entrüstung. ›Schamlos‹ war noch die mildeste Beschreibung; ›schlüpf-
rig‹ und ›widerwärtig‹ kamen häufiger vor. Öfter wurde bemerkt,
daß Godwin die Lasterhaftigkeit seiner verstorbenen Frau prahlerisch zur Schau gestellt habe. Seine sorgfältigen, liebevollen
und einfühlenden Beschreibungen wurden grob in der kom-
promißlosen Sprache des Hohns, der Anzüglichkeiten und der
moralischen Entrüstung zusammengefaßt.« Aber das Buch verkaufte sich gut. Für die zweite Auflage nahm Godwin einige Änderungen vor, ließ es aber sonst, wie es war.

Zumindest ein Exemplar der *Memoirs* fand einen verständ-
nisvollen Leser – in Paris. »Es ist rührend zu lesen, wie der sonst
trockene William Godwin beim Andenken an Mary ganz in
Zärtlichkeit aufgelöst ist«, schrieb Gustav von Schlabrendorf,
dem das Buch vielleicht vom Verfasser persönlich zugeschickt
worden war. Die Lektüre regte ihn zu einer eigenen biographi-
schen Skizze Marys an, die von Bewunderung und Liebe durch-
drungen ist.

Im September 1817 besuchte Henry Crabb Robinson den fast
siebzigjährigen »Count Schlabberndorf« in seinem sehr schmutzigen Zimmer im dritten Stock des *Hôtel des deux Siciles.* »Ich
gewahrte einen sehr ehrwürdigen Mann, der in eine Art Schlafrock aus verschossenem dunkelfarbigem Satin gekleidet war, mit
Stoffschuhen und ohne Strümpfe, und ich habe den Verdacht,
daß er ganz buchstäblich ein Sansculotte war. Obwohl sein An-

zug schmutzig war, und seine grauen Haare, sein grauer Bart ungepflegt wirkten, waren sein Gesicht und seine Hände sauber und seine Erscheinung und Stimme waren die eines Gentleman. Er hat durchdringende aber milde Augen, und seine Nase ist klein und wohlgeformt. Seine Lippen waren verschnurrbartet, daß ich ihre Form nicht wahrnehmen konnte.« Sie sprachen zunächst über die Französische Revolution. Schlabrendorf erzählte von seiner Gefangenschaft. Er habe versucht, möglichst wenig Aufmerksamkeit zu erregen, sagte er. Das Beste, was einem Mann damals widerfahren konnte, war, vergessen zu werden. Im größeren Teil des Gesprächs aber sei es um spekulativere Dinge gegangen, wie um Nationalcharaktere, Erziehung und den Unterschied der Geschlechter, berichtet Crabb Robinson weiter. »Die Maxime der Asketen – man muß die Sinnlichkeit abtöten – kommentierte der Graf mit der Bemerkung ›Das ist nicht wahr, wir müssen sie so lebendig erhalten wie jeden anderen Teil unseres Körpers, aber in Grenzen‹. Er zitierte eine Bemerkung von Mrs. Wollstonecraft, zu der eine Dame prahlerisch gesagt hatte: *Moi, je n'ai pas de temperament.* Sie antwortete: *Tant pis, Madame, c'est un defaut de la nature.** – Über Mrs. W. schien der Graf die richtigen Ansichten zu haben. Als Engländerin, sagte er, muß man sie nicht beurteilen. Sie meinte, daß die Keuschheit in der Treue bestehe, und sie hielt es für unkeusch, mit zwei Männern zur gleichen Zeit umzugehen.«

* * *

Ende 1801 heiratete William Godwin eine Frau mit zwei außerehelichen Kindern, die von ihm ein drittes erwartete. Sie nannte sich Mary Jane Clairmont und gab sich vor der Welt als Witwe aus. Erst in unseren Tagen hat man einiges Licht ins Dunkel dieser Angelegenheit und die (französische) Herkunft und Vergangenheit von Mary Jane gebracht, zum Beispiel, daß Godwin sie

---

* Ich persönlich bin nicht leidenschaftlich. – Umso schlimmer, Madame, das ist eine Unvollkommenheit der Natur.

am gleichen Tage an zwei verschiedenen Orten unter zwei verschiedenen Namen zur Frau nahm, einmal als *Mary Clairmont, widow oft the parish*, danach (für den Fall, daß diese Ehe wegen falscher Angaben für ungültig erklärt werden sollte) als *Mary Vial of St Mary le Bone, spinster*. Auch dafür freilich hatte Godwin falsche Angaben machen müssen.

Von einem Tag zum anderen war er zum Oberhaupt einer Patchworkfamilie geworden. »Alle fünf Kinder waren unter acht. Charles Clairmont war der Halbbruder von Jane Clairmont, die die Halbschwester von William Godwin Junior war, der der Halbbruder von Mary Godwin war, die die Halbschwester von Fanny Imlay war. Vier der fünf hatten entweder Godwin oder Mary Jane als Elternteil, aber nicht zwei von ihnen hatten den gleichen Vater und die gleiche Mutter.« Man ahnt, welche Rivalitäten, Spannungen, Seelendramen diese Konstellation barg und daß Fanny, die fünfte, am schlechtesten dran war und die Rolle des Aschenputtels zugewiesen bekam.

Die Notwendigkeit, für eine so große Familie sorgen zu müssen, bestimmte seitdem Godwins Leben. Geldprobleme verfolgten ihn »bis an den Rand des Grabes«, eine unendliche trübe Geschichte, die sein Biograph William St Clair detailliert nachgezeichnet hat. Eine auf Kinder- und Jugendliteratur spezialisierte Verlagsbuchhandlung, die Godwin zusammen mit Mary Jane führte, sollte den Unterhalt sichern, sorgte aber nur für einen wachsenden Schuldenberg. Er schrieb immerfort, in fast allen Gattungen, von Kinderbüchern über Romane, Theaterstücke (die durchfielen), Biographien bis hin zu Abhandlungen über Bevölkerungspolitik. Den Erfolg der beiden Werke, die ihn berühmt gemacht hatten, *Political Justice* und *Caleb Williams*, konnte er nicht wiederholen.

Und Mary Jane? »Für eine Frau« durchaus gebildet, wie es heißt, übersetzte sie Bücher aus dem Französischen und schrieb eigene Geschichten für Kinder, aber sie war eben keine Mary Wollstonecraft, »weder an Begabung noch an Charme«. Godwins Freunde mochte sie nicht. »Wenn Mary depressiv war, war Mary

Jane neurotisch«, meint selbst St Clair, der sich alle Mühe gibt, ihr Gerechtigkeit wiederfahren zu lassen. Godwin habe sie allem Anschein nach aufrichtig geliebt und sei mit ihr alles in allem nicht unglücklich gewesen. Mit den beiden Mädchen, die er in die Ehe gebracht hatte, hatte sie, zurückhaltend ausgedrückt, keine glückliche Hand. Sie waren sehr verschieden.

»Meine eigene Tochter ist sehr viel begabter, als das Kind, das ihre Mutter vorher hatte«, schrieb Godwin einmal. »Fanny, die älteste, ist von ruhiger, bescheidener, zurückhaltender Art, etwas zur Indolenz geneigt, was ihr größter Fehler ist, aber gelassen, beobachtend, begabt mit einem ungewöhnlich klaren und genauen Gedächtnis und von unabhängigem Gedankengang und selbständigem Urteil. Meine Tochter Mary ist in mancher Hinsicht ihr Gegensatz. Sie ist ungewöhnlich kühn und sehr lebhaften Gemüts. Ihr Wissensdrang ist groß und ihre Begeisterung bei allem, was sie unternimmt, fast überschwenglich. Sie ist, glaube ich, sehr schön. Fanny ist keineswegs schön, doch in jeder Hinsicht sehr gewinnend.«

* * *

Marys Konflikte mit der Stiefmutter gingen mit der Idealisierung der eigenen, nie gekannten Mutter Hand in Hand. Deren Grab auf dem St.-Pancras-Friedhof, an dem Godwin Trauerweiden gepflanzt hatte, wurde für sie zum Pilgerort, wo sie viele Stunden lesend und träumend verbrachte. 1814 besuchte sie es immer öfter zusammen mit dem Dichter Percy Bysshe Shelley. Der Sohn eines reichen Baronets, der wegen einer Schrift über die *Notwendigkeit des Atheismus* vom College geflogen war, hatte als Bewunderer von Godwins *Political Justice* die Bekanntschaft des Philosophen gesucht, der seinen Geist und sein Geld schätzte, das Shelley als Kredit aufnahm. Nachdem er als Neunzehnjähriger mit der sechzehnjährigen Harriet Westbrook, der Tochter eines Gastwirts, davongelaufen war, sie geschwängert und in Schottland geheiratet hatte, wollte sein wohlhabender Vater nämlich nichts mehr von ihm wissen.

35 Mary Godwin und Percy Bysshe Shelley
an Mary Wollstonecrafts Grab.
· Eine viktorianische Illustration.

Mittlerweile hatte Shelley entdeckt, daß Harriet ihm geistig zu wenig bot. Sie erwartete ihr zweites Kind, als er (jetzt zweiundzwanzig) und die sechzehnjährige Mary sich am Grab von Mary Wollstonecraft ihre Liebe erklärten. Seine Leidenschaft galt »der Aura ihrer Mutter« (so Lyndall Gordon). Gut einen Monat später brannte er mit Mary durch. Jane Clairmont, die sich etwas später Claire nannte, war in den Plan eingeweiht und schloß sich ihnen an. Fanny, die von nichts wußte, fühlte sich wieder einmal ausgeschlossen, verlassen, ungeliebt. Während ihrer sechswöchigen Reise auf den Kontinent, die zuerst in die Schweiz, dann nach Frankreich führte, lasen sie Bücher von Mary Wollstonecraft und Godwins *Memoirs*. In Paris wollten sie Helen Maria Williams besuchen, trafen sie aber nicht an. Als sie nach London zurückkamen, war Mary schwanger.

Zweifellos redeten sich die Liebenden ein, mit ihrer Flucht nach den Lehren von Marys Eltern zu handeln (freie Liebe, Ablehnung gesellschaftlicher Konventionen, dem Ruf des Herzens folgen etc.), aber das war natürlich ein Mißverständnis. Mary

Wollstonecraft wäre so schockiert und tief enttäuscht gewesen, wie Godwin es wirklich war. »Ich habe es nicht glauben können, daß Sie Ihr Ansehen und Ihre Wirkungsmöglichkeiten, das Glück einer unschuldigen und achtenswerten Ehefrau und den makellosen Namen meines jungen Kindes einem Impuls ungezügelter Leidenschaft opfern würden.«

Shelley und Mary heirateten Ende Dezember 1816, vierzehn Tage nachdem Harriets Leiche aus einem Teich im Hyde-Park gezogen worden war.

Kurz davor hatte sich auch Fanny das Leben genommen. Mit Laudanum, bei ihr wirkte es. Auch sie stand im Bann des mütterlichen Vorbildes. »Ich habe längst entschieden, daß es für mich das beste sein wird, der Existenz eines Wesens ein Ende zu setzen, das unter einem unglücklichen Stern geboren wurde und dessen Leben eine dauernde Belastung für die Menschen bedeutet hat, die bei dem Versuch, sein Wohlergehen zu befördern, sich gesundheitlich aufgerieben haben.«

* * *

Wahrscheinlich ist es das bekannteste Kapitel der englischen Literaturgeschichte. Anfang des gleichen Jahres 1816 war Claire (Jane) Clairmont die Geliebte des berühmten, berüchtigten Dichters Lord Byron geworden; im Sommer reiste sie, inzwischen schwanger, zusammen mit Shelley und Mary in die Schweiz an den Genfer See. Etwas später kam Byron nach, zusammen mit seinem Freund und Arzt, Dr. Polidori. Unterwegs hatte er das Schlachtfeld von Waterloo besucht. Als gemeinsames Urlaubsdomizil mieteten sie die außerhalb von Genf gelegene Villa Diodati.

»Es war ein nasser, unfreundlicher Sommer, und Dauerregen fesselte uns oft tagelang ans Haus«, erzählt Mary. Sie vertrieben sich die Zeit mit der Lektüre von Geistergeschichten, und eines Tages schlug Byron eine Art literarischen Wettkampf vor: Jeder von ihnen sollte sich in diesem Genre versuchen. »Ich war unablässig damit beschäftigt, mir eine Geschichte auszudenken –

eine Geschichte, die es mit denen aufnehmen konnte, die uns zu dieser Aufgabe angeregt hatten. Eine, die zu unseren geheimen Ängsten sprechen würde und fieberhafte Spannung und Schrekken erwecken würde – eine, die dem Leser Angst machen würde, sich umzuschauen, die das Blut in den Adern gefrieren und den Herzschlag stocken ließ.«

Die Geburtsstunde von *Frankenstein*, mit dem Mary d e n Mythos der Moderne schuf. Gegen Ende des Romans setzte sie Füsslis *Nachtmahr* in Szene.

»Sie war da, leblos und reglos, über das Bett geworfen, ihr Kopf hing nach unten, ihre bleichen, verzerrten Züge von ihren Haaren halb bedeckt. Wohin ich mich auch wende, ich sehe die gleiche Gestalt – ihre blutleeren Arme und ihre gelöste Gestalt, die der Mörder über die bräutliche Totenbahre geschleudert hat ...

Als ich noch in den Qualen der Verzweiflung über sie gebeugt war, blickte ich zufällig auf. Die Fenster des Raums waren zuvor verdunkelt worden, und ich fühlte eine Art Panik, als ich das blasse gelbe Licht des Mondes sah, das die Kammer erleuchtete. Die Läden waren aufgestoßen worden; und mit unbeschreiblichem Entsetzen sah ich am offenen Fenster die grauenhafteste, verabscheuungswürdigste aller Gestalten. Auf dem Gesicht des Ungeheuers lag ein Grinsen; er schien höhnisch zu lachen, als er mit seinem teuflischen Finger auf die Leiche meiner Frau deutete.«

* * *

Gilbert Imlay läßt sich noch bis 1801 sicher in London nachweisen – es gab Klagen von Geschäftspartnern –, vielleicht war er auch noch länger da. 1812 schloß ein Mr. Imlay, seines Zeichens »Hersteller von Farbstoffen, die von Brauern verwendet werden«, eine Versicherung ab. Offenbar ist Imlay in keiner Branche lange geblieben, »wahrscheinlich, weil er die Neigung hatte, seine Rechnungen nicht zu bezahlen«.

Erst 1828 finden wir ihn wieder: auf der Insel Jersey, wo er am 20. November im Alter von vierundsiebzig Jahren starb und (auf dem Friedhof von St. Brelade) beerdigt wurde. Jersey scheint eine passende letzte Adresse für einen Betrüger und Spekulanten. Sein Grabstein war mit einem pompösen, wortreichen, wolkigen Epitaph versehen, das irgendwie an die Zeit der revolutionären Visionen erinnert und sie mit Jenseitshoffnungen verquickt: *Transient hope gleams even in the grave.*

2

Cherchez la femme!

»O ich Tor! Ich rasender Tor! Und rasend ein jeder

Der, auf des Weibes Rat horchend, den Freiheitsbaum pflanzt!«

läßt Schiller Georg Forster posthum in seinen *Xenien* ausrufen.

Ob sich Forster der Revolution in die Arme geworfen hatte, weil seine Frau ihn dazu gedrängt hatte, oder aus Verzweiflung über »das liederliche Weib« (so Johann Reinhold Forster) oder irgendwie aus beiden Gründen, jedenfalls war sie in den Augen seiner Familie an allem schuld. Im März 1794 bekam Forsters Schwester Antonie Besuch von Meta, ehemals Forkel, nun verheiratete Liebeskind, und war von ihrem sanften Wesen, ihrer höchst gebildeten Unterhaltung und ihrem richtigen Verstand sehr angetan, noch mehr aber von Metas Freundschaft zu ihrem Bruder. »Sie hat mir Briefe von ihm geschickt, aus denen ich gesehen, daß ein geschwisterliches Verhältnis zwischen ihnen war. In diesen Briefen sind Stellen, die mein Herz zerrissen haben. Indes er beständig arbeitete, welches die Liebeskind und was er ans Licht gegeben gleich bezeugen, drang Therese immerfort in ihn, dem geselligen Umgang und dem wenigen Genuß, der ihm übrig blieb, noch weniger Zeit zu lassen, und klagte in Briefen und mündlich über seinen wenigen Hang zur Arbeit, und die Mühe die sie hätte ihn im Gleis seiner Geschäfte zu erhalten. Der Charakter dieses Weibes ist mir jetzt fürchterlich geworden, die größten Anlagen des Geistes ganz ohne Herz. Denn so beurteilt sie die Forkeln selbst, die milden Sinnes ist, und nicht Freundschaft für sie fühlte.«

Christian Gottlob Heyne dagegen machte die Ränke der sittenlosen Caroline Böhmer für Forsters Schicksal verantwortlich, außerdem als Wurzel allen Übels dessen Vater, der ihn nicht nur durch eine Erziehung in »sklavischer Abhängigkeit« unheilbar beschädigt habe, sondern auch als Stockaristokrat noch unlängst erklärt habe, »es solle ihn freuen, den Sohn am Galgen zu sehen. Ungeheuer!« Das war sicher eine böswillige Verleumdung. Der alte Forster hatte sich die größten Sorgen um Georg gemacht und gewünscht, »er wäre aus dem Pariser Pandaemonium und irgendwo in Sicherheit«.

Wie die Väter, so haben sich Forsters einstige Freunde und Bekannte, später dann die Literarhistoriker und Publizisten auf die Suche nach (mehr oder weniger) Schuldigen gemacht und sich dabei meist entweder auf Carolines oder Thereses Seite geschlagen, die Rivalität der beiden Frauen auf kuriose Weise imitierend und perpetuierend.

Therese kam von ihrem Ehe- und Liebesdrama nie mehr los. Noch zu Lebzeiten Forsters, nach der Flucht nach Neuchâtel, setzt ihr Entschuldigungs- und Rechtfertigungswerk ein, an dem sie in ihren Briefen, Biographien und Briefeditionen Hubers und Forsters und in Erzählungen und Romanen bis in ihre späten Jahre gearbeitet hat: »Viele der Geschichten bezeichnen Epochen in der Geschichte meiner Ehe.«

Endlich von Forster getrennt, mit Huber vereint und der Scheidung entgegenfiebernd, schreibt sie ihre erste Erzählung, die *Abenteuer auf einer Reise nach Neu-Holland*, in der sie den ungeliebten Ehemann unter dem Namen Rudolph in ein neues Leben und so weit fort wie möglich schickt: Neu-Holland war im 17. und 18. Jahrhundert der Name für Australien. Sie selbst bleibt als Reinette (kleine Königin) mit Berthold – Huber – zurück und empfängt gerührt Rudolphs wehmütige, aber liebevolle Briefe, die ihr mehr als nur die Absolution erteilen: »Memento mori, meine Reinette! denn denke ja nicht, daß es Klagen sind, wenn diese Bilder so in meiner Seele aufsteigen – wir sind ja darüber einig, meine Lieben, daß es n o c h e i n e Art von Glück und noch eine Art von Philosophie gibt –. Größer, umfassender, genügsamer kommt mir jetzt mein Geist vor.«

Aus weiblicher Perspektive erzählt ist ihr zweiter Roman, *Die Familie Seldorf*, der von Liebe in Zeiten der Revolution handelt und die Heldin Sara nach dem Vorbild der Amazone Théroigne de Méricourt modelliert. Sie wird die Geliebte eines hinreißenden französischen Grafen, kommt ins revolutionäre Paris, wo sie als Jakobinerin die Hinrichtung des Königs miterlebt (sie taucht ihr Taschentuch in sein Blut) und entdeckt, daß ihr Geliebter verheiratet ist, der auch noch aus Versehen das gemeinsame Kind umbringt, worauf sie sich in Männerkleider wirft und für eine Zeit den Revolutionstruppen anschließt ... Ihr stärkster Affekt aber ist der physische Widerwille gegen ihren gutherzigen, naiven Jugendfreund Roger (fast ein Anagramm von Georg), als sie entdeckt, daß der sie nicht nur brüderlich liebt. Daß dieser Widerwille womöglich in Rogers Realitätsblindheit wurzeln könnte, wird am Ende des Romans deutlich. Nach langer Trennung sieht sie den »fröhlichen Phantasten« wieder. Sie ist eine unglückliche, gefallene, von Schuldgefühlen geplagte Frau, aber er träumt gleich wieder von einem gemeinsamen Leben und wirbt um sie. »Oh nie, nie, rief sie schaudernd – Dein reines Kinderherz neben mir, der von Geistern umringten?« Laut schluchzend sinkt Roger zu Saras Füßen. Ein Rezensent bemängelte befremdet, daß die Leserinnen um das obligatorische Happy-End betrogen wurden.

Vielleicht war Therese ihrem wahren Selbst mit Sara näher als mit all den anderen Heldinnen, in denen sie sich gespiegelt hat – immer wieder in Dreiecksgeschichten, immer wieder als schuldlos-schuldige Büßerin. Ein besonders verstörendes Beispiel ist die Erzählung mit dem Titel *Das einsame Todbett*, die Therese wohl um 1810 als »Nachtrag und Erklärung der Reise nach Neuholland« entworfen hat.

* * *

Im Juni 1794 beschloß eine neu gebildete »Patriotische Kommission« die Ausweisung der Familie Huber aus der preußischen Enklave Neuchâtel. Bis 1798 lebten sie im nahe gelegenen Dorf Bôle von den Einkünften aus ihren publizistischen und literarischen Arbeiten. Therese, die soviel verdiente wie ihr Mann, veröffentlichte ihre Geschichten unter Hubers Namen, der die Schriftstellerei seiner Frau in einem Brief an den besorgten Schwiegervater zur Nebensache bagatellisierte: »Ihre Autorschaft! Ach, wenn ich Ihnen dieses Stück von Theresens Leben und Herzen so anschaulich machen könnte, Ihr Vaterherz müßte sehr dadurch erfreut werden, anstatt einen lächerlichen, unweiblichen Drang darin zu finden! Erstlich übersetzt sie mit, weil ich nicht mit aller Arbeit fertig werden kann, und dieser Gebrauch eines Teiles ihrer Zeit der ökonomisch einträglichste ist. Und was sie dann aus sich selbst so hinwirft, was sie nur in dem Augenblick beschäftigt, wo sie dabei ist, was sie für ein Hemd, ein Wams, eine Lektion mit den Kindern, für irgend ein anderes Geschäft bei der Kleinen mit tausend Freuden verläßt, was sie nur treibt, weil es sich von mir überarbeitet und aufgestutzt sehr einträglich gefunden hat, weil ich um Beiträge angegangen werde, die ich selbst ganz zu liefern weder Muße noch Stimmung habe, was sie auf die lächerlichste Weise treibt, wenn man denkt, daß es endlich etwas Gedrucktes gibt, und ein Gevatterbrief manche Frau mehr vom Hauswesen zerstreut und abruft, was so durchaus Chaos ist, daß nie gesagt werden könnte, so wie es gedruckt wird, sei es von ihr, kurz, was einem Autorwesen so ähnlich sieht wie das Feld zu pflügen der Haltung einer akademischen Rede – ihr das zum Verbrechen oder zum literarischen Ruhm anzurechnen, wäre wirklich gleich barbarisch.«

Daß Therese zum Schreiben – Übersetzungen, Theaterstücke, Erzählungen – überhaupt Zeit und Kraft gefunden hat, ist eine bewundernswerte Energieleistung. Sie war oft krank und dauernd schwanger. »Mein Körper ist ein Wartezimmer: Da ist immer ein Kind, das gerade ein- oder austritt«, heißt es in Dacia Marainis Roman *Die stumme Herzogin*. Und stirbt, hätte Therese hinzufügen müssen. Von den sechs Kindern, die sie mit Huber hatte, überlebten nur die Tochter Luise und der Sohn Victor-Aimé.

1798 ging die Familie zurück nach Deutschland, weil der Verleger Cotta Huber eine Stelle als Redakteur angeboten hatte. Bis 1803 lebten sie in Stuttgart, wo Huber die Redaktion der *Allgemeinen Zeitung* leitete. Dank der Fürsprache eines Freundes konnte er sich inzwischen mit dem Titel eines Gothaischen Legationsrates schmücken. Als das Blatt 1803 in Württemberg verboten wurde, zog man um ins damals noch bayrische Ulm. Im März 1804 wurde Huber zum Landesdirektionsrat bei der Schulbehörde ernannt (den Redakteursposten durfte er behalten). Die Rückkehr in die Gesellschaft schien geschafft. Doch am 24. Dezember des gleichen Jahres ist er mit nur vierzig Jahren gestorben. Der Autopsiebericht deutet auf Tuberkulose, Lungenentzündung und Lebernekrose als Ursache(n).

Durch eine Erbschaft und die Witwenpension war Therese finanziell abgesichert. Lange lebte sie in Stoffenried und Günzburg bei ihrer Tochter Claire, die mit dem Forstmeister Gottlieb von Greyerz verheiratet war, dann zog sie wieder nach Stuttgart. Cotta hatte auch ihr eine Stelle als Redakteurin angeboten. Von 1817 bis 1823 erschien das *Morgenblatt für gebildete Stände* unter ihrer Leitung, daneben setzte sie ihre Arbeit als Schriftstellerin fort, seit 1819 unter dem eigenen Namen. Gestorben ist sie 1829 im ungeliebten Augsburg, wo sie ihre letzten Lebensjahre verbracht hat.

* * *

Rede, daß ich dich sehe! Therese hatte ein unstillbares Bedürfnis, sich mitzuteilen. Scharfblickend und scharfzüngig – ein »satirischer Drachen« –, gefühlvoll, einfallsreich, temperamentvoll, witzig, anteilnehmend, interessiert, belesen, war sie ein gesuchter Gast, der jede Gesellschaft belebte und ihre Gesprächspartner beeindruckte. Ihre oft ellenlangen Briefe bewahren viel von dieser Unterhaltungsgabe. Der vielbändige Zeit-, Gesellschafts-

und Familienroman, zu dem sie sich fügen, ist viel spannender als ihre Fiktionen.

Hier sehen wir sie in ihrer »unerschöpflichen Lebendigkeit«, im Umgang mit ihren ungezählten Bekannten und Freunden, im Kreise ihrer Familie, als Leserin, an allem interessiert, eine wache Beobachterin der politischen Ereignisse, die mehr als anderthalb Jahrzehnte durch Napoleon und seine Feldzüge bestimmt wurden. Wer wissen will, wie man in der fränkisch-schwäbischen Provinz nach 1800 lebte, kann mit ihr auf Zeitreise gehen. Sie lernt Jean Paul kennen, von dem sie ein boshaftes Porträt zeichnet, während er von ihr sehr angetan ist, Börne, der sich wundert, daß sie sich ihm gegenüber negativ über Juden äußert, und viele andere echte und Möchtegern-Größen. Sie trifft alte Weggenossen wieder. Meta Forkel, nun Liebeskind, die sie in Ansbach besucht, ist immer noch eine äußerst schlampige Hausfrau, wie sie feststellen muß, und Caroline, nun Schelling, bleibt ihr ein Dorn im Auge.

Im engsten Familienkreis treten die Schattenseiten ihres Charakters deutlich und mit zunehmendem Alter immer schärfer hervor. Wo sie ist, wird es früher oder später dramatisch. Ihre Kinder hatten es nicht leicht mit der brillanten, aber auch herrschsüchtigen und manipulativen Mutter, die sich in alles einmischte und obsessiv in ihren Neigungen und Aversionen war. In der Liebesbeziehung zwischen ihrer Lieblingstochter Luise und Emil, einem Sohn Herders, trat sie als eine Art Konkurrentin auf, mit fast katastrophalen Folgen. Ihre älteste Tochter Therese hat sie von sich weggestoßen und doch nie losgelassen. Das Gängelband waren ihre langen, von mütterlicher Sorge erfüllten Briefe. Sie schickte die Sechzehnjährige zu Freunden in die Schweiz und hielt sie seitdem von sich fern, obwohl das arme Mädchen (das später als Gouvernante in Stellung ging) immer wieder darum bettelte, zu ihr zurückkommen zu dürfen. Erst in ihrer späten Lebenszeit, als sie Hilfe im Haushalt und Pflege brauchte, rang sie sich dazu durch, sie bei sich zu dulden. Es scheint, als habe sie Forster auch noch in Gestalt seiner Toch-

Therese Huber.

36 *Therese Huber als ältere Frau.*
Scherenschnitt von Luise Duttenhofer.

ter unerträglich gefunden, die das doppelte Unglück hatte, von
ihm zu sein und ihm auch noch ähnlich zu sehen.

* * *

Nach der unglückseligen Vorgeschichte war Thereses Ehe mit
Huber zum Gelingen verurteilt. Moralische Mißbilligung und
die (ziemlich naive) Frage, die Forster-Biographen heute noch
stellen – wie konnte sie einen Forster für einen Huber verlassen? –, saßen ihr gewissermaßen im Nacken, als sie nach Hubers Tod dessen Biographie verfaßte. Sie kommt einer Hagiogra-
phie ziemlich nahe. Wir sehen einen wunderbaren, seelenguten
Menschen mit kleinen Fehlern und Schwächen, der ihr und
den Kindern nach der Trennung von Forster edelmütig Schutz
und Versorgung bot. Caroline nannte das Buch treffend ein »absonderliches Kunstwerk im Auslassen und Verschleiern«.

Schon 1806, nach der Veröffentlichung dieser Biographie, plante Therese auch eine Ausgabe von Forsters Briefen, doch erst
mehr als zwei Jahrzehnte später hat sie dieses Vorhaben realisiert.
Anfang 1829, kurz vor ihrem Tod, erschien *Johann Georg Forster's
Briefwechsel*, dessen Texte sie kräftig und höchst tendenziös bearbeitet hatte (»zerschnitten, zerstückelt, verklebt, zerstreut«).

Viele Briefe – und alle, die kompromittierend für sie gewesen wären – hatte sie zuvor vernichtet. Als Einleitung schickte sie seine Biographie voraus. Wieder ein »absonderliches Kunstwerk im Auslassen und Verschleiern«, aber doch ein sehr viel interessanteres, bedeutenderes als die Lebensbeschreibung Hubers. Das liegt natürlich an ihrem Modell.

Therese hat Forster für die Nachwelt gezeichnet. Sie, die ihn besser kannte als jeder andere, zeigte ihn mit seinen Schwächen, in all seiner Schwäche als einen Menschen, dem auf Erden nicht zu helfen war. Sich selbst entwarf sie als eine Frau, die keine Eigenschaften hat als die besten, tapfer, bescheiden, eine tüchtige Hausfrau, sich in alle Umstände fügend. Auch ihre Irrtümer zeugen von ihrem guten Herzen. Daß ihre Ehe mit Forster nicht glücklich war, macht sie deutlich, ebenso, an wem das lag.

Sie war der Überzeugung, daß Männer ganz Männer sein sollten (und Frauen ganz Frauen). »Die Eigenschaften, mit denen ich den Mann bezeichnen würde, sind Milde und Kraft, Geist und Selbstbeherrschung«, schrieb sie. Forster war in ihren Augen kein richtiger Mann. Der hätte ihr gezeigt, wer die Hosen anhat, er hätte die Meyers und Hubers aus dem Haus gejagt, er hätte seine Begierden gezügelt, er hätte gespart, er hätte –

Der amerikanische Romancier Richard Yates läßt eine seiner Figuren bemerken, daß sich die Unterscheidung zwischen starken und schwachen Menschen bei genauerer Untersuchung immer auflöst. Ob Forster, über dessen Charakterschwächen sich Familie, Freunde und viele Nachgeborene einig waren – »Monsieur Bovary« nannte ihn Ina Seidel in ihrem Forster-Roman *Das Labyrinth* –, ob er nicht tatsächlich zu stark für Therese war? Er ließ sich nicht von ihr beherrschen. Er ging seinen eigenen Weg und weigerte sich, die ihm zugewiesene Rolle zu spielen. Am Panzer seiner unerschütterlichen Liebe prallten alle Kugeln ab.

3

Am Donnerstag, dem 28. Januar 1796, beginnt vor dem Londoner *Court of Kingsbench* in Westminster der Prozeß gegen William Stone, der des Hochverrats angeklagt ist, gewissermaßen in Stellvertretung seines in Paris lebenden Bruders John Hurford. Als Beweismaterialien werden dessen abgefangene Briefe vorgelegt. Sie deuten auf konspirative Aktivitäten hin und sind vielfach unter Decknamen verfaßt. »Einige seiner Briefe sind mit Enots unterzeichnet, das ist Stone rückwärts buchstabiert«, schreibt Hester Lynch Piozzi, die das Verfahren mit Spannung in der Presse verfolgt – *I am over head and ears in Mr. Stones Trial* – und findet, daß Stone hängen sollte. Sie zweifelt keinen Augenblick daran, daß er und der Herr, den Helen einmal zu einem Besuch bei ihr mitbrachte, an einem Komplott zur Invasion Irlands beteiligt gewesen seien. Das Gericht ist gnädiger und spricht William Stone frei.

Die englischen Zeitungsberichte, die ausführlich aus den inkriminierenden Briefen zitieren, führen dazu, daß John Hurford Stone wenig später in Paris verhaftet wird – ironischerweise als mutmaßlicher Agent und Spion der englischen Regierung.

Im Sommer ist er wieder auf freiem Fuß, wie wir von einem politischen Freund wissen. Theobald Wolfe Tone hält sich unter dem Namen James Smith schon seit einigen Monaten in Paris auf. *St. Patricks's day. Dined a l o n e in the Champs Elysées. Sad! Sad!* notiert er am 17. März in sein Tagebuch. Als Abgesandter der irischen Unabhängigkeitsbewegung, der *United Irishman*, will er die französische Regierung – das sogenannte Direktorium – dazu bringen, eine angeblich unmittelbar bevorstehende Revolution mit einer Invasion zu unterstützen. Frankreich schickte wirklich Schiffe und Truppen an die irische Küste, aber das Unternehmen, wie dann noch zwei weitere dieser Art, endete desaströs. Auch für Wolfe Tone selbst und seinen Mitverschwörer Lord Edward Fitzgerald, den John Hurford Stone in Paris mit der schönen Pamela bekannt gemacht hatte.

Aber das liegt alles noch in der Zukunft, als Wolfe Tone am

Abend des 19. Juli mit einem Bekannten in Paris herumzieht. »Als wir durch die Tuilerien gingen, wer lief uns da *full plump* über den Weg? Niemand anders als mein alter Freund Stone aus Hackney, der mit Helen Maria Williams, der Verfasserin der Briefe über Frankreich, unterwegs war. Ich fühlte mich ziemlich ertappt, denn ich bin Stone seit meiner Ankunft aus dem Weg gegangen, nicht, weil ich irgend etwas wüßte, das gegen ihn spricht, sondern um mein Incognito zu wahren.« Er mußte ihm versprechen, am nächsten Tag bei ihm vorbeizuschauen, und legte sich eine Geschichte zurecht, die er Stone erzählen wollte, um seine Anwesenheit in Paris zu begründen: »Die Wahrheit, aber nicht die ganze Wahrheit.« Am 23. Juli dinierte er dann sehr angenehm mit Stone und Helen. Sie unterhielten sich nur über englische Politik. »Stone war sehr derb und offen heraus, aber H. M. Williams völlig Jane Bull«, also wohl ladylike auf Anstand bedacht. Das war nicht Wolfe Tones Stil, aber er tat sein Bestes. »Ich war ziemlich gesittet und angenehm.«

In die neuen irischen Umsturzkomplotte war Stone offensichtlich nicht eingeweiht, aber er träumte weiter von »Freiheit überall in der Welt« (wie wir uns heute überall Demokratie wünschen), besonders aber in seiner englischen Heimat – und in der Schweiz, deren »tyrannische Oligarchien« Helen in ihrem neuen Reisebuch kritisierte: *A Tour in Switzerland, or, A View of the Present State of the Government and Manners of those Cantons: with Comparative Sketches of the Present States of Paris.* Die Erfüllung dieser Hoffnungen knüpfte sich für ihn und Helen nun an das militärische Genie Napoleons, der nach den Plänen der französischen Regierung demnächst einen Einfall in England befehligen sollte. Peinlicherweise erfuhr die englische Öffentlichkeit davon.

Im Februar 1798 schreibt Stone an Joseph Priestley, der inzwischen in Amerika lebt. Seine Einschätzung der politischen Lage und Entwicklung ist superoptimistisch, wie bei ihm gewohnt. Die englische Invasion und ihr Erfolg sind für ihn schon ausgemacht; die Schweizer Kantone seien unter französischem Einfluß dabei, sich zu einer auf den Menschenrechten gründenden helvetischen Republik zu entwickeln (nachzulesen in Miss H. M. Williams' neuem Buch, das gerade in London veröffentlicht werde), und »der Geist der Gleichheit, der über die Alpen zurückgekommen ist, hat auch den Rhein erfaßt«. Mainz ist inzwischen wieder in französischer Hand. Auch die wirtschaftliche Lage in Frankreich habe sich nach dem Staatsstreich vom 18. *Fructidor* (dem 4. September 1797) dank der Rückkehr zu jakobinischen Methoden äußerst positiv entwickelt. Helen fügte ein kurzes, politisch unverfängliches Brieflein bei.

Doch das (neutrale) dänische Schiff, das ihre Post nach Amerika bringen sollte, wurde abgefangen. Bei der Durchsuchung entdeckte man die Briefe und lancierte ihre Veröffentlichung, begleitet von einem »giftigen Vorwort und ebenso giftigen Anmerkungen« aus der Feder des Journalisten William Cobbett, der sich auch Peter Porcupine nannte. »Mr. J. H. Stone ist der Bruder der Person, die vor zwei Jahren von der Anklage einer verräterischen Korrespondenz mit Frankreich freigesprochen wurde. ... Von der Dame muß man nicht mehr wissen als das, was schon öffentlich bekannt ist.« Auch Priestley bekam natürlich seinen Teil ab.

Wasser auf die Mühlen des Journals mit dem programmatischen Titel *The Anti-Jacobin*, das sich mit besonderer Rachsucht der weiblichen Freiheitsfreunde annahm.

»Dann kam Maria Helen Williams Stone,
Sie saß auf einem Geißbock mit bärtigem Kinn;
So manchen Band hat sie geschrieben;
Das faule Weibsstück hätte besser spinnen gelernt.
Eine philantropische Sünde gefällt ihr sehr,
Die Hurerei genannt wird, und von ihr begangen wird;
Und sie hat keinen Funken Schamgefühl
Und lacht über den Satan und den brennenden Schlund;
Oh meine Dame, eines Tages werden Sie seine Wahrheit kennen!«

* * *

»Arme Helen Williams. Wir hören nichts von ihr. – Ich denke, sie wird niemals wieder nach *Old England* zurückkommen können. – Was für eine Verbindung es auch zwischen ihnen gegeben haben mag, ob eine politische, eheliche oder salammoniakalische, ich wage zu sagen, daß sie jetzt froh wäre, wenn sie jetzt als Helen Enots unterschreiben, das heißt die ganze Angelegenheit umkehren könnte.«

Helen und Stone kehrten tatsächlich nicht mehr nach England zurück. Jane Bull hat an der Verstoßung aus ihrer Heimat sehr gelitten. Erst 1817 beantragten und erhielten sie und Stone die französische Staatsbürgerschaft, nicht lange vor dessen Tod. Er wurde auf dem Friedhof Père Lachaise beigesetzt. Der Stein, den Helen für ihn errichten ließ, rühmt ihn als *champion éclairé de la liberté* [aufgeklärten Vorkämpfer der Freiheit]. Sie überlebte ihn um zehn Jahre. Nach ihrem Tod am 15. Dezember 1827 fand sie neben ihm ihre letzte Ruhestätte.

Hat Helen im Leben je bei ihm gelegen? Sie selbst hat es abgestritten und (in einem Brief an Penelope Sophia Pennington) schon fast verzweifelt, mit Anrufung des Himmels als Zeugen, ihre *Personal Purity* beteuert. Um so schlimmer, hätte Mary Wollstonecraft gesagt. »Der berüchtigte Mr. Stone, ein *verheirateter* Mann, der seine Frau vertrieben und grausam mit ihr umgesprungen ist, lebt mit Helen in tugendhafter, philosophischer, platonischer Freundschaft«, schrieb ein englischer Publizist. Vielleicht war sie ja wirklich von unerschütterlicher Standhaftigkeit, wenn nicht, hätte sie das wohl noch unter Folter abgestritten.

Wie wir hören, lebten sie in eigenen Wohnungen (Helen immer mit der Mutter und Persis), aber in einem Haus. Es paßt zu dieser zwischen Nähe und Distanz ausbalancierten Beziehungsarchitektur, daß Helen jungfräulich zu Kindern kam. Nach dem frühen Tod ihrer Schwester Cecilia vertrat sie Mutterstelle an deren kleinen Söhnen Athanase und Charles, die sie im Alter finanziell unterstützten.

Ihren Salon führte sie weiter. Jeden Sonntagabend, zeitweise auch öfter, empfing sie Besucher aus Kultur, Politik und Wissenschaft. Ein vielbändiges, durch Fülle und Glanz der Namen beeindruckendes Gästebuch, das aufzuschlagen ich mir versagen muß. Während Helen als dauerlächelnde Gastgeberin auftrat, hielt sich Stone im Hintergrund.

* * *

Die Freundschaft zwischen Helen und Stone hatte ein festes Fundament in gemeinsamen Überzeugungen und einem gemeinsamen Geschäftsprojekt, der Verlagsdruckerei, deren Gründung im Zeichen der Revolution gestanden hatte. Nach der Machtergreifung Napoleons, der das Ende der Revolution verkündete und die Zensur einführte, traten politische Veröffentlichungen naturgemäß immer mehr in den Hintergrund. Helen trug zum Programm vor allem mit Übersetzungen bei; sie starteten eine Reihe mit populären englischen Romanen, publizierten Reisebeschreibungen und philosophische Abhandlungen wie Volneys *Ruinen*. Die *English Press* druckte aber auch die Steuerformulare der Regierung, eine Huldigungskantate, die der ehemalige Revolutionskomponist Méhul anläßlich der Hochzeit von Napoleon mit der österreichischen Erzherzogin Marie Louise vertont hatte (1810), und, in goldenen Lettern, eine *Cantate sur la naissance de S. M. le Roi de Rome* (1811).

Nicht daß Helen und Stone zu dieser Zeit noch viel Sympathien für den Machthaber gehabt hätten, dessen eiserne Faust sie 1803 auch persönlich zu spüren bekamen. Zwei Jahre zuvor waren Helen unbekannte Briefe von Ludwig XVI. angeboten worden, die sie, von ihrer Echtheit überzeugt, kaufte, übersetzte und mit kritischen Anmerkungen versah. Die Veröffentlichung – zugleich das französische Original und Helens Übersetzung ins Englische – sollte ein großer geschäftlicher Erfolg werden. Doch das zweibändige Werk war kaum gedruckt, als die Polizei erschien und beide Auflagen beschlagnahmte. Madeleine B. Stern, die die Geschichte der *English Press* erforscht hat, vermutet, daß Napoleon, der sich ein Jahr später zum Kaiser krönen sollte, mit der antimonarchistischen Tendenz von Helens Kommentaren unzufrieden war. Als ob der Schaden nicht schon groß genug gewesen wäre, stellte sich bald heraus, daß die Briefe gefälscht waren. Helen allerdings hat sich bis zu ihrem Ende standhaft geweigert, das zu glauben.

1813 war Stone finanziell am Ende und mußte die Verlagsdrukkerei abgeben. Mit Alexander von Humboldts und Aimé Bonplands *Voyage aux régions équinoxiales du Nouveau Continent* hatte er sich übernommen, kein Wunder angesichts des enormen Umfangs dieses verwirrend vielteiligen Werkes und der kostspieligen Ausstattung mit Karten und Bildern.

»Gestochenes Widmungsblatt, 69 gestochene Tafeln auf 68 Blättern, 27 davon handkoloriert, in Farbe gedruckt oder in Farbe gedruckt und von Hand fertig gestellt, 4 in Sepia gedruckt. Fachmännisch gebunden in rotem Halbmaroquin über zeitgenössischen, mit rotem Papier überzogenen Deckeln, der flache Rücken wird durch goldene Bänder in sechs Teile geteilt, deren zweiter beschriftet ist. Ein feines Exemplar eines der großen Monumente wissenschaftlicher Forschungsreisen.«

Aus der Beschreibung eines Exemplars der *Vues de Cordillères et Monumens des Peuples Indigènes de l'Amérique*, zu erwerben zum Preis von 39 394.07 £.

Während Stone druckte und drucken ließ, hatte Helen begonnen, Humboldt und Bonpland ins Englische zu übersetzen, eine Fronarbeit, die sich über viele Jahre hinzog. Sie wird sie (auf ihre damenhafte Art) oft verflucht haben. Aber sie ist dabei geblieben. Der erste Band der *Personal Narrative of Travels to the Equinoctial Regions of the New Continent, during the Years 1799-1804* erschien 1814 in London, der letzte erst nach ihrem Tod im Jahre 1829.

* * *

Die Palme der Beständigkeit – von allen historischen Personen, die mir in meinem Leseleben begegnet sind, ist Helen Maria Williams die treueste. Ihre Beziehungen waren auf Dauer angelegt, die zu ihrer Familie, den Freundinnen und Freunden, ihr Lebensgefährte war wirklich einer. Sie war unerschütterlich loyal gegenüber ihren Bekannten, ihren prominenten Gästen, deren Geheimnisse sie ebenso für sich behielt wie ihre großen und kleinen Schwächen. Nur wenn sie oder Stone öffentlich von Weggefährten angegriffen wurden – wie etwa von Madame de Genlis –, wehrte sie sich. Treu war sie auch sich selbst. Obwohl sie nur noch selten Gedichte schrieb, blieb sie Helen, die Dichterin, und veröffentlichte 1823 noch einmal einen Band mit *Poems on Various Subjects.*

Und natürlich hat sie auch unbeirrbar an ihrer großen Liebe festgehalten, der Revolution, das heißt an ihren Idealen. In ihren *Sketches of the State and Manners and Opinions of the French Republic* von 1801, bis zum Sturz Napoleons die letzte eigenständige politische Veröffentlichung, schildert sie, wie barbarisch das royalistische Terrorregime nach der Wiedereinnahme der Republik Neapel gegen seine Gegner wütete und welch üble Rolle der in England vergötterte Admiral Nelson und seine Geliebte Lady Hamilton dabei spielten. Als sie sich wieder zu Wort meldete – *A Narrative of the Events Which Have Taken Place in France from the Landing of Napoleon Bonaparte on the 1st of March 1815 till the Restauration of Louis XVIII* –, schloß sie mit ihrem *ceterum censeo,* der Hoffnung, daß Europa nach all den politischen Umwälzungen der letzten Jahrzehnte eine Epoche des Friedens beschieden sein werde und vor allem, »daß der lange profanierte, aber ewig heilige Name der Freiheit im 19. Jahrhundert an der Tagesordnung sein wird«.

Ihre *Souvenirs,* die Helens Neffe Charles Coquerel posthum in seiner französischen Übersetzung veröffentlichte (das englische Original ist verloren), schrieb sie, um sich gegen den Vorwurf zu verteidigen, sie sei den Prinzipien der Revolution untreu geworden.

»Ich verzeihe es leicht, wenn man mich anklagt, die Revolution verteidigt zu haben, aber ich kann nicht verzeihen, daß man mich anklagt, sie verraten zu haben.

37 Helen Maria Williams.
Punktierstich, 1816.

Ich habe in meinen Werken mich zweifellos oft geirrt, indem
ich mir ein wahrscheinlich voreiliges Urteil über Ereignisse erlaubte, die in der Weltgeschichte ohne Beispiel waren; aber wie
soll man sich in der Politik nicht irren, da das doch schon im
Privatleben außerordentlich schwer ist? Ich mag mich geirrt haben, aber ich bin immer aufrichtig gewesen. Dieses kleine Werk
wird zeigen, daß während des standhaften und festen Vorwärts-
schreitens der Ideen der Französischen Revolution nichts beständiger gewesen ist als mein Herz, seine unerschütterliche Treue
zur Sache der Freiheit oder, anders ausgedrückt, zur Sache der
Menschheit.« Über sich selbst werde sie in ihren Erinnerungen
nur soviel sagen, wie zu ihrer Verteidigung nötig sei, erklärte sie.
»Eine Revolution ist eine Radikalkur gegen den Egoismus. Wenn
man jeden Tag sieht, wie die ganze Gesellschaftsordnung ins Wanken gerät und sogar ihre Fundamente zerstört werden, fühlt das
Ich, wie unbedeutend es ist. Also übertreibt man nicht, was man

persönlich erlitten hat, im Gegenteil, man lernt zu leiden, und man lernt, die Klage für sich zu behalten.« Da spricht noch einmal die Tochter eines Soldaten.

Editorische Notiz

Orthographie und Zeichensetzung der historischen Zitate wurden um der besseren Lesbarkeit willen behutsam modernisiert, aus dem gleichen Grund sind Auslassungen nicht markiert und wurden Abkürzungen meist aufgelöst.

Quellennachweise

Prolog

18. August 1789: zit. in Hilary Mantels Revolutionsroman *A Place of Greater Safety*, 242.

Man glaubt es selbst kaum: der Theologe August Herrmann Niemeyer in seinen *Beobachtungen auf Reisen in und außer Deutschlands*. Halle an der Saale, 1822-1826, Bd. 4,1, 324.

Bliss was it in that dawn: William Wordsworth, *French Revolution*.

Ich liebe die Freiheit: Oelsner 1, 3.

Die Heuraten, die Geburten: ebda., 1, 4.

Der Schlamm der Libertinage: *Révolutions de Paris*, 1789. *Introduction*, 23.

Eine besondere Eigenart: HWS, 4.

Bei den Essen und Tees: Favret, 273.

Ihre Meinungen: Paul, V.

Ihre Originalität: Woolf, 158.

Ich ging nach: WL, 340.

Eine einzige Bemerkung: FW 2,1, 17.

Wenn wir zum Beispiel: FW 2,1, 55f.

Es ist sonderbar: FW 17, 379 (26. Juni 1793).

Der Trojanische Krieg findet nicht statt

in einen Tempel einzutreten: Wolzogen, 91.

Ich begreife: Oelsner, 2, 435f.

Muster an Geschmack: Guest, 319.

Auf der Bühne zu zeigen: zit. in Guest, 345f.

Tanz- und Dekorationskunst: FW 17, 346f. (16. April 1793).

Freiheit und Gleichheit: ebda., 345.

Sieben/Vierzehn/Neunundachtzig
Die ernste heilige Freiheit: *Révolutions de Paris*, Nr. 1,15.
Kaum ein Jahr: Schama, 393.
Die Bastillen Frankreichs: Linguet, 3.

Liebe in Zeiten des Despotismus
I feel: The Bastille. A Vision, in Julia, 2, 220.
Meine ersten Empfindungen: HWS, 6.
Was tatsächlich: siehe Coquerel. Quellen abgedruckt als *Recueil de plaidoyers, mémoires et pièces justificatives pour le sieur Augustin-François Thomas Du Fossé & la demoiselle coquerel son épouse [...]* Rouen 1792.
Er behauptete: HW 1, 16,124.
einen Ort: HW 1, 21,175.
Er stürzte: HW 1, 21,183.
Wie groß: HWS, 7.
Man gab ihm: ebda.

Dichterin
Miss Helen Williams: Richard Polwhele, *The Unsex'd Females*, zit. in Robinson, 308.
Er zeigte ihr: Julia, 1, 36.
inbrünstige, ernste, tiefe: Kennedy, 23.
mit Haut und Haaren: Zitelmann, 213.
Ihren Stuhl: Julia, 1, 37.
Wohl keine andere Fähigkeit: ebda., 8.
Als sie acht Jahre alt war: ebda.
When first with timid hand: zit. in Woodward, 14.
In SENSIBILITY'S lov'd praise: Poems, I, 59.
Sensibility ist die: WW 1, 24,59.
Trocknet nicht: Johann Wolfgang von Goethe, *Wonnen der Wehmut*.
eine beliebte, aber deprimierende Form: Agnes Repplier, *The Literary Lady*. In: *A Happy Half Century, and other Essays*. Boston, New York 1908, 131.
Miss Williams' Ode: Seward 2, 236.
BRITAIN! the noble blest decree: Slave Trade.
Das Gedicht: Seward 2, 287.
Es ist Bridgetower: Piozzi 1, 330f.

Julias Leiden
Mrs. Melbournes Verstand: Julia, 1, 6.
Es ist die Absicht: Julia, *Advertisement.*
Ich glaube: Julia, 2, 260.
Jedem Leser muß bald: WW 7, 252 f.

Diesen Kuß der ganzen Welt
Neben der: zit. in Franziska Augstein, *Treue und Verrat. Jorge Sem-
prún.* München 2008, 219.
Es ist: Cees Nooteboom, *Paris, Mai 1968.* Frankfurt am Main 2003, 10.
Eines Tages: ebda., 11.
Pragmatiker: ebda., 14 f.
Wäre das Schiff: HW 1, 1,1.
Sein Hauptzweck: Johnston, 142.
Bürger, eure Feinde: HW 1, 1,3.
eine Nachahmung: HW 1, 1,3 f.
das zugleich: HW 1, 1,6.
Danach stieg: HW 1, 2,12 f.
Einige riefen: HW 1, 2,13 f.

Flitterwochen
Die Ruinen: HW 1, 3,21.
die allen Lastern: Schama, 408.
Where silent zephyrs: William Wordsworth, *The Prelude,* 9. Buch.
Bevor ich es zuließ: HW 1, 4,22 f.
Meine Liebe: HW I, 9,66.
Wenn sie sich: HW I, 9,70 f.
In England: HW II, 14,98.
Die englische Idee: HW 2, 14,80.
Wir waren mit ihm: HW I, 4,42.
Ohne Zweifel: HW I, 5,33.
Ich habe nie: HW I, 5,41.
Alles, was langweilig: HW I, 9,74.
Als wir: HW I, 10,81 f.

Die patriotische Familie
unter dem Vorwand: HW I, 22,196.
Ich bin überzeugt: HW I, 24,201 f.
Die Feier begann: HW I, 24,201 f.
Wenn ich an die Lage dachte: HW I, 24,207.

Ein charmantes Pamphlet

Charmantes Pamphlet: Seward 3,44 f.

Miss Williams: ebda., 53.

Es ist schon seltsam: Piozzi (Thraliana), 13. Dez. 1790.

interessanten: WW 7, 254.

Die große Begebenheit: FW 7, 240.

Wenn sie: Allgemeine Literaturzeitung Nr. 166, 27. Jun. 1792. – Leipziger Ausgabe: Helene Maria Williams, *Briefe aus Frankreich an eine Freundin in England, im Sommer 1790. Verschiedene Anekdoten die Revoluzion betreffend, und die Geschichte des Herrn und Frau du F–.* Aus dem Englischen übersetzt. Leipzig, bei August Lebrecht Reinike, 1792.

Farewell England

Das Motiv: HWS, 10.

Wissen Sie schon: Piozzi I, 348.

Das Vorhaben: zit. in Kennedy, 76.

Helena Williams: Piozzi I, 362.

Wenn Helen Williams: Seward 3, 89.

Ich ergreife: HW II, 1,1.

die die Vollendung: HW II, 1,4.

Diese Ehrungen: zit. in Piozzi I, 371.

Hören Sie mir doch auf: HW II, 11,73.

Jedermann bemüht sich: HW II, 12,81.

Sie sind mit: HW II, 14,95.

Selbst bei anatomischen: Meyer, 160.

Sobald die Farben: HW II, 16,112 f.

Jedes Verbrechen: HW II, 16,106.

Diese Personen erklären: HW II, 16,110 f.

Sie liebte die Heimat: HWS, 73.

ohne vor der Trockenheit: Michelet (1984), 124.

Wenn sie: ebda.

Mit ihren ungewöhnlichen: HW2, 99.

Von den Tyrannen: HW II, 24,200 f.

Farewell Helen

Im gegenwärtigen Frankreich: HW II, 1,4.

Sollen wir deswegen: HW II, 24,204.

Die Freiheit: HW II, 24,206.

Ich habe die Revolution: HW II, 21,181.

Wir meinen die Politiker: zit. in Kennedy, 87.

Helena Williams sollte: Piozzi I, 68.
Helena Maria Williams: Piozzi (Thraliana), 849.

Man of Mystery
Sein geheimnisvolles: Stern, 308.

Krieg den Palästen
Die Tuilerien: Nikolai Karamsin, Briefe eines russischen Reisenden.
  Berlin 1981, 456.
Achtzig Mann: Oelsner, 2, 66f. u. 76f.
Ich logierte: HWS, 31f.
Heute muß man: Chamfort, zit. in Arnaud, 352.
Ich weiß nicht: Thiébault, 312f.

September
Die Erregung: Thiébault, 228.
Am 2. September: HWS, 35.
Die Nationalgarde: Oelsner 2, 151.
dürstend nach neuem Trunk: ebda., 178.
Liebe verehrte Freundin: zit. in Kennedy, 90f.
Diese Massaker: HWS, 35f.

Reisen mit Herrn S.
in dessen beweglichen Zügen: zit. in Harpprecht, 189.
Er ist *joli cœur*: FW 17, 357 (17. Mai 1793).
Paris ist nur noch: Oelsner 2, 183f.
der bei seinen: Oelsner 2, 184.
wo die Staatsgefangenen: ebda., 185f.
Es war nicht möglich: ebda., 188.
Es läßt sich kein wilderes: ebda., 188f.
Mitten in einer Ebene: ebda., 193.
Ohne Herrn de la Borde: ebda., 195 u. 198.
Ich bin gerade: Stone, Sp. 1298.
Die Neuigkeiten: Stone, Sp. 1302.
Annehmlichkeiten: HW III, 2,35.
Ich brauchte eine ganze Woche: Stone, Sp. 1303.

In White's Hotel
Auf die französische Republik: zit. in Erdman, 230.
Wie schrecklich ist es: zit. in Kennedy, 93.

Elegie

Ach, was ist: HW III, 1,6 f.
Überwältigt von Gefühlen: HW III, 1,1 f.
Neulich fragte ich: HW III, 1,25.
darüber höchst interessante: HW III, 1,28 f.
Daß sie es wagen würde: Seward 3, 334 f.

Eine Stimme für den König

gutaussehend, einfach, ernst *(beau, simple, grave)*: Alexandre Dumas,
    La comtesse de Charny. Paris 1856, 142.
M. W. hat Ihnen: zit. in Woodward, 51.
Ich erinnere mich: HWS, 39.

Umsturz

Die Deputation: HWS, 49 f.
Manche Leute glauben: zit. in Michelet, 4, 45.
Nicht lange: HW2, 2 f.

Schuldig, in England geboren zu sein

Section de la Montagne: zit. in Woodward, 91.
Die Tochter: Barine, 183.
Ich werde: ebda.
Wenn meine Geschäfte: ebda., 184.
Eines Abends: HW2, 3.
Endlich kam die Nacht: HW2, 4 f.
Wie war mir zumute: HW2, 7.
dessen Namen: HW2, 7.

Salon Égalité

Am nächsten Morgen: HW2, 8 f.

Morituri

Sillery: HW2, 20 f.
Diese klagenden Laute: HW2, 24.
Mit welch lebhaftem Bedauern: HW2, 29.
Auf dem Weg zum Schafott: HW2, 101.

Troubled Waves

Dieser Inspektor: HWS, 80 f.
Dieses trostlose Herz: *Sonnet To the Curlew*, in Poems 2.
Bleiche Enttäuschung: *Sonnet To Disappointment*, ebda.

Fallbeil

Schließlich gelang es ihm: V V V
Ich bewirkte: Stone, Sp. 1220f. (24. Jan. 1794).
Cecy. Williams: Stone, Sp. 1214 (26. Dez. 1793).
Es würde des Stifts: HW2, 162f.

English Press

M. W. hat eine: Stone, Sp. 1225 (16. Febr. 1794).
Da dieser Ort: Stone, Sp. 1218 (17. Jan. 1794).
den ich jetzt: zit. in Stern, 323.
Um seine Machenschaften: Woodward, 116f.
My dear Madame: Kurtz, 45f.

Turned to Stone

Nachdem wir: HW2, 133f.
Unsere Nachbarn: HW2, 133f.
trotz unserer Ratschläge: Piozzi (2005), 51.
unsere Freunde: Woodward, 120.
Eine Art von *tombereau:* Chastenay, 272f.
Der Gedanke: Piozzi 2, 191f.
Stone ist entkommen: Piozzi 2, 184.
Private Briefe: zit. in Kennedy, 236.
Ist es wahr: Piozzi 2, 241.
The Rival Wits: Piozzi 2, 239f.
Helen Williams: Piozzi (Thraliana), 20. April 1795.

Andenken

Die Tage meiner Gefangenschaft: HW2, 18f.
Es wird Sie: HW2, 1f.
An allem nahm der Tyrann: HW2, 257.
Er war auch ein Blutprediger: HW2, 140f.

Georg Forster

Vater & Sohn

Unsre Vorfahren: Forster (1795), Sp. 10.
So rühmlich es ist: ebda., Sp. 12.
George Forster: ebda., Sp. 10.
Da der Knabe: ebda., Sp. 12f.

Ich habe: FW 15, 69 (an Johann Georg von Zimmermann, 7. Januar 1788).

Niemals sicher: So analysiert die kanadische Krimiautorin Louise Penny die Kindheit eines Verdächtigen in *The Brutal Telling*. New York 2009, 154).

Der Graf schickte: Nachrichten, 22.

mit welchen die ganze Nacht: FW 2,2, 45.

sich den Begierden: FW 2,1, 186.

verschiedene Stellungen: FW 2,1, 323.

den Oberteil: FW 2,1, 134.

ihr langes unverschnittenes Haar: FW 2,1, 324f.

zu groben Bemerkungen: FW 2,1, 134.

Sieh hier, lieber Leser: zit. in Uhlig, 110.

Forster war: Nachrichten, 62f.

Noch eins: Boie, 383 (5. Oktober 1784).

Die erste Liebe: ebda., 387 (13. Oktober 1784).

Das hätte sie: FW 14, 101 (an Samuel Thomas Sömmering, 17. Juni 1784).

Dein Vater Forster: TH 2, 251 (zwischen dem 17. und 25. Juli 1803).

In Mainz, 1789

Was hat Ihnen denn: FW 15, 319 (an Heyne, 30. Juli 1789).

Welch eine Sitzung: FW 15, 328 (an Heyne, 15. Aug. 1789).

traurigen Irrtum: ebda., 25.

Meine Schreibart: FW 15, 364 (an Friedrich Heinrich Jacobi, 1. Nov. 1789).

Dreieck mit Meyer

Nichts ist berauschender: FW 14, 146 (an Therese Heyne, 1. Aug. 1784).

An Kaffeegesellschaften: Geiger, 26.

wie im Strudel: Boie, S. 248 (7. Okt. 1783).

Gute Luise: TH 1, 128f. (an Luise Mejer, 25. u. 26. August 1783).

die Kinder beten: Boie, S. 242 (10. Sept. 1783).

Ich war stets: TH 2, 139 (an Johann Gotthard Reinhold, 17. Febr. 1805).

Eine Frau mit schlichtem Verstand: FW 18, 458.

Aber meines Vaters Weichheit: Geiger, 4.

Ihn selbst: zit. in Enzensberger, 133.

Einmal habe ich: FW 13, 470 (an Johann Carl Philipp Spener, 25. Aug. 1783).

Ich hatte die sonderbare Idee: TH 1, 246 (an Heyne, zwischen dem 22. und 28. Febr. 1788).

Meine erste Heirat: TH 2, 291f. (an Friederike und Johann Gotthard
   Reinhold, 24. Febr. 1806).
Es ist wahr: Boie, 391 (22. Okt. 1784).
von Ihrer Hand: FW 14, 150 (an Therese, 1. Aug. 1784).
Ich glaube nicht: FW 14, 283 (an Therese, 3. März 1785).
Vergehe mich: FW 12, 59.
Um 4 ins Bad: FW 12, 69.
Nach dem Bade: FW 12, 68.
Überall wimmelts: FW 12, 147.
Schweinezucht der Juden: FW 12, 165.
wer hätte sanfte Seelen: FW 12, 44.
Fräulein Mimi: FW 12, 112.
Nach dem Essen: FW 12, 113.
Zur Frl. von Raab: FW 12, 124.
Laura nenn' ich: FW 12, 134.
Ich bin gehorsam: TH 1, 159 (an Sömmering, 29. Sept. und 10. Okt.
   1784).
Nun ja: FW 12, 147.
Sie wollen ziemlich: FW 12, 202.
Mittlerer Statur: zit. in Enzensberger, 167.
Den Zeitgenossen: Geiger, 43.
O daß mich: Leitzmann (1921), 59.
Ich lehnte mich: TH 2, 293 (24. Februar 1806).
Arm, fremd, gelähmt: HUW 3, 238.
nur wenige Tage: ebda., 268.
Geradezu mit Wonne: Geiger, 44.
Forster schwärmte: TH 2, 293 (24. Februar 1806).
Allwine ruhte: Jacobi, I, 190.
Jeder Sonnenstrahl: Jacobi, II, S. 34.
Die frohe, freie, volle Liebe: ebda., 50.
Eine sonderbare Stimmung: HUW 3, 298.
Es freut mich doch: Lichtenberg, Bd. 4, 645.
Mich dünkt: Herder, 139.
Lieben wir uns: FW 14, 373 (an Friedrich Ludwig Wilhelm Meyer,
   7. Okt. 1785).
Forster ist ein ganz: TH 1, 183 u. 184f. (an Georgine Heyne, 31. Okt.
   1785).
Wenn ich mir: TH 1, 189f. (an Georgine Heyne, 10. und 13. Dez. 1785).
Wenn ich ihre: HUW 3, 298.
Wie ich heiratete: TH 1, 286 (an Caroline Böhmer, 25. Febr. 1794).
Ich sehe jünger: TH 1, 201 (an Georgine Heyne, 27. und 29. Jan. 1786).

Ähnlicher als die: TH 1, 205 f. (an Spener, 19. Febr. 1786).

Ich nehme die Welt: TH 1, 192 (an Georgine Heyne, 10. Nov. 1785).

Wenn ich seh: TH 1, 198 (an Sömmering, 7. Jan. 1786).

Mein lieber Freund: TH 1, 208 f. (an Sömmering, 20. Februar 1786).

eigentliche Volk: FW 14, 491 (an Georg Christoph Lichtenberg, 18. Juni 1786).

ohne alles Menschliche: TH 1, 207 (an Spener, 19. Febr. 1786).

Forster und ich: TH 1, 203 (an Georgine Heyne, 27. und 29. Jan. 1786).

Wenn irgendeine: TH 1, 122 (an Georgine Heyne, 17. April 1786).

nur ein Mädchen: TH 1, 235 (an Sömmering, 14. Aug. 1786).

Mit dem Entzücken: Nachrichten, 48.

Nun kamen wir zurück: TH 1, 286 (an Caroline Böhmer, 25. Febr. 1794).

Ich sah also Meyer: TH 2, 293 f. (an Friedrike und Johann Gotthard Reinhold, 24. Febr. 1806).

Manchmal ist sie: zit. in Enzensberger, 181 u. 180.

Gestern Abend: ebda., 180,

Sie haben sehr viel: ebda., 181.

Er konnte nicht: HUW 1, 19.

Er eilte: Enzensberger, 189.

Für Therese

Entzückte und liebevolle: Johann Heinrich Campe, Briefe aus Paris. Braunschweig 1790, 86 f.

daß die Enge: FW 18, 381 f. (10. Jan. 1790).

Er wollte sich: Nachrichten, 72.

mit jenen glühenden Farben: FW 16, 38 (23. bis 26. März 1790).

Ich war eben im Begriff: ebda., 37.

Lebewohl: ebda., 42.

Ich sehe und bemerke: FW 16, 89 (21. bis 22. April 1790).

Ich werde ja: FW 15, 56 (4. April 1790).

Wenn Du Dich erkältest: FW 16, 75 (6. bis 7. April 1790).

Mein Himmel: FW 16, 47 (29. März 1790).

Wir werden glücklich sein: FW 16, 55 f. (4. April 1790).

Der Anblick: FW 16, 89 (21. bis 22. April 1790).

Welch einen schönen Tag: FW 16, 138 f. (4. bis 5. Mai 1790).

Wir pflückten die Blumen: ebda., 140.

Arm in Arm

Wir konnten: Humboldt (1973), 93 f.
Wir verließen: Humboldt (1973), 188.
Ich sah die Zurüstungen: FW 8, 287 f.
Er hatte ihre Erfolge: Nachrichten, 75.

Guter Genius

Keine seiner Erwartungen: Nachrichten, 73.
Statt sich: ebda., 74.
Sie gehen auf Kohlen: FW 18, 418 (22. Aug. 1790).
Ich hörte: FW 18, 421 (8. Sept. 1790).
In des Wanderers Busen: FW 9, Widmung.
Der Verfasser: FW 16, 218 (18. Dez. 1790).
Ihre Ansichten: FW 18, 491 (Ende Jan. 1792).
Nun fingen wir: TH 1, 287 (an Caroline Böhmer, 25. Febr. 1794).
Nun ward ich: TH 2, 365 f. (an Emil von Herder, 15. bis 18. Aug. 1806).
Forster hätte müssen: TH 1, 279 (an Regula Hottinger, 16. Nov. 1793).
Ich lebe hier eingeschränkt: FW 16, 289 (an Johann Gottfried Herder,
    17. Mai 1791).
Therese hofft: FW 16, 290 (an Heyne, 17. Mai 1791).

Madame Forkel

wie in der Galeere: FW 16, 190 (an Jacobi, 18. Sept. 1791).
Es erschien: FW 16, 206 (an Christian Friedrich Voß, 14. Nov. 1790).
Ein so schales: FW 16, 214 (an Voß, 11. Dez. 1790).
Sie versuchen: zit. in Stemmler in Paine, 16.
Ich habe keine hohe Meinung: ebda.
einen der ersten: Hitchens, 10.
Ich habe aus England: FW 16, 299 (an Voß, 4. Juni 1791).
Über die Furciferaria: zit. in Siegel, 84.
Er ist der Unglückliche: ebda., 86.
Die gute Frau: FW 18, 359 (18. Okt. 1789).
Ich fürchte: FW 16, 35 (an Heyne, 22. März 1790).
Du bist mir: FW 16, 298 f.
Sie haben: FW 16, 537 f.
Bei objektiver Beurteilung: Stemmler in Paine (1973), 26.
kleines Verdienst: ebda., 39.
In deutschen Bibliotheken: Das hat Hannelore Schröder festgestellt.

Kriegstheater

mit Aufmerksamkeit: Grumach, 434.

Am Montag: Boyle, 152.

Man fühlte: Grumach, 434.

Die letzten Auftritte: FW 17, 163 (an Heyne, 21. Aug. 1792).

Wie wird es: ebda., 164.

Mit einem Worte: FW 17, 158 (an Meta Forkel, 11. Aug. 1792).

Wir haben: FW 16, 376f. (an Heyne, 19. Nov. 1791).

Ich hörte: TH 2, 160 (an Reinhold, 17. Febr. 1805).

Wie mein erstes Kind: TH 2, 241 (an Reinhold, 12. bis 13. Okt. 1805).

Sie haben ihr jüngstes Kind: zit. in Enzensberger, 215.

Daher war kein: FW 17, 102 (an Heyne, 24. April 1792).

Freude, daß der: FW 17, 103 (an Voß, 24. April 1792).

Den Jammer der Mutter: FW 17, 151 (an Voß, 18. Juli 1792).

Heute ist's der Jahrestag: HW 4, 173f. (an Emil von Herder).

Ich habe ihn: Schiller, Nationalausgabe, Bd. 34 1, 180 (an Schiller, 31. Aug. 1792).

und wenigstens: ebda., 183.

Er findet: ebda., 192 .

An Einem Tische

Sie werden kommen: FW 17, 191 (an Voß, 5. Okt. 1792).

Das panische Schrecken: FW 17, 199 (an Heyne, 9. Okt. 1792).

Wir sind hier: FW 17, 206 (an Heyne, 20. Okt. 1792).

Die Kapitulation: FW 17, 207 (an Heyne, 21. Okt. 1792).

Aber es sind: FW 17, 213 (an Heyne, 22. Okt. 1792).

Man hat sie mir nicht: zit. Siegel, 108f.

Meine Lage: FW 17, 210 (an Voß, 21. Okt. 1792).

Unsere bisherigen: FW 17, 228 (an Voß, 1. Nov. 1792).

Mir sank das Herz: zit. in Enzensberger, 228.

Das allgemeine Wohl: FW 17, 226f. (an Voß, 27. Okt. 1792).

nicht im geringsten: FW 17, 243 (an Voß, 10. Nov. 1792).

Es ist jetzt: FW 17, 250f. (an Christian Friedrich Voß, 21. Nov. 1792).

Die Aufopferung: FW 17, 257 (an Ludwig Ferdinand Huber, 4. Dez. 1792).

Flucht

Wie die Revolution: FW 17, 706 (6. bis 8. April 1829).

wir sind verloren: FW 17, 257 (an Huber, 4. Dez. 1792).

Sie kam: zit. in Enzensberger, 243.

Therese ist nicht mehr: ebda., 239ff.

Zopf ab!

Mitbürger: FW 10, Tafel V.
Die National-Convention: FW 17, 285 (an Therese, 24. Dez. 1792).
Der Friseur: FW 17, 286 (an Therese, 25. Dez. 1792).
Ich glaube nicht: FW 17, 291 (an Therese, 28. bis 29. Dez. 1792).
Man wirkt: ebda.
Meine Feder in der Hand: FW 17, 312 (an Therese, 20. bis 23. Jan. 1793).
Meine Sachen: ebda., 313.
Er hat seinen Abschied: Schiller, Nationalausgabe, Bd. 34 1, 236.
Einer Gemeinschaft: FW 17, 703.
Ich habe durch Forster: FW 17, 705 f.

Morgengabe

Ich bin jetzt: FW 17, 330 (an Therese, 27. Febr. 1793).
Hier hat: FW 17, 332 f. (an Therese, 14. bis 17. März 1793).
Mitbürger: FW 10, 463.
Durch die Vereinigung: ebda., 469 f.

Auf Forsters Canapé

Ihr Zustand: Kleßmann, 109.
Zimmer der: Anon., 7 f.

Pariser Ansichten

ewig als eine: TH 2, 289 f. (an Regula Hottinger, 10. April 1794).
Sie ist ein: FW 17, 339 (an Therese, 5. April 1793).
der zu Gunsten: FW 17, 339 (an Therese, 13. April 1793).
Der Schatz: FW 17, 373 (an Therese, 23. Juni 1793).
ein *bonvivant*: FW 17, 357 (an Therese, 16. bis 19. Mai 1793).
Chamfort: ebda., 356 f.
Denke Dir: FW 17, 400 f. (an Therese, 23. Juli 1793).
war einer: zit. in Heß, IV.
Die Notwendigkeit: FW 17, 367 (an Therese, 14. Juni 1793).
Ich habe also: FW 17, 371 (23. Juni 1793).
Ich habe keine Heimat: FW 17, 383 (an Therese, 7. bis 8. Juli 1793).
Wie ich heute: FW 17, 351 (an Therese, 4. Mai 1793).
Ich werde: FW 17, 733 (an Therese, Anfang Juni 1793).
Ich habe Deinen Brief: FW 17, 370 (an Therese, 17. Juni 1793).
Ne t'obstine: TH 1, 270 (um den 19. Juni 1793).
Ich harre der Zeit: FW 17, 383 (an Therese, 1. Juli 1793).
Das Allgemeine: FW 17, 392 f. (an Huber, 16. Juli 1793).
Es ist sonderbar: FW 17, 379 f. (an Therese, 26. Juni 1793).

der unsäglichen Mühe: FW 17, 340 (April 1793?)

Aber warum blieben sie: FW 17, 353 (an Therese, 16.- 19. Mai 1793).

Alle entbehrliche Mäuler: FW 17, 364 (an Therese, 10. Juni 1793).

Ich kann ohne Tränen: FW 17, 371 (an Therese, 23. Juni 1793).

Das Schicksal von Mainz: FW 17, 383f. (an Therese, 7. bis 8. Juli 1793).

Die Liebfrauenkirche: FW 17, 389f. (an Therese, 12. bis 13. Juli 1793).

Freiheitsspiele: FW 17, 399 (an Therese, 23. Juli 1793).

Zwei Quartbände: ebda., 400.

ich mag nicht: FW 17, 375 (an Therese, 23. Juni 1793).

wenn längst; FW 17, 395f. (an Therese, 19. Juli 1793).

Charlotte Corday erschien: Kerner, 99f.

Ich bin sehr vergnügt: Kerner, 103.

Er ist diesen Morgen: FW 17, 404 (an Therese, 24. Juli 1793).

In einigen Tagen: FW 17, 366 (an Therese, 10. Juni 1793).

Ich könnte vier bis sechs: FW 17, 363 (an Therese, 4. Juni 1793).

Gestern ging ich: FW 17, 441 (an Therese, 10. Sept. 1793).

Dich hüten: FW 17, 450 (an Therese, 24. Okt. 1793).

mein Unglück: FW 17, 455f. (im Original französisch, an?, 3. Oktober 1793).

Die Tage gehen hier hin: FW 17, 460f. (an Therese, 24. Okt. 1793).

Meine Einzige Therese: FW 17, 463 (Anfang Nov. 1793).

Er hatte uns dort: TH 1, 282f. (an Heyne, 21. Nov. 1793).

Von Schnee und Felsen: HUW 1, 116.

Der unglückliche Lux: FW 17, 466 (an Therese, 9. bis 10. Nov. 1793).

Sehen Sie nicht: FW 17, 473 (an Huber, 15. Nov. 1793).

Sehen wir: Michelet, Bd. 4, 355f.

Das echte anspruchslose: FW 10, 3,607f.

Es gab eine Zeit: FW 10, 5,620.

wenn sie über dem: FW 10, 5,621.

Zwischen Bürgersinn: FW 10, 6,631.

herzhafter, als man: FW 17, 481 (an Therese und Huber, 27. Nov. 1793).

Meine Teuersten bis Herzblättchen: Zitate in FW 17, 484f.

Ich tat meine: FW 17, 792.

Seit der gestern: FW 17, 794f. (an Therese, 31. Jan. 1794).

Mary Wollstonecraft

Geistige Arena

Nachdem er: Opie, 17.
Sie verachtete: ebda., 21.
Attraktiv eher als hübsch: ebda.
Paine redete: Godwin (1912), 48 f.
Er haßte es: St Clair, 65.
Sie gehörten: Godwin (1912), 40.
Aus einigen Formulierungen: Tomory, 175.

Self-made Woman

Außer Füsslis: Nagel, S. 42.
Mary, die Heldin: WW 1, 7.
In jeder Hinsicht: WW 1, 10.
Ihr Verstand: WW 1, 12.
Sie glaubte: WW 1, 16.
Wenn sie ihren Vater: WW 1, 11.
Das Wesen: Christopher Hitchens, *Letter to a Young Contrarian*.
Das Private: Nagel, 36.
Diese wenigen: WW 1, 5.

Sagestus und Sagesta

Auf der einfachsten Ebene: ZEIT-Magazin Nr. 1, 29. 12. 2011. S. 46.
daß sie diese: WW 1, 17.
Als Prinz Talleyrand: Knowles, 164 f.
Sie sind mein: WL, 1790 (undatiert), 166.
Es war ihr: Jump, 11.
Der Beifall: FW 7, 130 f.
Das ist krank: Barry Maitland, No Trace. London 2006, 57.
Wenn jemals: zit. in Fuseli (1982), 519.
wenn man: Mason, 75.
Ich hasse: Knowles, 363.
ausgezeichneter Hasser: Godwin, zit. in Fuseli (1982), 509.
bedeutete ihm: Godwin (1912), 46.
groteske Mischung: Mason, 75.
Er gewährte mir: zit. in Fuseli (1982), 517.
Er fand bei ihr: Godwin (1912), 45.
Ich fange immer: Knowles, 165.
Wenn sie: WW 1, 33

Sie fragte sich nie: WW 1, 42.
In Momenten: WW 1, 73.

Freiheitsmütze

Statt diese: Cunningham, 240 f.
Dear enthusiastic creature: WW 1, 46.
Eine Änderung: Knowles, 166.
Eines Tages: Cunningham, 242.
Offenbar senkte: ebda., 240.
Die Augen von: Knowles, S. 162 f.

Verteidigung von Dr. Price

Laßt euch: Price, 11.
Da ich die Rechte: WW 5, 7.
mit gefalteten Händen: WW 5, 18 f.
Währenddessen: WW 5, 30.
Sicheres Eigentum: WW 5, 14.
Wir unterwerfen uns: Burke (1767), 3, 212.

Totalrevolution

Milton goes on: Füssli (1982), 81.
Of Mans: Milton 1, 1 (Übersetzung Bodmer).
Sie schaueten: Milton (Bodmer), XII, 573.
Immer wenn ich: WL 179 f. (an Everina Wollstonecraft, 10. Sept. 1790).
Wie ein Turm: Schiff, 32 f.
Schon ein flüchtiger: ebda., 32.
Unser Freund: WL, 194 (an William Roscoe, 3. Jan. 1792).
nicht völlig gleich: Milton (Bodmer), IV, 157 f.
Oder lieber nicht: ebda., IX, 416.
Remember the Ladies: Adams, 110.
daß ihr Kampf: ebda., 112.
Unserm alles: Allgemeine Literatur-Zeitung, Nr. 537, 18. Okt. 1794.
Die Männer beklagen sich: Wollstonecraft (Salzmann), 56 f.
The French: WW 5, 138.
Sie sind oft freundliche: Wollstonecraft (Salzmann), 239.
schwache Modedame: Tomory, 177.

Neck or Nothing

Seit einiger Zeit: WL, 200 (an Everina Wollstonecraft, 20. Juni 1792).
Als der Mob: *The Times*, 10. Sept. 1792.
Ich habe nicht länger: WL, 206 f. (an William Roscoe, 12. Nov. 1792).
I went to France: WL, 340 (an Mary Hays, 1796?)
Die Unterhaltung: Godwin (1912), 50.
Zuletzt: Knowles, 167 f.
Ich bin nur mehr ein Tier: WL, 205 f. (an Joseph Johnson, undatiert).

Blutige Hände

Du wirst Dir: WL, 214 (an Everina Wollstonecraft, 24. Dez. 1792).
Ich will die Sprache: ebda.,
Heute morgen: WL, 216 f. (an Joseph Johnson, 26. Dez. 1792).

Eroberungen

Ich ruiniere mich: WL, 220 (an Ruth Barlow, 1.-14. Febr. 1793).
Ich wußte gar nicht recht: ebda., 221.
Ich wäre nicht: ebda., 220.
Namen, nicht Prinzipien: WW 6, 446.
Die ganze Lebensweise: WW 6, 443.
Diejenigen: WL, 218 (an Eliza Bishop, 20. Jan. 1793).
Ich mag: ebda.
Sie war sehr: WL, 215 (an Everina Wollstonecraft, 14. Dez. 1792).
reizendes, sorgloses: Baechtold, Vorwort zu Heß, IV.
Das merkwürdigste: Landauer, Bd. 2, 99.
das edelste: Schlabrendorf, 199 f.
Sie spricht: Wolzogen, 113.
Mademoiselle: ebda., 117 (7. Febr. 1793).
Ich liebte Marie: zit. in Heß, 248 f.
Er bemerkt: Wollstonecraft (1793), 255 f.

Ein Amerikaner in Paris

sich bei: Verhoeven, 91.
Mr. Imlay: The Analytical Review, Vol. 13 (May–August (*inclusive*)
    1792), 383.
Die Cumberland: Verhoeven, 102.
Heute erscheint: Fant, 98 f.
Unter uns: WL, 219.
Die kleine Sammlung: Wollstonecraft (1993), 30.
flossen ihre Herzen: ebda., 41.
Sie erlebten: ebda., 50 f.

In den letzten: Gordon, 39.
Meine Lage: Imlay, 242.
Stelle Dich: ebda., 248.
geschaffen: ebda., 31f.
Liebe ist: WW 5, VI, 188.
Frauen werden: ebda.
Männer, die Witz: ebda., VI, 190.
doch indem er: Wollstonecraft (1993), 41.
Als ich eintrat: Imlay, 180.

Ans Herz geflochten

für sie: Godwin (1912), 54.
Mit dem Wechsel: ebda., 58.
Montag: WL, 228 (August 1793?).
wo sich: Godwin (1912), 60.
Nun betrachtete: Schlabrendorf, 202.
daß es: Jump, XVII.
Nächtlicher Weile: Baechtold, zit. in Heß, VII.
Vergessen Sie nicht: WL, 229 (Mitte 1793?).
und weil: Badt, 271.
amtlos Staatsmann: August Varnhagen von Ense.
Sie fesselte mich: Schlabrendorf, 199f.

Und weg bist Du

Ihre Intelligenz: Woolf, 160.
Wie geht es: WL, 231f. (an Gilbert Imlay, Sept. oder Okt. 1793).
Ich habe gerade: WI, 232f. (an Imlay, Nov.? 1793).
Erinnerungen lassen: WL, 234 (an Imlay, Dez.? 1793).
Du scheinst Dich: WL, 235 (an Imlay, 29. Dez. 1793).
Ich hasse: WL, 238 (an Imlay, 1. Jan. 1794).
Als ich merkte: ebda.
Ich ergreife diese: WL 245 (an Imlay, 21.? Jan. 1794).

Umarmungen des Todes

Rights of Woman: Stone, Sp. 1216.
Früher verachteten: Wollstonecraft (1794), 229f.
Diesen Jargon: Die Transkriptionen der Randbemerkungen von John
   Adams im Internet (siehe Literaturverzeichnis).
Wie still: Wollstonecraft (1794), 161f.
Die Reichen: ebda., 7.
Wenn man: ebda., 300.

Die Erneuerung: ebda., 361.
Das ist der Unterschied: ebda., 401.
Der Eingang von Paris: ebda., 474f.

Sei Mann! Sei Weib!

Seit wann: zit. in Grubitzsch, S. 278.
Am 25. *Floréal*: Dokument abgedruckt in Verhoeven, 185.
Ich erwähne: WL, 252f. (an Ruth Barlow, 20. Mai 1794).
Ein größeres: Verhoeven, 185.
Darfst lieber Gott: *Auf Robespierres Staatsbericht.*
Es geht mir sehr gut: WL, 255 (an Ruth Barlow, 8. Juli 1794).
Der Wagen: Godwin (1912), 60.
Es muß ihm: Verhoeven, 197f.

Novelle

Zwei Tage: Rowan, 237f.
Mr. B.: ebda., 253f.
Ohne es zu wissen: ebda., 259.
Du möchtest ja: WL, 263f. (an Imlay, 22. Sept. 1794).
Seitdem die: Buchner, 5, 226 (*Vossische Zeitung*, 5. Dez.).
Im Konvent: WL, 260 (an Imlay, 20. Aug. 1794).
Man wagt es: Buchner 5, 226 (*Vossische Zeitung*, 7. Dez.).
Elegant gekleidet: Richter, 136.
strömen die Hungernden: ebda., 137.
Unser Zusammensein: WL, 281.
Warum: Godwin (1912), 61.
Wenn ich: WL, 258 (an Imlay, 19. Aug, 1794).
In Zeiten der Trennung: WL, 268 (an Imlay, 1. Okt. 1794).
ein gutaussehender Mann: WL, 270 (an Imlay, 26. Okt. 1794).
Komm zu mir: WL, 271 (an Imlay, 26. Dez. 1794).
Paß auf: WL, 277 (an Imlay, 9. Jan. 1795).
Es erscheint mir: WL, 272 (an Imlay, 28. Dez. 1794).
How I hate: WL, 271.
Du kennst: WL, 276 (an Imlay, 30. Dez. 1794).
Ich will mich nicht: WL, 277f. (an Imlay, 9. Jan. 1795).
Du sprichst von: WL, 282f. (an Imlay, 10. Febr. 1795).
Komm nur: WL, 335 (an Imlay, Dez. 1795).
Warum ist es: WL, 284 (an Imlay, 19. Febr. 1795).
Ein Abgeordneter: Rowans Bericht in seiner *Autobiography*, 241f.
Der ungeschickte Lotse: WL, 287f. (an Archibald Hamilton Rowan, April 1795).

Auf einen Speer gestützt

Man kann sich: Godwin (1912), 64 f.

Sie schluckte: Wollstonecraft (1993), 185.

Hiermit: zit. in Gordon, 253.

Ich habe nur einen: WL, 306 f. (an Imlay, 27. Juni 1795).

Ich bin ziemlich: WL, 311 (an Imlay, 4. Juli 1793).

Aber ich werde: ebda., 312.

Beschäftigung: WL, 316 (an Imlay, 5. Aug, 1795).

Ich hasse mich: WL, 318 (an Imlay, 9. Aug. 1795).

Ich war überaus: WL, 319 (an Imlay, 26. Aug. 1795).

Ich bin ausgestoßen: WL, 322 (an Imlay, 27. Sept. 1795).

Erlauben Sie mir: zit. in Gordon, 271 f.

Frei

Mary war wie: Gordon, 275.

elegant gekleideten: zit. in Gordon, 283.

daß sein: Godwin (1912), 69 f.

Es ist seltsam: WL, 339 (an Imlay, März 1796).

Skandinavische Reise

Reisebeschreibungen: Wollstonecraft (1991), 5.

Hier bin ich: ebda., 68.

Ich wollte mir: ebda., 70 f.

Welch ein stilles: ebda., 13.

So manches Mal: ebda., 69.

Die niedrigsten: ebda., 24.

Reisende: ebda., 46 f.

Alle sind: ebda., 46.

Zuweilen, wenn: ebda, 71.

Arme Mathilda: ebda., 144 f.

Unschuldig und leichtgläubig: ebda., 175.

Die Tyrannei: ebda., 121.

Menschenfreundlich: ebda., 183.

Ehrlicher zu sein: ebda., 150.

Hier hat so: ebda., 177 f.

Nichts in der Tat: ebda., 15.

Mich entzücken: ebda., 84.

Chez moi, chez elle

Diese Briefe: *Allgemeine Literatur-Zeitung.* Jena 1801, Nr. 295. Sp. 115.

Ich will mir: Godwin (2011), 145.

die bei Tag: zit. in Gordon, 285.

Der kühne: Simon, 17.

Die Wohngemeinschaft: Simon, 36.

A puny bit: Godwin (Caleb Williams), 27.

Es bedarf nur: zit. Simon, 22.

so unwiderstehlich: Godwin (1912), S, 66.

M. Wolstencraft's Travels: Godwins Tagebuch ist im Internet zugänglich (Angaben siehe Literaturverzeichnis).

Von diesem Tage an: ebda., 76.

vielleicht noch: ebda., 76 f.

Mrs. Imlay: Godwin (2011), 171 f. (13. Juli 1796).

Räumliche Trennung: Godwin (1912), 77 f.

Gestern habe ich: Godwin & Mary, 14 f.

Wie soll ich Dir: ebda., 16 f.

Mir gefällt: ebda., 18 f.

Ich habe: ebda., 19 f.

Ich fühle mich: ebda., 23.

Demütig: ebda., 23.

Jetzt erst: Godwin (1972), 38.

Ich bin froh: Godwin & Mary, 40.

Ich hätte heute: ebda., 41 f.

Laß mich Dir: ebda., 33.

Wenn die Seligkeit: ebda., 46 f.

als diejenige: Godwin (1912), 78.

Ach ich Arme: Godwin & Mary, 42.

in der Neigung: Godwin & Mary, 46.

Ich bin nicht: ebda.

Kondome: Gordon, 326 f.

Ich bin auf alles: Mary & Godwin, 60.

das unelegante Übel: ebda., 64.

Es schneit: ebda., 62.

Sie wollte es: Godwin (1912), 79.

Mary, Maria, Mary

Sie war: Wollstonecraft (1993), 47.

Es gibt so etwas: Godwin (2011), 89.

Ich habe mich: Godwin & Mary, 28 f.

Auch die: Wollstonecraft (1993), S. 12.

Ich werde mich: Godwin (1912), S. 86.

das besondere Elend: Wollstonecraft (1993), 13.

Wenn sie: ebda., 38 f.

Einbildungskraft: ebda., 51.
Man verwöhnt: Mary & Godwin, 82.
Gegen zwei Uhr: Godwin (1912), 87f.

Lektionen

Marys *Lessons* in WW 4, 467f.

Epilog

1

Inspiration: St Clair, 180.
a fusty old pedant: Godwin, zit. In St Clair, 244.
Mary und ich: Godwin (*Memoirs, ed.* Holmes), 96.
Ich hatte mich: Godwin (1912), 97f.
Haben Sie: Piozzi 2, S. 512f.
Fast ohne Ausnahme: St Clair, 185.
Es ist: Schlabrendorf, 203.
Ich gewahrte: Robinson, 548.
Die Maxime: ebda., 550.
Alle fünf Kinder: St Clair, 254.
Weder an Begabung: ebda., 243.
Meine eigene Tochter: zit. in Simon, 114.
Ich habe es nicht: zit. in St Clair, 362.
Ich habe längst: ebda., 411
Es war ein: Shelley, VI.
Ich war: ebda., VII.
Sie war da: ebda., 211f.
wahrscheinlich: Verhoeven, 209.
Transient hope: Verhoeven, S. 211.
Mit welcher Leichtigkeit: zit. in Simon, 147f.

2

O ich Tor: Schiller, Nationalausgabe, 1, 353.
Sie hat mir: FW 17, 798f.
es solle ihn: FW 17, 796.
Memento mori: Huber, 7, 115.
O nie, nie: Huber, 1, 345.
Ihre Autorschaft: zit. in Geiger, 100.
Mein Körper: Dacia Maraini, Die stumme Herzogin. München 1991,
    178.
Die Eigenschaften: Hahn, 213.

3
Einige seiner: Piozzi, 2, 312.
Als wir: *Life of Theobald Wolfe Tone.* Vol. II. Washington 1826, 168.
Stone war sehr: ebda., 170.
der Geist der Gleichheit: zit. in Stern, 331.
Mr. J. H. Stone: ebda., 332.
Dann kam: zit. in Woodward, 243.
Arme Helen: Piozzi, 2, 312.
Der berüchtigte: zit. Stern, 314.
Ich verzeihe es leicht: HWS, 2 f.
Eine Revolution: ebda., 6.

Bildnachweis

Archiv für Kunst und Geschichte, Berlin: Abb. 6, 12
Art Gallery, Auckland: 26
Bibliothèque Nationale, Paris: 17
Bildarchiv Foto Marburg: 31
Bildarchiv Preußischer Kulturbesitz, Berlin: 16
Bridgeman Berlin: 8, 35
Deutsches Literaturarchiv Marbach: 18, 36
Goethe Museum, Düsseldorf: 5, 20
Goethe Museum, Frankfurt am Main: 23
Hamburger Kunsthalle: 25
Klassik Stiftung Weimar: 29
Mildred Lane Kemper Art Museum, Washington University,
    St. Louis: 30
National Portrait Gallery, London: 19, 21, 22, 24
New York Public Library: 37
Niedersächsische Staats- und Universitätsbibliothek Göttingen: 14, 15
Photo Scala, Florenz: 9, 10
Riksarkivet, Stockholm: 33
Tate Gallery, London: 27
ullstein bild, Berlin: 34

Frontispiz von Maria Cosway aus Helen Maria Williams, »Poems«
© British Library Board: 4

Weitere Nachweise über das Bildarchiv des Insel Verlags.

Literaturverzeichnis

Siglen:

Helen Maria Williams:

HW = Letters from France. Eight Volumes in Two. With an Introduction by Janet M. Todd. New York 1975.

HW2 = Letters Containing a Sketch of the Politics of France, from the Thirty-First of May 1793, till the Twenty-Eighth of July 1794, and of the Scenes which have Passed in the Prisons of Paris. Dublin 1795.

HWS = Souvenirs de la Révolution Française. Paris 1827.

Slave Trade: A Poem on the Bill Lately Passed for Regulating the Slave Trade. London 1788.

Julia = Julia, A Novel; Interspersed With Some Poetical Pieces. 2 Vols. London 1790.

Poems: Poems. 2 Vols. London 1786.

Poems 2 = Poems on Various Subjects, with Introductory Remarks on the Present State of Science and Literature in France. London 1823.

John Hurford Stone:

Stone = Stone, John Hurford, Briefe in »Proceedings on the Trial of William Stone, Merchant, for High Treason«. In: A Complete Collection of State Trials. Compiled by T. B. Howell and continued by Thomas James Howell. Vol. XXV. London 1818.

Georg Forster:

FW = Georg Forsters Werke. Sämtliche Schriften, Tagebücher und Briefe. Herausgegeben von der Akademie der Wissenschaften der DDR. Berlin 1958f.

Therese Forster/Huber:

TH = Therese Huber, Briefe. Hrsg. von Magdalena Heuser (Bd. 1– 4) und Petra Wulbusch. Tübingen 1999f.

HUW = Huber, Ludwig Ferdinand, Huber, Therese: L. F. Hubers Sämtliche Werke seit dem Jahre 1802 nebst seiner Biographie. 4 Bde. Stuttgart und Tübingen 1806-1819.

Huber = Huber, Therese: Romane und Erzählungen [Reprint]. Hrsg. von Magdalene Heuser. Hildesheim, Zürich, New York 1989f.

Nachrichten = Therese Huber, Johann Georg Forster's Briefwechsel. Nebst einigen Nachrichten von seinem Leben. Leben. 1. Theil. Einige Nachrichten von Johann Georg Forster's Leben. Leipzig 1829.

Mary Wollstonecraft:

WW = The Works of Mary Wollstonecraft. Ed. by Janet Todd & Marilyn Butler. London 1989.

WL = The Collected Letters of Mary Wollstonecraft. Ed. by Janet Todd. London 2004.

Godwin & Mary = Letters of William Godwin and Mary Wollstonecraft. Ed. by Ralph M. Wardle. Lincoln and London 1977.

Weitere Literatur (Auswahl).

Adams, Abigail, Adams, John: My dearest Friend. Letters of Abigail and John Adams. Ed. by Margaret A. Hogan and C. James Taylor. Cambridge, Massachusetts, London, England 2007.

Adams, John: Transkriptionen der Randbemerkungen zu Mary Wollstonecrafts »An Historical and Moral View of the French Revolution« aus der Boston Public Library: http://jalopi.bpldigital.dnsalias.net/volumes/transcriptions/1718/

Alger, John G.: Englishmen in the French Revolution. London 1889.

Ders.: The British Colony in Paris, 1792-93. In: The English Historical Review. Ed. by S . R. Gardiner and R. L. Poole. Vol. XIII. 1898. S. 672-694.

Ders.: Paris in 1789-94. London 1902.

Anon.: Die Mainzer Klubbisten zu Königstein oder Die Weiber decken einander die Schande auf. Deutsche Literatur-Pasquille. Hrsg. von Dr. Franz Blei. Leipzig 1907.

Anon.: Notice sur la vie et les écrits de M. Joël Barlow.

Arnaud, Claude: Chamfort. Die Frauen, der Adel und die Revolution. Berlin 2007.

Badt, Bertha: Graf Gustav von Schlabrendorf, der deutsche Einsiedler von Paris. In: Gustav von Schlabrendorf: Anti-Napoleon. Frankfurt am Main 1991. S. 265-287.

Barine, Arvède: Bernardin de St. Pierre. Translated by J. E. Gordon. With a preface by Augustin Birrell. Chicago 1893.

Bergmann, Ulrike: Die Mesalliance. Edition Büchergilde 2008.

Blanc, Olivier: Les Espions de la Révolution et de l'Empire. Paris 1995.

Boie, Heinrich Christian: »Ich war wohl klug, daß ich Dich fand«. Heinrich Christian Boies Briefwechsel mit Luise Mejer. Hrsg. von Ilse Schreiber. München 1965.

Boyle, Nicholas: Goethe. Der Dichter in seiner Zeit. Bd. 2. 1790-1803. Frankfurt am Main, Leipzig 2004.

Brailsford, H. N.: Shelley, Godwin and Their Circle. Projekt Gutenberg ebook 2009 (zuerst 1913).

Buchner, Eberhard: Das Neueste von Gestern. Kulturgeschichtlich interessante Dokumente aus alten deutschen Zeitungen. Bd. 4 u. Bd. 5. Die Zeit der französischen Revolution. München 1924.

Buel, Richard, Jr.: Joel Barlow. American Citizen in a Revolutionary World. Baltimore 2011.

Burke, Edmund: A Philosophical Inquiry into the Origins of our Ideas of the Sublime and Beautiful. The Fifth Edition. London 1767.

Ders.: Reflections on the Revolution on France, and on the Proceedings in Certain Societies in London Relative to that Event [...] London 1790.

Calè, Luisa: Fuseli's Milton Gallery. ›Turning Readers into Spectators‹. Oxford 2006.

Chastenay, Victorine de: Mémoires de Madame de Chastenay, 1771-1815. Bd. 1. Paris 1896.

Chazin-Bennahum, Judith: Dance in the Shadow of the Guillotine. Southern Illinois University Press. Carbondale and Edwardsville 1988.

Cobb, Richard: The French and their Revolution. Selected Writings ed. by David Gilmour. London 1998.

Coquerel, Athanase: Augustin du Fossé. In: Libres Études. Paris 1868. S. 171-216.

Cunningham, Allan: Henry Fuseli. In: The Lives of the Most Eminent British Painters and Sculptors. Vol. 2. S. 223-273.

Damm, Sigrid: Caroline Schlegel-Schelling, ein Lebensbild in Briefen. Frankfurt am Main 2009.

Dowdican, Elin: Wollstonecraft's Milton. Lap Lambert Academic Publishing 2010.

Dumont, Franz: Die Mainzer Republik von 1792/93. Alzey 1982 (Alzeyer Geschichtsblätter: Sonderheft 9).

Enzensberger, Ulrich: Georg Forster. Ein Leben in Scherben. Frankfurt am Main 1996.

Erdman, David V., Commerce des Lumières. John Oswald and the British in Paris, 1790-1793. Columbia 1986.

Faehler, Karl: Studien zum Lebensbild eines deutschen Weltbürgers, des Grafen Gustav v. Schlabrendorff. 1750-1824. Diss. München 1909.

Fant, Joseph Lewis: A Study of Gilbert Imlay (1756-1828): His Life and Works. Diss. 1984.

Favret, Mary A., Spectatrice as Spectacle: Helen Maria Williams. At Home in the Revolution. In: Studies in Romanticism. Vol. 32. N° 2, S. 273-295.

Flexner, Eleanor: Mary Wollstonecraft. A Biography. New York 1972.

Fierro, Alfred, Sarazin, Jean-Yves (Hrsg.): Le Paris de Lumières d'après le plan de Turgot (1734-1739). Paris 2005.

Forster, Johann Reinhold: Über Georg Forster. In: Annalen der Philosophie und des philosophischen Geistes von einer Gesellschaft gelehrter Männer. Hrsg. von Ludwig Heinrich Jakob. Jg. 1, 1795. Halle, Leipzig 1795. Philosophischer Anzeiger. St. 2, 14. Januar, Sp. 9-18. St. 16, 15. April. Sp. 121-126.

Fruchtmann, Jack, Jr.: Thomas Paine. Apostle of Freedom. New York, London 1996.

Ders.: The Apocalyptic Politics of Richard Price and Joseph Priestley: A Study in Late Eighteenth-Century English Republican Millennialism. Philadelphia 1983.

Furet, François, Ouzouf, Mona (Hrsg.): Kritisches Wörterbuch der Französischen Revolution. 2 Bde. Frankfurt am Main 1988.

Füseli, Henry = Füssli, Heinrich: The Mind of Henry Fuseli. Selections from his Writings with an Introductory Study by Eudo C. Mason. London 1951.

Fuseli, Henry: The Collected English Letters of Henry Fuseli. Ed. by David H. Weinglass. Millwood, New York, London, Nendeln 1982.

Geiger, Ludwig: Therese Huber. 1764-1826. Leben und Briefe einer deutschen Frau. Stuttgart 1901.

Godwin, William: Caleb Williams. Ed. and with an Introduction by David Mc Cracken. New York, London 1977.

Ders.: Memoirs of the Author of »The Rights of Woman«. Ed. with an Introduction bei Richard Holmes. London, New York, Toronto, Sidney 2005.

Ders.: Erinnerungen an Mary Wollstonecraft. Übersetzt von Therese Schlesinger-Eckstein. Halle an der Saale 1912.

Ders.: St. Leon. A Tale of the 16. Century. New York 1972.

Ders.: The Letters of William Godwin. Ed. by Pamela Clemit. Vol. 1. 1778-1797. Oxford, New York 2011.

Ders.: Diary = godwindiary.bodleian.ox.ac.uk/index2.html

Gordon, Lyndall: Vindication. A Life of Mary Wollstonecraft. New York 2005.

Gouges, Olympe de: Schriften. Frankfurt am Main 1980.

Grubitzsch, H. (u. a.): Grenzgängerinnen. Revolutionäre Frauen im 18. und 19. Jahrhundert. Düsseldorf 1985.

Grumach, Renate (Hrsg.): Goethe. Begegnungen und Gespräche. Bd. III, 1786-1792. Berlin, New York 1977.

Guest, Ivor: The Ballet of the Enlightenment. The Establishment of the Ballet d'Action in France, 1770-1793. London 1996.

Hahn, Andrea: Therese Huber, Die reinste Freiheitsliebe, die reinste Männerliebe. Ein Lebensbild in Briefen und Erzählungen. Berlin 1989.

Harpprecht, Klaus: Georg Forster oder Die Liebe zur Welt. Hamburg 1987.

Ders.: Die Lust der Freiheit. Deutsche Revolutionäre in Paris. Hamburg 1989.

Herder, Johann Gottfried: Briefe. Fünfter Band. Sept. 1783-Aug. 1788. Bearbeitet von Wilhelm Dobbek und Günter Arnold. Weimar 1786.

Heß, David: Joh. Caspar Schweizer. Ein Charakterbild aus dem Zeitalter der französischen Revolution. Eingeleitet und hrsg. von Jakob Baechtold. Berlin 1884.

Hitchens, Christopher: Thomas Paine's Rights of Man. A Biography. New York 2006.

Hobsbawm, Eric: The Age of Revolution. 1789-1848. New York 1996 (zuerst London 1962).

Hoffmann, J. Anton: Darstellung der Mainzer Revolution [...] Frankfurt und Leipzig 1793/94.

Holmes, Richard: Shelley. The Pursuit. London 1987 (zuerst 1974).

Ders.: Footsteps. Adventures of a Romantic Biographer. London 1986 (zuerst 1985).

Ders.: The Feminist and the Philosopher. In: Sidetracks. Explorations of a Romantic Biographer. London 2000.

Humboldt, Alexander von: Die Jugendbriefe Alexander von Humboldts. 1787-1799. Hrsg. von Ilse Jahn und Fritz G. Lange. Berlin 1973.

Imlay, Gilbert: The Emigrants. With an Introduction and Notes by W. M. Verhoeven and Amanda Gilroy. New York, London u. a. 1998.

Jacobi, Friedrich Heinrich: Woldemar. Eine Seltenheit aus der Naturgeschichte. Faksimileausgabe nach der Ausgabe von 1779. Stuttgart 1969.

Jacoby, Ruth, Baasner, Frank: Paris 1789. Journal der Täter, Opfer und Voyeure. Baden-Baden 1988.

Jäckel, Günter (Hrsg,): Der Freiheitsbaum. Die Französische Revolution in Schilderungen Goethes und Forsters 1792/93. Berlin 1983.

Johnston, Kenneth R.: The Hidden Wordsworth. London 1998.

Jordan, Sabine Dorothea: Ludwig Ferdinand Huber (1764-1804). His Life and Works. Stuttgart 1978.

Jump, Harriet (Ed.): Lives of the Great Romantics. Godwin, Wollstonecraft and Mary Shelley by Their Contemporaries. General Editor John Mullen.Vol. 2. Mary Wollstonecraft. London 1999.

Katalog Mainz = Die Publizistik der Mainzer Jakobiner und ihrer Gegner. Revolutionäre und gegenrevolutionäre Proklamationen und Flugschriften aus der Zeit der Mainzer Republik (1792/93). Katalog zur Ausstellung der Stadt Mainz. Mainz 1993.

Kerner, Georg: Jakobiner und Armenarzt. Reisebriefe, Berichte, Lebenszeugnisse. Berlin 1978.

Klein, Karl: Georg Forster in Mainz 1788-1793. Gotha 1863.

Kocziszky, Eva: Weibliche Physiognomik auf Füsslis Zeichnungen von seiner Ehegattin. Zu Lavater, Wollstonecraft und Füssli. In: Physis und Norm. Neue Perspektiven der Anthropologie im 18. Jahrhundert. Hrsg. von Manfred Beetz, Jörn Garber und Heinz Thoma. Göttingen 2007. S. 156-174.

Knowles, John: The Life and Writings of Henry Fuseli. Vol. 1. London 1831 (Reprint New York 1982).

Kurtz, Benjamin P. and Autrey, Carrie C.: Four New Letters of Mary Wollstonecraft and Helen Maria Williams. University of California Press: Berkeley 1937.

Landauer, Gustav (Hrsg.): Briefe aus der Französischen Revolution, ausgewählt, übersetzt und erläutert von Gustav Landauer. 2 Bde. Berlin 1985.

Leitzmann, Albert: Aus Heynes Briefen an seine Tochter Therese und seine Schwiegersöhne Forster und Huber. In: Archiv für das Studium der Neueren Sprachen und Literaturen. LXII. Jahrgang, CXXI. Band. Der neuen Serie XXI. Band. Braunschweig 1908.

Ders.: Briefe F. L. W. Meyers an Therese Heyne aus dem Sommer 1795. In: Funde und Forschungen. Eine Festgabe für Julius Wahle zum 15. Februar 1921. Leipzig 1921.

Ders.: Georg und Therese Forster und die Brüder Humboldt. Bonn 1936.

Georg Christoph Lichtenberg: Schriften und Briefe. Hrsg. von Wolfgang Promies. München 1967.

Liebeskind, Johann Heinrich: Rükerinnerungen von einer Reise durch einen Theil von Teutschland, Preußen, Kurland und Liefland, während des Aufenthalts der Franzosen in Mainz und der Unruhen in Polen. Straßburg 1795.

Linguet, Simon-Nicolas-Henri: Denkschrift über die Bastille. Mit einer Einleitung hrsg. von Rolf Johannes. Lüneburg 1993.

Mantel, Hilary: A Place of Greater Safety. London 1992.

Markov, Walter: Revolution im Zeugenstand. Frankreich 1789-1799. 2 Bde. Leipzig 1982.

Mathiez, Albert: La Révolution et les Étrangers. Paris 1918.

McCullough, David: John Adams. New York 2001.

Meyer, Friedrich Johann Lorenz: Fragmente aus Paris im IVten Jahr der Französischen Republik. Zweiter Theil. Hamburg 1797.

Michelet, Jules: Geschichte der Französischen Revolution. Zehn Teile in 5 Bänden. Hrsg. von Jochen Köhler. Frankfurt am Main 1988.

Ders.: Die Frauen der Revolution. Hrsg. und übersetzt von Gisela Etzel. Frankfurt am Main 1984.

Milton, John: Episches Gedichte von dem verlohrenen Paradiese. Faksimiledruck der Bodmerschen Übersetzung von 1742. Mit einem Nachwort von Wolfgang Bender. Stuttgart 1965.

Moore, John: A Journal During a Residence in France, from the Beginning of August, to the Middle of December, 1792. Vol. 1. London 1793.

Nagel, Ivan: Gemälde und Drama. Giotto. Masaccio. Leonardo. Frankfurt am Main 2009.

Niedermeier, Michael: Die Wollstonecraft-Salzmann-Legende. In: Zeitschrift für Germanistik. 1993, 3, S. 606-618.

Oelsner, Konrad Engelbert: Luzifer oder gereinigte Beiträge zur Geschichte der Französischen Revolution. 2 Theile. Scriptor Reprints. Kronberg / Ts. 1977 (zuerst 1797).

Opie, Amelia: Adeline Mowbray, or, The Mother and Daughter. A Tale. London 1844 (zuerst 1804).

Opitz, Claudia: Aufklärung der Geschlechter, Revolution der Geschlechterordnung. Studien zur Politik- und Kulturgeschichte des 18. Jahrhunderts. Münster, New York, München, Berlin 2002.

Paine, Thomas: Die Rechte des Menschen. In der zeitgenössischen Übertragung von D. M. Forkel. Bearbeitet und eingeleitet von Theo Stemmler. Frankfurt am Main 1973.

Paul, Kegan C. (Ed.): Mary Wollstonecraft, Letters to Imlay. London 1879.

Piozzi, Hester Lynch: The Piozzi Letters: Correspondence of Hester Lynch Piozzi, 1784-1821. 6 Vols. Ed. by Edward A. Bloom and Lillian D. Bloom. Newark, London 1989-2002.

Dies.: The Intimate Letters of Piozzi and Pennington. Ed. by Oswald G. Knapp. Gloucestershire 2005.

Dies.: Thraliana: The Diaries of Mrs. Hester Lynch Thrale (later Mrs. Piozzi). Ed. by Katherine C. Balderston. Vol. II. 1784-1808. Oxford 1951.

Porcupine, Peter (William Cobbett): Copies of Original Letters, Recently Written by Persons in Paris to Dr. Priestley in America. London 1798.

Ders.: Remarks on the Explanation, Lately Published by Dr. Priestley,

Respecting the Intercepted Letters of his Friend and Disciple John H. Stone. London 1799.

Price, Richard: A Discourse on the Love of Our Country, Delivered on Nov. 4. 1789, at the Meeting House in the old Jewry, to the Society for Commemorating the Revolution in Great Britain. http://www.constitution.org/price/price_8.htm

Rauschenbusch-Clough, Emma: A Study of Mary Wollstonecraft and the Rights of Woman. London, New York, Bombay 1898.

Reichardt, Rolf: Französische Revolutionskultur in Mainz 1792-1801. In: Katalog Mainz, S. 11-51.

Repplier, Agnes: »The Literary Lady« in: A Happy Half-Century, and Other Essays. Boston and New York 1908. S. 116-137.

Richter, Edgar: Konrad Engelbert Oelsner und die französische Revolution. 1911.

Richter, Lutz Henner: Eine Stadt macht Geschichte. Paris und die große Französische Revolution. Leipzig 1989.

Robinson, Henry Crabb: Henry Crabb Robinson und seine deutschen Freunde. Brücke zwischen England und Deutschland im Zeitalter der Romantik. Nach Briefen, Tagebüchern und anderen Aufzeichnungen unter Mithilfe von Kurt Schreinert bearbeitet von Hertha Marquardt. Band II, 1811-1867. Göttingen 1967.

Robinson, Mary: A Letter to the Women of England / The Natural Daughter. Ed. by Sharon M. Setzer. Toronto 2003.

Rowan, Archibald Hamilton: The Autobiography of Archibald Hamilton Rowan. Ed. by William H. Drummond. Irish University Press. Shannon 1972 (zuerst Dublin 1842).

Schiller, Friedrich von: Schillers Werke. Nationalausgabe. Weimar 1943 f.

Schama, Simon: Citizens. A Chronicle of the French Revolution. New York 1989.

Scheel, Heinrich (Hrsg.): Die Mainzer Republik I. Protokolle des Jakobinerklubs. Berlin 1975.

Ders.: Spitzelberichte aus dem jakobinischen Mainz. In: Jahrbuch für Geschichte. Bd. 6. Berlin 1972. S. 501-538.

Ders.: Unbekannte Zeugnisse aus der revolutionären Tätigkeit Georg Forsters in und um Mainz 1792/93. In: Zeitschrift für Geschichtswissenschaft. 21. Jg. 1973. S. 49-69.

Schiff, Gert: Johann Heinrich Füsslis Milton-Galerie. Zürich, Stuttgart 1963.

Schlabrendorf, Gustav von: Mary Wollstonecraft. In: C. G. Jochmanns Reliquien. Gesammelt von H. Zschokke. Hachingen 1856. S. 199-204.

Schmidt, Erich (Hrsg.): Caroline. Briefe aus der Frühromantik. 2 Bde. Leipzig 1871.

Seifert, Siegfried: Die Zeit schlägt ein neues Buch in der Geschichte auf. Zum französischen Revolutionskalender und zu seiner Aufnahme in Deutschland. Weimar 1989.

Seward, Anna: Letters of Anna Seward, Written between the Years 1784 and 1807. 6. Vols. Ed. by A. Constable. Edinburgh 1811.

Shelley, Mary: Frankenstein, or The Modern Prometheus. London und New York 1960.

Siegel, Monika: »Ich hatte einen Hang zur Schwärmerey ...« Das Leben der Schriftstellerin und Übersetzerin Meta Forkel-Liebeskind im Spiegel ihrer Zeit. Darmstadt 2002.

Simon, Helene: William Godwin und Mary Wollstonecraft. Eine biographisch-soziologische Studie. München 1909.

Starobinski, Jean: 1789. Die Embleme der Vernunft. München 1981.

St Clair, William: The Godwins and the Shelleys. The Biography of a Family. London 1990 .

Stern, Madelaine B.: The English Press in Paris and Its Successors, 1793-1852. The Papers of the Bibliographical Society of America. New York 1980.

Thiébault, Paul de: Mémoires du Général Baron Thiébault. I. 1769-1793. Troisième Édition. Paris 1893.

Tillyard, Stella: Citizen Lord. Edward Fitzgerald. 1763-1798. London 1997.

Todd, Janet: Mary Wollstonecraft. A Revolutionary Life. London 2000.

Todd, Ruthven: The Reputation and Prejudices of Henry Fuseli. In Tracks in the Snow. Studies in English Science and Art. London 1946. S. 61-93.

Tomalin, Claire: The Life and Death of Mary Wollstonecraft. London 1992 (zuerst 1974).

Dies.: Shelley and his World. London 1992 (zuerst 1980).

Tomory, Peter: The Life and Art of Henry Fuseli. London 1972.

Uhlig, Ludwig: Georg Forster. Lebensabenteuer eines gelehrten Weltbürgers (1754-1794). Göttingen 2004.

Varnhagen von Ense, August: Graf Schlabrendorf, amtlos Staatsmann, heimatfremd Bürger, begütert arm. Züge zu seinem Bilde. In Gustav von Schlabrendorf: Anti-Napoleon. Frankfurt am Main 1991. S. 295-309.

Verhoeven, Wil: Gilbert Imlay: Citizen of the World. London 2008.

Wagner, Rudolf: Samuel Thomas von Soemmerings Leben und Verkehr mit seinen Zeitgenossen. Nachdruck der Ausgabe von 1844. Hrsg. von Franz Dumont. Stuttgart 1986.

Wardle, Ralph M.: Mary Wollstonecraft. A Critical Biography. University of Kansas Press 1951.

Wollstonecraft, Mary: An Historical and Moral View of the Origin und Progress of the French Revolution and the Effect It Has Produced in Europe. London 1794.

Dies.: A Short Residence in Sweden, Norway and Denmark Ed. with an Introduction and Notes by Richard Holmes. London 1987 [enthält außerdem Godwin, William: Memoirs of the Author of »The Rights of Woman«].

Dies.: Reisebriefe aus Südskandinavien. [Überarbeitung der anonymen Übersetzung von 1800 durch Susanne Thurm.] Mit einem Anhang: Liebesbriefe von Mary Wollstonecraft an Gilbert Imlay. Hrsg., von Ingrid Kuczynski. Leipzig 1991.

Dies.: Das Unrecht an den Frauen oder: Maria. Ein Fragment. Übersetzt von Ingrid von Rosenberg. Berlin (Ullstein tb) 1993 [enthält außerdem Godwin, William: »Erinnerungen an Mary Wollstonecraft«, der Titel, unter dem das Buch erschien].

Dies.: Rettung der Rechte des Weibes mit Bemerkungen über politische und moralische Gegenstände, von Maria Wollstonecraft. Aus dem Englischen übersetzt [von G. F. Ch. Weißenborn]. Mit einigen Anmerkungen und einer Vorrede von Christian Gotthilf Salzmann. Schnepfenthal, im Verlage der Erziehungsanstalt. 1793.

Wolzogen, Wilhelm von: Der größte Cursus, der je in der Politik geboten worden ist. Pariser Tagebücher und Briefe 1790-1793. Bearbeitet von Christoph von Wolzogen. Stuttgart 2009.

Woolf, Virginia: Mary Wollstonecraft. In: The Common Reader II. London (Vintage Classics) 2003. S. 156-163. (Zuerst 1932). Woodress, James: A Yankee's Odyssey. The Life of Joel Barlow. Philadelphia 1958.

Woodward, Lionel: Une Anglaise ami de la Révolution Française. Hélène-Maria Williams et ses amis. Paris 1930.

Wordsworth, William: The Complete Poetical Works. London 1888.

Zitelmann, Arnulf: Arnulf Zitelmann erzählt die Geschichte der Christen. Frankfurt am Main 2004. S. 213.

Rowan, Sarah (geb. Dawson),
dessen Frau 363 366 373 f.

Sachsen-Weimar-Eisenach, Carl
August Herzog von 210
Saint-Pierre, Jacques-Henri
Bernardin de, Botaniker,
Schriftsteller 110 112 128 243
328
–, Félicité (geb. Didot), dessen
Frau 111 f.
Salzmann, Christian Gotthilf,
Pädagoge in Schnepfenthal
285 f. 309
Sandwich, John Montagu, Earl
of, engl. Politiker, 1771-1782
Marineminister 153 156
Schiller, Friedrich 188 f. 228 328
432
Schlabrendorf, Gustav von 243
266 327 343 f. 425 f.
Schmidt, Tobias, Klavierbauer
(Cembalo und Clavichord),
Ingenieur 87
Schulenburg, Graf Karl Friedrich
Gebhard, Student in Göttin-
gen 169
Schweizer, Johann Caspar, Ban-
kier, Schriftsteller in Paris
244-246 326 328
–, Magdalena (Madeleine) (geb.
Hess), dessen Frau 244 f. 326
327 328 f. 343 369
Seward, Anna, engl. Dichterin 39
42-44 64 69 103 f.
Shakespeare, William 282 285
289 292 306
Shelley, Percy Bysshe, engl. Dich-
ter 428-430 429
–, Harriet Westbrook, dessen
erste Frau 428-430

–, Mary Godwin Wollstonecraft
siehe Godwin, Mary
Siddons, Sarah, engl. Schauspie-
lerin 39 396 411
Sillery, Charles-Alexis de Brûlart
de Genlis marquis de, frz.
Politiker 122-126
Smith, Charlotte (geb. Turner),
engl. Schriftstellerin 99
Sömmering, Thomas Samuel,
Mediziner, Anatom 160 f. 163
175 180 186 210 235
Sophie Charlotte, Prinzessin von
Mecklenburg-Strelitz, verh.
mit Georg III. 39
Southey, Robert, engl. Dichter 393
Spener, Johann Karl Philipp,
Verleger in Berlin 179
Staël-Holstein, Anne Louise
Germaine (Madame de Staël),
frz. Schriftstellerin 91 241
Stein, Johann Friedrich Freiherr
vom und zum, preuß. Bevoll-
mächtigter in Mainz 210
Sterne, Laurence, engl. Schrift-
steller 56 134 342
Stock, Dora (Dorothea), Male-
rin in Dresden, Verlobte von
L. F. Huber 188 201 215 f.
Stone, John Hurford, Geschäfts-
mann, Druckereibesitzer 39
79-82 87 92-100 102-104 112
128-130 132 f. 135 f. 138-142 252
257 343 351 364 440-446
–, Rachel (geb. Coope), dessen
Frau 79 f. 100 112 128 f. 133 136
138 140 f. 443
–, William, Kaufmann, dessen
Bruder 80 130 132 138 351 440
442
Struensee, Johann Friedrich,

Zeittafel Französische Revolution

1789

5. 5.	Die Generalstände treten in Versailles zusammen
17. 6.	Der dritte Stand erklärt sich zur Nationalversammlung (Assemblée Nationale) und fordert die Vertreter der anderen Stände zum Anschluß auf
20. 6.	Ballhausschwur
9. 7.	Erklärung zur verfassunggebenden Nationalversammlung
14. 7.	Sturm auf die Bastille
Sommer	»Grande Peur«, gewalttätige Bauernaufstände
4. 8.	Abschaffung von Feudalrechten und Privilegien durch die Nationalversammlung
26. 8.	Erklärung der Menschen- und Bürgerrechte
5./6. 10.	Zug der Marktfrauen (»Poissarden«) nach Versailles; Verlegung von Hof und Nationalversammlung nach Paris
2. 11.	Verstaatlichung der Kirchengüter

1790

13. 2.	Aufhebung der Klöster und Orden
19. 6.	Abschaffung der Adelstitel
6. 9.	Auflösung der Parlements (oberste Gerichtshöfe)
14. 7.	Föderationsfest auf dem Pariser Marsfeld
21. 10.	Ersetzung des Lilienbanners durch die Trikolore
31. 10.	Aufhebung der Binnenzölle

1791

21. 6.	Flucht der königlichen Familie scheitert in Varennes
16. 7.	Abspaltung der »Feuillants« vom Jakobinerklub
17. 7.	Blutige Auflösung einer antimonarchischen Volksversammlung auf dem Marsfeld durch die Nationalgarde
3. 9.	Die Verfassung wird durch die Nationalversammlung angenommen. Frankreich ist eine konstitutionelle Monarchie
14. 9.	Ludwig XVI. leistet den Eid auf die Verfassung.
27. 9.	Bürgerliche Gleichstellung der Juden
1. 10.	Sitzung der »Assemblée Nationale Législative«

10. 10.	Einrichtung der provisorischen Revolutionsregierung
16. 10.	Hinrichtung Marie-Antoinettes; französischer Sieg bei Wattignies
17. 10.	Sieg über die Aufständischen der Vendée bei Cholet
31. 10.	Hinrichtung führender Girondisten

1794

5. 4.	Hinrichtung Dantons und seiner Anhänger
4. 6.	Robespierre als Präsident des Konvents
8. 6.	Fest des Höchsten Wesens in Paris
10. 6. - 27. 7.	»Grande Terreur«
26. 6.	Sieg Frankreichs über Österreich bei Fleurus
27. 7.	9. Thermidor: Staatsstreich und Sturz Robespierres und seiner Anhänger; Ende der »terreur«
28. 7.	Hinrichtung Robespierres
18. 9.	Der Konvent beschließt die Trennung von Staat und Kirche
19. 11.	Schließung des Jakobinerklubs

1795

1. 4.	12./13. Germinal: Aufstand der Sansculotten; Besetzung des Nationalkonvents
5. 4.	Friede von Basel zwischen Frankreich und Preußen
20.-23. 5.	Prairial-Aufstand der Sansculotten in Paris für »Brot und die Verfassung von 1793«
31. 5.	Abschaffung des Revolutionstribunals
Mai/Juni	Weißer Terror – Massaker an Jakobinern im Midi
22. 8.	Verabschiedung der Verfassung des Jahres III durch den Konvent
5. 10.	13. Vendémiaire: Royalistischer Aufstand; Niederschlagung durch Napoleon Bonaparte
26. 10.	Auflösung des Konvents; Inkrafttreten der Direktorialverfassung
31. 10.	Wahl des ersten Direktoriums

PARIS IN SECTI